Alexander Clarkson

DIE MACHT DER DIASPORA

Propyläen wurde 1919 durch die Verlegerfamilie Ullstein als Verlag für hochwertige Editionen gegründet. Der Verlagsname geht zurück auf den monumentalen Torbau zum heiligen Bezirk der Athener Akropolis aus dem 5. Jh. v. Chr. Heute steht der Propyläen-Verlag für anspruchsvolle und fundierte Bücher aus Geschichte, Zeitgeschichte, Politik und Kultur.

Alexander Clarkson

DIE MACHT DER DIASPORA

Die unbekannte
Geschichte der Emigranten in
Deutschland seit 1945

Aus dem Englischen von
Michael Adrian und Heide Lutosch

Propyläen

Für meine Mutter Irka und meine Tochter Romy

INHALT

ANHANG

EINLEITUNG

Diasporageschichte als deutsche Geschichte

Diaspora und Identität

Für jemanden wie mich, der ich in Deutschland aufwuchs, war die Frage so unausweichlich wie nervig. Es konnte in der Schule sein, auf einer Party oder mit Freunden in einer Kneipe. Ein Gespräch über ein unverfängliches Thema mit einem mir noch nicht bekannten Deutschen kam auf. Ob es eine nette Fachsimpelei über Fußballergebnisse oder eine politische Diskussion war, stets endete alles mit einem fragenden Blick, bei dem mir das Herz schwer wurde. Mein Gesprächspartner lehnte sich dann zurück und stellte die Frage, die so viele Menschen mit Migrationshintergrund zu fürchten gelernt haben:

»Wo kommst du eigentlich her?«

Mit einem Anflug von Verzweiflung pflegte ich darauf zu antworten:

»Aus Langenhagen bei Hannover.«

Und mit deprimierender Zwangsläufigkeit sah mich mein Gegenüber irritiert an und fragte:

»Nein, ich meine, wo du *eigentlich* herkommst?«

Einmal mehr wurde ich daran erinnert, dass es im Deutschland der 1990er-Jahre keine Frage der persönlichen Entscheidung war, zu bestimmen, wer man ist und woher man kommt.

Eine alte Frage: Wer ist Deutscher?

Der Kampf um die Definition, wer Deutscher ist und wer nicht, ist so alt wie der Kampf um den Aufbau eines beständigen deutschen Nationalstaats. Jeder Ausgangspunkt für die Ausbildung des deutschen Nationalbewusstseins, den Historiker angesetzt haben, wirft seine eigenen spannungsreichen Fragen danach auf, wann sich unterschiedliche regionale, Klassen-, Geschlechts- und andere kulturelle Identitäten zu etwas vereinten, was wir heute als erkennbar deutsch betrachten würden. In jeder Gesellschaft ist Integration ein wechselseitiger Prozess, in dem die allmähliche Integration von Einwanderern in das kulturelle und politische Leben auch Rückwirkungen darauf hat, wie die alteingesessene Bevölkerung ihre eigene kollektive Identität versteht. Wenn wir sie als Geschichten über aufeinanderprallende ethnische, religiöse, regionale oder klassenspezifische Traditionen verstehen und uns diese Geschichten genauer ansehen, dann erscheinen die Konflikte und Kontroversen, die zur Herausbildung des heutigen Deutschlands geführt haben, weniger geradlinig als die Erzählungen, die wir aus Schulbüchern oder Fernsehdokumentationen kennen. Zu untersuchen, wie diese Migrations- und Integrationsprozesse die Politik und Identität der Bundesrepublik verändert haben, ist das zentrale Vorhaben des vorliegenden Buches.

Mögen manche auch an der Überzeugung festhalten, dass sich Vorstellungen von einer modernen deutschen Identität bereits in der Welt des Mittelalters finden lassen, so war das Heilige Römische Reich deutscher Nation doch ein Rechtsgebilde, das ein enormes Spektrum an Sprachgemeinschaften von Norditalien bis Flandern umfasste, deren Vorstellung von Zugehörigkeit den späteren, gefestigten Zügen der nationalen Identität und Volkszugehörigkeit nur vage entsprach. In der frühneuzeitlichen Welt eines Martin Luther oder Kaiser Karl V. überwog der konfessionelle Gegensatz zwischen Katholiken und Protestanten Unterschiede der Sprache und Volkszugehörigkeit in einer Weise, die noch lange nach dem Ende der Religionskriege in Deutschland fortdauern sollte. Derartige konfessionelle Unterschiede innerhalb der deutschen Gesellschaft erwiesen sich als so hartnäckig, dass sie noch bis tief ins 20. Jahrhundert hinein die Grundlage für das parteipolitische Leben bildeten.[1]

Die territoriale Ausdehnung Deutschlands blieb im Fluss, während die institutionellen Grundlagen des Heiligen Römischen Reiches erodierten, bis es schließlich 1806 auf Napoleons Geheiß aufgelöst wurde. Die Niederschlagung der demokratischen Revolution von 1848 und der Ausschluss Österreichs 1866 führten zu einer durch Otto von Bismarck geformten politischen Einheit, die nach außen stark wirkte, gesellschaftlich indessen zerbrechlich war. Das Deutsche Kaiserreich des späten 19. Jahrhunderts blieb von konfessionellen Spannungen zwischen Katholiken, Protestanten und Juden durchzogen; gleichzeitig nährten die Bemühungen zur Integration ethnischer Minderheiten wie der Polen im Osten ethnische Herausforderungen der staatlichen Autorität. Parallel dazu prägten die Herausbildung einer klassenbasierten Politik um den Aufstieg von Gewerkschaften und Sozialdemokratie sowie Spannungen zwischen verschiedenen Fürstentümern und regionalen Traditionen eine Gesellschaft, in der es ausgesprochen umstritten blieb, was es hieß, deutsch zu sein. Während der ganzen Zeit des Kaiserreiches hielt sich der Nord-Süd-Gegensatz (»Bayern – Preußen«) unverändert stark. Erst die kollektive nationale Begeisterung im August 1914 – »Nation« siegt über »Klasse« – überdeckte für eine gewisse Zeit die sozialen und regionalen Gegensätze. Es ist kein Zufall, dass separatistische Bewegungen nach dem Ersten Weltkrieg durchaus Zulauf hatten. Die Auseinandersetzung darüber, inwieweit eine kollektive deutsche Identität unterschiedliche kulturelle Traditionen umfassen konnte, spitzte sich mit der Entstehung der nationalsozialistischen Diktatur zu, stellte diese doch einen Versuch dar, die Vielfalt zugunsten einer nationalen Gemeinschaft (»Volksgemeinschaft«) auf der Grundlage einer abscheulichen Rassenhierarchie zu unterdrücken.

Die Bundesrepublik ist somit nur das jüngste Beispiel einer langen Geschichte deutscher Staaten, die darum ringen, die Notwendigkeit der Loyalität zu einer neuen Machtstruktur durch ein gemeinsames Identitätsgefühl mit einer von kultureller Vielfalt bestimmten sozialen Realität ins Gleichgewicht zu bringen. Unmittelbar vom Moment ihrer Bildung in den späten 1940er Jahren an mussten die Regierungen in West- wie Ost-Deutschland die politischen und kulturellen Auswirkungen massenhafter Wanderungsbewegungen bewältigen. Die ersten Wellen deutscher Vertriebener und osteuropäischer Heimatloser (»Displaced Persons«) in den letzten Monaten des Zweiten Weltkriegs und der Beginn des Kalten Krieges pflügten die demografische Struktur nicht nur Deutschlands, sondern auch jeder anderen europäischen Gesellschaft um.[2] Im und nach dem Kalten Krieg folgten weitere Flüchtlingswellen, die ihre Spuren in jeder Stadt und jedem Dorf in Deutschland hinterlassen haben.

Auch der Zustrom von Arbeitsmigranten aus ganz Europa und dem Nahen Osten in der Nachkriegszeit hatte bleibende Auswirkungen auf die Gesellschaft. Der Arbeitskräftemangel infolge massiver Verluste an Menschenleben im Zweiten Weltkrieg führte zu Gastarbeiterabkommen mit Ländern wie Italien, der Türkei, Jugoslawien, Spanien, Griechenland und Algerien, denen es ihrerseits schwerfiel, genügend Arbeitsplätze für ihre Bevölkerungen zu schaffen. Die Gastarbeiterprogramme beruhten ursprünglich auf der Annahme, ein System befristeter Arbeitsgenehmigungen werde dafür sorgen, dass die Arbeitsmigranten schließlich in ihre Herkunftsländer zurückkehrten. Stattdessen führten sie dazu, dass sich Millionen von Menschen dauerhaft in der Bundesrepublik ansiedelten, ohne dass die Voraussetzungen dafür geschaffen worden wären. Obwohl sie sich abschätzig über die Behandlung der Gastarbeiterinnen und Gastarbeiter in der Bundesrepublik äußerte, legte die DDR selbst ein Vertragsarbeiterprogramm auf, um Arbeitskräfte aus Bruderstaaten des Sowjetblocks wie Angola, Kuba oder Vietnam ins Land zu holen, die sich dort ebenso dauerhaft niederließen wie die Gastarbeiter in West-Deutschland.

Diese ersten Wellen der Flüchtlings- und Arbeitsmigration stellten sich für Millionen Einwanderer als Beginn einer Anpassung an das Leben in Deutschland heraus, die bis auf den heutigen Tag andauert. Mit dem Zusammenbruch der Sowjetunion und der deutschen Wiedervereinigung kam es neben den Millionen von Deutschen, die von der ehemaligen DDR in die BRD umzogen, zu weiteren Migrationsströmen, die spürbare Folgen für jede Region in Deutschland hatten. Ausgelöst durch verschiedene Konflikte in Europa und im Nahen Osten, brachte eine Reihe von Flüchtlingskrisen die deutschen staatlichen Institutionen oft an die Grenze ihrer Fähigkeit, massenhafte Wanderungsbewegungen von Menschen zu bewältigen.[3] Ob es die jugoslawischen Nachfolgekriege waren oder der Kurdenaufstand in der Türkei, solche Konflikte wirkten sich unmittelbar auf das politische und kulturelle Leben von Gemeinschaften in ganz Deutschland aus, die sich mit der Ankunft heimatloser traumatisierter Flüchtlinge konfrontiert sahen.

Die Lebenslüge von der homogenen Gesellschaft

Obwohl die Massenbewegung von Menschen ein fester Bestandteil des Lebens in Deutschland nach dem Zweiten Weltkrieg war, blieben die führenden politischen Parteien der Bundesrepublik wie auch die SED der Vorstellung verhaftet, sie regierten kulturell homogene Gesellschaften. Sowohl das westdeutsche Gastarbeiterprogramm als auch das ostdeutsche Vertragsarbeitersystem stellten Versuche dar, billige Arbeitskräfte zu finden, um einen vorübergehenden Arbeitskräftemangel auszugleichen, ohne das ethnische oder demografische Gleichgewicht beider Gesellschaften zu verändern. Während beide deutschen Staaten Flüchtlinge und politische Exilanten nach Kriterien aufnahmen, in denen sich ihre jeweiligen ideologischen Weltanschauungen widerspiegelten, ging man in beiden Systemen zugleich von der Annahme aus, dass deren gesellschaftlicher Einfluss begrenzt bleiben würde. Obwohl sowohl die DDR als auch die BRD für sich in Anspruch nahmen, Teil eines größeren Bündnissystems zu sein, das auf rivalisierenden transnationalen Ideologien basierte, blieben beide Staaten ethnolinguistischen und rassischen Annahmen über die Grundlagen deutscher Identität verhaftet, die auf die Zeit der Nationalstaatsbildung im 19. Jahrhundert zurückgehen.[4]

Dieses Widerstreben, anzuerkennen, dass ein stetiger Migrationsstrom die kulturellen Grundlagen der deutschen Gesellschaft unweigerlich tangieren würde, zeigte sich daran, wie lange es dauerte, das Staatsangehörigkeitsrecht an die neuen sozialen Realitäten anzupassen. Trotz begrenzter Reformen im Jahr 1965 blieb es für jede Person ohne deutsche Abstammung ein mühsamer Prozess voller bürokratischer Hürden, die deutsche Staatsbürgerschaft zu erlangen, obwohl seit Jahrzehnten klar war, dass die Flüchtlinge und Gastarbeiter bleiben würden. Nachdem jedoch die größten politischen Parteien krampfhaft an der Vorstellung festhielten, dass die Migration nur ein vorübergehender Prozess sei, vergingen weitere dreißig Jahre, bis große Teile der deutschen Gesellschaft den Wahrheitsgehalt von Max Frischs Stichelei akzeptierten: »Man hat Arbeitskräfte gerufen, und es kommen Menschen.«[5]

Erst nach der Wiedervereinigung begann eine allmähliche Reform des Staatsangehörigkeitsrechts eine demografische Wirklichkeit abzubilden, in der Migranten oder Menschen migrantischer Abstammung zu einer dauerhaften Präsenz geworden waren. Obwohl sie sich 1991 durch erste Änderungen angekündigt hatten, markierten die Reformen des Zuwanderungs- und des Staatsangehörigkeitsgesetzes durch die rot-grüne Regierung unter Bundeskanzler Gerhard Schröder den Beginn einer allmählichen Öffnung des Zugangs zur deutschen Staatsangehörigkeit, die weniger auf der familiären Herkunft als vielmehr auf dem Geburtsort oder einem rechtlichen Verfahren beruht, das Menschen jeder Herkunft offensteht. Parallel dazu verwandelten die neu entstehenden Konzepte der europäischen Staatsbürgerschaft den rechtlichen Status von Menschen aus anderen EU-Mitgliedstaaten und führten damit zu einer größeren Anerkennung der kulturellen Vielfalt, die seit Jahrzehnten Teil des deutschen Lebens war.[6]

Jeder Schritt zur Öffnung des Zugangs zur deutschen Staatsangehörigkeit wurde von einer ausgesprochen polarisierten Debatte begleitet. Erst auf regionaler und ab 2013 auch auf Bundesebene schürten rechtspopulistische Parteien wie die AfD einen einwanderungsfeindlichen Rassismus, der mit weitverbreiteten Ängsten vor sozialen Veränderungen spielte. Doch die migrationsfeindliche Rhetorik der Republikaner in den 1990er-Jahren oder der AfD-Bundestagsabgeordneten in den 2010er-Jahren lebte von einem zu engen Verständnis der nationalen Identität, das auch Rhetorik wie Politik vermeintlich gemäßigterer Politiker der CDU, FDP und zeitweilig sogar der SPD beeinflusste. Kontroversen wie die Debatte von 2010 über die migrationsfeindliche Rhetorik des früheren SPD-Politikers Thilo Sarrazin ließen erkennen, wie weit Einstellungen, die man mit der extremen Rechten assoziiert, ins Herz des deutschen Politikbetriebs vorgedrungen waren.[7]

Deutschland – (k)ein Einwanderungsland?

1973 war es eine sozialdemokratische Regierung unter Willy Brandt, die beschloss, das Gastarbeiterprogramm zu beenden, weil sie befürchtete, dass die dauerhafte Ansiedlung von Migranten »traditionelle« Deutsche vom Arbeitsmarkt verdrängen könnte. In den folgenden Jahren gab es parteiübergreifende Diskussionen über die Frage, ob sich Deutschland zu einem »Einwanderungsland« entwickle, wobei manche CDU- oder SPD-Lokalpolitiker für eine stärkere Ausrichtung auf Integration plädierten, während andere Sozialdemokraten und Mitte-Rechts-Vertreter Maßnahmen befürworteten, um Gastarbeiterfamilien zum Weggang zu ermuntern.[8] Noch 1989 beharrte Bundeskanzler Helmut Kohl darauf: »Wir sind kein Einwanderungsland, und wir können es auch nicht werden!«[9] 1994 warnte er die Migranten gar davor, ihre Rolle als »Gäste« in der deutschen Gesellschaft auszunutzen.[10] Und wie die Plakataktion der CDU unter dem Motto »Kinder statt Inder« im nordrhein-westfälischen Landtagswahlkampf von 2000 zeigt, wurde eine Rhetorik, die man heute mit der AfD verbindet, noch vor Kurzem als so salonfähig empfunden, dass sie von vermeintlich gemäßigten Politikern der rechten Mitte verwendet werden konnte.[11]

Der lange Kampf um die Frage, ob Deutschland wirklich ein Einwanderungsland sei, hatte tief greifende Auswirkungen darauf, wie die Themen der Migration und Integration im deutschen Mediendiskurs und in der Wissenschaft behandelt wurden. In den ersten beiden Nachkriegsjahrzehnten beschränkte sich die Migrationsforschung auf ethnische deutsche Vertriebene, die aus nunmehr sowjetisch kontrollierten Gebieten geflohen waren. Oft mit dem Rückenwind sogenannter »Landsmannschaften« der Heimatvertriebenen konzentrierte sich diese Literatur zur ethnisch deutschen Migration in vielen Fällen darauf, historische Narrative zu speisen, die den deutschen Opferstatus betonten. Erst mit dem Aufkommen einer Generation von Historikern wie Mathias Beer[12] oder Pertti Ahonen[13] in den 1980er- und 1990er-Jahren, die einen größeren kritischen Abstand zu Gemeinschaftsmythologien hatten, versuchte die historische Forschung zu heimatvertriebenen Flüchtlingen allmählich, deren Erfahrung in den allgemeinen Kontext von Krieg und Migration in ganz Europa zu stellen.

Als relativ neuer Migrationsprozess, der sich von seinen Vorläufern vor 1945 dem Anschein nach unterschied, war die Gastarbeitermigration vor allem für Wissenschaftler von Bedeutung, die sich für die Arbeitsmarktökonomik interessierten.[14] Da sich Historiker wie Politiker auf die gesellschaftlichen Auswirkungen von Nationalsozialismus und Kaltem Krieg konzentrierten, wurde die zunehmende Präsenz von Migranten bis in die frühen 1970er-Jahre hinein im Wesentlichen als ein Randphänomen von allenfalls flüchtigem Interesse für das akademische Establishment der Bundesrepublik betrachtet. In der DDR wiederum verengten die ideologischen Einschränkungen des Lebens den Rahmen der Debatte über die neu entstehenden Einwanderer-Gemeinschaften, deren Anwesenheit vom SED-Regime immer als eine vorübergehende Form von Klassensolidarität dargestellt wurde.[15] Als sich die Spannungen zwischen den Generationen in den 1960er-Jahren in den Studentenrevolten entluden, fanden allgemeinere politische Sorgen über die wirtschaftlichen und politischen Aussichten junger Menschen weitaus größere Beachtung als die schnell wachsende Zahl von Einwanderern.

Was tun, wenn sie bleiben?

Nachdem das Ende des Gastarbeitersystems deutlich gemacht hatte, dass es so etwas wie eine vorübergehende Migration nicht gibt, interessierte sich eine neue Generation von Wissenschaftlern und Journalisten für die Arbeitsmigranten und Flüchtlinge, die mitten unter ihnen lebten. Für Soziologen wie Stephen Castles[16] oder Thomas Faist[17] waren die aufstrebenden Migranten-Gemeinschaften, die in Westeuropa Fuß zu fassen versuchten, ein Produkt wirtschaftlicher Ungleichheiten infolge einer umfassenderen Krise des Kapitalismus. In einem politischen Umfeld, in dem weite Teile der westdeutschen Gesellschaft nicht bereit waren, die dauerhafte

Anwesenheit von Migranten zu akzeptieren, verwendete diese erste Welle der Migrationsforschung in Deutschland ihre Energie darauf, zu beweisen, dass die Einwanderer-Gemeinschaften ein bleibendes Phänomen darstellten. Gleichzeitig verorteten Historiker wie Ulrich Herbert[18] und Klaus Bade[19] die Migration nach 1945 im Kontext langfristiger Kontinuitäten wie dem Einsatz von Zwangsarbeitern im Ersten und Zweiten Weltkrieg sowie der Arbeitsmigration zu Friedenszeiten im 19. und frühen 20. Jahrhundert, im Zuge deren Arbeitskräfte aus Polen und anderen osteuropäischen Gesellschaften nach Deutschland kamen.

Auch wenn sich diese ersten Versuche in dem Nachweis erschöpften, dass die Migration ein dauerhaftes Phänomen und keine zeitweilige Anomalie war, erregte die Binnenentwicklung migrantischer Gemeinschaften allmählich größere Aufmerksamkeit. Forscher wie Hartmut Griese[20] oder Jochen Gerstenmaier[21] beschäftigten sich damit, wie Bildung und andere Formen der Integration Kindern migrantischer Herkunft dabei helfen konnten, eingewurzelte Formen von Diskriminierung zu überwinden. Dem raschen Wachstum der türkischen und der kurdischen Gemeinschaft widmeten sich Wissenschaftlerinnen wie Faruk Sen[22] oder Ruth Mandel,[23] die sich dafür interessierten, wie die kulturellen und religiösen Strukturen dieser Gruppen ihr Verhältnis sowohl zur deutschen Gesellschaft als auch zur Kultur ihres Herkunftslandes beeinflussten. Die endlosen Kämpfe um die Reform des Staatsangehörigkeitsrechts wurden zentral für die Arbeit von Polithistorikerinnen und Politologinnen wie Karen Schönwälder[24] und Simon Green,[25] deren Forschungen Einblick in die kulturellen und ideologischen Vorurteile verschafften, die verhinderten, dass die rasche Veränderung der deutschen Gesellschaft durch die Migration anerkannt wurde.

Zwar brachten diese Bemühungen weite Kreise der deutschen Gesellschaft dazu, die dauerhafte Präsenz der Migranten anzuerkennen, doch war ein nennenswerter Teil der akademischen

Forschung und öffentlichen Debatte bezeichnenderweise erst in den späten 1990er-Jahren dazu bereit, Migranten-Gemeinschaften als politische Akteure in den Blick zu nehmen, die über genügend Einfluss verfügten, um eine wesentliche Rolle in der deutschen Politik zu spielen. Zu einem Zeitpunkt, als Migranten-Organisationen zweifellos Wurzeln geschlagen hatten, stützten sich die Ansätze zur Untersuchung solcher politischen Strukturen zunehmend auf Konzepte der Diaspora, um ein funktionsfähiges Analysemodell zu erarbeiten. Für Wissenschaftlerinnen wie Eva Østergaard-Nielsen[26] oder Ertekin Özcan[27] wurde das schnelle Wachstum der türkischen Gemeinschaft zur grundlegenden Fallstudie für Forscher, die der Frage nachgingen, wie die Herausbildung des dynamischen und gelegentlich wilden politischen Lebens von Migranten-Gemeinschaften organisatorische Ebenen hervorbrachte, die die deutsche Staatspolitik zu beeinflussen vermochten.

Der tief verwurzelte Glaube von der extremen Rechten bis tief in Westdeutschlands linke Mitte, die meisten Migranten würden entweder wieder heimkehren oder sich assimilieren, bedeutete, dass solche Überlegungen darüber, wie klar definierte religiöse, ethnische und sprachliche Gemeinschaften die deutsche Politik beeinflussen konnten, lange Zeit die Ausnahme blieben. Erst nachdem die Erkenntnis zu dämmern begann, dass die Migranten nicht mehr weggehen würden, machten die Deutschen ihren Frieden mit der Möglichkeit, dass Gruppen, die man bald als Diasporas definierte, dauerhaften Einfluss erlangen würden. Doch während die Migranten nun nicht mehr gefragt wurden, ob sie »hierbleiben würden«, bewirkte die Einführung der Terminologie der Diaspora zur Definition ihrer Identität, dass der Fragekomplex »woher kommst du?« für die Menschen aus diesen Gemeinschaften so nervenaufreibend blieb wie eh und je.

Was ist »Diaspora«?

Um zu verstehen, warum das aufkeimende Interesse an Diasporas die Diskussionen über die Auswirkungen der Migration ebenso verkomplizieren wie klären konnte, müssen wir einen Blick darauf werfen, wie dieser Begriff in der wissenschaftlichen Forschung definiert worden ist. Wie so viele Begriffe rund um die Migration, die im öffentlichen Diskurs herumgereicht werden, unterscheidet sich auch dieser oft mit der Perspektive und den Zielen derjenigen, die ihn im Munde führen. Die Art und Weise, wie Diasporabegriffe verwendet werden und welchen Rahmen sie der Diskussion verleihen, kann je nach Kontext die Grundlage für ein besseres Verständnis der Folgen von Migration für die deutsche Gesellschaft schaffen oder missbräuchlich dazu dienen, Ängste und Feindseligkeit gegenüber sozialen Veränderungen zu schüren, die eine massenhafte Bewegung von Menschen unweigerlich mit sich bringt.

Die sprachlichen Ursprünge des Begriffs Diaspora gehen auf altgriechische Wörter für Zerstreuung oder Ausbreitung zurück, die im Lauf der Zeit mit der Erfahrung der jüdischen Gemeinschaften im spätrömischen und mittelalterlichen Europa und im Nahen Osten assoziiert wurden.[28] Als es darum ging, die Erfahrungswelt jüngerer Formen von Migration zu beschreiben, fand er jedoch Mitte des 20. Jahrhunderts breite Verwendung in migrantischen Milieus und ging im Laufe der 1970er-Jahre in die wissenschaftliche Forschung und die politische Debatte ein. Noch als der Ausdruck in den 1990er-Jahren durch die Arbeiten von Migrationsforschern wie Alain Médam[29] und Robin Cohen[30] im wissenschaftlichen Diskurs allgegenwärtig wurde, blieb seine theoretische Konzeptualisierung dünn. Für manche Forscherinnen, die den Einfluss der Migration auf das internationale Staatensystem untersuchen, so etwa Mark Miller[31] oder Yasemin Soysal,[32] standen die Widerstandsfähigkeit und Organisationsmacht von

Diaspora sogar potenziell für das Aufkommen neuer Formen globaler Staatsbürgerschaft. Systematischere Definitionen durch Anthropologen wie William Safran[33] und James Clifford[34] begriffen Diasporas als transnationale Netzwerke, die auf der Grundlage konkreter Kontakte sowie einer geteilten, im organisatorischen Leben einer Gemeinschaft reproduzierten historischen Erzählung Verbindungen zu einem vermeintlichen Heimatland aufrechterhalten.

Als sich dieser konzeptuelle Rahmen zum Feld der Diasporaforschung bzw. Diasporastudien weiterentwickelte, fassten Migrationstheoretiker wie Rogers Brubaker Diaspora als einen variablen Begriff auf, der im Zuge der Übernahme durch ein bestimmtes migrantisches Milieu seine eigenen Mythen, Symbole und kulturellen Erwartungen hervorbringt, weil es weit verbreitete Annahmen über die Formen von sozialer Praxis gibt, die eine Gruppe benötigt, um Anerkennung als diasporische Gemeinschaft zu finden.[35] Diese Betonung der Diaspora als eines kulturellen Prozesses schärfte das Bewusstsein dafür, in welchem Maße die von bereits etablierten Diasporagemeinschaften entwickelten Symbole und Praktiken Einfluss darauf nehmen, wie eine noch im Entstehen begriffene Diaspora ihre Identitätsnarrative und ihr Organisationsleben hervorbringt. In Deutschland entwickelten die wegweisenden Arbeiten von Ruth Mayer[36] und Matthias Krings[37] diese Einsichten weiter, indem sie untersuchten, wie unterschiedliche Diasporawelten – etwa die seit Langem bestehenden jüdischen Gemeinschaften, panafrikanische Identitäten und transnationale Netzwerke ethnisch chinesischer Milieus – gemeinsame historische Erinnerungen und symbolische Praktiken ausgebildet und damit Globalisierungsprozesse entscheidend geprägt haben.

Diese Versuche, die Diaspora auf den Begriff zu bringen, waren das Ergebnis lebhafter Debatten, in denen sich oftmals tief greifende Differenzen zwischen Wissenschaftlerinnen unterschiedlicher intellektueller und fachlicher Traditionen zeigten. Aus diesen verschiedenen Ansätzen können wir jedoch entscheidende Einsichten darüber ziehen, wie sich Diasporagemeinschaften in der Bundesrepublik gebildet haben und wie sie dazu beitrugen, die deutsche Politik und Kultur zu beeinflussen. Es gibt drei zentrale Faktoren, über die sich die divergierenden theoretischen Perspektiven in der Regel einig sind und die uns helfen können, herauszufinden, wie bestimmte Migranten-Gemeinschaften ihre eigene diasporische Identität in einer Weise entwickelt haben, die auch die Entwicklung der deutschen Politik und Identität auf Dauer beeinflusst.

Wie entwickelt sich eine Diasporaidentität?

Der erste dieser Faktoren ist die Selbstidentifizierung. Damit sich eine Diasporagemeinschaft bilden kann, müssen sich ihre Mitglieder aktiv für Formen der historischen Erinnerung, für Symbole und kollektive Praktiken entscheiden, die die Übernahme einer gemeinsamen Form von ethnolinguistischer Identität anzeigen. Nicht jede Person mit einem bestimmten kulturellen Hintergrund wird sich automatisch mit der diasporischen Gemeinschaft identifizieren, die auf diesem Hintergrund basiert. Es besteht immer eine ziemlich große Variationsbreite, wie sich individuelle Handlungsfähigkeit und Wahlmöglichkeiten in der völligen oder teilweisen Übernahme einer Diasporaidentität durch Menschen mit Migrationshintergrund ausdrücken. Diasporagemeinschaften können auch starke ideologische Differenzen in der Frage aufweisen, wie die kulturellen Werte einer solchen geteilten Identität in die Praxis umgesetzt werden sollten und inwieweit ein solches Wertesystem das Verhältnis zum Staat sowohl im Herkunfts- als auch im Niederlassungsland beeinflussen sollte.

Damit eine Diaspora jedoch Gestalt annehmen kann, muss

eine kritische Zahl von Menschen eine Kombination positiver Anreize und negativen Drucks erlebt haben, die sie dazu ermuntert, sich für eine kollektive Identität zu entscheiden. Ob eine Diaspora auf Dauer Bestand hat, hängt stark davon ab, inwieweit ihre gemeinsamen Praktiken und ihr organisatorisches Leben denen, die sie sich zu eigen machen, konkreten Nutzen bringen. Der Nutzen kann emotional im Sinne eines starken Zugehörigkeitsgefühls durch gemeinsame Erfahrungen mit Familie, Verwandtschaft und größeren Freundesgruppen sein. Positive Anreize können sich auch daraus ergeben, dass solche Formen der Solidarität in handfeste geschäftliche oder berufliche Vorteile umgemünzt werden, wie sie durch Vertrauensverhältnisse entstehen, die die Akkumulation von finanziellem oder politischem Kapital ermöglichen. Diese Dynamiken können durch den Gegendruck staatlicher Einrichtungen oder sozialer Akteure in den Niederlassungsländern verstärkt werden, die Migranten aktiv von wirtschaftlichen oder politischen Möglichkeiten ausschließen und sie zwingen, auf Diasporagemeinschaften zurückzugreifen, in denen sie akzeptiert werden.

Zweitens müssen Gemeinschaften, um eine dauerhafte Form von Diasporaidentität zu entwickeln, an einem bestimmten Maß an Kontakt zu oder Auseinandersetzung mit einem bestimmten Herkunftsort festhalten, dessen Geschichte und Kultur die Grundlagen für die Narrative kollektiver Identität bilden. Ein Heimatland, das die kulturellen Bausteine für eine Diasporaidentität liefert, kann auch ein Nationalstaat sein, zu dem die Migranten eine bestimmte ideologische und institutionelle Beziehung haben. Ein starkes Gefühl der Bindung an einen Herkunftsort kann durch regelmäßige Reisen dorthin aufgebaut werden, aber auch im Bereich dessen verbleiben, was Benedict Anderson als »vorgestellte Gemeinschaft« bezeichnet hat. Deren Solidarität lässt sich durch das Engagement für das organisatorische Leben der Diaspora oder den Konsum von Medien und Literatur aufrechterhalten, die sich auf spezifische Weise von denen des Niederlassungslands abheben.

Das Organisationsleben einer Diasporagemeinschaft ist um ein bestimmtes Verhältnis zum Staat oder zu den kulturellen Institutionen eines Herkunftslands strukturiert, ob dieses Verhältnis nun ein gedeihliches oder ein feindseliges ist. In vielen Fällen jedoch kann der Staat, der die Herkunftsstädte und -regionen der Migranten regiert, in einer anderen oder sogar aktiv feindlichen Form von Identität verankert sein, die das für die Selbstwahrnehmung der Diaspora entscheidende historische Narrativ ablehnt oder leugnet. Unter diesen Umständen kann das transnationale Organisationsleben einer Diaspora zu einem Raum werden, in dem sich politische Aktivitäten entwickeln, die im Herkunftsland unmöglich wären. Dann kommt Diasporaorganisationen eine zentrale Rolle für den Erhalt umfassenderer ethnolinguistischer oder religiöser Traditionen zu.

Und drittens müssen Migranten, um zu einer Diasporagemeinschaft zu werden, in der Lage sein, transnationale Verbindungen aufrechtzuerhalten, die Grenzen und Niederlassungsländer überschreiten. Eine Diaspora definiert sich durch die individuelle Anstrengung und das kollektive organisatorische Bemühen, eine spezifische ethnolinguistische Tradition jenseits der staatlichen, regionalen oder sprachlichen Grenzen eines Herkunftsorts zu bewahren. Die Erfahrung des Grenzübertritts von einem Raum, in dem das historische Gedächtnis und die kulturelle Praxis einer bestimmten Identität Gestalt angenommen haben, in einen Raum, in dem diese mit anderen, den Staat prägenden Formen von Identität interagieren muss, erzeugt die Formen von Positionalität, die entscheidend dafür sind, wie Gemeinschaften die besondere Perspektive einer Diaspora ausbilden.

Die zentrale Bedeutung von Grenzen für die Definition von Diasporaidentitäten schlägt sich auch in dem paradoxen Sachverhalt nieder, dass ethnolinguistische Traditionen, die von aufstrebenden Formen nationaler Identität zehren, transnationale Strukturen ausbilden und damit die nationalstaatliche Grenzen überschreiten. Dabei betten Diasporapraktiken und -Institutionen nationale Identitäten ebenso sehr ein, wie sie auch Grenzen verwischen, deren Schutz für nationalistische Ideologien wesentlich ist. Der Umstand, dass Grenzen für die Diasporaidentität sowohl elementar sind als auch durch die transnationalen Strukturen, die Diasporas hervorbringen, umgangen oder sogar untergraben werden, ist eine Dynamik, die das Verhältnis der Diaspora zu den staatlichen Institutionen von Niederlassungsländern wie Herkunftsländern prägt.

Die Entwicklung solcher Diasporagemeinschaften hat die Auswirkungen der Migration auf die deutsche Gesellschaft seit 1945 geprägt. Ob durch Flüchtlings- oder Gastarbeitermigration, umfangreiche Diasporanetzwerke konnten sich nicht nur in jeder deutschen Stadt verankern, sondern auch Strukturen ausbilden, die allmählich politische und wirtschaftliche Macht angehäuft haben. Mit der Erforschung der Geschichte fünf wichtiger Diasporas, die in der Bundesrepublik besonders aktiv waren, untersucht das vorliegende Buch nicht nur, wie sich bestimmte Migrationsprozesse im Lauf der Zeit abgespielt haben, sondern umfasst auch historische Themen, die sämtliche Aspekte des politischen Lebens in Deutschland berühren.

Um welche Gemeinschaften es geht

Im Lauf des vergangenen Jahrhunderts sind in Deutschland Dutzende von Diasporagemeinschaften entstanden, die Einfluss auf die sie umgebende Welt genommen haben. Jede dieser Diasporas hat ihre eigene Geschichte, in der sie die Politik und Kultur der deutschen Regionen, in denen sie sich angesiedelt hat, mit der Politik und Kultur ihres Herkunftslandes verbindet. Weil sie die Verbindungen zu ihren Heimatländern auch dann noch aufrechterhielten, als eine zweite, dritte und sogar vierte Generation, die größtenteils in Deutschland geboren und aufgewachsen ist, die Leitung ihres organisatorischen Lebens übernahm, sind diese Diasporainteraktionen zu einem Routineaspekt der deutschen Politik geworden. Doch auch als fester Bestandteil der politischen Debatte in Deutschland ruft die Diasporapolitik immer noch erhebliche Anfeindungen seitens deutscher gesellschaftlicher Gruppen hervor, die den wachsenden Einfluss von Migranten und ihren Nachkommen mit anhaltendem Misstrauen sehen. Das Ausmaß, in dem die Diasporapolitik heute die deutsche Gesellschaft durchdringt, zeigt sich auch daran, dass sich konkurrierende deutsche politische Milieus aktiv an den Kontroversen beteiligen, die die Diasporas in ihrem Umfeld beschäftigen.

Um zu untersuchen, wie die Diasporadynamiken die deutsche Gesellschaft verändert haben, nimmt dieses Buch fünf Gemeinschaften in den Blick, deren Kämpfe eine besonders prominente Rolle in der Politik der Bundesrepublik gespielt haben. Jede dieser Diasporas war das Produkt spezifischer Formen der Migration in entscheidenden Momenten der europäischen Geschichte und zog im Laufe der Jahrzehnte weitere Migrationswellen nach sich. Obwohl sie sich in ihrer Größe erheblich voneinander unterscheiden, waren die Konflikte, die ihre Herkunftsländer in die Krise stürzten, in jedem einzelnen Fall mit den Vermächtnissen von Diktatur und Krieg verknüpft, die die deutsche Geschichte während des Wilhelminischen Kaiserreichs des späten 19. Jahrhunderts, der Weimarer Republik, der nationalsozialistischen Gewaltherrschaft, der Blockkonfrontation im Kalten Krieg und den Herausforderungen der Wiedervereinigung in einer neuen Ordnung nach dem Ende des Kalten Krieges geprägt haben.

Die Türken und die Kurden

Das erste Kapitel beschäftigt sich mit der politischen Polarisierung, die zu den tiefen Spaltungen innerhalb der türkischen und der kurdischen Diaspora geführt hat. Von anthropologischen Arbeiten zum religiösen Leben aus der Feder von Gelehrten wie Werner Schiffauer[38] bis zu Ayca Arkilics Studie der Rolle von Diasporagruppen in der türkischen Diplomatie[39] oder Aliza Marcus' Einsichten in ihren Beitrag zum Aufstieg des kurdischen Nationalismus[40] sind die sozialen Folgen der Migration aus der Türkei nach Deutschland seit Jahrzehnten Gegenstand der Faszination. Dieses Kapitel untersucht, wie sich die Fragmentierung nach Klassen-, Generations-, Geschlechts- und politischen Gesichtspunkten unter Türken und Kurden innerhalb der Diasporagemeinschaften in Deutschland vollzogen hat und wie die Massenmigration Interaktionen auf allen politischen Ebenen zwischen der türkischen und der deutschen Gesellschaft nach sich gezogen hat.

Die iranische Diaspora

Das zweite Kapitel widmet sich der spannungsgeladenen Politik der iranischen Diaspora. Wie Quinn Slobodian festgestellt hat, spielten iranische Studierende eine Schlüsselrolle bei der Transformation und Radikalisierung der Linken im Westdeutschland der 1960er-Jahre.[41] In ihrer Arbeit über die Integrationspfade iranischer Gemeinschaften hat Sahar Sadeghi nützliche Einsichten darüber geliefert, wie transnationale Verbindungen zwischen Aktivisten die Interaktion iranischer Migranten mit staatlichen Institutionen in ihren Niederlassungsländern und ihre Reaktion auf Krisenmomente im Iran selbst beeinflusst haben.[42] Auf diesen Perspektiven aufbauend, wird das Kapitel im Detail nachzeichnen, wie die Erfahrungen der iranischen Migranten, die nach 1945 in die Bundesrepublik kamen, von einer viel längeren, bis ins 17. Jahrhundert zurückreichenden Geschichte der deutsch-iranischen Beziehungen zehrten und wie sie trotz ihrer relativ begrenzten Zahl eine herausragende Stellung in der Politik Deutschlands nach dem Ende des Kalten Kriegs eingenommen haben.

Der Nahe Osten

Der Umgang des deutschen Staates mit Diasporagemeinschaften aus Israel und der arabischen Welt als Spiegelbild des sich im Lauf der vergangenen Jahrzehnte wandelnden Verhältnisses zwischen Deutschland und den Gesellschaften im Nahen Osten ist Thema des dritten Kapitels. Der historische Hintergrund der deutsch-arabischen Beziehungen wurde von Historikern wie Thomas Scheffler erforscht,[43] während Studien von Soziologen wie Khalil Rinnawi den jüngeren kulturellen Werdegang der arabischen Diasporas behandeln.[44] Durch den Vergleich und die Gegenüberstellung der unterschiedlichen Erfahrungen diverser arabischer Diasporamilieus in der Bundesrepublik prüft dieses Kapitel, inwieweit bestimmte soziale Strukturen und Beziehungen zu den Herkunftsstaaten spezifische Integrationspfade für jede mit Israel und der arabischen Welt verbundene Diaspora eröffnet haben.

Die ex-jugoslawische Diaspora

Das vierte Kapitel behandelt die Diasporas, die aus den jugoslawischen Nachfolgestaaten hervorgegangen sind. Jüngere Arbeiten von Christopher Molnar[45] sowie meine eigenen Recherchen für mein Buch *Fragmented Fatherland*[46] zeigen das Ausmaß, in dem sich die Gedächtnispolitik im Zusammenhang mit dem Erbe des Zweiten Weltkriegs auf die Entwicklung dieser Diasporas ausgewirkt hat. Wichtige Beiträge von Paul Hockenos[47] beleuchten den Einfluss, den Aktivisten in Diasporagemeinschaften auf die nationalistischen Bewegungen hatten, die das Auseinanderfallen Jugoslawiens anheizten. Das Hauptaugenmerk dieses Kapitels wird darauf liegen, wie solche Bewegungen in diesen Diasporas in einem europäischen Krisenmoment ideologische Partner in der Bundesrepublik fanden und welche Spuren dies bei den nachfolgenden Generationen hinterlassen hat.

Die Ukrainer in der Diaspora

Das fünfte Kapitel nimmt die Interaktion des deutschen Staats mit der ukrainischen Diaspora in den Blick, um eine allgemeinere Perspektive auf das angespannte Verhältnis zwischen Deutschen und osteuropäischen Völkern zu entwickeln. Die grundlegenden Arbeiten von Anna Holian[48] und Yury Boshyk[49] haben nachgezeichnet, wie das nationalsozialistische Regime und seine Nachfolger nach 1945 versuchten, die Kontrolle über ukrainische Vertriebene auf deutschem Boden auszuüben. Es gibt jedoch weniger Analysen dazu, wie sich die ukrainischen Diasporainstitutionen, die in den späten 1940er- und 1950er-Jahren aus dieser Erfahrung heraus entstanden, mit einer transnationalen ukrainischen Infrastruktur verbanden, die die allgemeine westliche Politik gegenüber der sowjetischen Ukraine beeinflusste und nach dem Zusammenbruch der UdSSR stark an der Entstehung eines unabhängigen ukrainischen Staates beteiligt war. Indem es die Entwicklung der Beziehungen zwischen Deutschen und Ukrainern im Lauf des vergangenen Jahrhunderts nachvollzieht, kann dieses Kapitel auch zu einem besseren Verständnis dafür beitragen, wie diese Diaspora die gegenseitige Wahrnehmung von Deutschen und Ukrainern in Kriegs- und Friedenszeiten beeinflusst hat.

Andere Diasporas in Deutschland

Die Erforschung von Diasporas in Deutschland betrifft so viele unterschiedliche Gruppen und Erfahrungen, dass es unweigerlich Leerstellen in einer solchen Art vergleichender Einführung in das

Diasporaleben geben muss. Die im vorliegenden Buch untersuchten Gruppen sind alle eng mit anderen Aspekten meiner eigenen Forschung verbunden, die sich mit den Beziehungen zwischen Mitgliedstaaten der Europäischen Union und den Staaten im weiteren Umfeld der EU befasst. Mein Arbeitsschwerpunkt auf bestimmten Diasporas und Nachbarstaaten der EU bringt es mit sich, dass ich weniger mit den Erfahrungen einiger Staaten und Diasporas vertraut bin, die ebenfalls tief greifende Auswirkungen auf die Gesellschaftsordnung Deutschlands nach der Wiedervereinigung hatten.

Die vielleicht wichtigste dieser Diasporas ist die vietnamesische Gemeinschaft in Deutschland. In ihrer inneren Spaltung zwischen den südvietnamesischen Flüchtlingen, die in den späten 1970er-Jahren als sogenannte »Boat People« nach Deutschland kamen, und den überwiegend nordvietnamesischen Vertragsarbeitern, die von der DDR angeworben wurden, verfügt die vietnamesische Diaspora über ihre eigenen komplexen Spannungen sowie eine nicht zu unterschätzende Präsenz in Deutschland. Hier können die Arbeiten von Kien Nghi Ha, Uta Beth,[50] Frank Bösch und Phi Hong Su[51] als Ausgangspunkt für eine breiter angelegte Studie dazu dienen, wie die vietnamesische und andere ostasiatische Migranten-Gemeinschaften in Deutschland die Art von politischem Einfluss entwickelt haben, die dieses Buch im Zusammenhang mit anderen Diasporagruppen analysiert. In ähnlicher Weise können künftige Versuche zur Erforschung des Einflusses kamerunischer, nigerianischer, eritreischer und anderer afrikanischer Diasporas auf die Politik der Bundesrepublik gewinnbringend an die Untersuchungen von Robbie Aitken, Eve Rosenhaft,[52] Abdulkader Saleh Mohammad[53] oder Ruth Mayer anknüpfen.

Auch die spanische, die griechische und die italienische Diaspora werden im vorliegenden Buch am Rande erwähnt, aber nicht näher beleuchtet. Seit den 1980er-Jahren unterscheidet sich der rechtliche und politische Status dieser Diasporas durchaus von den in diesem Buch beschriebenen Gruppen. Ihre Herkunftsländer gehörten bereits der Europäischen Gemeinschaft und dann der Europäischen Union an, als das Konzept einer auf der europäischen Integration basierenden gemeinsamen Staatsbürgerschaft mit den Verträgen von Maastricht und Amsterdam 1992 und 1996 eine konkretere rechtliche Bedeutung gewann. Zwar haben auch diese Diasporas enorme Spuren in der Kultur der Bundesrepublik hinterlassen, doch brachte es ihr Staatsbürgerstatus mit sich, dass sich ihr politisches Leben und ihre gesellschaftliche Position anders entwickelten als in jenen Gemeinschaften, die die EU-Staatsbürgerschaft erst viel später (wie die Kroaten) oder gar nicht erworben haben (wie die Türken und Ukrainer). Dementsprechend müssen sie als eine eigene politische und soziale Erfahrung separat untersucht werden.

Der Platz der Diasporas in der deutschen Gesellschaft

Weil dieses Buch dem Einfluss zentraler Diasporagemeinschaften auf die deutsche Politik des letzten Jahrhunderts gewidmet ist, streift es andere Aspekte der Diasporaidentität und -kultur lediglich; sie sind detailliert an anderer Stelle beschrieben worden. Die Auswirkungen von Veränderungen im bundesdeutschen Asylrecht auf solche Gemeinschaften haben Historiker wie Patrice Poutrus in gründlichen Studien untersucht.[54] Die Machtdynamiken im Zusammenhang mit Geschlechterkonflikten in Diasporagemeinschaften, deren organisatorisches Leben oft ausgesprochen patriarchalisch geprägt ist, sind Gegenstand wichtiger Forschungsarbeiten von Anna Korteweg, Gökçe Yurdakul[55] und Stefanie Boulila.[56] Auch der zunehmende wirtschaftliche Einfluss von Diasporagemeinschaften hat bei Historikerinnen wie Dorothea Goebel, Ludger Pries[57] oder Barış Ülker[58] große Beachtung gefunden.

Jeder dieser unterschiedlichen Ansätze eröffnet wichtige Einsichten in die Erfahrung der Migration und die Herausbildung von Diasporas in der Bundesrepublik. Im Herzen der Diasporadilemmata gegenüber Herkunfts- und Niederlassungsländern stehen jedoch nach wie vor grundlegende politische Fragen der Loyalität, des Widerspruchs und der Inklusion. Denn die Frage »woher kommst du?«, mit der so viele Menschen mit Diasporahintergrund konfrontiert werden, enthält den impliziten Verdacht, dass derjenige, den man das fragen muss, auf keinen Fall »von hier kommt«, wo auch immer dieses »Hier« ist.

Das Ringen um ein Gleichgewicht zwischen einem starken Gefühl der Verbundenheit mit einem fernen Heimatland und der Notwendigkeit, einen Platz in der Gesellschaft zu finden, in der sich die eigene Familie angesiedelt hat, bringt eine Spannung ins Diasporaleben, die so frustrierend wie inspirierend sein kann. In einer bisweilen kulturell und politisch feindselig erscheinenden Umwelt besteht der Reiz des Diasporalebens darin, dass es verwandtschaftliche und organisatorische Bindungen aufrechterhält, durch die man die Herausforderung, sich in einer Welt zurechtzufinden, in der Fragen der sozialen Identität und der Loyalität zum Staat nicht selbstverständlich sind, mit anderen teilen kann, die sich in der gleichen Zwangslage befinden.

In einer Zeit, in der nach den jüngsten Zahlen des Statistischen Bundesamts mehr als 22 Millionen Menschen in Deutschland im weitesten Sinne über einen Migrationshintergrund verfügen,[59] ist ein großer Teil der deutschen Gesellschaft mittlerweile mit den Freuden und Dilemmata der Diasporaidentität vertraut. Im Zuge der Integration von Millionen von Menschen mit Verbindungen zu Diasporagemeinschaften hat Deutschland auch deren politische Traditionen und kulturelle Praktiken in einer Weise übernommen, die das Deutschsein verändert hat. Statt eine gesellschaftliche Nische zu besetzen, steht die Diasporaerfahrung im Mittelpunkt der deutschen Politik und Kultur des 21. Jahrhunderts. Wenn wir besser verstehen wollen, was es heißt, deutsch zu sein, müssen wir die Diasporas verstehen, die Deutschland mit zu dem gemacht haben, was es heute ist.

Rund 100 Demonstranten, viele von ihnen mit türkischem Hintergrund, versammeln sich am Kottbusser Tor in Berlin, um Solidarität mit dem Protest in Istanbul zu bekunden, der von der türkischen Polizei gewaltsam aufgelöst wurde. (31. Mai 2013)

KAPITEL 1

Alte Reiche und neue Eliten – die türkische und die kurdische Diaspora

Sollten Sie jemals einen Freundeskreis ruinieren wollen, schlagen Sie einfach eine Partie *Diplomacy* vor. *Diplomacy* ist ein Brettspiel mit der Karte Europas um 1890, in dem der Zufall keine Rolle spielt. Jeder Mitspieler sucht sich eine der sechs führenden Großmächte aus und notiert in jeder Runde seinen Zug auf einem Blatt Papier, bevor er bekannt gibt, welche kleinere Nation oder benachbarte Macht er angreifen wird. Was das Spiel zu einer erbitterten Zerreißprobe macht, ist der Umstand, dass man nur etwas gewinnen kann, wenn man sich mit anderen Mitspielern und Mitspielerinnen abspricht und seine vereinten Kräfte gegen einen Rivalen einsetzt. Wie in der echten Diplomatie kommt es zwischen den Runden zu Geheimtreffen, in denen sich alle Beteiligten um ihren größtmöglichen Vorteil bemühen.

Zusammen mit einem Kreis hoffnungsloser Politiknerds habe ich in der Schule einmal im Halbjahr *Diplomacy* gespielt. Einer der Mitspieler war ein deutsch-türkischer Freund aus meiner Wasserball-Jugendmannschaft, der sich stets lieber gegen eine drohende Niederlage stemmte, als einen leichten Sieg einzufahren. Wann immer er konnte, bestand er darauf, als Osmanisches Reich zu spielen, obwohl seine Position auf dem Brett am ehesten von anderen Mächten unter Druck gesetzt wurde.

Bei einer der letzten Gelegenheiten, als wir das Spiel vor dem Ende unserer gemeinsamen Schulzeit zusammen spielten, verfolgte er eine besondere Absicht. Vor jeder Runde geheimer Verhandlungen mit den Spielern und Spielerinnen, die Italien, Österreich-Ungarn und Russland gewählt hatten, taktierte er, um seine Osmanen im Spiel zu halten. Im Lauf der Zeit aber schien seine Position schwächer zu werden, während andere ihre Stärke ausbauten. Nachdem wir bestimmt schon sieben Stunden gespielt hatten, kippte die Situation zum Entsetzen aller anderen schlagartig. Als Österreich-Ungarn, Italien und Russland angriffen, stellten sie plötzlich fest, dass sie das Team der Osmanen nicht daran hindern konnten, den Balkan und Nordafrika zu erobern. Ein schockiertes Österreich-Ungarn, das, wenn es nicht gerade *Diplomacy* spielte, ein friedensbewegter Grüner war, rief aus: »Verdammt noch mal, du verlogenes Arschloch, du hast mir versprochen, dass ich den Angriff mit Unterstützung des Osmanischen Reichs führen könnte!« Worauf sich unser osmanischer Freund grinsend zurücklehnte und sagte: »Du solltest glauben, dass du der Chef bist. So gewinnen meine Leute jedes Mal.«

Der Beginn: Das deutsch-türkische Anwerbeabkommen und die Folgen

Zu der Zeit, als mein Freundeskreis Mitte der 1990er-Jahre den Aufstieg des Osmanischen Reichs nachspielte, waren die türkische und die kurdische Gemeinschaft in weiten Teilen Deutschlands bereits stark vertreten. Für jemanden, der 1990 nach Deutschland kam, waren Türkinnen und Kurdinnen ein fast so selbstverständlicher Teil der sozialen Landschaft wie jede andere Bevölkerungsgruppe in der Bundesrepublik auch. Bis 1989 hatten verschiedene Milieus innerhalb der türkischen und der kurdischen Gemeinschaft bereits Machtpositionen im örtlichen Geschäftsleben und in der Lokalpolitik erlangt, auch wenn sie immer noch mit hartnäckiger Diskriminierung und einem viel größeren Maß an wirtschaftlicher Ungleichheit kämpfen mussten.

Der starke Zuzug türkischer und kurdischer Einwanderer nach der Unterzeichnung des Anwerbeabkommens zwischen der Türkei und der Bundesrepublik am 30. Oktober 1961 markierte nicht das Aufeinanderprallen getrennter Welten. Er baute vielmehr auf langjährigen Traditionen des kulturellen Austauschs auf. Die türkisch- und kurdischsprachigen Migranten und Migrantinnen, die nach 1961 in großer Zahl in die Bundesrepublik kamen, hatten kulturelle Vorstellungen und Bilder von Deutschland im Kopf, die ihre unmittelbaren Reaktionen auf das Land prägten, in dem sich viele von ihnen niederlassen würden. Als sie die Rahmenvereinbarung aushandelten, die den Arbeitskräftemangel der BRD ausgleichen und die wirtschaftliche Entwicklung der Türkei voranbringen sollte, konnten die türkischen und die westdeutschen Diplomaten auf Jahrzehnte umfangreicher staatlicher Kontakte zurückblicken. Auch beeinflussten die historische Erinnerung an die Kriege gegen das frühneuzeitliche Osmanische Reich sowie spätere strategische Partnerschaften mit seinen Nachfolgestaaten die anfänglichen Reaktionen der westdeutschen Öffentlichkeit auf die türkischen und kurdischen Migranten.

Die Städte und Dörfer, aus denen die erste Generation türkischer und kurdischer Gastarbeiter stammte, waren zutiefst von Jahrzehnten wirtschaftlicher und politischer Turbulenzen beeinflusst, in denen Deutschland oft eine Rolle gespielt hatte. Die Eltern und Großeltern vieler türkischer Migranten und Migrantinnen, die sich in den 1960er-Jahren für den Zuzug in den deutschen Arbeitsmarkt entschieden, waren durch die Erfahrung großflächiger Bevölkerungsvertreibungen während der Balkankriege, des Ersten Weltkriegs und der anschließenden Unabhängigkeitskriege geprägt worden. In den 1920er-Jahren mussten Dörfer in ganz Anatolien eine große Zahl muslimischer Flüchtlinge vom Balkan aufnehmen, die oft wiederum Griechen und Armenier ersetzten, deren Vertreibung oder Ermordung durch die Machthaber des in sich zusammenbrechenden spätosmanischen Regimes in die Wege geleitet worden war. In ihren ersten Jahrzehnten erlebte die postosmanische Türkische Republik einen verwirrenden sozialen Wandel, als Atatürks Modernisierungsprojekte einen radikalen Umbau der kulturellen Normen und der Wirtschaftsproduktion erzwangen.

Die Kindheit und Jugend der ersten Gastarbeitergeneration stand unter dem Eindruck weiterer Brüche in den 1940er- und 1950er-Jahren. Die nach 1946 einsetzende Demokratisierung der Türkei ermöglichte den Aufstieg von Adnan Menderes und seiner Demokratischen Partei (DP) in eine überwältigende Machtposition. Unter Menderes' Regierung wurden die Industrialisierung und Mechanisierung der Landwirtschaft mit Krediten aus den USA und der BRD unterstützt, die der Ministerpräsident auch für Infrastrukturprojekte zur Verbesserung des Transport- und Kommunikationswesens im ländlichen Raum nutzte. Diese Entwicklungen beschleunigten die Binnenmigration innerhalb des Landes und schufen damit ein Reservoir mobiler Arbeitskräfte, das ab den späten 1950er-Jahren die Grundlage für die Gastarbeitergemeinschaften in Westeuropa bilden sollte. Die ökonomischen Verwerfungen, die ein so plötzlicher Wandel in der ganzen Türkei auslöste, schürten auch die ideologischen Spannungen zwischen der Parteimaschine der DP und der alten kemalistischen Führungsschicht. Dieser Machtkampf zwischen der neuen und der alten Elite gipfelte 1960 in einem Militärputsch und im September 1961 schließlich in Menderes' Hinrichtung, nur einen Monat, bevor das Gastarbeiterabkommen unterzeichnet wurde. Im Schatten dieser Erfahrung des gesellschaftlichen Umbruchs und der politischen Erschütterungen kamen die ersten türkischen Migranten und Migrantinnen in die Bundesrepublik.[1]

Die historischen Wurzeln

Wann immer man glaubt, man habe einen Ausgangspunkt für diese Wanderbewegung von Menschen zwischen der deutschsprachigen Welt und den Territorien, die heute die Türkische Republik ausmachen, bestimmt, findet sich stets ein Ereignis, ein Zusammenhang oder eine Geschichte, die einen zwingen, noch weiter in die Vergangenheit zurückzugehen. Die von der Habsburger-Dynastie dominierten deutschen und italienischen Territorien bildeten nach 1380 keine geschlossenen Kulturräume, sondern standen in beständigem Austausch mit dem aufsteigenden Osmanischen Reich. Auf dem Höhepunkt seiner Macht führte die enge Nachbarschaft des Osmanischen Reichs mit der deutschsprachigen Welt nicht nur zu verheerenden Kriegen, sondern auch zu Handel und kulturellem Austausch, die auf einem permanenten Kreislauf von Menschen beruhten.[2]

Die Niederlagen der Osmanen nach ihrer zweiten Belagerung Wiens 1683 verdrängten sie aus den Machtzentren des Heiligen Römischen Reichs auf den Balkan, dessen Grenzen im Frieden von Karlowitz 1699 neu gezogen wurden. Doch die Händler, Diplomaten, Künstler und Söldner, die diese Grenzen regelmäßig überquerten, hielten die Verbindungen zwischen beiden Gesellschaften aufrecht. Abenteurer wie Osman Ağa aus Timişoara, der seine Eskapaden als Soldat, Gefangener und Diplomat zwischen Wien und Istanbul in seiner Autobiografie unterhaltsam schilderte, waren eine typische Begleiterscheinung des Lebens an den Grenzen zwischen zwei Weltreichen.[3]

Solche Kontakte zwischen der osmanischen und der deutschsprachigen Welt entwickelten sich parallel zur Ausbildung jener nationalen Identitäten, die die europäischen Gesellschaften im frühen 21. Jahrhundert immer noch bestimmen. Der Zerfall der religiösen und politischen Einheit des Heiligen Römischen Reichs, der sich über Jahrhunderte erstreckte und 1806 in dessen

Auflösung durch Napoleon gipfelte, verlief parallel zu Versuchen, den osmanischen Staat zu reformieren. Die ideologischen Debatten über Nation und Identität, die die Einigung Deutschlands unter preußischer Herrschaft nach 1866 vorwegnahmen, wurden von den osmanischen Intellektuellen aufmerksam verfolgt.

Nachdem die Bemühungen, eine gemeinsame osmanische Identität zu propagieren, nicht recht verfangen wollten, nahmen sich die politischen Gruppierungen in Anatolien und auf dem Balkan, die den Staat auf ethnisch-türkischer Grundlage zu verankern gedachten, die militärischen Erfolge von Bismarcks Deutschland zum Vorbild. Bei Intellektuellen wie Basîretçi Ali Efendi, Ahmed Midhat und Sadullah Pascha hinterließ der Aufenthalt im Deutschland des späten 19. Jahrhunderts einen tiefen Eindruck, der bei den osmanischen Eliten eine Faszination für die deutsche Gesellschaft auslöste.[4] Bereits in den 1830er-Jahren förderten preußische Missionen zur Stärkung der osmanischen Armee, mit denen die Laufbahn Helmuth von Moltkes begann, solche engeren Verbindungen. Aufbauend auf diesen Beziehungen, konzentrierten sich Deutschlands Bemühungen zur Stärkung seiner globalen Position auf Eisenbahnprojekte und Militärhilfen mit dem Ziel, seinen Einfluss auf die osmanische Gesellschaft zu festigen. Die Entscheidung der militärischen Fraktion der »Jungtürken«, die 1909 unter der Führung von Enver Pascha die Macht ergriff, sich zu Beginn des Ersten Weltkriegs mit Deutschland zu verbünden, markierte den Höhepunkt einer jahrzehntelangen strategischen Partnerschaft. Die vom Deutschen Kaiserreich zur Unterstützung der osmanischen Kriegsanstrengungen bereitgestellten Ressourcen brachten deutsche Soldaten und Offiziere ins Zentrum der osmanischen Feldzüge sowie in unmittelbare Nähe zu den sozialen Unruhen und Gräueltaten, von denen die Gesellschaften auf dem Balkan, in Anatolien und in der Levante im Lauf des Krieges überrollt wurden.

Trotz der im Ersten Weltkrieg und im anschließenden türkischen Unabhängigkeitskrieg erfahrenen Verheerungen blieben die Verbindungen zu Deutschland auch dann stark, als eine neue Führung unter Kemal Atatürk den Aufbau eines türkischen Nationalstaats vorantrieb. Die von osmanischen Heeren im Ersten Weltkrieg an der armenischen Bevölkerung verübten Gräuel hinderten die Weimarer Republik nicht daran, engere Beziehungen zu knüpfen. Im Zuge von Atatürks Projekt der Nationenbildung wurden Minderheiten, darunter die kurdische Bevölkerung im Südosten, unter enormen Druck gesetzt, sich an eine gemeinsame Identität zu assimilieren – ein Vorgehen, das ein bitteres Erbe für künftige Generationen hinterließ.

Der neue Staat weitete den Zugang zur universitären Bildung und Berufsausbildung mit Nachdruck aus, um sein Nationenbildungsprojekt zu verankern. In seinem Bemühen um die Qualifikation türkischen Personals für Schulen, Hochschulen und Ausbildungsprogramme unterstützte er auch weiterhin Türken, die in Deutschland studierten. Zudem warben türkische Universitäten deutsche Akademiker an, um mit ihrer Hilfe den türkischen Staat im Sinne des von der neuen Republikführung vorangetriebenen Modernisierungsprojekts zu reformieren. Diese Kontakte blieben auch nach 1933 bestehen, obwohl die Demokratie in Deutschland zusammenbrach und Atatürk sich um die Unterdrückung der inneren Opposition bemühte. Dadurch geriet der türkische Staat in die schwierige Lage, die Zusammenarbeit mit dem nationalsozialistischen Regime zu suchen und gleichzeitig Exilanten zu rekrutieren, die vor dessen Brutalität flohen.[5]

Nach Atatürks Tod 1938 versuchte die regierende Republikanische Volkspartei (CHP) unter Präsident İsmet İnönü, die türkische Neutralität im Zweiten Weltkrieg zu wahren, während sie gleichzeitig um die Aufrechterhaltung eines Einparteienstaats im eigenen Land kämpfte. Die türkische Gesellschaft aber konnte sich den Verwüstungen, die das nationalsozialistische Regime angerichtet hatte, der Ausbreitung des sowjetischen Kommunismus und der plötzlichen Vorherrschaft der Vereinigten Staaten im Mittelmeerraum nicht entziehen.[6] Die Aufgabe der Neutralität mit dem Beitritt der Türkei zum NATO-Bündnis aus Furcht vor einer sowjetischen Aggression versetzte eine wirtschaftlich immer noch unterentwickelte Gesellschaft in ein von den USA angeführtes Sicherheitssystem, in dem die Bundesrepublik eine zentrale Rolle spielte. Innenpolitisch beendete die Machtübernahme der Demokratischen Partei (DP) unter Adnan Menderes nach der vernichtenden Wahlniederlage der CHP im Mai 1950 die Ära der Einparteienherrschaft und öffnete den Raum für größere politische und kulturelle Freiheiten. Gegen Ende der 1950er-Jahre wurde die Mitgliedschaft in einem gemeinsamen westlichen Bündnissystem zur Grundlage für starke wirtschaftliche und politische Verbindungen zwischen der Türkei und der Bundesrepublik.

Der soziale Werdegang der türkischen und kurdischen Einwanderer und Einwanderinnen in der Bundesrepublik blieb von diesen sich überschneidenden historischen Zeitrahmen nicht unberührt. Die lange Geschichte des Zusammenspiels zwischen der deutschsprachigen Welt und dem Osmanischen Reich bildete die Quelle kultureller Narrative, die lange nach dem Frieden von Karlowitz den Blick der Eliten und der breiten Bevölkerung aufeinander beeinflussten. Die Wechselwirkungen zwischen den Staatsbildungsprojekten in der deutschen und der osmanischen Welt schufen ein gemeinsames historisches Gedächtnis, das die Zusammenarbeit von Institutionen und politischen Entscheidungsträgern bis in die Zeit des Kalten Krieges prägte. Die Städte und Dörfer, in denen die Gastarbeiter und Gastarbeiterinnen aufwuchsen, waren überschattet von der Erinnerung an die Schrecken des Ersten Weltkriegs und den anschließenden Bemühungen zur Errichtung von Atatürks neuer Gesellschaftsordnung. Die unmittelbare Lebenserfahrung noch des jüngsten Gastarbeiters in den 1960er-Jahren umfasste den rasanten sozialen Wandel im Zusammenhang mit dem Aufstieg der DP, gefolgt von einer extremen politischen Polarisierung, die durch den Militärputsch von 1961 nur kurzzeitig unterdrückt wurde.

Die ruhigen »braven« Jahre

In den ersten Jahren des Gastarbeiterprogramms förderte der relative Mangel an politischen Aktivitäten unter den türkischen Einwanderern im Vergleich zu den Protesten spanischer oder kroatischer Gastarbeiter auf den höheren Ebenen des westdeutschen Staats den Eindruck, die Türken seien politisch passiver als andere Gruppen. Dass zu den Neuankömmlingen auch etliche Kurden zählten, blieb in den Medien weitgehend unbeachtet; dort neigte man vielmehr dazu, über Gastarbeiter und Gastarbeiterinnen in groben Verallgemeinerungen zu diskutieren und den Komplexitäten ihrer Herkunftsländer wenig Aufmerksamkeit zu schenken. Für die deutschen Sicherheitsbehörden und Diplomaten, die mit den Auswirkungen des politischen Aktivismus anderer Gastarbeitergruppen zu kämpfen hatten, schien das Ausbleiben ernsthafter Schwierigkeiten in den frühen 1960er-Jahren zu bestätigen, dass der türkische Staat und das bundesdeutsche Arbeitsministerium mit seinen Überprüfungen im Zuge des Anwerbeprozesses für Gastarbeiter potenzielle Störenfriede erfolgreich aussortiert hatten.

Doch bereits in dieser frühen Phase der Einwanderung gab es Anzeichen dafür, dass politische Turbulenzen in ihrem Heimatland auch das Leben türkischer und kurdischer Gastarbeiter und Gastarbeiterinnen in der Bundesrepublik beeinflussen würden. Bereits 1964 wurden die deutsche Polizei und die Beamten im Arbeitsministerium von einem offenen Konflikt zwischen türkischen und griechischen Gastarbeitern überrascht.[7] Als die ethnischen Spannungen zwischen Griechen und Türken auf Zypern Mitte der 1960er-Jahre in einen Bürgerkrieg ausarteten, kam es in verschiedenen Fabriken in der BRD zu heftigen Auseinandersetzungen zwischen Griechen und Türken, nachdem die Nachrichten von den Kämpfen die Runde gemacht hatten. In einem Betrieb in Baden-Württemberg brach eine Massenschlägerei zwischen Griechen und Türken aus, nachdem ein Gastarbeiter ein pro-griechisch-zypriotisches Transparent in der Kantine aufgehängt hatte.[8] Obwohl die Rivalitäten innerhalb der griechischen Diaspora über die Unterstützung oder Ablehnung der 1967 an die Macht gekommenen griechischen Militärjunta die Spannungen mit den türkischen Nationalisten überschatteten, entzündeten sich an Krisenmomenten zwischen Griechenland und der Türkei, wie der türkischen Militärintervention auf Zypern 1974, immer noch gelegentliche Konflikte.[9]

Wie die vehementen Reaktionen auf die zypriotischen Ereignisse unter den Gastarbeitern mit türkisch-nationalistischer Ausrichtung spiegelten auch die inneren politischen Rivalitäten in der türkischen Diaspora die Heftigkeit der ideologischen Polarisierung in der Türkei wider. Die Gruppierungen, die den Militärputsch befürworteten, hofften darauf, dass eine neue Verfassung und Wahlen nach Menderes' Hinrichtung dem Einfluss der DP-Führer ein Ende bereiten würden, denn sie unterstellten ihnen eine übermäßige Bereitschaft, vorkemalistische religiöse Traditionen wiederzubeleben, um sich die Zustimmung der ländlichen Wählerschaft zu sichern. Doch das Bündnis sozial-konservativer politischer und unternehmerischer Netzwerke, die Menderes geholfen hatten, die DP aufzubauen, fand in der Gerechtigkeitspartei (Adalet Partisi, AP) unter Führung von Süleyman Demirel erneut zusammen. Zwar agierte Demirel umsichtig, um keine Gegenreaktionen zu provozieren, doch eröffnete diese Atmosphäre politischer Polarisierung und wirtschaftlichen Wandels linksextremen Bewegungen die Möglichkeit, Unterstützung in den illegal am Rand der Großstädte errichteten Arbeitervierteln (*gecekondus*) zu finden, die immer noch nicht richtig an die Grundversorgung angeschlossen waren. Diese Phase der Gemeinschaftsbildung innerhalb der Gecekondu-Viertel beruhte auf regionalen oder religiösen Loyalitäten zu Gruppen wie Oflus und den Aleviten oder auf ideologischen Links- bzw. Rechtsorientierungen und sollte die Grundlage des Vereinslebens bilden, das die türkischen Migranten und Migrantinnen nach Westeuropa mitbrachten.[10] In ihrer Enttäuschung über das Ergebnis des Putschs von 1961 fanden bald auch die rechtsextremen Bewegungen, die für einen militanten Ultranationalismus eintraten und Verbindungen zu Geheimdiensten und zum organisierten Verbrechen hatten, starken Zulauf.[11]

Dieser Rückfall in die Instabilität wirkte sich rasch auf die türkischen und kurdischen Gemeinschaften aus. Die Straßenkämpfe zwischen linken Demonstranten und der von rechtsextremen Aktivisten unterstützten Polizei in Istanbul, bei denen am 16. Februar 1969 mehrere Menschen ums Leben kamen, zeigten eine Eskalation der politischen Gewalt in der Türkei an, die auch die rivalisierenden politischen Fraktionen der Gastarbeiter in Deutschland radikalisierte.[12] Abgesehen von einigen lokalen Polizeikräften und Journalisten mit Kontakten zu Gastarbeitern schenkten westdeutsche Institutionen auf Bundesebene den ersten Anzeichen für ernsthafte Probleme zwischen türkischen und kurdischen Gastarbeitergruppen kaum Beachtung. Sie waren vielmehr mit den Studentenprotesten sowie außenpolitischen Themen beschäftigt, die die BRD in den späten 1960er-Jahren erschütterten.

Verschärfte Polarisierung: Die Machtübernahme der Militärs 1971 in der Türkei

Als sich das türkische Militär am 12. März 1971 erneut zum Eingreifen in die Politik entschloss, wurde der allgemein als unblutig wahrgenommene Putsch von der Bundesregierung als außenpolitische Angelegenheit behandelt, die in die Zuständigkeit des Auswärtigen Amts fiel. Nachdem das Militär in einem Memorandum mit Forderungen, die den Rücktritt der Regierung Demirel erzwingen sollten, dargelegt hatte, was es als radikale Bedrohung der öffentlichen Ordnung empfand, ging es rasch gegen die extreme Linke vor. Obwohl sich der Generalstab nach wenigen Monaten wieder einer Zivilregierung unterstellte, schrieb er die Verfassung systematisch um, um seine Position zu stärken – unter zähneknirschender Zustimmung vieler westdeutscher Beobachter, die über kommunistische Aktivitäten in der Türkei besorgt waren. Selbst unter Diplomaten und Politikern in Bonn mit sozialdemokratischem Hintergrund wirkte die Befürchtung, linksextreme Bewegungen könnten NATO-Staaten wie die Türkei oder Griechenland dem Sowjetblock annähern, als Hemmschuh für Bemühungen, Druck auf die türkische Militärführung auszuüben – setzte diese sich doch für den Verbleib ihres Landes in dem US-geführten Bündnissystem ein. Trotz des harten Durchgreifens des Militärs und der anhaltenden finanziellen Unterstützung durch die Bundesrepublik und die Vereinigten Staaten beflügelten die sozialen Spannungen infolge der wirtschaftlichen Erschütterungen der frühen 1970er-Jahre den Aufstieg radikal linker und rechter Bewegungen, die von den gemäßigteren türkischen Parteien nur mit Mühe in Schach gehalten werden konnten. Mitte der 1970er-Jahre gewannen die linksextremen Organisationen an Stärke, während die verdeckte Zusammenarbeit der Polizei mit rechtsextremen Terrorgruppen, die den ultranationalistischen Grauen Wölfen und der Partei der Nationalistischen Bewegung (Milliyetçi Hareket Partisi, MHP) nahestanden, Angriffe auf Ziele im Umfeld der Gewerkschaften oder der moderaten Linken ermöglichte.[13]

Die vom türkischen Militär angeführte Welle der Unterdrückung beschleunigte 1971 die Politisierung der türkischen und der kurdischen Diasporagemeinschaften. Gewerkschafter und Linksintellektuelle flohen in die Bundesrepublik und fanden Zuflucht bei gleichgesinnten Gastarbeitern, die ihre eigenen, transnationale Exilgemeinden übergreifenden politischen Vereinigungen gegründet hatten. Die Grauen Wölfe reagierten schnell und hatten bis 1975 ihr eigenes Netz an Gastarbeiterorganisationen geknüpft. Das führte zum endgültigen Zusammenbruch des Schlafsaal-Systems, da verschiedene türkische politische Gruppierungen versuchten, die Kontrolle über die Gebäude zu erlangen, in denen Betriebe Gastarbeiter untergebracht hatten.[14] Angesichts der Zunahme an politischem Aktivismus und politischer Gewalt in den größten Gastarbeiter-Diasporagruppen der Bundesrepublik begann den führenden Politikern der Koalition aus SPD und FDP zu dämmern, dass die Entwicklungen in der Türkei ein Thema nicht nur für die westdeutsche Außen-, sondern auch für die Innenpolitik wurden.

Gleichzeitig bauten die in der Türkei verbotenen Kurdenbewegungen, zu denen auch die ersten Ansätze der PKK zählten, ihre eigenen Organisationen in der BRD auf. Die Revierkämpfe, die mit dem Wachstum solcher politischen Organisationen verbunden waren, führten in Städten mit großem türkischem Bevölkerungsanteil zu Straßengewalt, die mitunter bis zu Schusswaffenangriffen und Bombenattentaten eskalierte. Wie im Fall des Untergrundkampfs zwischen Anhängern der griechischen Militärjunta und gegnerischen Aktivisten in der griechischen Gemeinschaft bedeutete eine plötzliche Verschiebung in den politischen Verhältnissen eines Staats, der Arbeitskräfte exportierte, dass sich die deutschen Strafverfolgungsbehörden inmitten eines Konflikts wiederfanden, den sie nicht vorhergesehen hatten.[15]

Die Dominoeffekte der ideologischen Polarisierung in der Türkei gingen über jene Form von Aktivismus hinaus, die auf die Entwicklungen im Heimatland zielte. Für die Gastarbeiter brachten die späten 1960er- und frühen 1970er-Jahre eine Reihe von Erschütterungen, die ihre Annahmen über ihre Position in der deutschen Gesellschaft auf den Kopf stellten. Eine kurze Rezession im

Jahr 1967 säte in der Bundesregierung Zweifel an der Tragbarkeit des Gastarbeiterprogramms. In der westdeutschen Wählerschaft, die über die wachsende Arbeitslosigkeit besorgt war, wurde die Forderung nach einer Beendigung des Zuzugs von Arbeitskräften zu einem Wahlkampfthema, das zu offenerer Feindseligkeit mancher deutscher Arbeiter gegen ihre migrantischen Kollegen führte.

Auch bewirkten die politischen Unruhen, die sie entweder vor ihrer Ankunft in der BRD miterlebt hatten oder deren Zeuge sie später bei Besuchen in ihren Heimatstädten wurden, bei vielen Gastarbeitern militantere Reaktionen auf eine schlechte Behandlung an ihren Arbeitsplätzen in Deutschland. Dieser Radikalisierungsprozess zeigte sich im August 1973 durch eine Reihe sogenannter wilder Streiks in einem Ford-Werk bei Köln, die auf andere Fabriken in Nordrhein-Westfalen übergriffen. Derartige Auseinandersetzungen erwiesen sich als Wendepunkt für die breite deutsche Öffentlichkeit, die durch Berichte über Streikmaßnahmen von Gastarbeitern von dem Ausmaß politischer Aktivitäten in den türkischen und kurdischen Diasporagruppen Notiz zu nehmen begann. Mit über einem Drittel seiner 36 000 Mitarbeiter hatte das Ford-Werk einen erheblichen türkischen und kurdischen Anteil an der Belegschaft. Auslöser der ohne gewerkschaftlichen Rückhalt organisierten Streikaktion war die Entlassung mehrerer Hundert türkischer Arbeiter, die zu spät aus dem Sommerurlaub zurückgekehrt waren, obwohl Verspätungen bei der Fahrt von der Türkei in die Bundesrepublik in den Jahren davor durch zusätzliche Schichten ausgeglichen worden waren.

Zu den Organisatoren des Streiks gehörten türkische Gastarbeiter und Studierende, die bereits in linken Bewegungen in der Türkei aktiv gewesen waren, bevor sie sich in der BRD Gruppen derselben ideologischen Ausrichtung anschlossen. Viele der türkischen und kurdischen Arbeiter in den Fabrikhallen fühlten sich jedoch zwischen der Solidarität mit ihren Arbeitskollegen und der

Hoffnung auf eine gütliche Lösung des Konflikts hin- und hergerissen. Für Salih Güldiken, der zehn Jahre zuvor aus Istanbul nach Westdeutschland gekommen und frisch in den Betriebsrat gewählt worden war, erwies es sich als unmöglich, gleichzeitig einen Streik zu organisieren und seine deutschen Gewerkschaftskollegen auf ihrer Seite zu halten. Zwar bildeten er und viele andere Arbeitsimmigranten Streikposten, doch bemühte sich Güldiken gleichzeitig darum, über die IG-Metall-Strukturen so viele seiner türkischen und kurdischen Kollegen wie möglich vor Vergeltungsmaßnahmen der Polizei und der Betriebsführung zu schützen, die er für unausweichlich hielt.

Während die den deutschen Gewerkschaften nahestehenden Gastarbeiter um deren Loyalität rangen, ergriffen radikalere und freimütigere, marxistisch-leninistischen Gruppen zuneigende Arbeiter wie Baha Targün die Initiative, weil sie hofften, eine scharfe Konfrontation werde eine breitere Streikbeteiligung auch unter den deutschen Kollegen auslösen. Targün, der vor seiner Anstellung bei Ford an der Universität Köln studiert hatte, gelang es, auf dem Höhepunkt des Protests westdeutsche Studierende zu mobilisieren; zudem wurden direkte Beziehungen zwischen deutschen und türkischen Linksradikalen angeknüpft, für die sich die westdeutschen Nachrichtendienste interessierten. Da einiges darauf hindeutete, dass die Entlassungen von der Unternehmensleitung auch als Mittel angesehen wurden, um ideologisch radikale oder anderweitig unliebsame Arbeitnehmer loszuwerden, schloss sich die Mehrheit der Gastarbeiter dem Streik an, der erst beendet wurde, als die deutsche Belegschaft ihre Beteiligung verweigerte. Wie um Güldikens Befürchtungen zu bewahrheiten und Targüns Hoffnungen zu vereiteln, wurden die Streikposten von Bereitschaftspolizisten mit Unterstützung deutscher Arbeiter und belgischer Streikbrecher, die von der Firmenleitung mit Bussen herangeschafft worden waren, gewaltsam durchbrochen.

Güldiken konnte viele der an den Protesten beteiligten Arbeiter vor Vergeltungsmaßnahmen des Unternehmens und der Polizei bewahren. Für andere, die laut Polizei ein Sicherheitsrisiko darstellten und entlassen oder sogar abgeschoben wurden, genügten seine Bemühungen nicht. Targün wurde nach seiner Entlassung sogar an die türkische Botschaft übergeben, durfte sie jedoch wieder verlassen, nachdem Proteste gegen seine Festsetzung die türkischen Diplomaten in einige Verlegenheit brachten. Er kehrte schließlich 1979 in die Türkei zurück und schlug dort eine journalistische Laufbahn ein. Die Spannung zwischen seinem Radikalismus und dem Versuch von Personen wie Salih Güldiken, im institutionellen Rahmen der westdeutschen Gewerkschaftsbewegung zu arbeiten, sollte das Verhältnis zwischen den linksgerichteten Teilen der türkischen Diaspora und den lokalen politischen Machtstrukturen in vielen westdeutschen Städten weiterhin prägen.

Das Misstrauen türkischer und kurdischer Gastarbeiter gegenüber deutschen Gewerkschaftsführern, die sich bei solchen Auseinandersetzungen auf die Seite der Unternehmensleitungen stellten, war ein weiterer Faktor, der es heimatverbundenen türkischen und kurdischen Organisationen ermöglichte, sich der Loyalität so vieler Angehöriger der ersten Diasporageneration zu versichern. Zwar änderte die westdeutsche Gewerkschaftsbewegung ihre Position und öffnete sich für türkische und kurdische Arbeitnehmer und Arbeitnehmerinnen, nachdem in den späten 1970er-Jahren deutlich geworden war, dass diese dauerhaft in der Bundesrepublik bleiben würden. Doch durch das bittere Erbe der wilden Streiks konnte sie in diesen Milieus nie den Einfluss gewinnen, den sie auf spanische und griechische Migranten und Migrantinnen hatte.

Schwierigkeiten zwischen Einwanderern und Gewerkschaften

Dieses Versäumnis von Gewerkschaften und Parteien in den 1970er-Jahren, auf die türkischen und kurdischen Gastarbeiter zuzugehen, sollte langfristige Folgen für das Zusammenspiel zwischen dem Staat und einigen der größten Einwanderergruppen in Deutschland haben. Zwar richteten westdeutsche Stadtverwaltungen Kultur- und Sozialhilfeprogramme für Gastarbeiter und Gastarbeiterinnen ein, während die Landesrundfunkanstalten wöchentliche Fernseh- und Radioprogramme für sie auflegten, darunter solche in türkischer, nicht aber in kurdischer Sprache. Viele dieser Bemühungen fanden jedoch in Zusammenarbeit mit Diplomaten der örtlichen türkischen Konsulate statt, die das türkische Außenministerium in den 1970er-Jahren in 16 Städten im ganzen Land eröffnet hatte. Derartigen Maßnahmen lag zumeist die Annahme zugrunde, die Unterstützung für die Gastarbeiter sei eine kurzfristige Aufgabe und könne zurückgeschraubt werden, sobald diese in ihre Heimatländer zurückkehrten, obwohl der Schulbesuch einer wachsenden Zahl ihrer Kinder darauf hindeutete, dass diese Gemeinschaften dauerhaft bleiben würden.

Angesichts des zunehmenden Frustes über die Einwanderung bei ihrer Basis in der Arbeiterklasse, die mit wachsender Arbeitslosigkeit zu kämpfen hatte, beendete die SPD-geführte Regierung unter Willy Brandt im November 1973 das Anwerbeabkommen, nur drei Monate nach dem wilden Streik bei Ford in Köln. Obwohl für einige Branchen auch weiterhin befristete Arbeitsvisa erteilt wurden, lag der Schwerpunkt der nachfolgenden Regierungen Schmidt und Kohl hauptsächlich darauf, die Einwanderung zu begrenzen und Türken und Kurden mit finanziellen Anreizen zur Rückkehr in ihre Heimat zu bewegen. Die Annahme, dass die Gastarbeiter in ihre Herkunftsländer zurückgehen würden, bewirkte jedoch eine gewisse Nachlässigkeit in den staatlichen Institutionen, sodass sie von den neuen Wegen und Mechanismen der Einwanderung in die Bundesrepublik nach der Beendigung des Gastarbeitersystems unvorbereitet getroffen wurden. Mochten auch einige Gastarbeiter und Gastarbeiterinnen tatsächlich in ihre Heimatländer zurückkehren, so wandelten viele andere ihre befristete Arbeitserlaubnis in einen dauerhaften Status um. Dass sich so viele zusammen mit Ehepartnern und Kindern auf Dauer niederließen, führte zu wachsender Größe der Diasporagruppen statt zu jenem Rückgang der Einwanderung, auf den Brandt, Schmidt und Kohl gehofft hatten.

Fehlende Einwanderungspolitik in Deutschland

Das anhaltende Wachstum der türkischen und der kurdischen Diaspora setzte die städtische Infrastruktur und die staatlichen Institutionen in der BRD, die nicht auf die Integration von Einwanderergruppen vorbereitet waren, unter erheblichen Druck. Noch als die Zahl der Migrantenkinder in Schulen während der 1960er-Jahre von Jahr zu Jahr stieg, wurde wenig unternommen, um auf Landes- oder Bundesebene eine umfassendere Integrationsstrategie für sie zu entwickeln, weil man immer noch an ihren vorübergehenden Aufenthalt glaubte. Bis 1979 hatten zumindest Lehrkräfte und Schulbehörden auf lokaler Ebene verstanden, dass die Integration der Zuwandererkinder eine langfristige Herausforderung war, die sich nicht in Luft auflösen würde. Dass sich die Institutionen auf Landes- und Bundesebene aber der Realität der Einwanderung verweigerten, eröffnete Diasporaorganisationen wie Moscheen, Arbeitervereinen oder nationalistischen Vereinigungen die Gelegenheit, den Familien der Migranten und Migrantinnen die von ihnen benötigten Dienstleistungen anzubieten. Diese Form der Diasporainfrastruktur war zumal darauf ausgerichtet, die Unterstützung der Gemeinschaften für ideologische Projekte im Hinblick auf ihre Heimatländer zu sichern, nicht auf die westdeutschen Gemeinden, in denen sie Fuß zu fassen suchten.[16] Auch die Bemühungen der türkischen Regierung, die Loyalität der türkischen Exilgemeinde zu binden, wurden nun sichtbar, weil das Netz der türkischen Konsulate in der Bundesrepublik darauf hinarbeitete, den immensen Fluss der Geldüberweisungen in die alte Heimat aufrechtzuerhalten: Sie trugen dazu bei, den völligen Zusammenbruch der türkischen Wirtschaft angesichts einer Zahlungsbilanzkrise zu verhindern.[17]

Konflikte in der Türkei und der Putsch von 1980

Ende der 1970er-Jahre schien die Türkei in eine existenzielle Krise zu schlittern. 1979 geriet das Land, das immer noch mit den komplexen Folgen seines Einmarschs in Zypern zu kämpfen hatte, in eine unglückliche Verkettung politischer, sozialer und wirtschaftlicher Verwerfungen.[18] In Regionen, deren Infrastruktur mit dem massiven Bevölkerungswachstum und den Umweltkosten der industriellen Modernisierung überfordert war, vollzog sich eine politische Radikalisierung der Jugend.[19] Angesichts wöchentlicher Schießereien und Bombenanschläge zwischen links- und rechtsextremen Gruppierungen und der Herausbildung des kurdischen Nationalismus als eines Machtfaktors im Südosten waren die Städte, in die die Gastarbeiter nach der Vorstellung westdeutscher Regierungen zurückkehren sollten, von Instabilität gezeichnet.[20]

Über die Diasporagemeinschaften wirkten sich die zunehmenden inneren Unruhen in der Türkei auch auf die westdeutsche Gesellschaft aus. Die Arbeiterunruhen infolge des globalen Ölpreisschocks Anfang der 1970er-Jahre beeinflussten die ideologische Einstellung und das Vorgehen türkischer Aktivisten in der Diaspora. Organisierte Verbrecherbanden, die von der Globalisierung des Heroinhandels profitierten, mischten sich direkter in die türkische Politik ein, während sie gleichzeitig ihre Verteilernetze in westdeutschen Städten ausbauten. In ihrem Fahrwasser gingen rechtsextreme und islamistische Bewegungen in offener Zusammenarbeit mit der Polizei gewaltsam gegen linke Aktivisten und Aktivistinnen vor, die sie als Bedrohung ihrer Definition der türkischen Identität in der Türkei und in der Bundesrepublik verstanden. Die Radikalisierung der extremen Linken sowie die neu entstehenden kurdisch-nationalistischen Organisationen führten zur Herausbildung von Terrornetzwerken, zu denen auch Ausweichorganisationen gehörten, die unter Mithilfe Syriens und anderer Staaten im Nahen Osten von Unterstützern in der BRD mit Verbindungen zu palästinensischen und anderen transnationalen Terrorgruppen gegründet wurden.

Angesichts dieser Spirale der Gewalt gingen die Armee und der paramilitärische Verband Jandarma in der Türkei hart gegen alles vor, was sie als Bedrohung für den Staat ansahen. Polizei und Geheimdienste, die sich ohnehin selten um die grundlegendsten Menschenrechte scherten, griffen in Gegenden, in denen die Sicherheitslage zusammengebrochen war, zu unverhohlen brutalen Methoden. Ein Umfeld, das von Streiks, polizeilicher Repression und Attentaten gekennzeichnet war, schuf weitere Anreize für ehemalige Gastarbeiter, in der BRD zu bleiben. Als die CHP unter Bülent Ecevit bei den Wahlen vom Oktober 1979 die Macht verlor, herrschten in der Bundesregierung verbreitete Zweifel, ob seine Nachfolger in der von Süleyman Demirel zusammengeschusterten Mitte-Rechts-Koalition die Türkei vor dem Abrutschen in einen Bürgerkrieg bewahren könnten.

Trotz all dieser Anzeichen für einen Zusammenbruch der politischen Ordnung in der Türkei wurde der westdeutsche außenpolitische Betrieb auf dem falschen Fuß erwischt, als in den letzten Stunden des 11. September 1980 die ersten Nachrichten von ungewöhnlich starken militärischen Aktivitäten im westdeutschen Konsulat in Istanbul eintrafen. Erst als die Diplomaten in der

Botschaft in Ankara ihre Kontaktpersonen in der türkischen Führung telefonisch nicht erreichen konnten, begann ihnen zu dämmern, wie viel weiter das Militär gegangen war als 1971. In den frühen Minuten des 12. September bestätigten besorgte Depeschen aus Ankara und Istanbul an das Auswärtige Amt, dass das türkische Militär Demirel in einem Staatsstreich gestürzt und die Macht ergriffen hatte.[21]

In den folgenden Wochen wurden Tausende Angehörige linksradikaler Bewegungen sowie einige rechtsextreme Nationalisten und Islamisten festgenommen, in denen die Militärführung eine Bedrohung für den Staat sah. Um jede konkurrierende Machtquelle zu neutralisieren, ordneten die Generäle, die den Putsch anführten, auch die Auflösung sämtlicher politischen Parteien an. Sie stellten Süleyman Demirel unter Hausarrest und warfen Bülent Ecevit ins Gefängnis; beiden wurde bis in die späten 1980er-Jahre jede politische Betätigung verboten. Die Zerschlagung jeglicher Opposition, die besonders schonungslos gegen die Linke betrieben wurde, während Teile der rechtsextremen und islamistischen Milieus verschont blieben, sollte den höheren Offizieren unter der Führung von Generalstabschef General Kenan Evren den Raum verschaffen, um Staat und Verfassung nach ihrer Vorstellung umzugestalten.[22]

Auswirkungen auf Deutschland

Weit mehr als die Interventionen von 1960 und 1971 sollte die Machtergreifung des Jahres 1980 die politische Ordnung zerstören, die seit den späten 1940er-Jahren bestanden hatte. Die Zerschlagung der türkischen Linken lähmte die Bewegungen, denen es in den 1960ern und 1970ern gelungen war, mithilfe von Anhängern in städtischen Gebieten erfolgreiche Kampagnen zur Massenmobilisierung zu organisieren. Die Furcht vor einem Zusammenbruch des türkischen Staats führte zu einer staatlichen Inflexibilität gegenüber kurdischen Forderungen nach kultureller Autonomie und gipfelte schließlich im Einsatz militärischer Macht, um den kurdischen kulturellen Aktivismus zu unterdrücken. Dieser Zusammenbruch der Beziehungen zwischen Teilen der kurdischen Gemeinschaft und dem türkischen Staat begünstigte einen Aufstand der PKK, einer nach leninistischem Vorbild organisierten Bewegung mit einem Personenkult um ihren Führer, Abdullah Öcalan. Im Fall der rechtsextremen paramilitärischen Gruppen, die der MHP nahestanden und Verbindungen zum organisierten Verbrechen unterhielten, nutzten die Geheimdienste die Verhaftung von Kadern als Druckmittel, um ihre Aktivitäten zu beeinflussen.[23]

Die islamistischen Aktivisten im Umfeld der Nationalen Heilspartei (Millî Selamet Partisi, MSP) und des Gülen-Netzwerks hingegen waren weniger Druck durch das Militär ausgesetzt, was langfristige Folgen für die türkische Politik zeitigen sollte, die Evren und die anderen Generäle nicht vorhersehen konnten. Da das Militär Bestrebungen unterstützte, eine Mischung aus nationalistischer und religiöser Ideologie zur Stärkung des Staats zu schaffen, die als »türkisch-islamische Synthese« bekannt wurde, festigten die islamistischen Netzwerke ihre Position in den Arbeitervierteln im ganzen Land.[24] Mit der Zeit sollten diese Bewegungen zur Wohlfahrtspartei (Refah Partisi, RP) und dann zur Partei für Gerechtigkeit und Entwicklung (Adalet ve Kalkınma Partisi, AKP) verschmelzen, die Linke verdrängen, das Militär zügeln und ihre eigene spezielle Interpretation des kemalistischen Erbes verbreiten.

Der Schock, den Kenan Evrens Putsch von 1980 in der türkischen Gesellschaft auslöste, traf ganz Europa. Innerhalb weniger Tage nach dem Staatsstreich brachen in den meisten westdeutschen Städten Proteste gegen die türkische Militärführung aus. Trotz der von der Regierung Kohl ergriffenen Maßnahmen, um türkische Bürger und Bürgerinnen zur Rückkehr in die Türkei zu bewegen, wuchsen die türkischen und kurdischen Gemeinschaften weiter an, da die Repression und die Wirtschaftskrise in der Türkei der frühen 1980er-Jahre Gastarbeiter dazu veranlassten, Familienmitglieder in deutsche Städte nachzuholen, deren Schulwesen und Sozialeinrichtungen dafür immer noch nicht gerüstet waren.[25] Die Ankunft der ersten Exilanten, die ihr Heimatland in manchen Fällen auf Jahrzehnte nicht wiedersehen sollten, musste von jedem Diasporaverband, der sich nicht zum neuen Regime bekannte, selbst bewältigt werden. Die Auswirkungen des Putschs von 1980 verschärften auch die Spannungen innerhalb und zwischen der türkischen und der kurdischen Gemeinschaft, die das Verhältnis ost- und westdeutscher Parteien und staatlicher Institutionen zu den größten Diasporagruppen in der Bundesrepublik erschüttern sollten.[26]

Im Lauf der Zeit wurde es immer schwieriger, in den Beziehungen zwischen Deutschland und der Türkei eine Grenze zwischen Innen- und Außenpolitik zu ziehen. Als NATO-Mitglied und potenzieller Bewerber für die Mitgliedschaft in der EWG war die innere Krise der Türkei für die politischen Entscheidungsträger in den USA und der BRD bereits in den Jahren vor 1980 zum Gegenstand großer Sorge geworden.[27] Obwohl es einige Hinweise darauf gibt, dass führende Vertreter des türkischen Militärs mit Beamten westdeutscher und US-amerikanischer Nachrichtendienste über Initiativen zur Wiederherstellung der Ordnung berieten, behielten die türkischen Offiziere den Zeitpunkt und das Ausmaß ihrer Maßnahmen für sich. In ihrer Überrumpelung zeigten die Diplomaten der USA und der BRD in den Wochen nach dem Putsch gemischte Gefühle gegenüber dem Vorgehen des türkischen Militärs. In Washington und Bonn herrschte Erleichterung über die Unterdrückung linksradikaler Gruppen, die scheinbar kurz vor einem revolutionären Umsturz gestanden hatten. Für viele westdeutsche Sozialdemokraten selbst auf ministerieller Ebene aber ging die Zerschlagung gemäßigter linker und liberaler Eliten zu weit.[28]

Schon vor dem Staatsstreich erschwerte es die desaströse Menschenrechtsbilanz türkischer Polizei- und Militäreinheiten der SPD-FDP-Regierung unter Helmut Schmidt, die im Bundestag herrschende Besorgnis über die umfangreichen Hilfen der Bundesrepublik für die Türkei zu ignorieren.[29] Als Reaktion auf Evrens Machtergreifung schränkten mehrere westeuropäische Staaten ihre Zusammenarbeit mit der Türkei bis zur Wiederherstellung der Demokratie ein. Ungeachtet dieser Bedenken bestärkte die strategische Position der Türkei in der Strategie der NATO gegenüber der Sowjetunion die USA und Westdeutschland in ihrer Entscheidung, die Militärregierung nicht allzu sehr unter Druck zu setzen. Obwohl die neue Verfassung und die Wahlen von 1982 unter strenger Aufsicht des Generalstabs ein- und durchgeführt wurden, boten sie den NATO-Partnern der Türkei einen nützlichen Vorwand, um die Rückkehr einer demokratischen Regierung zu verkünden und die anhaltende Unterdrückung des politischen und kulturellen Lebens der Kurden geflissentlich zu übersehen.[30]

Für die Regierung Schmidt machten die raschen Dominoeffekte, die der Putsch auf das Leben der Diaspora hatte, darüber hinaus deutlicher denn je, dass die Entwicklungen in der Türkei für die Bundesrepublik inzwischen ebenso sehr eine Frage der Innen- wie der Außenpolitik waren. Binnen weniger Tage nach der Machtergreifung des Militärs brachte jedes ideologische Netzwerk, das zum Ziel militärischer Unterdrückungsmaßnahmen wurde, Ressourcen und Aktivisten an sichere Zufluchtsorte bei Diasporaaktivisten in Westdeutschland. Ob die Linke, radikale türkische Nationalisten im Umfeld der MHP, kurdische Nationalisten oder ein bemerkenswert breites Spektrum an islamistischen Gruppen, all diese unterschiedlichen Gruppen konnten sich auf ihr Netzwerk von Aktivisten und Aktivistinnen in Westeuropa stützen, um zu versuchen, die Ereignisse in der Türkei zu beeinflussen.[31] Der allmähliche Verzicht des Militärs auf direkte Einmischung in die Politik zerstreute die Furcht vor weiterer Unterdrückung nicht und veranlasste die meisten politischen Bewegungen dazu, ihre Exilstrukturen weiter auszubauen, um für die Rückkehr schwieriger Zeiten gewappnet zu sein.

Die türkische Regierung und die Diaspora

Die Herausforderung des Umgangs mit der Binnenmigration und der Abwanderung ins Ausland, mit der sich türkische Regierungen seit den frühen 1960er-Jahren konfrontiert sahen, hatte das Militär und den türkischen Nachrichtendienst MIT (Millî İstihbarat Teşkilâtı) auf die Notwendigkeit vorbereitet, sich auch mit der Diaspora zu beschäftigen, um die Machtergreifung nach dem 12. September zu legitimieren. Seit 1961 hatte es regelmäßige Konsultationen zwischen Vertretern sämtlicher türkischer Ministerien und ihren Amtskollegen in westdeutschen Bundes- und Landesregierungen darüber gegeben, wie sich die Loyalität der türkischen und der kurdischen Gemeinschaft sichern ließe. Immer wieder führten türkische Diplomaten bei solchen Treffen das Argument an, dass die türkischen Behörden die Aktionen radikaler Gruppen in den Diasporagemeinden als »ernste strategische Bedrohung« ansahen.[32] Angesichts der Spannungen zwischen Diasporagruppen, die in Gewalt ausarten konnten, zeigten sich regionale und lokale westdeutsche Amtsträger bereit, im Umgang mit Gemeinschaften, mit denen sie nur schwer eine Arbeitsbeziehung aufbauen konnten, die Hilfe des türkischen Staats in Anspruch zu nehmen. Die Bedeutung der Kontakte zur Diaspora für die Strategie der türkischen Militärjunta spiegelte sich in einer im Fernsehen übertragenen Rede wider, in der Kenan Evren sich im ZDF unmittelbar an Diasporagemeinden wandte. Mit direkter Unterstützung einer der beiden wichtigsten öffentlich-rechtlichen Rundfunkanstalten verteidigte Evren die Bilanz der Militärregierung und sprach die Bedrohungen für den türkischen Staat offen an, die seiner Meinung nach das Eingreifen der Armee nötig gemacht hatten:

> »Während im Inland diese Operationen mit Erfolg vorgenommen wurden, konnten leider einige Extremisten ins Ausland fliehen. Dort setzten sie ihre Verruchtheiten und giftige Aktivitäten fort … Wenn diese Leute, wie Atatürk sagte, echtes türkisches Blut in sich gehabt hätten, wären sie zurückgekommen. Aber sie haben die Rettung darin gefunden, indem sie ihre Heimat verlassen haben. Selbstverständlich konnten wir solche Menschen nicht als türkische Staatsbürger in die Arme schließen. Sie sollen da bleiben, wo sie wollen. Ihre Verruchtheiten setzen diese Staatslosen jetzt im Ausland fort, wie einst in der Türkei. Für diese Menschen ist es nicht wichtig, Türke zu sein, sondern im Namen närrischer Ideologien anderer Länder zu dienen.«[33]

Linke türkische Bewegungen in Deutschland

Von allen Bewegungen, die der türkische Staat als eine solche existenzielle Bedrohung definierte, hatten die weit links stehenden Bewegungen als Erste transnationale Netzwerke aufgebaut. Sie machten sich dabei die Klassengegensätze zunutze, die die Binnenmigration vom Land in die Gecekondu-Slums oder von regionalen Eliten in die Mittelschichtgegenden größerer Städte in der Türkei mit den Prozessen der Gastarbeitermigration in die Bundesrepublik verbanden.[34] Die militanten Gewerkschaften um die Konföderation der Revolutionären Arbeitergewerkschaften der Türkei (DISK) und linksradikale Gruppen wie die Revolutionäre Linke (Devrimci Sol) oder die Kommunistische Partei der Türkei/Marxistisch-Leninistisch (TKP/ML) hatten die Wichtigkeit von

Strukturen in der Diaspora, auf die sie zurückgreifen könnten, nach den Interventionen des Militärs von 1961 und 1971 schon Jahre vor der verschärften Unterdrückung seit dem Putsch von 1980 verinnerlicht.[35]

Gewerkschaftliche Militanz und linksradikaler Aktivismus, die den westdeutschen Sicherheitsbehörden Anfang der 1970er-Jahre Sorgen bereitet hatten, waren im Lauf der Zeit in Sozialvereinen verankert worden, die zu marxistischen, maoistischen, trotzkistischen oder leninistischen Gruppen gehörten – den Hauptzielen der türkischen Militärjunta 1980.[36] Diese Gruppen hatten seit Mitte der 1970er-Jahre Organisationen geschaffen, die auf nationaler Ebene in der Bundesrepublik mit einer Geschwindigkeit operieren konnten, bei der die westdeutschen Sicherheitsbehörden den Überblick verloren.

In den 1980er-Jahren kam es schließlich zur Gründung der Föderation der Demokratischen Arbeitervereine aus der Türkei in der Bundesrepublik Deutschland (DIDF), der Föderation der Volksvereine türkischer Sozialdemokraten (HDF) und der kommunistisch orientierten Föderation der Immigrantenvereine aus der Türkei (GDF). Jede dieser Gruppen strickte ein undurchsichtiges Netz von Arbeiterklubs und Gewerkschaftsbünden, das dem Druck der westdeutschen und der türkischen Regierung sowie rivalisierender rechtsextremer türkisch-nationalistischer Gruppen standzuhalten vermochte.[37] Der westdeutsche wie der türkische Sicherheitsapparat befürchteten, dass diese Bewegungen vom KGB oder der Stasi instrumentalisiert werden könnten, um die Gastarbeitergemeinschaften zu unterwandern. Die Bestrebungen, linksextreme Gruppen zu verbieten, nahmen bereits 1979 Fahrt auf. Die Formulierungen im folgenden Westberliner Polizeivermerk sind typisch für den Versuch, ihre Aktivitäten zu unterbinden, selbst wenn deren Präsenz noch gar nicht erwiesen war:

»Zwar sind weder gesicherte Kenntnisse darüber vorhanden, dass die ›Devrimci Sol‹ in Berlin Mitglieder hat, noch darüber, dass der Berlin Halk Der eine Teilorganisation von ›Devrimci Sol‹ ist, die Verbotsausdehnung auf Berlin ist jedoch zur Wahrung der Rechtseinheit und zur Vermeidung eines verbotsfreien Raums geboten …«[38]

Da sie nicht mehr in der Lage waren, offen Kampagnen durchzuführen und Mittel zu beschaffen, taten Gruppen mit marxistisch-leninistischer oder maoistischer Ausrichtung wie die TKP/ML oder die DHKP-C (Revolutionäre Volksbefreiungspartei-Front) ihr Bestes, um sich Unterstützung in Diasporagemeinden und somit ein gewisses Maß an Unabhängigkeit von externen Geldgebern zu sichern, die im Kalten Krieg ihre eigenen Absichten verfolgten.[39]

Das Ringen um den Aufbau einer starken Infrastruktur in der Diaspora rief Spannungen und Verzweiflung zwischen rivalisierenden linksextremen Gruppen im Exil hervor, die sich oft gewaltsam entluden. Devrimci Sol war die erste dieser Organisationen, die vollständig verboten wurde, nachdem neun ihrer Mitglieder am 3. November 1982 das türkische Konsulat in Köln maskiert und bewaffnet gestürmt hatten, um Geiseln zu nehmen, die sie gegen politische Gefangene in der Türkei austauschen wollten. Obwohl die Geiselnahme einen Tag später beendet wurde, führte die Gewaltbereitschaft von Devrimci Sol und anderen linksextremen Gruppen dazu, dass deutsche staatliche Institutionen und Nachrichtenmedien sie als Hauptbedrohung ansahen, die von der türkischen Diaspora ausging. Ein derartiges Aufflammen von Gewalt verunsicherte auch die deutschen ideologischen Partner solcher Bewegungen, die auf einmal Stellung in Konflikten zwischen türkischen oder kurdischen Verbündeten beziehen sollten, welche ihren allgemeinen internationalistischen Vorstellungen von sozialistischer Solidarität widersprachen. Die Tatsache, dass Devrimci Sol selbst infolge eines Streits, der in den frühen 1990er-Jahren zu Gewaltausbrüchen wie

Schießereien und Morden zwischen den Fraktionen führte, in rivalisierende Gruppen wie die DHKP-C zerbrach, verstärkte nur die Wahrnehmung der westdeutschen Sicherheitsbehörden, dass die türkische Linke eher ein Sicherheitsrisiko als einen potenziellen Gesprächspartner in den Diasporagemeinschaften darstellte.

Rechte Bewegungen

Die Spaltungen innerhalb der Linken und die Gewalt, die sie nach sich zogen, machte sich die eher geschlossene Bewegung um die MHP zunutze. Während die extreme Rechte in der Türkei unter Druck geriet, wurden ihre Organisationen in der Diaspora von den türkischen und westdeutschen Sicherheitsdiensten weitgehend in Ruhe gelassen. Für die weniger stark politisierten Teile der Diaspora auf der Suche nach einer Organisation zum Schutz ihrer Interessen erschienen die ideologischen Streitigkeiten und Gewaltausbrüche zwischen linksextremen Migrantenvereinen im Vergleich zu anderen, disziplinierter wirkenden Bewegungen oft unattraktiv. In einem derart unbeständigen Umfeld verhalfen leicht zugängliche nationalistische Erzählungen mit ihrer Erinnerung an die Geschichte vom Aufbau der Nation, von der der türkische Schulunterricht seit Jahrzehnten geprägt war, den Verbänden der MHP und ihren Verbündeten in militanten Gruppen der Grauen Wölfe zu einem Mittel, um mit neu angekommenen türkischen Migranten und Migrantinnen in Kontakt zu kommen. Der Zugang zu Spendennetzwerken, für die sich die westdeutsche Polizei bis Ende der 1980er-Jahre nicht sonderlich interessierte, verschaffte solchen nationalistischen Organisationen die Mittel, um potenziellen Neumitgliedern zu helfen, die in finanziellen Schwierigkeiten steckten oder keine Kredite zur Eröffnung eines Geschäfts bekamen.

Während die westdeutschen Sicherheitsbehörden auf die türkische Linke ausgerichtet blieben, bauten die rechtsextremen Nationalisten ihre eigene Unterstützerbasis in der Bundesrepublik auf. In den späten 1970er-Jahren entdeckten türkische Gewerkschafter in Zusammenarbeit mit der SPD Fälle, in denen deutsche Unternehmen, türkische Diplomaten und Funktionäre der MHP gemeinsame Sache gemacht hatten, um dafür zu sorgen, dass türkische Nationalisten in die Betriebsräte von Fabriken mit großem Gastarbeiteranteil gewählt wurden.[40] Die MHP unterstützte aktiv Versuche, die ultranationalistischen »Idealisten-Vereine« in der Diaspora zu organisieren. Solche Initiativen bekamen Rückendeckung durch regelmäßige Besuche des Parteivorsitzenden Alparslan Türkeş, der Mittel für die Infrastruktur der Partei einzuwerben versuchte. In gemeinsamer Feindschaft gegen die Linke verbunden, traf sich Türkeş im April 1978 sogar mit CSU-Chef Franz Josef Strauß.[41]

Die gelegentliche, gegen die Linke gerichtete Kooperation mit etablierten und rechts außen stehenden Akteuren in der westdeutschen Politik erregte zusammen mit dem Ausmaß an Gewalt, das türkisch-nationalistische Aktivisten gegen linke Aktivisten anzuwenden bereit waren, über die türkische und die kurdische Gemeinschaft hinaus Aufmerksamkeit. In den frühen 1980er-Jahren drückten sogar Vertreter von SPD und DGB ihre Sorge über den Einfluss türkisch-nationalistischer Gruppen in der Bundesrepublik aus, wie diese Anfrage im Niedersächsischen Landtag zeigt:

> »In Hannover hat im Jahre 1983 eine Versammlung der ›Idealisten‹ zu teilweise heftigen Auseinandersetzungen geführt. Die zentrale Veranstaltung der ›Idealisten-Vereine‹ in der hannoverschen Stadthalle am 4. Februar 1984 konnte nur aufgrund der massiven Präsenz der Polizei friedlich gehalten werden.«[42]

Die Gewalt, zu der diese Gruppen in westdeutschen Städten griffen, und die sich oft anschließenden Vergeltungsmaßnahmen von Anhängern der türkischen radikalen Linken verliefen parallel zu den Eskalationsmustern in der Türkei, wodurch beide Gesellschaften weiter miteinander verflochten wurden.

Islamische und islamistische Bewegungen

Die schiere Heftigkeit der Gewalt zwischen links- und rechtsradikalen türkischen Gruppen brachte es mit sich, dass der Rolle der islamistischen Bewegungen bei der Gestaltung des Lebens in der Diaspora weniger Aufmerksamkeit geschenkt wurde. Statt zu der Art von Protesten und Straßenkämpfen zu greifen, die Gruppen wie die Bolşevik Parti oder die Grauen Wölfe betrieben, gründeten aus der Türkei hervorgegangene islamistische Netzwerke wie Millî Görüş oder Bewegungen mit Verbindung zu Necmettin Erbakans Nationaler Heilspartei (dem direkten Vorgänger von Recep Tayyip Erdoğans AKP) Dutzende von Hinterhof-Moscheen, die auch Religionsunterricht für die Kinder von Einwanderern und Einwanderinnen anboten.[43] Vereine, die faktisch lokale Ableger von Millî Görüş waren, organisierten Lobbykampagnen, um Bildungsbeauftragte in Westberlin und anderen westdeutschen Bundesländern dazu zu bringen, dass sie Kurse über den Koran und andere religiöse Texte für türkische und kurdische Schüler und Schülerinnen anbieten dürften. Zwar lehnten die westdeutschen Beamten dieses Ansinnen höflich ab, doch schürte das energische Selbstbewusstsein, mit dem die türkisch-islamistischen Netzwerke Forderungen gegenüber lokalen Schulen erhoben, Ängste, wie sie von Beamten, die in einer angespannten Korrespondenz mit türkischen Imamen in Westberlin standen, zum Ausdruck gebracht wurden:

> »In dieser Zahl von Moscheen gibt es eine sog. Grauzone, hinter der sich Einrichtungen von Vereinigungen verbergen, die von der fanatisch-islamischen Nationalen Heilspartei (MSP) und der betont antikommunistisch, rassistisch-antisemitischen

> Partei der Nationalen Bewegung (MHP) beeinflusst werden. [...] Es ist nicht auszuschließen, daß in den in diesen Moscheen eingerichteten Koranschulen türkische Kinder politisch extremistisch indoktriniert werden [...].«[44]

Für die Moscheevorstände bot eine Loyalitätsbekundung gegenüber dem türkischen Staat oder das Anknüpfen von Verbindungen zu den eher säkular orientierten kemalistischen Nationalisten um die Netzwerke der MHP eine Möglichkeit zu demonstrieren, dass ihre eigenen Aktivitäten keine Gefahr für die Verfassungsordnung der Bundesrepublik darstellten.

Ein solcher größerer Fokus auf der direkten staatlichen Einmischung ins religiöse Leben bildete den Kern der Strategie des türkischen Militärs, um die politische Einstellung der Diasporagemeinschaften zu beeinflussen. Unter direkter Mitwirkung des Militärs wandten sich Diplomaten und die für die Aufsicht über das staatliche Präsidium für Religionsangelegenheiten (Diyanet) zuständigen Beamten an türkische Gemeinschaften, Stadtverwaltungen und deutsche Ministerien, um die nötige Unterstützung für die Kontrolle über die religiösen Strukturen in der Diaspora zu bekommen.[45] Mithilfe der transnationalen Diyanet-Strukturen, die von der Bereitstellung ausgebildeter Imame bis zur Verbreitung religiöser Textbücher alles abdeckten, wurden die Vertreter von Moscheen mit direkter Verbindung zum türkischen Staat zu einigen der wichtigsten Gesprächspartner zwischen einem Großteil der türkischen Diaspora und westdeutschen Regierungen. Die 1984 von Diyanet gegründete Filiale in der Bundesrepublik namens Türkisch-Islamische Union der Anstalt für Religion oder DITIB entwickelte sich zum wichtigsten Partner für deutsche staatliche Stellen, die in einen Dialog mit türkischen Gemeinschaften in der BRD eintreten und ihnen Dienstleistungen anbieten wollten.

Diese Vertiefung der unmittelbaren Mitwirkung des türkischen Staats am Leben der Diaspora beruhte auch auf seiner Bereitschaft, politische Gruppen und Kulturvereine, die er als Bedrohung für die Türkei ansah, direkt zu unterdrücken. Neben ihren Bemühungen zur Kontrolle der Diasporagemeinschaften hatten die türkischen Geheimdienste bereits in den 1970er-Jahren ein Netz an Informanten in der Bundesrepublik aufgebaut. Der Putsch von 1980 führte jedoch zu einem sprunghaften Anstieg der Aktivitäten türkischer Sicherheitskräfte, zur Bestürzung ihrer westdeutschen Pendants. Schon 1981 äußerten Sicherheitsorgane in verschiedenen Bundesländern ihren Missmut über den offenen Druck, den der MIT und andere türkische Sicherheitsdienste entweder direkt oder über Stellvertreter mit Verbindungen zu rechtsextremen Vereinen und dem organisierten Verbrechen auf Kurden und Türken in der BRD ausübten.[46] Parallel dazu griffen Konsularbeamte zu bürokratischer Einschüchterung, um diejenigen zu disziplinieren, die sich weigerten, auf die Linie des neuen Regimes einzuschwenken. Die Notwendigkeit, Dokumente wie türkische Pässe oder Geburtsurkunden zu bekommen, wurde genutzt, um Dissidenten unter Druck zu setzen, die oft auch Schwierigkeiten mit lokalen Behörden bekamen, wenn sie die für den Bezug öffentlicher Dienstleistungen erforderlichen Papiere nicht vorlegen konnten.[47]

Die Bemühungen, die Loyalität der Diasporagemeinschaften zum türkischen Staat zu sichern, konzentrierten sich auf die Förderung von Weltanschauungen, die mit der »türkisch-islamischen Synthese« vereinbar waren. Diese Mischung aus kemalistischem Ethno-Nationalismus und Formen des türkisch-islamischen Konservatismus stützte sich auf ideologische Trends, die bis ins Offizierskorps hineinreichten, und wurde zur ideologischen Grundlage der Predigten und der Jugendarbeit der Diyanet-Moscheen in der gesamten Bundesrepublik. Von Broschüren zur religiösen Unterweisung und türkischen Geschichte für die jüngsten Mitglieder der Diyanet-Gemeinden bis zu westdeutschen Schulprogrammen, in denen Lehrbücher des türkischen Bildungsministeriums verwendet wurden, durchdrang bald ein nationalistisches, ethno-religiöses Verständnis der türkischen Kultur und Identität einen Großteil des Gemeinschaftslebens der Diaspora.[48] In deutschen Schulen und Stadtverwaltungen, in denen Grundkenntnisse der türkischen Sprache und der jüngeren türkischen Geschichte selten waren, führte die Erleichterung darüber, verlässliche Partner zu finden, dazu, dass kaum Fragen zu den kulturellen Narrativen gestellt wurden, die solche Initiativen propagierten.

Deutsche Integrationspolitik

Als die Probleme offensichtlich wurden, die durch den Ausschluss breiter Stränge der türkischen Gesellschaft – wie die religiösen Traditionen der Aleviten oder die Debatten um die sprachliche und nationale Identität innerhalb der kurdischen Gemeinschaften – entstanden waren, fiel es den deutschen staatlichen Stellen schwer, Alternativen zu den Bildungs- und Sozialstrukturen der DITIB zu fördern. Durch das Vermächtnis der Unterstützung, die der deutsche Staat von solchen Diyanet-Initiativen erhalten hatte, brauchten die lokalen und regionalen staatlichen Einrichtungen Jahre, um das Vertrauen von linken und kurdischen Vereinen zu gewinnen – Vereinen, die aufgrund der Beteiligung jener Teile der Diaspora, die dem türkischen Staat nach dem Putsch feindlich gesinnt blieben, nach wie vor florierten. Statt die Befriedung der türkischen und der kurdischen Gemeinschaft sicherzustellen, hatte die Ausdehnung des staatlichen türkischen Einflusses mittels Diyanet türkischen Regierungen Hebel an die Hand gegeben, um Druck auf die Bundesrepublik und andere westeuropäische Staaten auszuüben. Gleichzeitig entfremdete sie viele Migranten und Migrantinnen, die die Bundesregierung als einen Verbündeten der von ihnen gefürchteten türkischen staatlichen Einrichtungen zu betrachten begannen.[49]

Die ideologische Vielfalt des islamischen Lebens in Deutschland bedeutete, dass diese Spannungen über die Linke hinausgingen und jede Bewegung betrafen, die dem türkischen und dem westdeutschen Staat feindlich gegenüberstand. Gerade für islamische Vereinigungen, die sich der Umklammerung der DITIB entzogen hatten, konnte dies zu einer schweren Belastung werden. Angesichts der internen Spannungen zwischen Aktivisten, die sich zu transnationalen islamistischen oder sogar dschihadistischen Netzwerken hingezogen fühlten, und Gruppen, die primär in der türkischen Gesellschaft verankert waren, fiel es muslimischen Verbänden, die Verbindungen zum türkischen Staat zu vermeiden suchten, schwer, ihren Mitgliedern Unterstützung und Ressourcen anzubieten. In Städten wie Hamburg kamen jüngere türkische Islamisten in Moscheen der arabischen Diaspora mit extremistischen Netzwerken in Berührung. Als die westdeutschen Sicherheitsbehörden in den frühen 1990er-Jahren auf die radikaleren Fraktionen in diesem Milieu aufmerksam wurden, hatten andere Bewegungen mit gemäßigteren theologischen Anschauungen Mühe, nicht mit ihnen über einen Kamm geschoren zu werden.

Radikalisierungen

Obwohl diese Verbindungen eine Rolle bei Radikalisierungsprozessen spielten, war der dschihadistische Ideologe, der die größte Kontroverse in deutschen Medien auslöste, Metin Kaplan. Nachdem er als einer von vielen radikalen Islamisten, die von den Razzien nach dem Staatsstreich von 1980 betroffen waren, in der BRD Zuflucht gesucht hatte, half Kaplan beim Aufbau eines kleineren Netzwerks islamischer Vereinigungen, die sich in Abgrenzung zur DITIB um eine härtere theologische Position bemühten. Im Lauf der Zeit radikalisierte sich seine Organisation; eine Splittergruppe unter seiner Führung rief in den frühen 1990er-Jahren gar ein Kalifat in Köln aus. Unter starkem Druck von deutschen und türkischen Sicherheitsbehörden kam es in dieser kleinen Gruppe mit 1300 Mitgliedern zu internen Richtungsstreitigkeiten, die in der Ermordung eines Rivalen von Kaplan gipfelten, ein Verbrechen, für das er und andere Anführer 1997 zu Haftstrafen verurteilt und 2004 in die Türkei abgeschoben wurden. Obwohl Kaplans radikale Sekte erhebliche Aufmerksamkeit bei Polizei und Presse erregte, war sie nur eine von vielen Bewegungen, die in Deutschland den Raum fanden, um neue Mitglieder zu rekrutieren. Auf diese Weise wurden die Diasporagemeinschaften in den Prozess der turbulenten Veränderungen hineingezogen, der das religiöse Leben in der Türkei erfasst hatte.

Trotz aller Kontroversen um radikalisierte Splittergruppen und gravierender Bedenken in der SPD und den Gewerkschaften über den Einfluss islamischer Organisationen auf die Diaspora zeigten sich viele CDU/CSU-Politiker in der Bundesrepublik nach dem Putsch von 1980 offen für das Argument, man müsse den religiösen Glauben stärken, um zu verhindern, dass vermeintlich linksextremistische Bewegungen ihre Stellung in den Diasporamilieus ausbauen würden. Auch die Besorgnis in Medienberichten und der öffentlichen Diskussion über den Einfluss der wenig regulierten Hinterhof-Moscheen auf die Weltanschauung von Kindern mit Migrationshintergrund bot den kommunalen Verwaltungen einen Anreiz, nach aus ihrer Sicht verlässlichen Partnern unter den islamischen Verbänden zu suchen, mit denen der Staat zusammenarbeiten könnte.[50] Dass die Ausbreitung der islamistischen Netzwerke selbst in dieser Zeit von Polizei und Sicherheitsbehörden nicht als vorrangiges Thema angesehen wurde, zeigt, wie die Konfliktlinien des Kalten Kriegs die Entwicklung der Diasporagruppierungen in einer Weise beeinflussten, die in der veränderten Welt des wiedervereinigten Deutschlands ein komplexes Erbe hinterlassen würde.

Die Kurden als eigene Diaspora

Wie die anderen Einwanderermilieus, die das Diasporaleben in der Bundesrepublik prägten, befanden sich auch die kurdisch-nationalistischen Bewegungen im Umbruch, gerade als sie in den Exilgemeinschaften Fuß zu fassen begannen und ihre Unterstützerbasis sich vergrößerte. Die Radikalisierung der kurdisch-nationalistischen Ideologie war nicht das Werk etablierter Bewegungen. Sie entwickelte sich vielmehr im Zusammenspiel zwischen Diasporanetzwerken, die ihren Verdruss über den Status quo unverblümter artikulieren konnten, und der Radikalisierung des kurdischen Geisteslebens infolge der ideologischen Polarisierung in der Türkei. Im europäischen Umfeld, wo die Staatsorgane sich nicht groß um den kulturellen Aktivismus kurdischer Gastarbeiter kümmerten, konnten sich Organisationen, die sich auf neue Bewegungen und Führungsfiguren in der Türkei stützten, freier ausbreiten. Die Geheimtreffen linker, von Verfolgung bedrohter kurdischer Aktivisten im Jahr 1978, die in die Gründung der PKK mündeten, waren bereits von dem Bemühen geprägt, Beteiligte mit Verbindungen zu Exilgemeinschaften ins Boot zu holen.[51] Die zentrale Rolle der Diaspora für die Fähigkeit der Kurdenbewegung, außerhalb des unmittelbaren Zugriffs durch den türkischen Staat Anhänger zu gewinnen und sich zu finanzieren, schürte zudem Konflikte zwischen konkurrierenden Organisationen. Denn sie waren sich alle im Klaren darüber, wie wichtig die Kontrolle über das Leben in der Diaspora für die Sicherung ihres eigenen Fortbestands sein konnte.

Die brutale Reaktion des türkischen Militärs auf jeden Ausdruck kurdischer Identität führte dazu, dass die Diaspora zum zentralen Kampfplatz wurde, auf dem sich diese Rivalitäten zwischen kurdisch-nationalistischen Organisationen entfalteten. Dass die PKK ihre spätere Vormachtstellung erlangen würde, war anfangs nicht garantiert. Gruppen wie die KOMKAR-Bewegung verfolgten eine andere, eher gemäßigte Politik und setzten auf Verhandlungen mit Staaten, in denen kurdische Bevölkerungsgruppen lebten. Die Folge waren Zusammenstöße mit den, aus Sicht der Gemeinschaft, jüngeren und radikaleren PKK-Emporkömmlingen, die zu tiefen Rissen selbst innerhalb vieler Familien führten.[52] Die Brutalität, mit der das türkische Militär auf die kurdischen Bestrebungen antwortete, und die Fähigkeit der türkischen Diplomatie, die westdeutschen und andere NATO-Bündnispartner zur Einschränkung des kurdischen Aktivismus in der Diaspora zu drängen, wurden zum größten Rekrutierungsinstrument der PKK. Für ihre Aktivisten konnte nur noch Gewalt einen Wandel herbeiführen.[53] Bereits 1980 hatte die PKK eine Strategie auf der Grundlage der rücksichtslosen Unterdrückung sämtlicher konkurrierenden Strömungen in den kurdischen Gemeinschaften und der unerbittlichen Konfrontation mit der externen Staatsmacht beschlossen. Diese Strategie sollte sie in den folgenden zwei Jahrzehnten mit unbeirrbarer Grausamkeit verfolgen.

Die dominierende Rolle der PKK

Die Gnadenlosigkeit, mit der die PKK in ihrer Kampagne zur Vernichtung von KOMKAR-Führern und allen anderen Gegnern ihres Führungsanspruchs in der Diaspora vorging, war für viele in der Gemeinschaft ein Schock. Sie erregte auch die Aufmerksamkeit der westdeutschen Polizei, die mit den Folgen dieser Angriffswelle fertigwerden musste. Da die unter Abdullah Öcalan gefestigte Führung 1982 einen weiteren Radikalisierungsschub vorantrieb, drohte jedem PKK-Mitglied, das sich gegen die Wende zur bewaffneten Erhebung in der Türkei aussprach, eine Inhaftierung oder sogar Hinrichtung durch jene Kreise, die sich loyal gegenüber der Führung zeigten. Viele Mitglieder, die der Bewegung den Rücken kehren wollten, mussten deshalb nach Europa fliehen.[54] Angriffe wie der folgende 1987 in München wurden zu einer Routineangelegenheit für die deutsche Polizei, da sich die Rivalitäten zwischen der PKK und der KOMKAR regelmäßig in Ausschreitungen entluden:

> »Die Sturmversuche gingen stetig weiter, da mehrere PKK-Anhänger versuchten, die Tür zu durchbrechen und Zugang zur KOMKAR-Veranstaltung zu erzwingen. Erhebliche polizeiliche Maßnahmen mußten in Gang gesetzt werden [...].«[55]

Der Staatsstreich des türkischen Militärs 1980 war der entscheidende Wendepunkt für die Politisierung der türkischen und der kurdischen Diasporagemeinde. Die tiefen Traumata, die er in der Türkei hinterlassen sollte, wurden ihrerseits zur treibenden Kraft des Aktivismus in der Bundesrepublik, der einem Heimatland im politischen und wirtschaftlichen Schockzustand galt. In den folgenden Jahrzehnten brachten Dutzende politischer Bewegungen von Türken oder Kurden eine Flut von Flugschriften, Büchern, Broschüren, Reden und Demonstrationen hervor, um die Unterstützung türkischer bzw. kurdischer Migranten zu gewinnen. Die Sprache, die sie dabei gebrauchten, schlug sich beispielhaft im folgenden PKK-Flyer aus Westberlin von 1987 nieder:

> »Der nationale Befreiungskampf KURDISTANS – Die Massaker des türkischen Staates und AUFRUF an die fortschrittliche Menschheit. [...] Es wird heute ein erbitterter Krieg zwischen dem kurdischen Volk, und den faschistischen türkischen Kolonialisten geführt [...].«[56]

Für jeden Schritt, den die PKK ging, um das kurdische Leben in Reaktion auf die Brutalität der türkischen Aufstandsbekämpfung in Südostanatolien zu dominieren und die Radikalisierung voranzutreiben, gab es parallele Maßnahmen, mit der die PKK ihren

Zugriff auf die Diaspora festigte. Im Lauf der Zeit begnügten sich ihre Funktionäre nicht mehr damit, Rivalen unter den Kurden ins Visier zu nehmen, die von türkischem Territorium kamen. Sie versuchten vielmehr, auch die Vorherrschaft über Gruppen zu erlangen, die von Kurden aus Syrien, dem Irak und Iran aufgebaut worden waren. Obwohl diese Versuche zur Unterwerfung von Diasporaverbänden mit Verbindungen zur iranisch-kurdischen PDKI oder der irakisch-kurdischen KDP scheiterten, sorgten der gewaltsame Druck und sogar einige Mordanschläge dafür, dass sich kein anderes Exilnetzwerk dem Programm der PKK in den Weg stellte.[57]

Die Straflosigkeit, die sich die PKK-Aktivisten innerhalb der Diaspora verschaffen konnten, erlaubte es ihnen, ein System angeblich freiwilliger Spenden von kurdischen Geschäften durchzusetzen. Diese sogenannte Revolutionssteuer erinnerte mitunter an die vom organisierten Verbrechen bekannte Schutzgelderpressung. Obwohl die PKK auf die Unterstützung durch den syrischen Staat und andere externe Geldgeber angewiesen blieb, verhalf ihre Fähigkeit, auf freiwillige oder erzwungene Spenden zurückzugreifen, ihren Organisationen auf Dauer zu einer gewissen Unabhängigkeit von externen Akteuren. Doch selbst als sich die PKK gegenüber der westdeutschen Linken als einziger Repräsentant des kurdischen Volkes ausgab, sah sich eine wachsende Zahl desillusionierter ehemaliger PKK- und KOMKAR-Aktivisten in der relativen Sicherheit des Exils dazu in der Lage, sich freimütig über den Druck der PKK auf den Rest der Gemeinschaft zu äußern:

> »Wir lassen uns weder von der PKK einschüchtern noch vom Staat in die terroristische Ecke drängen … Lasst uns mit Euren Sicherheitskräften und der PKK nicht allein – wir haben ein Recht auf euren Schutz.«[58]

Obwohl sie ursprünglich nur mit linksextremen deutschen Gruppen zusammenarbeiten wollte, deren Ideologie ihrer eigenen entsprach, entwickelte die PKK nach und nach eine erfolgreiche Lobbykampagne in der Diaspora, um Verbindungen zu Parteien und Medien tief in der linken Mitte aufzubauen. Kommunale Funktionäre und Parlamentsangehörige der SPD, der Grünen oder der linksalternativen Szene sahen die PKK im selben Zusammenhang wie bestimmte Palästinensergruppen oder die Polisario: als ehrenwerte Kämpfer gegen autoritäre arabische Staaten und die türkische Armee, die Unterstützung verdienten. Im Netz der deutschen PKK-Unterstützer wurde selten danach gefragt, ob sie wirklich den Willen des kurdischen Volks vertrat. Als der Aufstand in der Türkei selbst in den Jahren nach der deutschen Wiedervereinigung seinen Höhepunkt erreichte, zeigten sich türkische Diplomaten erbittert über diese offene Partnerschaft zwischen etablierten Politikern der deutschen Linken und einer Organisation, die 1993 von der Regierung Kohl verboten wurde. Die Einschätzung der deutschen Polizei wird aus dem folgenden Memorandum über eine Versammlung mit Verbindung zur PKK in einem Stadion in Hannover ersichtlich:

> »Die Tätigkeit dieser Organisation verstößt danach gegen Strafgesetze, richtet sich gegen den Gedanken der Völkerverständigung, gefährdet die innere Sicherheit, die öffentliche Ordnung und sonstige erhebliche Belange der Bundesrepublik Deutschland. [...] Nach Erkenntnissen der Polizei und unter Berücksichtigung der am vergangenen Wochenende stattgefundenen Versammlungen kurdischer Vereinigungen ist damit zu rechnen, dass es zu tätlichen Auseinandersetzungen zwischen Versammlungsteilnehmern und rivalisierenden Gruppierungen kommt. Ferner kam es bei derartigen Veranstaltungen zu diversen strafrechtlichen Verstößen, die trotz stärkstem Personaleinsatz der Polizei nicht verhindert werden konnten.«[59]

Den Kampagnen der Militärregierung und ihrer Nachfolger zur Zerschlagung der PKK war weder in der Diaspora noch in der Türkei ein durchschlagender Erfolg beschieden. Die Straßengewalt, die der MIT unter Zuhilfenahme türkischer Stellvertreter und Gangster entfesselte, speiste unter vielen Kurden in der Diaspora eine Radikalisierungsdynamik, die dem Radikalisierungsprozess in Südostanatolien entsprach. Diese Dynamik verstrickte sogar viele Kurden, die der PKK zunächst skeptisch gegenüberstanden, in das Gespinst aus Gemeinschaftsvereinen und Selbstverteidigungsgruppen, die als Fassade für den politischen Zweig der PKK dienten.[60] Indem sie den alltäglichen Kampf kurdischer Immigranten gegen den Rassismus und die Feindseligkeit deutscher Institutionen mit dem Kampf der Aufständischen im Südosten der Türkei verband, konnte sich die PKK-Führung in Deutschland, die dem Persönlichkeitskult um Abdullah Öcalan unverbrüchlich die Treue hielt, zum Mittelpunkt des Lebens der kurdischen Gemeinschaft in Europa stilisieren. Jede Welle der Unterdrückung, die türkische Sicherheitskräfte gegen die Bekundung einer kurdischen Nationalidentität starteten – häufig mit der offenen Unterstützung kommunaler oder nationaler Strafverfolgungsorgane in der BRD –, ermöglichte es PKK-Aktivisten, einen solchen Druck als weiteres Zeichen dafür anzuführen, dass ein Angriff auf ihre Bewegung ein Angriff auf die kurdische Gemeinschaft als Ganzes war. Schließlich wurden die ihnen nahestehenden deutschen politischen Bewegungen auf die Turbulenzen aufmerksam, die solche Unterdrückungsmaßnahmen in den kurdischen Gemeinschaften auslösten. Letztlich führte das Vorgehen des türkischen Staats gegen den kurdischen Nationalismus mit Amtshilfe deutscher Polizei- und Sicherheitsorgane, die zu einer Unterscheidung zwischen der PKK und der breiteren politischen und kulturellen Identität der Kurden nicht bereit waren, dazu, dass die PKK Unterstützung von Gruppen aus der deutschen Linken erhielt, die selbst ein gespaltenes Verhältnis zur Staatsmacht hatten.[61]

Parallel zur Eskalation des Aufstands in der Türkei wuchsen die ständigen Aktivitäten kurdischer Nationalisten zwischen 1984 und den frühen 1990er-Jahren zu einer festen Größe städtischer Politik in Deutschland heran. Während die Rückkehr zu einer Form von Wahldemokratie mit dem Sieg von Turgut Özals Mutterlandspartei 1983 dafür sorgte, dass die äußerst brutale Unterdrückung anderer politischer Milieus in der Türkei allmählich zurückgeschraubt wurde, intensivierten Militär und Gendarmerie ihr Vorgehen gegen aufständische Kurdengruppen in einer Weise, die der europäischen Linken nicht entging. Konträr zu den enormen Veränderungen, die der Fall der Berliner Mauer und das Verschwinden der DDR auslösten, gewann die Kampagne zur Unterstützung der PKK an Schwung. Zu einer Zeit, als Deutschland im Zuge der Wiedervereinigung vor gewaltigen Herausforderungen stand, bedeutete eine Welle von Aktionen in der Diaspora – einschließlich Autobahnblockaden und Angriffen auf Unternehmen, die mit dem türkischen Staat in Verbindung gebracht wurden – für die Regierung Kohl nicht nur eine Gefahr für die Zusammenarbeit mit dem NATO-Bündnispartner Türkei. Sie wurde darüber hinaus als Teil einer größeren Welle von Unruhen verstanden, die die Grundlagen des neu konstituierten deutschen Staats bedrohten.

Die Tatsache, dass der PKK nahestehende Organisationen 1992 Großkundgebungen in Stadien veranstalten konnten, bei denen Zehntausende überzeugter Anhänger zusammenkamen, zeigte, wie sehr die PKK die kurdische Diaspora im Griff hatte. Zwar begrüßte die türkische Regierung unter Tansu Çiller Helmut Kohls Entscheidung von 1993, die PKK einschließlich sämtlicher Untergruppierungen in Deutschland zu verbieten, doch gelang es der deutschen Polizei nicht, die Infrastruktur zu zerschlagen, die »Apo-treue« Aktivisten in der kurdischen Exilgemeinschaft aufgebaut hatten – Apo, Onkel, war der Spitzname, den seine Anhänger Abdullah Öcalan gegeben hatten. Vielmehr machte sich die PKK-Hierarchie die Nachwirkungen des Verbots zunutze, um ihre Stärke in einer Welle von Demonstrationen, die Tausende von Unterstützern aus der ganzen Diaspora auf die Beine brachte, unter Beweis zu stellen. Die Kundgebungen waren mit so vielen gewaltsamen Auseinandersetzungen zwischen der Polizei und den Demonstranten verbunden – darunter Selbstverbrennungen auch bei Autobahnblockaden –, dass der Schock darüber viele regionale deutsche Polizeikräfte veranlasste, sich ab den späten 1990er-Jahren zurückzuhalten. Dieser informelle Waffenstillstand bot den überlebenden Tarnorganisationen der PKK den Raum, Mitglieder der zweiten Generation aus der Kurdengemeinschaft anzuwerben und ihr Unterstützernetzwerk in der deutschen Linken auszubauen.[62]

Im Lauf der Zeit verschaffte diese organisatorische Widerstandsfähigkeit den Anhängern der kurdischen Sache in mehreren Bundesländern einen gewissen Einfluss auf die Kommunalpolitik. So suchten etwa Politiker von SPD, Grünen oder PDS in Städten wie Hannover nach Zusammenstößen zwischen kurdischen Aktivisten und der Polizei das Gespräch mit Vertretern der kurdischen Gemeinschaft, deren Verbindungen zur PKK wohlbekannt waren. Die Tatsache, dass sich führende Angehörige der kurdischen Diaspora zu diesem Zeitpunkt bereits Ansehen als Firmeninhaber, Fachleute oder Akademiker erworben hatten und viele inzwischen über die deutsche Staatsbürgerschaft und das Wahlrecht verfügten, verlieh ihnen in den Überlegungen einer Stadtverwaltung zusätzliches Gewicht. In einem Kontext, in dem die lokale Macht der kurdischen Diaspora im Gegensatz zu den Spannungen in der politisch gespaltenen türkischen Gemeinschaft stand, war es keine Überraschung, als Hannovers Bürgermeister Herbert Schmalstieg von der SPD im Juli 1994 nicht nur an einer Gedenkveranstaltung für Halim Dener teilnahm, sondern dort sogar eine Ansprache hielt (Dener, Aktivist einer PKK-Unterorganisation, war von einem Polizisten erschossen worden, als er sich der Festnahme wegen illegalen Plakatierens widersetzt hatte). Nach einem Bericht des Niedersächsischen Landesamts für Verfassungsschutz brachten die kommunale Polizei und die Diplomaten des türkischen Konsulats in Hannover ihre Verärgerung offen zum Ausdruck:

> »Man habe Tausende ERNK-Fahnen und PKK-Embleme vorgezeigt sowie den Sarg von Halim Dener als Mittelpunkt des Medieninteresses mit einem Bild des Generalsekretärs der PKK, Abdullah Öcalan (Apo), geschmückt. Die Polizei habe sich auf dieser Machtdemonstration nicht getraut, einzugreifen. Dieser Eindruck sei um die ganze Welt gegangen. Nun könne man wie gewohnt Flagge zeigen und sich bewegen ›wo und wie man wolle‹ [...].«[63]

Selbst als die kurdische Diaspora ihren eigenen Prozess der allmählichen Integration in die deutsche Gesellschaft durchlief und dabei den Einfluss und die Präsenz der Befürworter des kurdischen Nationalismus vergrößerte, setzte jede türkische Regierung unter den Ministerpräsidenten Demirel bis Erdoğan ihre Bemühungen fort, die kurdische Diaspora unter Kontrolle zu bringen. Noch als die PKK unter dem Eindruck von Öcalans Festnahme in Kenia durch türkische Spezialkräfte und seine anschließende Inhaftierung im Jahr 1999 wankte, betonten die Umstände seiner Odyssee durch Russland, Italien und Griechenland, bevor er Europa verlassen musste, wie groß die Rolle der Diaspora in Deutschland für seine Bewegung war. Eine Gruppe deutscher Rechtsanwälte unternahm mithilfe kurdischer Exilorganisationen immer neue Anläufe, um ihm einen Flüchtlingsstatus oder einen Prozess vor dem Internationalen Strafgerichtshof in Den Haag zuteilwerden zu lassen. Die gewaltsamen Proteste quer durch Europa nach seiner Festnahme waren nur ein weiterer Schritt im Kreislauf der Konfrontation zwischen kurdischen Pro-PKK-Organisationen und jenen türkischen Gruppen in der Diaspora, die bereit waren, zur Unterstützung des türkischen Staats Gegenproteste zu veranstalten.

Die türkische und die kurdische Diaspora als Spiegelbild der »alten« Türkei der 1980er-Jahre

Diese Kreisläufe der Konfrontation zwischen kurdischen und türkischen Aktivisten in deutschen Städten flammten in Reaktion auf das wechselnde Schicksal der PKK und der türkischen Bewegungen, die eine Rolle im Leben der Diaspora spielten, immer wieder auf. Noch als die Nachfolger der MSP und der Wohlfahrtspartei von Necmettin Erbakan in den späten 1990er-Jahren dem Druck des Militärs standhielten, um 2002 in Gestalt der AKP die Macht zu ergreifen, spiegelten die Bruchlinien zwischen den Exilgruppen in Deutschland die Erblast von 1980 wider. Der Einfluss, den sich islamistische Gruppen wie Millî Görüş oder die Gülen-Bewegung in den frommeren Teilen der Diaspora erarbeitet hatten, half der AKP dabei, ihr Netzwerk außerhalb der Türkei auszubauen, brachte aber auch Institutionen hervor, die nicht völlig unter der Kontrolle der AKP standen. Neben den Fragen des politischen Aktivismus gab es selbst innerhalb konservativer Milieus Streit um die Rolle der Frauen in den Einrichtungen der Gemeinschaft und das in Veränderung begriffene Verständnis von Geschlechteridentität. Hier fanden gesellschaftliche Trends in Deutschland und der Türkei ihren Niederschlag, die nach 1980 eine zusätzliche Belastung für jene Strukturen darstellten, die die AKP zur Mobilisierung von Unterstützern in der Diaspora instrumentalisierte. Zwar bauten sich im politischen System der Türkei alte Spannungen wieder auf, als Ministerpräsident Recep Tayyip Erdoğan seine Macht in den 2000er-Jahren festigte. Doch weil es der AKP-Maschine gelang, die Diyanet unter ihre Kontrolle zu bringen, konnte seine Regierung den Einfluss der Partei auf das kulturelle Leben in jenen Teilen der Diaspora verankern, die mit der religiösen Infrastruktur der DITIB verbunden geblieben waren.[64]

In der Türkei überstand die AKP Wellen des Widerstands von Gruppen im türkischen Militär im Zusammenhang mit der »Ergenekon-Affäre« von 1980, den zivilgesellschaftlichen Protesten der Gezi-Demonstrationen von 2013, der Aufkündigung des Bündnisses mit der Gülen-Bewegung und schließlich dem Zusammenbruch des Friedensprozesses mit der PKK. Die Politik der Diaspora in Deutschland jenseits der Diyanet hingegen spiegelte immer noch politische Identitäten wider, die seit den 1980er-Jahren eingefroren zu sein schienen, statt dass sie mit der Entwicklung der türkischen Gesellschaft der 2010er-Jahre mitgehalten hätten. Zum Teil verdankt sich dies der relativen Schwäche der CHP, die trotz ihrer zähen Beharrlichkeit in der Türkei und ihrer ideologischen Verankerung in linken Varianten des Kemalismus Mühe hatte, in der Diaspora Unterstützung zu finden. Das Ausmaß, in dem der politische Raum der Diasporalinken immer noch unter dem Einfluss von Aktivisten stand, die in den späten 1970er- und frühen 1980er-Jahren aus der Türkei geflohen waren, erklärt zudem, wie sich die Diasporapolitik und die des türkischen Heimatlands auseinanderentwickelt hatten. Vor allem aber hatten inzwischen mehrere Generationenfolgen mit den Kindern und Kindeskindern der ursprünglichen Gastarbeiter Deutsch-Türken hervorgebracht. Gerade in der Zeit, als die AKP ihre Macht festigte, entstand damit unweigerlich eine Diskrepanz zwischen der politischen Kultur einer in die deutsche Gesellschaft eingebetteten Diaspora und der politischen Welt der Türkei, die einmal mehr einen schwindelerregenden Wandel durchlief.[65]

Ungeachtet der politischen und gesellschaftlichen Veränderungen in Deutschland und der Türkei hat die Erblast des Militärputsches von 1980 bleibende Auswirkungen auf die türkische und die kurdische Diaspora hinterlassen. Während der Einfluss des türkischen Militärs auf das öffentliche Leben schwächer geworden ist, prägen Formen eines militarisierten Nationalismus die Rhetorik und die Symbole türkischer politischer Parteien und staatlicher Institutionen nach wie vor. Diese Mixtur aus einem militarisierten kemalistischen Nationalismus und konservativen islamischen

Themen, die sich in den Diyanet-Moscheen ausgebreitet hatte, bestand Seite an Seite mit grellbunten seichten Unterhaltungsprogrammen, die die Immigrantenhaushalte über Satellitenfernsehen verfolgten.[66] Diese schrille Mischung aus der konsumorientierten Ästhetik der türkischen Populärkultur und den nationalistischen Motiven eines neoosmanischen Revivalismus war bereits in der Ära Turgut Özals fester Bestandteil des türkischen Fernsehen und wurde zu einem Merkmal des kulturellen Umfelds, das Erdoğans Weg an die Macht ebnete. Weil sie im Schatten der AKP und ihrer Diaspora-Lobbyorganisationen wie der Union Europäisch-Türkischer Demokraten (UETD, seit Mai 2018 Union Internationaler Demokraten, UID) standen, verloren die MHP und ihr nahestehende ultranationalistische Banden wie die Grauen Wölfe Mitglieder an Organisationen, die mit der AKP verbunden waren, als deren Zugang zu staatlicher Patronage zunahm. Wenn führende Parteifunktionäre (einschließlich des seinerzeitigen Ministerpräsidenten Erdoğan) regelmäßig Kundgebungen in Deutschland abhielten, um sich die Loyalität verschiedener Diasporamilieus zu sichern, wurden die staatlichen Strukturen, die Kenan Evrens Junta zur Unterstützung des Militärs geschaffen hatte, von den Netzwerken der AKP mit ihrem ganz anderen ideologischen Programm für ihre Zwecke vereinnahmt.[67]

Parallel zum Erfolg der AKP spiegelte sich in den Vereinigungen, die über die KCK – ein Organ zur Koordination der Öcalan-treuen Bewegungen in Syrien, im Nordirak und im Iran – mit der PKK verbunden waren, die Aufwärtsmobilität der kurdischen Diaspora im weiteren Sinne wider. Obwohl sie auch weiterhin einen immer wieder aufflackernden Aufstand unterstützten, bei dem terroristische Taktiken zur Anwendung kamen, entwickelten Aktivistengruppen, die einst regelmäßig die Konfrontation mit der Polizei gesucht hatten, professionelle Lobbyingstrukturen vergleichbar mit denen anderer fest etablierter Diasporagruppen. Ihre Kampagnen konnten sich die Unterstützung von Sympathisanten aus Politik und Medien sichern, mit denen über Jahrzehnte hinweg Beziehungen aufgebaut worden waren.

Von allen Gruppen in der türkischen Diaspora, die sich in der deutschen Parteipolitik zu positionieren vermochten, waren die Nachfolger der 1980 aus der Türkei geflohenen Linksaktivisten in der besten Ausgangssituation, um sich in deutschen Bewegungen zu etablieren, die im Großen und Ganzen dieselbe ideologische Weltanschauung teilten. Während Gruppen mit Verbindung zur AKP oder zur MHP auf die Politik des Heimatlands ausgerichtet blieben, engagierten sich die Bewegungen der alten türkischen Linken durch ihre eigenen Traditionen des antifaschistischen Aktivismus umfassender in der deutschen Politik und Zivilgesellschaft. Beginnend mit zivilgesellschaftlichen Bewegungen wie Antifa Gençlik im Berlin der 1990er-Jahre, die zunächst oft unter dem Druck der Polizei strauchelten, eroberten deutsch-türkische Linke allmählich Positionen bei den Grünen und in der SPD, aber auch in der PDS und in der Linkspartei.[68]

Es gehört zu den Ironien der Herausbildung jener deutsch-türkischen und deutsch-kurdischen Welten, die heute in der deutschen Gesellschaft verankert sind, dass Nachfolgeformen des politischen Lebens in der Türkei, die 1980 zerschlagen worden waren, größeren sozialen und kulturellen Einfluss in Deutschland erlangen konnten, als sie es in der Türkei je vermocht hatten. Ein Zeichen dafür, dass in der zweiten und dritten Generation der Deutsch-Türken eine Integration in die deutsche Parteipolitik stattfindet, ist die allmähliche Umorientierung der Diasporalinken von der hauptsächlichen Ausrichtung auf Entwicklungen im Heimatland ihrer Eltern und Großeltern. Trotz des Einflusses, den die AKP und eine inzwischen schwächelnde Millî Görüş immer noch über die DITIB sowie Moscheen außerhalb des Zugriffs der Diyanet ausüben können, schalten sich auch die mitte-rechts orientierten Teile der türkischen Diaspora zunehmend in die Politik ihrer Städte und Regionen ein.

Die Tatsache, dass dieser politische Integrationsprozess für die Anhänger linker Bewegungen, die von der Politik ihres Herkunftslands ausgeschlossen gewesen waren, früher einsetzte, bedeutete allerdings, dass diejenigen, die durch ihr Vereinsleben in der Diaspora geprägt waren, schneller und leichter Zugang zu den deutschen Milieus fanden, mit denen sie ideologisch am meisten gemeinsam hatten. Die Symbole und die Sprache der Diasporaidentität hingegen werden mittlerweile von Gruppen islamisch-konservativer AKP-Anhänger oder extrem rechter Netzwerke mit MHP-Ausrichtung dominiert, die einer bestimmten Form von türkischem Nationalismus verpflichtet geblieben sind. Wie Cem Özdemir 2002 feststellte, kurz bevor seine eigene Karriere bei den Grünen trotz Widrigkeiten wieder Fahrt aufnahm, würde die deutsch-kurdische und deutsch-türkische Integration ins Zentrum des deutschen politischen Lebens die Interaktion dieser Diasporagruppen mit den Entwicklungen in der Türkei unweigerlich verändern:

> »Die türkische Community hier weiß natürlich sehr genau, was es heißt, Bürger eines Landes zu sein, das zur ersten Liga gehört. Ich denke jedes Mal daran, wenn ich bei der Einreise am Flughafen die beiden Schlangen für EU-Länder und für andere Staaten sehe. Viele der Türken in Deutschland haben durch ihre Verwandtschaft in der Türkei einen direkten Vergleich und sehen, welche Vorzüge es hat, in einem Rechtsstaat zu leben. Deshalb haben die Türken hier auch ein Interesse daran, dass das Land, aus dem ihre Vorfahren kommen, auch diesen Weg geht.«[69]

Ausblick. Und heute?

Die tiefen Auswirkungen, die das Erbe von 1980 in Deutschland immer noch hat, sind eines von vielen Indizien dafür, wie zentral die Türkei für die Geschichte und Kultur Europas insgesamt immer gewesen ist. Die Rolle, die die türkische und die kurdische Diaspora in der deutschen Gesellschaft spielen, steht heute neben dem viel länger etablierten Erbe des Osmanischen Reiches, zu dem auch die Präsenz ethnisch türkischer Minderheiten in ganz Südosteuropa gehört. Mit ihrem eigenen spezifischen kulturellen Gleichgewicht zwischen Integration und fortgesetzten Verbindungen zu ihren Herkunftsorten stärken die türkische und die kurdische Diaspora die langjährigen Beziehungen zwischen der Türkei und anderen europäischen Gesellschaften. Sollte es in einer Zeit nach Erdoğan zu einem Wandel im Verhältnis der Türkei zur EU kommen, dann könnten ihr die Diasporagemeinschaften ungeachtet aller Rückschläge im Beitrittsverfahren bei ihrer Suche nach einer stabilen Position im europäischen Integrationsprozess helfen.

Doch das Ausmaß dieser Verbindungen hat auch für ein angespannteres Verhältnis zwischen Deutschland und der Türkei gesorgt. Seit dem Aufstieg von Recep Tayyip Erdoğan und Angela Merkel waren die gemeinsamen außenpolitischen Krisen vom eng verflochtenen Charakter der türkischen und deutschen Innenpolitik geprägt. Ob es Spannungen im östlichen Mittelmeer, terroristische Bedrohungen, die Bürgerkriege in Syrien und Libyen, die gewaltige Auswanderungswelle aus Syrien oder grundsätzliche Umwelt- und Wirtschaftsthemen sind, stets hat ein Problem, das als strategische Herausforderung für beide Staaten begann, alsbald gezeigt, wie sehr sich die Innenpolitik beider Gesellschaften gegenseitig beeinflusst.

Besonders nach dem gescheiterten Militärputsch vom 15. Juli 2016, der eine Welle öffentlicher Unterdrückung zur Sicherung von Erdoğans Machterhalt auslöste, haben die Maßnahmen des AKP-beherrschten türkischen Staats zur Abwehr wahrgenommener Bedrohungen in der Diaspora unterstrichen, dass Entwicklungen in der Türkei Folgen für die Bundesrepublik haben. Die von der AKP geschürten Proteste, mit denen die Diasporawähler und -wählerinnen in Deutschland für die türkischen Wahlen und das Referendum von 2017 zur Umstellung der türkischen Verfassung auf ein Präsidialsystem mobilisiert werden sollten, haben veranschaulicht, dass die Migration und die teilweise wirtschaftliche Einbindung die Türkei in die kollektive Politik der EU insgesamt eingebettet haben.[70] Die Inhaftierung zahlreicher als staatsgefährdend eingestufter deutscher Aktivisten und Aktivistinnen und Journalisten und Journalistinnen in der Türkei, von denen mehrere aus der Diaspora stammen, zeigte erneut, dass die Intensität der deutsch-türkischen Beziehungen sowohl zum Abbruch der Beziehung als auch zu enger Kooperation führen kann.

Diese Wechselwirkungen zwischen Herkunfts- und Niederlassungsland sind ein vertrautes Muster in der Geschichte transnationaler Diasporagruppen. Als ein »normales« Merkmal der Migration zeigen sie auch, dass die Debatten über eine vermeintliche »Gettoisierung« der türkischen und der kurdischen Gemeinschaft auf spezifisch kulturkonservative oder radikalreligiöse Milieus fokussiert waren, während sie gleichermaßen relevante Gruppen mit kemalistischen, liberalen oder sozialistischen Traditionen ausblendeten. Diese Diskussionen sind tendenziell davon ausgegangen, dass Gemeinschaften kulturell statisch sind. Sie haben so eine komplexere Realität außer Acht gelassen, in der Trends, die die Generation X und die Millennials geprägt haben, nicht unbedingt den Erfahrungen nachfolgender Generationen entsprechen, die in den letzten Phasen der Äras Erdoğan oder Merkel im Teenageralter oder Anfang zwanzig waren.

Wer in den 1980er- und 1990er-Jahren aufwuchs, erlebte eine Zeit, in der die Anwesenheit der Diasporagemeinschaften von einem erheblichen Teil der deutschen Medien und der politischen Landschaft noch immer infrage gestellt wurde, während religiös konservative, der AKP nahestehende Bewegungen auf dem Vormarsch zu sein schienen. Für viele junge Deutsch-Kurden stellte die PKK ein Symbol des Widerstands gegen allgemeine Strukturen der wirtschaftlichen und politischen Unterdrückung dar, das sie zu einem gemeinsamen Aktivismus mit der deutschen Linken bewegen konnte. Die politischen Hinterlassenschaften der 1980er-Jahre prägten auch die Entwicklung jener Milieus entfremdeter Jugendlicher, die in den 1990ern und 2000ern mit dschihadistischen Terrornetzen sympathisierten, weil diese mit ihrem nihilistischen Kult der Gewalt als Symbole der Rebellion gegen die Autorität staatlicher Institutionen und die Machthierarchien innerhalb der Diasporas fungierten. Größere Jugendmilieus in diesen Generationen trieb die Erblast der 1980er-Jahre allerdings zu anderen Formen des traditionell linken, liberalen oder sogar gemäßigt rechten Aktivismus, und damit vertieften sie ihre Einbeziehung in das politische Leben der deutschen Regionen, in denen sie aufwuchsen.

Für Menschen, die im Lauf der 2010er-Jahre erwachsen geworden sind, haben die politischen Turbulenzen in der Türkei seit den Gezi-Protesten von 2013 eine andere Sicht auf die Politik der Identität eröffnet. Schien die Türkei der Nullerjahre für die Millennials und die Generation X Erdoğans Rhetorik einer aufstrebenden Macht zu entsprechen, gab es nach 2017 Anzeichen dafür, dass das Chaos, in dem die Türkei versinkt, unter jüngeren Deutsch-Türken, deren politischer und kultureller Schwerpunkt die Bundesrepublik ist, einen Einstellungswandel beschleunigte. Parallel dazu mögen zwar viele jüngere Deutsch-Kurden den kurdischen Nationalismus befürworten, doch sind Sympathien für die nationalen Bestrebungen der Kurden inzwischen in der deutschen Gesellschaft politisch so normal geworden, dass sie kein Hindernis für eine Einbeziehung in das politische Leben der Bundesrepublik mehr darstellen.

Angesichts einer Türkei, die mit der Inflation, Millionen syrischer Flüchtlinge, dem Krieg mit der PKK und der Aushöhlung ihrer staatlichen Institutionen nach der Entlassung Zehntausender angeblich Erdoğan-feindlicher Beamter ringt, wirkt die erfolgreiche Kampagne der AKP zur Verfassungsänderung von 2017 weniger wie ein Symbol ihrer transnationalen Macht, sondern eher wie ein Schwanengesang hinsichtlich ihrer Fähigkeit, ihre Basis in der Diaspora zu mobilisieren. Die neue Auswanderungswelle aus der Türkei, oft von Fachkräften aus der Mittelschicht, die vom autoritären Streben der AKP nach Vorherrschaft verprellt sind, hat den Trend zur Abkehr von der unbeirrbaren Treue zum türkischen Staat in der türkischen Diaspora verstärkt. Nun, da die Erdoğan-Begeisterung der Ermüdung durch die ständigen Loyalitätsforderungen gegenüber seinem Regime weicht und sich der Schock über die Verschlechterung der Lebensbedingungen in der türkischen Bevölkerung ausbreitet, scheint es zweifelhaft, ob die AKP selbst in den frommsten Milieus der Diaspora dauerhaft den Ton wird angeben können.

Vor dem Hintergrund eines so rapiden Wandels ist es bemerkenswert, dass die enge Ausrichtung der deutschen politischen Debatte auf den religiösen Konservatismus bestimmter Diasporamilieus erst durch Uğur Şahins und Özlem Türecis erfolgreiche Entwicklung eines Impfstoffs gegen Covid 19 für BioNTech aufgebrochen wurde. Offensichtlich bedurfte es einer so epochalen Leistung, um den Migrationsdiskurs zu einem differenzierteren Verständnis der Vielfältigkeit der Diasporagruppen zu bringen, die nun in die höchsten Ebenen der deutschen Machtelite vorstoßen. Das aber zeigt, dass sich Teile des politischen und medialen Establishments in Deutschland an kulturellen Paradigmen orientiert haben, die seit 30 Jahren veraltet sind. Die Ernennung Cem Özdemirs zum Landwirtschaftsminister unter Kanzler Olaf Scholz hat nur unterstrichen, in welchem Grad Angehörige der türkischen und der kurdischen Diaspora heutzutage trotz aller nach wie vor bestehenden strukturellen Diskriminierung beider Gemeinschaften im Herzen der Macht in Deutschland angekommen sind. Für die Generationen beider Gruppen, die in den 2020er-Jahren ins Erwachsenenalter kommen, dürften diese sich verbreiternden Inklusionspfade ebenso wie die Anzeichen einer

Vertiefung der Krise in der Türkei ein anderes Verhältnis zu den Institutionen der Bundesrepublik begünstigen als die Erfahrung der Feindseligkeit, die ihre Vorfahren machen mussten.

Die Eingliederung der türkischen und der kurdischen Diaspora in alle Schichten der deutschen Gesellschaft bedeutet, dass eine saubere Trennung von Außen- und Innenpolitik in den deutsch-türkischen Beziehungen heute unmöglich geworden ist. Diese gesellschaftlichen Zusammenhänge erzeugen ein neues Niveau an Komplexität, das von Staatsorganen und politischen Führern auf beiden Seiten große Anstrengungen erfordert, damit ökonomische oder politische Schocks die wechselseitigen Beziehungen nicht in hitzige Streitereien verwickeln, wie sie oft zu einer Verschlechterung des Verhältnisses zwischen der Türkei und Deutschland geführt haben. Selbst wenn sich manche Deutsch-Kurden und -Türken von der türkischen Politik oder dem kurdischen Nationalismus abwenden, wird das fortgesetzte Engagement für das Heimatland auch nur einer signifikanten Minderheit dafür sorgen, dass jede neue Welle von Veränderungen in der Türkei auch auf die deutsche Gesellschaft ausstrahlen wird.

Wenn ich die Ereignisse der vergangenen Jahre Revue passieren ließ, habe ich manchmal an jenes *Diplomacy*-Spiel mit meinem damaligen Kreis jugendlicher Politnerds zurückgedacht. Denn die schelmische Stichelei meines Freunds deutete auf Veränderungen hin, die wir alle in der Welt um uns beobachteten. In jenen Jahren schien die Führungsmacht immer noch in den Händen derselben Eliten zu liegen, die in der Bundesrepublik für 40 Jahre den Ton angaben. Auf lange Sicht jedoch bedeuten die schiere Größe der türkischen und der kurdischen Diaspora sowie der Aufstieg einiger ihrer Mitglieder ins deutsche Establishment, dass sie heute viel mehr Kontrolle über ihr eigenes Schicksal haben, als wir vor nur 25 Jahren für möglich gehalten hätten.

Der Schriftsteller Bahman Nirumand wird für seine Kritik am persischen Kaiser an der Freien Universität Berlin von rund 2000 Studenten mit frenetischem Beifall bedacht. (1. Juni 1967)

KAPITEL 2

Von der Rebellion zur Integration – die iranische Diaspora

Wer kennt nicht das Missgeschick, dass der Versuch eines harmlosen Small Talks plötzlich auf einen Abweg gerät, aus dem es kein Entrinnen zu geben scheint? Die vermeintlich unverfängliche Plauderei mit einer Freundin oder einem Bekannten nimmt auf einmal eine unerwartete Wendung und führt Sie in ein rhetorisches Minenfeld, in dem eine dahingeworfene Bemerkung Sie in ein Gespräch verstrickt, aus dem es kein Entrinnen gibt. Meine Faszination für Geschichte und Politik brachte es mit sich, dass ich als Jugendlicher besonders anfällig dafür war, mich in solche sich im Kreis drehenden Diskussionen zu verwickeln. Eine dieser Gelegenheiten, bei der ich manche Lektion in der Kunst erlernte, wie man sich aus dem Treibsand eines Gesprächs befreit, in den man gerade hineingestolpert ist, war mit einer deutsch-iranischen Bekannten. Wir waren auf dem Weg zu einem Konzert in der Musikschule am anderen Ende der Stadt, bei dem sie Violine und ich das Cello spielte.

Es begann alles unverfänglich genug mit dem üblichen Tratsch über gemeinsame Freunde in der Schule. Als die Straßenbahn wieder einmal Verspätung hatte, erwähnte sie jedoch, dass sie Verwandte im Iran besuchen wollte, worauf ich höflich erwiderte, dass ich mich wirklich sehr für den Nahen Osten interessierte und gerade ein Buch über die arabische Geschichte las.

»Wie sind keine Araber«, schnappte sie plötzlich.

»Oh«, entschuldigte ich mich, »ich weiß, aber …«

»Wir haben die Welt beherrscht, lange bevor die auftauchten«, fuhr sie fort.

Da ich begriff, dass ich auf dünnes Eis geraten war, versuchte ich zurückzurudern: »Klar, natürlich sind die anders, aber ich finde die islamische Kunst wirklich interessant.«

Sie schnaubte verächtlich. »Du musst andere Bücher lesen. Wir waren lange vor all dem eine große Kultur. Kunst, Wissenschaft, Musik. Alles kam von uns. Schon vor 5000 Jahren …«

Ich blickte zu Boden und seufzte. Es würde eine lange Fahrt werden.

Deutschland und der Iran bis 1945

Im Sommer 1524 empfing Karl V., Kaiser des Heiligen Römischen Reiches, einen kunstvoll verzierten Brief von einem fernen Herrscher, der ihm ein Bündnis gegen einen gemeinsamen Feind vorschlug. Karl V., der in strategische Beratungen darüber vertieft war, wie er auf die Ausbreitung der antipäpstlichen Agitation in Deutschland reagieren sollte, während er in seiner anderen Rolle als König von Spanien am spanischen Hof verweilte, dankte dem Maronitenmönch, der ein Bündnisangebot von Schah Ismail von Persien gegen das Osmanische Reich überbracht hatte. Obwohl sein Hauptaugenmerk in diesem Moment auf der Frage lag, wie er unzuverlässigen deutschen Landesfürsten und einem französischen König mit eigenen Ambitionen entgegentreten sollte, ordnete Karl V. die Aufnahme diplomatischer Kontakte mit dem Gründer der Safawidendynastie an, die eines der großen Schießpulverreiche der frühen Neuzeit führen sollte.[1]

Der Auftakt einer langen Geschichte der Kontakte zwischen der deutschsprachigen Welt und dem Iran war eine Begegnung zweier Großmächte der damaligen Zeit, die sich als ebenbürtig betrachteten. So rasche Veränderungen oder katastrophale Niedergänge beide Gesellschaften in den folgenden Jahrhunderten auch erleben sollten, blickte doch jede neue Generation sowohl in Deutschland als auch im Iran auf eine in ihren Augen lange Geschichte als Kulturen mit globalem Einflussbereich zurück. Wie solche historischen Narrative auch die Wahrnehmung der Gegenwart bestimmen können, ist zu einer prägenden Dynamik für den Weg geworden, auf dem sich die iranische Diaspora in Deutschland integriert hat.

Im Lauf des 17. und 18. Jahrhunderts weiteten sich die zunächst sporadischen Handelsgeschäfte und diplomatischen Kontakte zu kulturellen und politischen Beziehungen aus, die noch lange nach dem Fall der Safawiden bestehen blieben. 1860 eröffnete Preußen seine erste Botschaft in Teheran, um seine Interessen in der Region zu stärken. Inmitten dieses zunehmenden wirtschaftlichen Austauschs knüpften mehrere archäologische Expeditionen unter deutscher Führung zu den Ruinen von Persepolis und anderen Grabungsstätten im Iran wissenschaftliche Verbindungen, die im späten 19. Jahrhundert zur Anwerbung deutscher Gelehrter führen sollten, um in Teheran die ersten höheren Bildungseinrichtungen europäischen Stils aufzubauen.[2] Dieses Zusammenwirken vertiefte sich, als die Schahs aus der Dynastie der Kadscharen während ihrer Europareisen regelmäßig Berlin ansteuerten, wo sie um militärische und wirtschaftliche Entwicklungshilfe von einem geeinten deutschen Staat ersuchten, der danach strebte, eine Weltmacht zu werden.[3]

Die konstitutionelle Revolution von 1905 führte zu einer Erweiterung des Spektrums der Kontakte zwischen dem Iran und europäischen Staaten. Mit Unterstützung des Madschles, des neu geschaffenen Parlaments, ermutigte der Staat iranische Studierende aus der Oberschicht und der kaufmännischen Elite, ins Ausland zu gehen. Zu den Institutionen, die Iraner auf ein Studium im Ausland vorbereiteten, gehörte die Deutsche Schule in

Teheran. Ursprünglich 1907 für deutsche Auswanderer im Iran gegründet, bediente sie auch den Wunsch der iranischen Elite nach westlicher Bildung. Die Bemühungen, iranische Studierende an europäischen Universitäten zu unterrichten, wurden auch nach Reza Khans Machtergreifung im Jahr 1925 und seiner Thronbesteigung als Reza Schah Pahlavi zwei Jahre später fortgesetzt; nunmehr als Teil seines Vorhabens, Staatsapparat und Wirtschaft des Irans nach europäischem Vorbild umzugestalten.[4] In den 1920er- und 1930er-Jahren strebten über tausend iranische Studierende in europäischen Städten einschließlich Berlins einen Universitätsabschluss an. Gleichzeitig wirkte eine kleine Gruppe von Europäern, darunter mehrere Deutsche, an der Reform des iranischen Staats mit.

Während dieses kleine Netzwerk in den Jahrzehnten nach dem Zweiten Weltkrieg zum Kern der administrativen und militärischen Elite des Landes heranwuchs, lösten die Beziehungen zum nationalsozialistischen Regime in den 1940er-Jahren einen schwerwiegenden externen Schock in der iranischen Gesellschaft aus. Die Regierungen Großbritanniens und der Sowjetunion, die über die militärischen Erfolge der Deutschen im Sommer 1941 beunruhigt waren, verlangten die Ausweisung der in Teheran lebenden Deutschen und die Schließung ihrer Schulen. Als die iranische Regierung dies verweigerte, marschierten die Briten ein und besetzten den Süden des Landes, während das sowjetische Militär den Nordiran eroberte. Reza Schah wurde gezwungen, ins Exil zu gehen, und durch seinen Sohn, den 17-jährigen Mohammad Reza Pahlavi, abgelöst. Zu diesen Invasionstruppen gesellten sich Tausende amerikanischer Soldaten, die die Ölinfrastruktur und die Transportverbindungen sichern sollten, über die Nachschub von britischen Militärbasen in Indien auf sowjetisches Territorium geliefert wurde.[5] Nach der Kapitulation Nazideutschlands versuchten die Briten, ihre Vorherrschaft zu festigen, während sich die Sowjets zunächst einen Einflussbereich in Gebieten mit aserbaidschanischer Mehrheit sichern wollten, bevor sie 1946 abzogen. Im Gegensatz zu dem tiefen Misstrauen, das den Briten entgegenschlug, standen Iraner, die im Ausland ausgebildet worden waren, amerikanischen Beratern offen gegenüber, schienen diese doch bereit zu sein, dem Iran bei der Befreiung von der europäischen Vorherrschaft zu helfen. Andere Teile einer aufstrebenden intellektuellen Elite fühlten sich von dem Versprechen eines gesellschaftlichen Wandels angezogen, das der Kommunismus zu bieten schien.[6]

In einem sozialen Umfeld, das vom Trauma der Besetzung aufgewühlt war, mobilisierte in den späten 1940er-Jahren ein Bündnis zwischen Linken und Nationalisten breite Unterstützung gegen die Herrschaft des Schahs. Der Anführer dieser Bewegung war Mohammad Mossadegh, ein Angehöriger jener ersten Generation von Iranern, die in den 1910er-Jahren im Ausland studiert hatte, in seinem Fall an der Sciences Po in Paris sowie an der Universität Neuchâtel in der Schweiz.[7] Die Zusammenstöße zwischen Mossadeghs Nationaler Front und konservativen, Schah-treuen Fraktionen erfolgten in einem Moment, in dem Irans Potenzial als Ölproduzent die Aufmerksamkeit von Staaten auf der Suche nach strategischen Chancen erregte, darunter die Bundesrepublik und die DDR. Obwohl sie für ihre Sozialreformen und die Verstaatlichung der Ölindustrie zunächst populär war, traf die 1952 ins Amt gewählte Regierung Mossadegh auf den Widerstand einer Allianz von Schah-Loyalisten, Liberalen, die sich an Mossadeghs autoritärem Stil stießen, und britischen Unternehmen, die über ihren Ausschluss von der iranischen Wirtschaft verärgert waren.

Das Blatt wendete sich gegen Mossadegh, als die USA mit einer CIA-Operation eingriffen, um den Einfluss prosowjetischer Kommunisten auf die Koalition der Nationalen Front zurückzudrängen, eine Entwicklung, die im kurzen Exil und der triumphalen Rückkehr des jungen Schahs gipfelte. Durch diese Intervention sicherten sich die Vereinigten Staaten die Loyalität des Schahs und festigten ihren Einfluss auf das iranische Militär und Wirtschaftsleben. Doch indem sie ihre Position im Iran auf ihre Beziehung zum Schah gründeten, zogen sich die USA die dauerhafte Feindschaft aller sozialen Bewegungen zu, von den Kommunisten der Tudeh-Partei bis zu den religiösen Bewegungen, die über die staatliche Feindseligkeit gegenüber dem klerikalen Establishment schockiert waren und vom Pahlavi-Regime unterdrückt wurden.[8]

Die Bundesrepublik als Partner des Schahs

So sehr die USA auch sein wichtigster Partner blieben, so sehr hütete sich das Schah-Regime davor, in eine zu große Abhängigkeit von seinen amerikanischen Partnern zu geraten. Seiner Führung war bewusst, dass blindes Vertrauen auf US-Unterstützung von oppositionellen Gruppen als Zeichen nationaler Schwäche ausgelegt würde und den Anspruch des Irans auf die Vormachtstellung im Mittleren Osten untergrübe. Die Ambitionen des Schahs führten zu einer militärischen Aufrüstung durch große Waffengeschäfte, bei denen der Erwerb von US-Militärgütern, mit dem Amerika zufriedengestellt werden sollte, mit Käufen bei westeuropäischen Waffenherstellern ausgeglichen wurde, um sich nicht zu abhängig von Washington zu machen. Mitte der 1960er-Jahre erwarb der Schah sogar einige Waffensysteme von der UdSSR, um zu signalisieren, dass er keinem Marionettenregime der USA vorsaß.[9] Die Tatsache, dass die säkularen Studierenden der Mittelschicht sowie die religiösen Netzwerke der theologischen Seminare in Maschhad und Ghom von den staatlichen Führungspositionen ausgeschlossen blieben, die diese ungezügelten Staatsausgaben kontrollierten, sollte sich als schwere Hypothek für die Zukunft erweisen.[10]

Dieses angespannte Umfeld betraten westdeutsche Diplomaten und Unternehmensvertreter mit einem Auge für strategische

Möglichkeiten. Mit seinen Kontakten zu Angehörigen der iranischen Elite, die bis in die NS-Zeit zurückreichten, gewann das Auswärtige Amt Zugang zum Hof des Schahs, nachdem die Bundesrepublik und der Iran 1952 diplomatische Beziehungen aufgenommen hatten. Der Umstand, dass Soraya, bis 1958 die erste Frau des Schahs, als Kind in Berlin aufgewachsen war, erwies sich für dieses Bemühen als hilfreich. Im Lauf der Zeit bauten die westdeutschen Diplomaten in Teheran ein Netzwerk von Unterstützern in den Staats- und Wirtschaftseliten des Landes auf, während westdeutsche Unternehmen Niederlassungen gründeten, um von den Infrastrukturprojekten zu profitieren, die mit dem Ausbau der iranischen Ölindustrie einhergingen.[11] Für den Schah bot ein enges Verhältnis zu westdeutschen Regierungen und Unternehmen eine zusätzliche Quelle der Unterstützung, um die amerikanische Dominanz zu begrenzen.

Die Bundesregierung stellte ihrerseits Geldmittel für gemeinsame Bildungs- und Wissenschaftsprogramme bereit, um die von ihr so empfundene Tradition der Freundschaft zwischen Deutschland und dem Iran zu stärken. Diese Bestrebungen zahlten sich für westdeutsche Konzerne wie Siemens aus, denen es gelang, millionenschwere Joint Ventures zur Beschleunigung der Industrialisierung und militärischen Modernisierung des Irans auf den Weg zu bringen.[12] Als Kunde war die iranische Regierung der Großeinkäufer, von dem jeder Firmenvorstand nur träumen konnte; allein 1960 erwarb sie Industrieausrüstung im Wert von über 500 Millionen DM.[13] Aus Teheran flossen mehr als genug Aufträge, um der iranischen Regierung eine starke Lobby in Bonn zu verschaffen.

Wie jeden anderen Aspekt der westdeutschen Außenpolitik auch, überschattete die ideologische Herausforderung durch die DDR diese strategischen Bemühungen zum Aufbau einer engen Beziehung zum Iran. Die Befürchtung, dass Staaten, mit denen die Bundesrepublik eine strategische Partnerschaft anstrebte, für eine kommunistische Infiltration empfänglich sein könnten, ging Hand in Hand mit der Sorge um das Ausmaß des verdeckten ostdeutschen Einflusses auf Diasporagemeinden aus diesen Staaten.[14] Politische Unruhen in jeder Diaspora und jedem Heimatstaat wurden von den Sicherheitsbehörden auf ihren potenziellen Einfluss auf das Machtverhältnis zwischen DDR und BRD abgeklopft. Das Auswärtige Amt half anderen staatlichen Stellen entscheidend bei der Feststellung, ob die Aktionen von Diasporaaktivisten und -organisationen der Politik von Staaten wie dem Iran politisch abträglich waren.[15] Diplomaten und Sicherheitsbeamte der Herkunftsländer taten ihr Bestes, um die Ängste des westdeutschen Staats zu ihrem Vorteil zu nutzen, indem sie zu beweisen versuchten, dass sich oppositionelle Diasporabewegungen des verdeckten Rückhalts der DDR erfreuten.[16]

Das Ausmaß, in dem die Hallstein-Doktrin unter Adenauer und Kiesinger die BRD dazu nötigte, diplomatische Konsequenzen für Staaten durchzusetzen, die die DDR anerkannten, verschaffte Verbündeten auch die Möglichkeit, die westdeutsche Staatsführung in Bezug auf Beziehungen mit dem SED-Regime zu erpressen. Obwohl eine volle diplomatische Anerkennung immer ein Schritt zu weit für westdeutsche Regierungen war, standen Staaten, die die DDR-Karte spielten, weniger einschneidende Optionen zur Verfügung. Die probeweise Aufnahme von Handelsverbindungen, kultureller Austausch oder die Präsenz ostdeutscher Beamter waren Mittel, um Druck auf die westdeutsche Diplomatie auszuüben. Staaten, die keinem Bündnis unter US-amerikanischer Führung angehörten, drohten mitunter auch damit, Rüstungsgüter von ostdeutschen Anbietern zu beziehen.[17] Obwohl die SPD-FDP-Koalition nach 1969 im Zuge ihrer neuen Ostpolitik auf einen Dialog mit der DDR umschwenkte, blieben die westdeutschen Diplomaten über eine ostdeutsche Präsenz außerhalb Europas beunruhigt. Und das Pahlavi-Regime zeigte sich versiert darin, solche westdeutschen Sorgen hinsichtlich der DDR auszunutzen.

Der Drang der Bundesrepublik, sich als ein globaler Akteur zu beweisen, der den geopolitischen Spielraum der DDR begrenzen konnte, verwandelte die Beziehungen zum Iran in ein Prestigeprojekt für die westdeutsche Diplomatie, die die lange Geschichte der deutsch-iranischen Beziehungen hochhielt. Wie die westdeutschen wirtschaftlichen und militärischen Projekte mit dem iranischen Staat auf dieser historischen Kontinuität aufbauten, so versuchte auch die große Zahl von Bundesbürgern, die als Teil einer größeren westeuropäischen und amerikanischen Expat-Gemeinschaft in Teheran lebte, an die in ihren Augen traditionelle Rolle Deutschlands bei der Modernisierung der iranischen Gesellschaft anzuschließen. Die romantisch-orientalistische Linse, durch die die Westdeutschen den Iran unter dem Schah betrachteten, führte dazu, dass diese Geschäftsleute und Diplomaten übersahen, wie unbeliebt ihre Präsenz bei Teilen der Bevölkerung angesichts eines gesellschaftlichen Wandels war, der die Macht der Regimeanhänger zementierte.[18]

Iranische Studierende in Deutschland: Brücke der Elite in den Westen

Weil immer mehr Iranerinnen und Iraner im Ausland studieren wollten und das Regime gut ausgebildete Verwaltungskader brauchte, übernahmen die deutschen Schulen, die 1955 in der Nähe der internationalen amerikanischen Schulen und französischen Lycées wiedereröffnet wurden, eine Brückenfunktion für die Verbindung der Teheraner intellektuellen und staatlichen Elite zu den westeuropäischen Gesellschaften.[19] Auf diesen Erfolgen aufbauend, schloss das spätere Bundesministerium für wissenschaftliche Forschung in den späten 1950er-Jahren mehrere Abkommen mit iranischen Stellen ab, um iranischen Studierenden den Zugang zu deutschen Universitäten zu eröffnen.[20] Was zunächst wie der logische nächste Schritt in einer diplomatischen Strategie erschien, um einen Verbündeten im Kalten Krieg zu umwerben, sollte schicksalhafte Langzeitfolgen haben und den Iran der west- wie der ostdeutschen Gesellschaft auf eine Weise näherbringen, die die Bundesregierung nicht voraussah und aller Wahrscheinlichkeit auch nicht für wünschenswert gehalten hätte.

Im Rückblick ist es bemerkenswert, wie sich eine Maßnahme, die als begrenzte Öffnung für eine Handvoll Studierender aus der herrschenden Elite des Irans gedacht war, zu einer umfassenderen Migrationsbewegung ausweitete, die das politische Leben Deutschlands in den folgenden 60 Jahren erheblich beeinflusste. Ab 1958 wuchsen die Iraner rasch zur größten nichteuropäischen Gruppe im höheren Bildungswesen der BRD heran; Mitte der 1960er-Jahre waren die meisten der 20 000 Iraner und Iranerinnen in der Bundesrepublik Studierende oder hatten beschlossen, sich nach dem Abschluss ihrer Studien hier niederzulassen.[21] Von dieser studentischen Gemeinschaft abgesehen, gab es noch einige exilierte Dissidenten sowie Geschäftsleute, die im Textilimport nach Westdeutschland oder dem Export von Industriegütern in den Iran tätig waren.[22]

Bis in die 1980er-Jahre entsprach nur eine kleine Zahl der Iraner in der Bundesrepublik dem Gastarbeiterstereotyp des Migranten als einem ungelernten Industriearbeiter. Von den rund 20 000 Iranern, die sich 1967 in der Bundesrepublik aufhielten, waren 5027 mit Studentenvisa im Land, während viele andere ebenfalls eine akademische Ausbildung absolvierten.[23] Die meisten politisch aktiven iranischen Studierenden waren Mitglieder linker Organisationen, die der deutschen Studentenbewegung nahestanden. Dennoch waren die politischen Ziele vieler Schah-Gegner nicht unbedingt mit denen der radikalen Linken identisch. Iraner, die Mossadeghs nationalistische Perspektive befürworteten, teilten seine Geringschätzung für den Kommunismus, während auch einige Konservative, die in den internen Streitigkeiten des Schah-

Regimes den Kürzeren gezogen hatten, den Weg in die BRD fanden. Eine Minderheit unter den iranischen Studierenden in Deutschland gehörte sogar Schah-freundlichen, von der iranischen Botschaft finanzierten Gruppen an, während andere Verbindungen zu Moscheen unterhielten, die vom Radikalismus Ayatollah Ruhollah Chomeinis beeinflusst waren.[24]

Studenten gegen den Schah

Seit einer friedlichen studentischen Besetzung des iranischen Konsulats in München 1961 waren die westdeutschen Sicherheitsbehörden mit regelmäßigen Protesten gegen das Schah-Regime konfrontiert, die diese kleine, aber stark politisierte Diasporagemeinschaft organisierte. Die Häufigkeit solcher Demonstrationen nahm nach 1965 infolge einer Radikalisierung zu, die sich an Massenfestnahmen iranischer Studierender in Teheran nach ihrer Rückkehr aus Europa entzündete.[25] Nach dieser Welle der Unterdrückung waren iranische Studierende im Ausland, wenn sie sich auch nur an den grundlegendsten Formen von Aktivismus beteiligt hatten, mit der Wahrscheinlichkeit konfrontiert, dass sie eine Karriere im Beruf ihrer Wahl nur in Europa oder Amerika anstreben konnten.[26] Obwohl ihr gesellschaftlicher Hintergrund bedeutete, dass sie mit der iranischen Bauernschaft und Arbeiterklasse, die sie zu emanzipieren versuchten, wenig gemeinsam hatten, wurde für viele iranische Studierende im Ausland ein Sturz des Schahs zur einzigen Möglichkeit einer sicheren Rückkehr in ihr Heimatland.[27]

Zwar im universitären Milieu organisiert, wurden die Proteste gegen den Schah im Wesentlichen von Aktivisten angeführt, die ihr Studium aufgegeben hatten, um sich ganz ihrem politischen Kampf zu widmen.[28] Die Protestkundgebungen der Schah-Gegner erregten die Aufmerksamkeit der Medien und erreichten ein breites deutsches Publikum. Da der Schah in den Boulevardmedien als faszinierende exotische Gestalt sowie als Säule der globalen amerikanischen Sicherheitsarchitektur angepriesen wurde, konnten oppositionelle iranische Aktivisten und Aktivistinnen zu Themen agitieren, die der deutschen Öffentlichkeit nicht ganz unbekannt waren. Wie die antiimperialen Kampagnen mit Fokus auf Vietnam und Griechenland fanden auch die iranischen Aktivisten Verbündete bei der westdeutschen Neuen Linken, die das Pahlavi-Regime als Ableger des »amerikanischen Imperialismus« betrachtete, der ihrer Meinung nach die Bundesrepublik korrumpierte.[29] Durch eine Partnerschaft, die von gemeinsamen ideologischen Gegnern besiegelt wurde, gewannen die iranischen Studierenden in der westdeutschen Linken eine Rolle, die weit über ihre begrenzte Zahl hinausging.

Für ihre Versuche, auf die deutsche Öffentlichkeit Einfluss zu nehmen, nutzten oppositionelle iranische Aktivisten Anspielungen auf das Europa der 1930er-Jahre, um die Menschenrechtsverletzungen durch die SAVAK und andere iranische Sicherheitsdienste mit den Gräueltaten der Nazis zu vergleichen. Die Literatur, die Aktivisten für die deutsche Neue Linke hervorbrachten, setzte die Beziehung zwischen westdeutschen Unternehmen und dem Hof des Schahs mit der Bereitschaft deutscher Eliten gleich, vor 1945 mit dem nationalsozialistischen Regime zu kollaborieren.[30] Da der antifaschistische Kampf ein zentrales Thema der deutschen Linken war, verstand sie die Zusammenarbeit mit autoritären Regimen wie der iranischen Monarchie als ein Anzeichen für »faschistische Tendenzen« (um Rudi Dutschke zu zitieren), die dem Deutschland der »Restauration« unter Adenauer angeblich innewohnten.[31] Viele in der Neuen Linken verstanden die Unterstützung der iranischen Opposition als Teil ihres Kampfes um die politische Seele der Bundesrepublik.[32]

Politiker und Diplomaten bedienten sich ihrer eigenen historischen Narrative, um ihr Werben um den Schah zu verteidigen.

Die Experten des Auswärtigen Amtes für den Mittleren Osten hingen der Vorstellung, der erste Schah Pahlavi habe ein einzigartiges Band zwischen Deutschen und Iranern geknüpft, in einem Maße an, dass sie damit die politischen Entscheidungen auf Jahrzehnte prägten.[33] Diese auf die Zeit vor 1945 zurückgehenden Erfahrungen formten das Denken jener hochrangigen Staatsbeamten und Wissenschaftler, die sich mit dem Mittleren Osten beschäftigten, und zementierten die übereinstimmende Meinung im außenpolitischen Establishment der BRD, dass eine absolute Monarchie das »natürliche« Regierungssystem für den Iran sei, wodurch Herausforderungen dieses Systems durch die radikale Linke oder die religiöse Führungsschicht systematisch unterschätzt wurden.[34]

Die Radikalisierung in der Diaspora und der Druck aus dem Iran

Das Vertrauen auf die deutsch-iranische Freundschaft und die Reformbehauptungen des Regimes führte dazu, dass selbst sozialdemokratisch geführte Regierungen ein Auge gegenüber Menschenrechtsverletzungen zudrückten, etwa die Erschießung Hunderter Demonstranten in Ghom durch die iranische Armee 1961. Ins Exil gezwungene Dissidenten wurden von westdeutschen Staatsvertretern ignoriert, ob es sich um Ruhollah Chomeini und andere Religionsführer handelte, die sich im Irak hatten niederlassen müssen, oder um nach Berlin geflüchtete linke Intellektuelle wie Bahman Nirumand.[35] Während sich diese Spannungen entfalteten, verließen sich die BND-Offiziere in Teheran auf die Informationen, die ihnen von der SAVAK oder amerikanischen und britischen Kollegen weitergeleitet wurden. Es überrascht nicht, dass diese Informationen überwiegend die Erfolge des Pahlavi-Regimes betonten und seine Fehler übergingen.[36] Wenn im Iran lebende Deutsche oder die Handvoll Wissenschaftler und

Wissenschaftlerinnen an westdeutschen Universitäten, die für die Spannungen innerhalb der iranischen Gesellschaft sensibilisiert waren, Zweifel äußerten, dann wurden diese vom Auswärtigen Amt und den Beamten des BND als Parteinahme für die Opposition abgetan.[37]

Anfang der 1960er-Jahre reagierten iranische Diplomaten auf Kritik am Schah durch westdeutsche Wissenschaftler oder Journalisten, die Oppositionelle unterstützten, häufig mit der Forderung nach einem harten Durchgreifen gegen iranische Dissidenten in der Bundesrepublik.[38] Zeitungsartikel, in denen die Zukunftsaussichten des Schahs infrage gestellt wurden, oder kleine Protestaktionen schürten bei Bonner Beamten Ängste vor den Problemen, die aus den Aktionen iranischer Studierender in der Bundesrepublik für Unternehmen erwachsen könnten, welche sich um Aufträge des Irans bemühten. Von ihren iranischen Gesprächspartnern gedrängt, übermittelten westdeutsche Diplomaten Forderungen an die Polizei im ganzen Bundesgebiet, die iranische Diaspora stärker unter Druck zu setzen.

Die iranischen Studierenden konnten jedoch auf ihre persönlichen Erfahrungen mit der Oppositionspolitik im Iran zurückgreifen und sich diesem Druck in der Bundesrepublik widersetzen. Die wichtigste Organisation dieser Gruppen in der Diaspora war zunächst die Konföderation der iranischen Studenten/Nationalunion oder CISNU. Obwohl sie eine breite Front repräsentieren sollte, als sie 1963 gegründet wurde, hatte die CISNU Mühe, eine Koalition von Studentengruppen zusammenzuhalten, die einzig ihr Hass auf den Schah einte. Bis Flügelkämpfe zwischen rivalisierenden religiösen und marxistisch-leninistischen Fraktionen in den frühen 1970er-Jahren zu ihrem Zusammenbruch führten, bot sie Anhängern der iranischen Opposition eine Möglichkeit, ihre Anstrengungen zu koordinieren.[39] Trotz der Vielfältigkeit ihrer Mitglieder wurde die Leitung der CISNU von Personen beeinflusst, die der kommunistischen Tudeh-Partei nahestanden, deren Führer in der DDR saßen. Diese Verbindungen wurden von iranischen Diplomaten oft zur Diskreditierung der gesamten iranischen Opposition genutzt, indem sie BND und Auswärtigem Amt Informationen zukommen ließen, welche die Zusammenarbeit zwischen Tudeh-Mitgliedern und der Stasi betonten, die unter anderem auch Informationsaustausch und Finanzierung von Tudeh-Aktivitäten im Iran sowie in der BRD umfasste.[40]

Der Radikalisierungseffekt, der von diesen Pressionen des iranischen und des westdeutschen Staats ausging, lässt sich an dem Weg ablesen, den Studenten wie Hassan Massali gingen. Nachdem er 1958 für ein Medizinstudium nach Kiel gekommen war, erlangte er genügend Bekanntheit in der iranischen Gemeinschaft, um Vorsitzender der CISNU und führendes Mitglied von Tudeh-Gruppen in Europa zu werden. Trotz der Versuche iranischer Staatsvertreter und des Auswärtigen Amtes, Massali abschieben zu lassen, bekam er 1967 seine Aufenthaltsgenehmigung unter der Bedingung erneuert, von einer politischen Betätigung abzusehen. Ungeachtet dieser Einschränkung schloss sich Massali Unterstützergruppen von Guerillaorganisationen an, die in den 1970er-Jahren gewaltsam gegen den iranischen Staat vorgingen. Nachdem er auf Beobachtungslisten der SAVAK sowie europäischer Sicherheitsbehörden gelandet war, tauchte er für eine Weile in einem Milieu mit Sympathien für Terrorgruppen unter, die mit der Roten Armee Fraktion und George Habaschs Volksfront zur Befreiung Palästinas verbunden waren und glaubten, in einem gemeinsamen Krieg gegen den »westlichen Imperialismus« zu stehen. Zwar tauchte Massali später wieder als Führer der iranischen Nationalen Front in Europa auf, doch seine eigenen politischen Ambitionen erfüllten sich nie. Wie die so vieler Iraner, die 1979 aus dem politischen Exil in den Iran zurückkehrten, wurden auch seine großen Hoffnungen durch die Wendung zerstört, die die Islamische Revolution nahm. Obwohl er bei den ersten Parlamentswahlen nach dem Ende des Schah-Regimes einen Abgeordnetensitz gewann, trieben die Schritte von Chomeini-Anhängern zur Zerstörung der Bewegung, der er angehörte, Massali erneut ins Exil. In den Vereinigten Staaten schloss er sich neu zusammengesetzten Oppositionsnetzwerken an, die nunmehr durch regelmäßige Protestaktionen in Nordamerika und Unterstützung von Aktivisten im Iran das Chomeini-Regime bekämpften.[41]

Erst als im September 1963 drei iranische Medizinstudenten vor Gericht gestellt wurden, zeigte sich in aller Deutlichkeit, dass der permanente Druck auf Diasporagemeinschaften für die westdeutsche und die iranische Regierung auch nach hinten losgehen konnte. Aufgrund von Informationen aus Bundesbehörden in Bonn über Mitglieder der Tudeh-Partei und Reisen iranischer Studenten nach Ostberlin wurden drei Medizinstudenten an der Universität Köln unter dem Vorwurf der Mitgliedschaft in einer »verfassungsfeindlichen« Gruppierung festgenommen. Der Fall endete jedoch in einem Fiasko für die Bundesregierung, als der Richter die Klage mit dem Bescheid abwies, eine Bedrohung für die Außenpolitik einer Regierung sei nicht automatisch eine Bedrohung für die Verfassung. Dieses Ereignis trug lediglich dazu bei, der Opposition gegen den Schah noch mehr Aufmerksamkeit bei der deutschen Linken zu verschaffen.[42]

Obwohl das Abgleiten von Teilen der iranischen Opposition in die politische Gewalt dazu genutzt wurde, polizeiliche Repressalien gegen die iranische Diaspora zu rechtfertigen, war der Schwerpunkt von Intellektuellen wie Bahman Nirumand auf einer friedlichen Kooperation für die breitere Gemeinschaft bezeichnender. Als ihm ein Verhör durch die SAVAK bevorstand, tauschte Nirumand mit seiner Übersiedlung in die Bundesrepublik 1965 seine Position als Dozent an der Universität Teheran gegen die Sicherheit Westberlins aus.[43] Durch seine wissenschaftliche Arbeit und ein viel beachtetes Schah-kritisches Buch wurde Nirumand in intellektuelle Netzwerke eingebunden, zu denen so führende Figuren wie Hans Magnus Enzensberger gehörten.[44] Seine Position als prominenter Vertreter der deutschen Neuen Linken wurde durch seine Rede auf der »Internationalen Vietnam-Konferenz« im Februar 1968 zementiert. Dass ein emigrierter Intellektueller eine zentrale Rolle in diesem symbolischen Moment in der Entwicklung der deutschen Linken spielte, war ein frühes Anzeichen dafür, dass Diasporagruppierungen in den Mittelpunkt des politischen Lebens der Bundesrepublik rückten.[45]

Weil sie Teil einer transnationalen politischen Welt wurden, die die Studentenunruhen in der Bundesrepublik mit einer umfassenderen Welle des globalen studentischen Aktivismus verband, wurden die iranischen Aktivisten in Ereignisse hineingezogen, die die Bundesrepublik erschütterten. Die von der Großen Koalition unter Kiesinger und Brandt in der Hoffnung, Westdeutschlands Position als enger Partner des Irans zu festigen, eingeleiteten Planungen für einen Staatsbesuch des Schahs im Mai und Juni 1967 absorbierten erhebliche Energien von westdeutschen Staatsvertretern. Im Wissen, dass der Schah oft ungehalten auf Kritik reagierte, bombardierten iranische Diplomaten und Vertreter des Auswärtigen Amtes regionale Polizeibehörden mit der Forderung, dass Schah-feindliche Organisationen und Aktivisten vor dem Besuch niedergehalten werden müssten. Ende April 1967 kam es zu einer Welle von Aufenthaltsverboten und Festnahmen iranischer Aktivisten wegen Verstößen gegen Einwanderungsbestimmungen, um die Diaspora von Protesten an den Orten abzuhalten, die der Schah auf seiner Reise durch Westdeutschland und Westberlin besuchen sollte.[46]

Der Wendepunkt: Der Schah-Besuch im Mai 1967

In München wurden zahlreiche Iraner aufgefordert, sich bei der Polizei zu melden und die Stadt vorübergehend zu verlassen, während iranische Aktivisten und Aktivistinnen in anderen Städten wie Regensburg, Erlangen oder Düsseldorf zweimal täglich bei ihrer örtlichen Ausländerbehörde vorsprechen mussten. Ähnlich drakonische Maßnahmen einschließlich der Drohung mit Abschiebung wurden in Städten wie Frankfurt oder Köln über Aktivisten verhängt.[47] Die provokativen Taktiken von Demonstranten der deutschen Neuen Linken und die Belege der Sicherheitsbehörden für ihre Unterwanderung durch die SED oder Stasi erhöhten die Bereitschaft, hart gegen Proteste vorzugehen. Da die *Bild*-Zeitung und andere Boulevardblätter die Gefahr betonten, die angeblich von Linksradikalen ausging, betrachteten viele Polizisten iranische Aktivisten schon vor der Ankunft des Schahs am 25. Mai 1967 in Bonn mit noch größerer Feindseligkeit als die deutschen Linksradikalen, mit denen sie bereits in einem Eskalationskreislauf gefangen waren.[48]

Schon lange vor seiner Deutschlandreise von 1967 hatten der Glanz und die Exotik seines Hofs sowie seine turbulente Ehe mit Soraya, die er anschließend 1958 ins Exil geschickt hatte, den iranischen Monarchen zu einer festen Größe in der westdeutschen Regenbogenpresse gemacht. In Interviews mit westdeutschen und anderen europäischen Journalisten und Journalistinnen versuchte der Schah, sein Bild als Reformer mit Verweis auf seine »weiße Revolution« aufzupolieren, den begrenzten Versuch einer Bodenreform. Wenngleich gewichtigere linksliberale Zeitungen wie die *Süddeutsche Zeitung* und die *Frankfurter Rundschau* kritische Analysen der Verhältnisse im Iran brachten, rief die *Bild* ihre Leserschaft dazu auf, den Schah und die Schahbanu Farah an den Straßen, an denen ihr Weg entlangführen sollte, zu begrüßen. Die Boulevardblätter des Springer-Verlags und die *Frankfurter Allgemeine Zeitung* räumten konservativen Orientalisten beträchtlichen Platz ein, um die Geschichte von der »traditionellen« Freundschaft zwischen Deutschland und der iranischen Monarchie aufzuwärmen.[49]

Nach Besuchen in Nordrhein-Westfalen und München, die von

öffentlichem Desinteresse sowie Demonstrationen von linken und Diasporaaktivisten getrübt waren, signalisierte ein »Teach-In« an der Freien Universität Berlin am vierten Tag des Schah-Besuchs, dem 1. Juni 1967, dass die Proteste in Westberlin zu einem Sicherheitsproblem werden könnten. Vor großem Publikum verurteilten bekannte Vertreter der Westberliner Linken wie Rudi Dutschke und Bahman Nirumand die Menschenrechtssituation im Pahlavi-Regime und das Gieren westdeutscher Unternehmen nach iranischen Staatsaufträgen.

Schon beim ersten Treffen des Schahs im Büro des Regierenden Bürgermeisters in Schöneberg war offensichtlich, wie erfolgreich die Aktivisten bei der Mobilisierung von Protesten gewesen waren. Mehrere Hundert Demonstranten drängten sich vor dem Schöneberger Rathaus, darunter Mitglieder der SPD im Rentenalter. Von Journalisten als »Jubelperser« bezeichnete Schah-Anhänger, die von der SAVAK herbeigeschafft worden waren, griffen die Schah-Gegner an, die von der Polizei auch wegen »Beleidigung eines ausländischen Staatsoberhaupts« festgenommen wurden, noch bevor der Schah sein Treffen mit dem Regierenden Bürgermeister Albertz beendet hatte. Ihren Höhepunkt erreichten die Proteste an jenem Abend vor der Deutschen Oper, wo der Schah zusammen mit dem Bundespräsidenten und der Westberliner High Society eine Aufführung der *Zauberflöte* besuchte. Zu den Demonstranten gehörten prominente Vertreter der Neuen Linken wie Fritz Teufel und Angehörige der Kommune 1, die mitten im Geschehen waren, als hinter den Absperrgittern Chaos ausbrach. Die Schlägereien zwischen Demonstranten und »Jubelpersern« liefen aus dem Ruder, als Eier, Tomaten und Mehlbomben auf den Schah und andere Opernbesucher flogen.[50]

Kurz nachdem der letzte Besucher die Oper betreten hatte, griff die Bereitschaftspolizei die Demonstranten an. Während iranische Schah-Gegner verhaftet und verprügelt wurden, konnten die Schah-Anhänger Demonstranten attackieren, ohne Konsequenzen befürchten zu müssen. Inmitten der Krawalle, die sich inzwischen zu einem regelrechten Aufstand entwickelt hatten, feuerte der Zivilbeamte Karl-Heinz Kurras aus Gründen, die auch 60 Jahre später noch ungeklärt sind, mehrere Schüsse auf eine Gruppe von Studenten ab. Eine der Kugeln verletzte Benno Ohnesorg, einen politisch gemäßigten Theologiestudenten, tödlich. Binnen weniger Stunden lösten Fernseh- und Radioberichte über den Tod Ohnesorgs am 2. Juni 1967 gewalttätige Demonstrationen in ganz Westdeutschland aus, da die unvorhergesehenen Folgen der ursprünglich von iranischen Diasporaaktivisten organisierten Proteste viele zuvor moderate Studierende radikalisierten.[51]

Mit ihrer Reaktion auf die von iranischen Diasporaaktivisten angeregten Proteste löste die Westberliner Polizei die berühmteste der zahlreichen Straßenschlachten aus, die in den folgenden Jahren von der ideologischen Polarisierung der westdeutschen Gesellschaft zeugen sollten. Die Tatsache, dass Kurras im anschließenden Totschlagsprozess im November 1967 freigesprochen wurde, erhöhte die Spannungen zusätzlich. Die *Bild*-Zeitung beschuldigte die iranischen und deutschen Aktivisten, eine DDR-freundliche Agenda zu verfolgen, wobei sich 2009 in einer der wiederholten Ironien der westdeutschen Geschichte nach 1945 herausstellen sollte, dass Kurras selbst seinerzeit für die Stasi spioniert hatte. Im Gegenzug sahen viele Studierende nunmehr die Brutalität der Polizei und die fehlende Verantwortlichkeit für den Tod Benno Ohnesorgs als weiteren Beweis für den staatlichen Autoritarismus. Führende Aktivisten der Neuen Linken wie Rudi Dutschke und Horst Mahler erlangten nationale Bekanntheit, und es war kein Zufall, dass sich eine der ersten linksextremen Terrorzellen, die später in der Roten Armee Fraktion aufgehen sollte, »Bewegung 2. Juni« nannte. Während sich die Mitglieder der iranischen Opposition in Deutschland weiterhin auf ihre Kampagne gegen den Schah konzentrierten, wandte der Rest der Neuen Linken seine Aufmerksamkeit jedoch bald dem Vietnamkrieg und internen Kämpfen über die politische Ausrichtung der Bundesrepublik zu.[52]

Auch beim Schah hinterließen die Demonstrationen einen tiefen Eindruck. Nach seiner Rückkehr in den Iran verlangte er öffentlich eine Entschuldigung der Regierung Kiesinger-Brandt sowie die Verhaftung von Demonstranten, die ihn in Interviews mit deutschen Journalisten beleidigt hatten. Noch beunruhigender für westdeutsche Minister war, dass führende iranische Staatsvertreter Maßnahmen wie die Aufkündigung von Staatsverträgen mit westdeutschen Unternehmen oder die Verweigerung westdeutscher Militärhilfe erörterten. Die Drohung, die westdeutsche Diplomaten in Teheran und Bonn besonders nervös machte, war die Andeutung des Schahs, seine Politik gegenüber der DDR zu »überprüfen«.[53]

Vom Auswärtigen Amt unter Druck gesetzt, zogen die Staatsanwaltschaften in München und Berlin im August ein vergessenes Gesetz wieder hervor, das die Beleidigung ausländischer Staatsoberhäupter unter Strafe stellte, und leiteten Beleidigungsklagen gegen mehrere Demonstranten ein.[54]

Diese Versuche, den Schah zu beschwichtigen, gingen nach hinten los, denn sie lösten eine von der *Frankfurter Rundschau* unterstützte Solidaritätskampagne aus, bei der Tausende Beteiligte Briefe an die Polizei sandten, in denen sie sich der Beleidigung des Schahs bezichtigten. Selbst konservative Kolumnisten der *Frankfurter Allgemeinen Zeitung* verurteilten die verzweifelten Versuche der Regierung, einen ausländischen Autokraten zufriedenzustellen. Im Bemühen um Schadensbegrenzung flog Innenminister Paul Lücke (CDU) am 12. September 1967 nach Teheran und überreichte eine offizielle Entschuldigung für die Proteste, um den Schah von seinen Forderungen abzubringen. Besänftigt von der Unterwürfigkeit eines deutschen Kabinettsministers, erhob der Schah keine Einwände, als die Ermittlungen wegen Beleidigung eingestellt wurden.[55]

Ungeachtet dieser Gegenreaktion auf die Forderungen des Schahs reagierten CDU/CSU-Politiker giftig auf die deutschen und iranischen Aktivisten, die sich an den Protesten gegen den iranischen Staat beteiligt hatten. Konservative Journalisten verglichen die Taktiken der Schah-Gegner mit den Methoden nationalsozialistischer und kommunistischer Paramilitärs in der Weimarer Republik. In einer Sprache, in der sich die Rhetorik ihrer ideologischen Gegner spiegelte, wurde das Vorgehen der Westberliner Polizei im Juni 1967 von deutschen und iranischen Vertretern der Neuen Linken als ein weiterer Beweis dafür genommen, dass die Bundesrepublik dieselben »faschistischen Tendenzen und Kontinuitätslinien« aufwies, die sie auch im Iran sahen.[56] Obwohl sie auch die Neue Linke kritisierten, gebrauchten selbst Kommentatoren in linksliberalen Zeitungen Verweise auf die NS-Zeit. Ein typisches Beispiel ist Peter Wapnewskis Beschreibung der Polizeibrutalität während der Proteste gegen den Schah:

> »In diesen Vorgängen ist ihnen [den Studenten] der Begriff einer unkontrollierten Gewalt deutlich geworden, die des Menschen Würde und Freiheit aus Lust an der Brutalität, aus dem Vergnügen an der Vernichtung zu zerstören versucht. Sie empfinden das als ›faschistisch‹, und sie haben Angst: vor dem Knüppel – und vor der Zukunft.«[57]

In einer politischen Kultur, die so mit offenen (und weniger offenen) Bezugnahmen auf die jüngere Geschichte aufgeladen war, konnte das Geschick, mit dem Diasporabewegungen auf das Erbe der Nazizeit anspielten, die Aufmerksamkeit auf ihre eigene Agenda lenken. Die raffinierte Weise, in der Anti-Schah-Aktivisten die Ereignisse in ihrem Heimatland regelmäßig mit dem Naziregime verglichen, verhalf ihnen unter der deutschen Linken zu breiter Unterstützung für ihre Kampagnen gegen den Schah.

Die Schah-Ausschreitungen in Westberlin waren indes ein

zweifelhafter Segen für die iranischen Aktivisten. Die Proteste hatten ihnen eine unbezahlbare Gelegenheit geboten, sich Gehör zu verschaffen. Doch obwohl einzelne Iraner auch nach 1967 einflussreiche Stellungen in der Neuen Linken behielten, verdrängte der Vietnamkrieg den Iran rasch als *cause célèbre* der Studentenbewegung. Für die deutsche Neue Linke war die Opposition gegen den Schah eher ein stellvertretender Angriff auf das westdeutsche politische Establishment, als dass sie ein tieferes Interesse an der Zukunft des Irans zum Ausdruck gebracht hätte. Während sich die öffentliche Aufmerksamkeit vom Iran abwandte, nahmen sich militante iranische Diasporaaktivisten allerdings auch weiterhin Vertreter des Schah-Regimes auf deutschem Boden zum Ziel.

Neun Jahre nach der ersten Besetzung des iranischen Konsulats in München 1961 kam es im August 1970 zu einem zweiten solchen Vorfall. Eine Gruppe iranischer Aktivisten, die sich einer maoistischen Bewegung angeschlossen hatte, stürmte das Gebäude, das erst durch Bereitschaftspolizisten geräumt werden konnte. Nach ihrer Festnahme versuchte das Bayerische Innenministerium, die Abschiebung einiger ihrer Organisatoren zu erreichen. In Vorwegnahme derartiger Proteste gegen die opulenten Feierlichkeiten in Persepolis zum 2500-jährigen Bestehen der persischen Monarchie 1973 übermittelten BND-Beamte ihren Ansprechpartnern in der SAVAK sogar Informationen über Verbindungen zwischen Diasporaaktivisten und Bewegungen im Iran. Sie gefährdeten damit nicht nur Menschenleben, sondern brachen auch mehrere Bundesgesetze über den Austausch staatlicher Informationen mit anderen Sicherheitsbehörden.[58]

Das Paradoxe an diesen Auseinandersetzungen über die Zukunft ihres Herkunftslandes war, dass die Verbindungen, die iranische Aktivisten zur deutschen Studentenbewegung pflegten, die Grundlage für ihre letztliche Integration in Deutschland schufen. So sehr sich die Neue Linke auch gegen die bundesrepublikanischen Institutionen stellen mochte, so sehr verwickelte sie einen großen Teil der iranischen Gemeinschaft in das politische Leben Deutschlands. Das rasche Wachstum der iranischen Diaspora nach 1970 änderte nichts an dieser Dynamik. Die starke Interaktion zwischen iranischen Aktivisten und linken deutschen Gruppen half Tausenden Iranern, die nach der Islamischen Revolution von 1979 flüchteten, sich in die deutsche Gesellschaft zu integrieren. Begleitet wurde dieser Prozess von Schikanen durch die Sicherheitsbehörden, die jedes Mittel im Rahmen des westdeutschen Einwanderungsrechts nutzten, um iranische Organisationen zu unterdrücken, die sie für extremistisch hielten.[59]

Der Raum, in dem solche Organisationen frei operieren konnten, wurde nach 1967 enger. In der angespannten Atmosphäre nach den ersten Angriffen der RAF und der Ermordung israelischer Athleten durch militante Palästinenser bei der Olympiade in München am 4. September 1972 nutzten die deutschen Sicherheitsorgane das Einwanderungsrecht, um drastisch gegen Diasporabewegungen durchzugreifen. Maßnahmen, die gegen Iraner angewandt worden waren, richteten sich nun auch gegen Palästinenser und andere arabische Aktivisten, die sich der israelischen Politik widersetzten. Als Terrorgruppen, die den Volksmudschahedin nahestanden, eine Guerillaoffensive gegen den iranischen Staat begannen, kehrten die gewaltbereiten Schah-Gegner in Deutschland lieber in den Iran zurück, als eine Haftstrafe in der Bundesrepublik zu riskieren. Die Wechselwirkungen zwischen Diasporanetzwerken und den sich zuspitzenden Entwicklungen im Iran führten dazu, dass die westdeutschen Sicherheitsbehörden die iranische Diaspora auch in den folgenden Jahren genau im Auge behielten.[60]

Obwohl im westdeutschen Staatsapparat an Verachtung für Muslime kein Mangel herrschte, lag es bis in die späten 1970er-Jahre eher an ihren westdeutschen Verbündeten, dass viele iranische Aktivisten so streng überwacht wurden. Aufgrund der wachsenden Sorge der Regierung Kiesinger-Brandt, die radikalen Studierenden könnten eine fünfte Kolonne der DDR darstellen, konnte jede Immigrantengruppe, die eng mit der außerparlamentarischen Opposition zusammenarbeitete, als Bedrohung für die Verfassungsordnung angesehen werden. Obwohl der durch Willy Brandts Ostpolitik eingeleitete Politikwechsel gegenüber der DDR ein diplomatisches Tauwetter einleitete, blieb ihre Einstellung zur »deutschen Frage« ein Schlüsselfaktor für die möglichen Partner, die eine Diasporabewegung in Deutschland finden würde. Über Unterschiede in nationaler Kultur und religiöser Tradition hinweg bot die geteilte Sprache des Kalten Kriegs eine Grundlage, auf der sich Diasporagruppen im politischen Rahmen der Bundesrepublik zu positionieren vermochten. Angesichts der Feindseligkeit des westdeutschen politischen Establishments wegen des Einflusses der marxistisch-leninistischen Ideologie auf ihre Heimatorganisationen blieb vielen iranischen Gruppierungen von Schah-Gegnern keine andere Wahl, als mit der Neuen Linken zusammenzuarbeiten.

Die Islamische Revolution verändert die iranische Diaspora

Der Zusammenbruch des Regimes, den so viele dieser Aktivisten herbeigesehnt hatten, brachte diese Diasporanetzwerke viel stärker aus dem Tritt als die Maßnahmen westdeutscher Sicherheitsdienste. In den letzten Wochen vor der Rückkehr Ajatollah Ruhollah Chomeinis aus dem Exil nach Teheran im Januar 1979 erlebte die iranische Diaspora wilde Proteste von Studierenden und anderen Aktivisten, um die Regierungen der USA, der Bundesrepublik und Frankreichs von jeder weiteren Unterstützung des Schah-Regimes abzubringen.[61] In den Tagen kurz vor der Flucht des Schahs aus Teheran wurden Teile der iranischen Diaspora von revolutionärer Euphorie ergriffen. In der Hoffnung auf Chomeinis aufrichtige Bereitschaft, eine pluralistischere Regierungsform einzuführen, kehrten exilierte Dissidenten – von Bahman Nirumand bis zu den in Ostberlin ansässigen Parteiführern der Tudeh – nach Teheran zurück, um am Wandel der iranischen Gesellschaft mitzuwirken. Gleichzeitig folgte eine beträchtliche Zahl von Regimetreuen dem Beispiel des Schahs und floh nach Westeuropa und Nordamerika. Wie verschiedene Beobachter damals anmerkten, sollten diese Verschiebungen die Zersplitterung der iranischen Diasporagemeinschaften in rivalisierende Fraktionen noch verstärken.[62]

Das Gefühl einer historischen Chance unter den Schah-Gegnern erwies sich als kurzlebig. Während die konservativen Klerikernetzwerke hinter Chomeini ihren Zugriff auf die Macht festigten, wurden andere Bewegungen, die auf den Sturz des Schahs hingearbeitet hatten, an den Rand gedrängt. Zwar fanden einige einen Platz in dem neuen System der Islamischen Republik nach der irakischen Invasion von 1981, doch viele der 1979 zurückgekehrten Dissidenten mussten erneut aus dem Iran fliehen.[63] Anhänger nationalistischer Organisationen wie der Nationalen Front, orthodoxe Marxisten, die hinter der Tudeh-Partei standen, und Mitglieder schwer bewaffneter Bewegungen wie den Volksmudschahedin wurden hingerichtet, ins Gefängnis geworfen oder ins Exil gezwungen. Außerhalb Teherans wurden auch Aktivisten bekämpft, die Organisationen ethnischer Minderheiten mit arabischem, kurdischem oder aserbaidschanischem Hintergrund angehörten; wer die Verfolgungen überlebte, suchte im Ausland Zuflucht.[64]

Die Hoffnungen, welche viele emigrierte Gegner des Schahs in die Revolution gesetzt hatten, die seinen Sturz herbeiführte, bringt Bahman Nirumand in seinen Erinnerungen auf den Punkt:

> »Ich war über den Massenaufstand so glücklich, dass ich wie viele andere die Gefahren einer islamischen Herrschaft nicht sah – oder nicht sehen wollte. Wir von der Auslandsopposition waren

> uns einig, dass die Mobilisierung des Volkes ohne Chomeini nicht möglich gewesen wäre. Wenn erst einmal der Schah gestürzt ist, werden wir mit Chomeini rasch fertigwerden, war die einhellige Meinung …«[65]

Als der Kampf zwischen den rivalisierenden Gruppierungen um die Kontrolle des Staats eskalierte, zerbrach die brüchige Fassade der Einheit, die in der Diaspora bestanden hatte. Verschärft wurden diese Spannungen durch die Fluktuation von Emigranten, die in die Machtkämpfe zwischen dem Iran und der Diaspora verstrickt waren. Die rivalisierenden Fraktionen, die nach jeder Unterstützung griffen, die sie finden konnten, wandten sich in der Hoffnung auf einen entscheidenden Vorteil an fremde Mächte wie die Bundesrepublik, Frankreich, die Vereinigten Staaten und die Sowjetunion.[66]

Diese intensiven Aktivitäten sorgten bereits in den ersten Wochen nach der Revolution für Probleme bei kommunalen Behörden und Bundesbeamten, als die neue iranische Regierung die Kontrolle über die iranischen Botschaften und Konsulate übernahm. Die Schah-treuen Diplomaten, mit denen westdeutsche Regierungen seit Jahrzehnten enge Beziehungen unterhalten hatten, wurden durch unerfahrene Personen ersetzt, die den erfolgreichen revolutionären Bewegungen nahestanden. Festzustellen, wer überhaupt die iranischen Botschaften kontrollierte, wurde für US-amerikanische, sowjetische und europäische Staatsvertreter sowie die iranischen Diasporamilieus schwierig, da jede Verschiebung in den Teheraner Machtverhältnissen zur Abberufung oder Exilierung iranischer Diplomaten führte.[67]

Als sich dieser Kampf um die Kontrolle des iranischen Staats zuspitzte, wurden die iranischen Botschaften tiefer in Diasporaangelegenheiten verwickelt als unter dem Schah-Regime. Iranische Diplomaten in West- wie Ostdeutschland arbeiteten mit der neu gegründeten iranischen Revolutionsgarde (IRGC) zusammen, um ein Netzwerk von Unterstützern und Informanten in den Diasporagruppen zu knüpfen, das weit über die von der SAVAK je erreichte Unterwanderung hinausging.[68] Da auch Chomeini-treue iranische Aktivisten Visa für die Bundesrepublik bekamen, konnten sie ein Netzwerk in der Diaspora aufbauen, das die neue politische Ordnung im Iran begrüßte.

Die neuen Fronten innerhalb der iranischen Diaspora

Die anhaltende Instabilität der Islamischen Republik veranlasste ihre neue Führung, Druck auf ihre Gegner innerhalb wie außerhalb des Irans auszuüben. Während die Feinde der neuen Ordnung im Iran nach der irakischen Invasion eingekerkert oder hingerichtet wurden, erfolgten Vergeltungsmaßnahmen gegen Chomeini-Kritiker in der Bundesrepublik immer rascher. Andere westeuropäische Staaten begannen zwar, die iranische Einwanderung sukzessive zu begrenzen, die westdeutschen Regierungen aber hatten so viel in die wirtschaftlichen Verbindungen zum Iran investiert, dass sie trotz dieses Verfolgungsdrucks bis Mitte der 1980er-Jahre daran festhielten, Iranern den Universitätszugang zu ermöglichen. Da sich die Führung von Chomeinis Sicherheitsapparat ursprünglich selbst im Exil organisiert hatte, war sie sich der Bedrohung, die von Oppositionsnetzwerken in Ländern wie der BRD und Frankreich für eine labile Islamische Republik ausging, sehr bewusst.[69]

Ab Anfang 1982 drängten Auswärtiges Amt und Innenministerium die iranische Botschaft regelmäßig dazu, die Chomeini-Anhänger in der Diaspora zu zügeln. Zwar versuchten die iranischen Diplomaten und Geheimdienstagenten, ihre westdeutschen Amtskollegen zu beschwichtigen, doch gewährten sie Chomeini-freundlichen Gruppen umfangreiche Unterstützung. In Städten wie Hamburg oder Frankfurt blieben die Aktivitäten, die von

Studierenden oder kleinen schiitischen religiösen Einrichtungen organisiert wurden, unter dem Radar der Sicherheitsbehörden. Immer wieder sprengten solche Gruppen Veranstaltungen iranischer Oppositionsgruppen. In Frankfurt sowie den umliegenden Städten Wiesbaden, Mainz und Mannheim verbreiteten diese Einschüchterungstaktiken ein Klima der Angst unter iranischen Migranten.[70]

Wie verbissen diese Gegnerschaften waren, zeigte sich auf dem Campus in Mainz, aber auch an anderen Universitäten. Anfang 1982 wurde ein Poster auf Farsi in einem Institutsgebäude aufgehängt, auf dem es hieß, der iranische Botschafter habe Maßnahmen gegen Oppositionelle in der Diaspora angeordnet; am 19. April 1982 wiederum griffen Chomeini-kritische Studierende Befürworter der iranischen Regierung an. In diesen Spannungen auf kommunaler Ebene spiegelten sich Entwicklungen in ganz Europa während der frühen 1980er-Jahre wider. In Hamburg begingen Chomeini-Gegner gar Brandbombenanschläge auf vom iranischen Staat finanzierte Kulturzentren.[71]

Dieser Konflikt eskalierte am 21. April noch weiter, als Auseinandersetzungen zwischen Studierenden, die der Bewegung der – 1981 in Teheran mit Massenexekutionen überzogenen – Volksmudschahedin angehörten, und Chomeini-Anhängern in offene Gewalt umschlugen. Mit mehreren Kleinbussen wurden Chomeini-Befürworter aus ganz Westdeutschland im Konvoi nach Mainz befördert. Die Tatsache, dass sich darunter auch Fahrzeuge mit Diplomatenkennzeichen befanden, galt den örtlichen Ermittlern als Anzeichen einer unmittelbaren Mitwirkung iranischer Geheimdienstmitarbeiter. Dieser Mob von Chomeini-Anhängern griff jede Person, die er irgendwelcher Sympathien für die iranische Opposition verdächtigte, mit Knüppeln und Messern an. Die Polizei musste Taktiken der Krawallbekämpfung anwenden, um die Gewalt unter Kontrolle zu bekommen, und nahm 86 Beteiligte fest; 21 kamen ins Krankenhaus, darunter acht Polizeibeamte.[72]

Dieser Gipfel von Monaten der Gewalt zwischen feindlichen Gruppen in der iranischen Diaspora führte zu schweren diplomatischen Verstimmungen zwischen der Bundesrepublik und dem Iran. Der iranische Botschafter beschuldigte die westdeutschen Sicherheitsbehörden, Angriffe der Opposition auf Chomeini-Anhänger zuzulassen, während Vertreter der Polizei auf die Ausweisung iranischer Diplomaten drängten, die einer Mitwirkung verdächtigt wurden, um gegenüber den in Europa operierenden iranischen Geheimdienstlern Stärke zu demonstrieren. Unterstützt wurde die Forderung nach Vergeltungsmaßnahmen von Fürsprechern der iranischen Opposition unter den Bundestagsabgeordneten, die solche Vorfälle nutzten, um sich für eine härtere Gangart gegenüber der iranischen Regierung einzusetzen.[73]

Da die iranischen Staatsmedien die Ereignisse in Mainz aufgriffen, befürchteten die verbliebenen westdeutschen Staatsbürger im Iran, dass ihnen das gleiche Schicksal blühen könnte wie den Amerikanern mit der Geiselnahme in der US-Botschaft drei Jahre zuvor. Aus Angst vor solchen Folgen drängte das Auswärtige Amt die Polizei dazu, Gerichtsverfahren zu vermeiden, die die Revolutionsgarde zu Vergeltungsaktionen gegen westdeutsche Bürger oder diplomatische Einrichtungen in Teheran verleiten könnten. Diese Sorgen verschärften sich in den zwei Wochen nach dem Vorfall, als sich von Angehörigen der Revolutionsgarde angeleitete Demonstranten nach dem Freitagsgebet vor der westdeutschen Botschaft in Teheran versammelten und die Freilassung inhaftierter Chomeini-Anhänger in Mainz forderten.[74]

Selbst als die Krise überwunden war, blieb die Sicherheit der Bundesbürger in Teheran ein Unterpfand, das von den iranischen Sicherheitsdiensten genutzt werden konnte, um Deutschland zum Schutz ihrer Netzwerke in der Diaspora zu zwingen, wann immer Chomeini-freundliche Aktivisten oder Agenten der Revolutionsgarde in der BRD mit dem Gesetz in Konflikt kamen. Jeder

Schritt, den ein europäischer Staat unternahm, um iranische Geheimdienste und Chomeini-Anhänger in die Schranken zu weisen, musste gegen die potenzielle Vergeltung gegen seine Bürger und Diplomaten in Teheran abgewogen werden. Gleichzeitig versuchten US-Nachrichtendienste, Gruppen von Chomeini-Gegnern zu stärken, die oft eine bunte Mischung aus ehemaligen Schah-Anhängern und vorrevolutionären Oppositionellen darstellten. Damit aber riskierte die Bundesregierung mit ihren Bemühungen, oppositionelle Diasporagruppen von Aktionen abzubringen, die die Beziehungen zum Iran verschlechtern könnten, Probleme mit amerikanischen Gesetzgebern oder Geheimdiensten zu bekommen, die die iranische Opposition im Exil unterstützten.[75]

Die gespaltene Diaspora

Obwohl sich die Vereinigten Staaten nach der Erstürmung ihrer Botschaft in Teheran 1979 bemühten, ihre europäischen Verbündeten zum Abbruch der Beziehungen mit dem Iran zu drängen, wollte die Bundesregierung mit dem Chomeini-Regime in Kontakt bleiben. Es bestand eine klare Kontinuität zwischen ihrer Ausrichtung auf wirtschaftliche Verbindungen mit dem Schah vor 1979 und ihrem Versuch, die Handelsbeziehungen mit dem Iran auch dann noch aufrechtzuerhalten, als das Chomeini-Regime in eine Eskalationsspirale mit den USA eintrat.[76] Diese Kontinuität bezog sich auch auf das Verhältnis zwischen der iranischen Diaspora und der Bundesregierung. Zwar verfolgten die westdeutschen Sicherheitsbehörden iranische Geheimdienstagenten und Chomeini-Anhänger, die den Westen als Feind ansahen, doch griffen sie auch weiterhin hart gegen Diasporaorganisationen durch, die zum Angriff auf staatliche iranische Ziele in Deutschland bereit waren.[77]

Während Polizisten in Rheinland-Pfalz und anderen Bundesländern versuchten, Zusammenstöße zwischen Chomeini-Gegnern und iranischen Agenten abzuwenden, sorgten sich das Auswärtige Amt und andere westeuropäische Diplomaten einerseits vor Vergeltungsmaßnahmen des Chomeini-Regimes und andererseits vor Druck aus den USA. Zwar schwächten Waffengeschäfte zwischen US-Geheimdiensten und dem iranischen Staat als Geheimplan zur Befreiung westlicher Geiseln, die von Verbündeten des Irans im Libanon gefangen gehalten wurden, die amerikanischen Versuche zur Isolierung des Chomeini-Regimes nach 1986. Dennoch blieb der Druck der USA auf ihre Bündnispartner hoch, scharf gegen iranische Sicherheitsdienste und Verbündete der Revolutionsgarde in arabischen Diasporamilieus vorzugehen.

Damit konnten sich Teile der iranischen Opposition ebenso sehr auf Unterstützung durch US-amerikanische staatliche Stellen verlassen, wie sie jede Tudeh- oder andere prosowjetische Gruppe von der UdSSR erhielt. Die militärische und wirtschaftliche Führung des Schah-Regimes, die sich in den Vereinigten Staaten niedergelassen hatte, konnte auf den bereits bestehenden Kontakten zu hochrangigen amerikanischen Politikern aufbauen und zog einen Großteil der iranischen Diaspora in Nordamerika in rechte ideologische Netzwerke hinein. Die Ausbreitung Schah-freundlicher Organisationen in der Diaspora führte zu Reibungen mit alteingesessenen Oppositionsnetzwerken, die Gegner des Pahlavi-Regimes gewesen waren, bevor sie mit den Chomeini-Anhängern aneinandergerieten. Diese Verschiebungen in der US-amerikanischen Diaspora brachten eine ganz andere Diasporakultur hervor als die der iranischen Gemeinschaften in Westeuropa. Zwar siedelten sich einige Schah-treue Iraner in Frankreich an, doch die anhaltende Dominanz der linken Milieus von vor 1979 sowie der im Ausland gebliebenen Chomeini-Unterstützer bedeutete, dass das Leben der Diaspora von Konflikten zerrissen blieb.[78] Während die Geiselnahme in der iranischen Botschaft in London 1980 zu offenen Verstimmungen mit Großbritannien führte, war sie doch nur einer aus einer ganzen Reihe von Vorfällen, die die iranische Diaspora zu jener Zeit zerrütteten.[79]

Die alten Allianzen Schah-feindlicher Bewegungen mit westdeutschen Linksradikalen, von denen sich einige im Lauf der Zeit der SPD oder den Grünen zuwandten, hatten zur Folge, dass Gruppen mit marxistischen oder säkular nationalistischen Ideologien in westdeutschen Städten immer noch ein Unterstützernetzwerk vorfanden. Die Regierung der DDR wiederum bot einer neuen Welle iranischer kommunistischer Aktivisten der Tudeh-Partei, die vor der Repression unter Chomenei fliehen mussten, einen sicheren Hafen.[80] Die religiöseren Teile der iranischen Diaspora besuchten eine Handvoll Moscheen unter Leitung schiitischer Geistlicher, die in denselben Seminaren in Ghom und Maschhad unterwiesen worden waren, aus denen auch die Führung des Regimes hervorgegangen war. Vor allem das 1961 gegründete schiitische Islamische Zentrum trug entscheidend dazu bei, die Verbindungen zwischen religiösen Netzwerken in der iranischen Diaspora und im Herzen des globalen Schiismus im Iran sowie in Nadschaf und Kerbela im Irak aufrechtzuerhalten.[81] Kam es in den 1960er- und 1970er-Jahren seltener zu auffälligen konfessionellen Spannungen mit sunnitischen religiösen Organisationen, so entfremdete der Einfluss radikaler Vordenker wie Ali Schariati, der einen revolutionären Marxismus mit schiitischer Theologie verband, die schiitischen Gruppen von der viel größeren sunnitischen religiösen Infrastruktur, die mit den türkischen und arabischsprachigen Diasporagruppierungen verbunden war.

Obwohl die säkularen Milieus in der Bundesrepublik vor 1979 größere öffentliche Aufmerksamkeit genossen, entwickelten religiöse Gruppen die Mittel, um Studenten zu organisieren, die sich von Chomeinis Ziel einer klerikalen Herrschaft angezogen fühlten. Nach der Revolution bedeutete die Besetzung iranischer diplomatischer Positionen in Bonn mit Personen, die der schiitischen Hierarchie im Iran loyal ergeben waren, dass kompromisslose religiöse Gruppen in Diasporagemeinschaften direkte Unterstützung durch den iranischen Staat erhielten. Das taktische Bündnis zwischen den Chomeini-Bewegungen und der Tudeh-Partei führte dazu, dass prosowjetische marxistisch-leninistische Gruppen innerhalb der iranischen Diaspora ebenso wie breitere Milieus der deutschen Linken das Vorgehen des iranischen Staats im Iran und in Westeuropa eine Zeit lang unterstützten, bevor es sich auch gegen sie richtete.[82]

An gewaltsamen Vorfällen von der Geiselnahme in der iranischen Botschaft in London bis zu den Krawallen in Mainz zeigte sich, wie sehr die Islamische Revolution die iranischen Diasporamilieus in den 1980er-Jahren aufwühlte. Ungeachtet aller Bemühungen der westdeutschen Sicherheitsbehörden, den Operationsspielraum iranischer Agenten einzuschränken, begrenzte die Kontinuität der westdeutschen Politik gegenüber dem Iran, die sich nach 1979 wieder eingestellt hatte, den Einfluss der Opposition in der Diaspora. Da westdeutsche Unternehmen unverändert auf lukrative Aufträge aus dem iranischen Öl- und Gassektor hofften, setzte die Regierung Kohl alles daran, die Beziehungen zum iranischen Staat aufrechtzuerhalten. Diese Neigung, einen Konflikt mit Teheran zu vermeiden, ermöglichte es auch vom Chomeini-Regime geförderten schiitischen Organisationen aus arabischen Diasporagruppen, sich in ihrer Gemeinschaft zu engagieren, solange sie sich keine Waffen beschafften oder Gewalt gegen Ziele auf deutschem Boden anwandten.[83] Die Kontakte der Bundesregierung zum iranischen Staat wurden regelmäßig zur Zielscheibe von Demonstranten aus der Diaspora, die gegen jede Verbindung mit dem Chomeini-Regime protestierten. Die Massenverhaftung von Mitgliedern der Tudeh und der Volksmudschahedin, die die Revolution ursprünglich mitgetragen hatten, im Jahr 1983 sorgte dafür, dass sich einige der am besten organisierten Teile der Diaspora nun vollends gegen das Chomeini-Regime wandten.

Das anhaltende Misstrauen gegenüber linken iranischen Gruppen mit Mitgliedern, die sich an Straßengewalt beteiligten oder mit der DDR zusammenarbeiteten, erschwerte es den iranischen Oppositionsgruppen, jenseits der Grünen und des linken Milieus der SPD Unterstützung zu finden. Als das Chomeini-Regime im Innern immer repressiver wurde und sich in den frühen 1980er-Jahren offen hinter antiwestliche Terrornetzwerke stellte, die es auf Israel abgesehen hatten, erhielten einige iranische Oppositionsgruppen Rückendeckung aus dem westdeutschen liberalkonservativen Milieu.[84] Doch war dieses Engagement der CDU/CSU allzu begrenzt und kam zu spät, um den Bewegungen im Iran, die nach alternativen politischen Wegen suchten, irgendeine Hilfe zu sein, bevor sich die Herrschaft des Klerus unter Chomeini 1983 endgültig konsolidiert hatte.

Da sie nicht in den Iran zurückkehren konnten, mussten sich Teile der Diaspora mit der Perspektive auseinandersetzen, dass sie dauerhaft in der Bundesrepublik bleiben würden. Unter den stärker politisierten Elementen der Gemeinschaft ging die anhaltende Ausrichtung auf die iranische Politik Hand in Hand mit dem Ringen um die Integration in die westdeutsche Gesellschaft. Prominente Gesichter der Diaspora wie Bahman Nirumand oder Mina Ahadi blieben ihren gewohnten iranischen politischen Traditionen tief verbunden, während sie sich zugleich mit der westdeutschen Politik auseinandersetzten.[85] Diese Wechselwirkungen zwischen den ideologischen Spannungen, die ihr Aktivismus während der Schah-Ära durchlaufen hatte, und den ideologischen Rivalitäten innerhalb der deutschen Linken der 1980er- und 1990er-Jahre führte zu einer weiteren Zersplitterung der iranischen Gemeinschaften. Für den anhaltenden Strom von Exilanten, die in die Bundesrepublik flüchteten, bot die Mitwirkung von Teilen der Diaspora am deutschen politischen Leben einen Weg, um Diasporaaktivismus mit der Beteiligung an deutschen Debatten zu verbinden. Zwar versetzten der Tod Chomeinis und andere bedeutende Wendepunkte im iranischen Leben die Diaspora immer noch in Aufregung, doch absorbierte das Engagement iranischer Diasporavertreter in der Lokalpolitik der deutschen Städte, in denen sie sich mit ihren Kindern niedergelassen hatten, ihre organisatorischen Energien.

Trotz dieser Hinwendung zu einer Beschäftigung mit der deutschen Politik oder einer unideologischen Organisation des alltäglichen Lebens blieben diejenigen in der Diaspora, die iranischen Oppositionsgruppen nahestanden, eine Zielscheibe. Durch die Abschiebung von Chomeini-Anhängern nach der Gewalt in Mainz verringerte sich zwar das Potenzial an Rekruten, auf die der iranische Geheimdienst zurückgreifen konnte, doch blieb dieser Teil der Diaspora groß genug, um weiterhin für Spannungen zu sorgen. Aktivisten der Tudeh-Partei in West- und Ostdeutschland, die Verbindungen zur Opposition im Iran aufrechtzuerhalten versuchten, wurden permanent unter Druck gesetzt, während Menschenrechtsgruppen, die die Lage im Iran beobachteten, von iranischen Geheimagenten ins Visier genommen wurden.[86]

Die Welle des politischen Wandels, die Europa und den Mittleren Osten in den späten 1980er- und frühen 1990er-Jahren erfasste, bewirkte eine weitere Demobilisierung der iranischen Diaspora. Für die Tudeh-Aktivisten stellte der Zusammenbruch des Sowjetblocks die Grundprinzipien der marxistisch-leninistischen Ideologie infrage und führte zum Ende der Unterstützung aus der DDR. Da auch die mit der Tudeh-Partei verbündeten westdeutschen linksextremen Gruppierungen von dem Finanzierungsausfall betroffen waren, erschwerte dieser Bruch die Durchführung von Kampagnen in Europa oder den Versuch, die iranische Gesellschaft zu unterwandern, erheblich. Obwohl sich in den 1990er-Jahren aus den Resten der Tudeh wieder marxistisch-leninistische Gruppen bildeten, gerieten sie in der Diaspora an den Rand und verloren auch den Bezug zur Politik ihres Heimatlands, das nur noch wenig mit dem Iran der 1950er- und 1960er-Jahre zu tun hatte, der prägenden Zeit für die meisten Tudeh-Mitglieder.

Zwar wurden die Netzwerke der Tudeh im Zentralkomitee der Arbeiterkommunistischen Partei Irans neu geknüpft und blieben auf die Unterstützung der letzten Reste von Untergrundaktivismus im Iran ausgerichtet.[87] Andere iranische Exilanten waren jedoch inzwischen in der Politik der deutschen Grünen und der Mitte-Links-Milieus verankert, die sich selbst nach der deutschen Wiedervereinigung umfassend neu aufstellen mussten. Diese Einbindung in die Politik der Linken wurde durch einen Aktivismus gefestigt, der auf die rechtsextreme Gewalt gegen Einwanderer in den frühen 1990er-Jahren antwortete. Hierin spiegelte sich eine breitere Verschiebung im Zuge des Wiedervereinigungsprozesses wider, da sich viele Iraner in zivilgesellschaftlichen Bewegungen engagierten, die in Reaktion auf den rasanten Wandel in jedem Bereich der deutschen Gesellschaft entstanden.[88]

Andererseits dehnten die iranischen Sicherheitsdienste ihren Einfluss auf andere Diasporagruppen aus, als sich Teile der iranischen Diaspora zunehmend ins politische und kulturelle Leben Deutschlands integrierten. Eine Auswanderungswelle aus dem Libanon infolge des dortigen Bürgerkriegs vergrößerte in den 1980er-Jahren die Reichweite schiitischer arabischer Milieus. Agenten der Revolutionsgarde bemühten sich um die Anwerbung schiitischer arabischer Migranten in der Bundesrepublik, die sich unter Druck setzen ließen oder auf Appelle an ihre konfessionelle Solidarität reagierten. Die Fähigkeit der Hisbollah, sich von einer lokalen libanesischen Bewegung zu einem größeren, in der schiitischen libanesischen Diaspora verankerten Netzwerk auszudehnen, verschaffte den iranischen Sicherheitsdiensten Zugang zu einer verbündeten Organisation, die bereit war, iranische Diasporaziele anzugreifen.[89]

Mit der Zeit zogen der Verlust des Zusammenhalts und die

Demobilisierung einer alternden iranischen Linken eine stärkere Hinwendung zum lokalen Gemeinschaftsleben nach sich, unterbrochen nur von vereinzelten Aktionen in Reaktion auf Ereignisse im Iran. Gleichzeitig wurde die Medienwelt der Diaspora über das Satellitenfernsehen von Milieus um exilierte Schah-Anhänger in den Vereinigten Staaten beeinflusst, die besseren Zugang zu Finanzierungsquellen hatten. Mit der stillschweigenden Unterstützung staatlicher Stellen in den USA stärkte diese beherrschende Stellung in den transnationalen Diasporamedien zu einer Zeit, als Internetalternativen noch in den Kinderschuhen steckten, den Einfluss rechter und oft monarchistischer Gruppen gegenüber dem der iranischen Diasporalinken.

Die neue Migration in den 1990er-Jahren

Aufgrund der anhaltenden Schwierigkeiten der iranischen Führung, nach dem Tod Ajatollah Chomeinis und dem Ende des Ersten Golfkriegs zwischen dem Iran und dem Irak ein Wirtschaftswachstum zu erzielen, riss der Auswanderungsstrom aus dem Land nicht ab. Ausgebildete Akademiker und Fachkräfte suchten nach Arbeitsmöglichkeiten in Europa und Nordamerika.[90] Die Bemühungen von Pragmatikern wie Präsident Häschemi Rafsandschāni, nach Chomeinis Tod die Wirtschaft zu reformieren, erleichterten Reisen zwischen dem Iran und Deutschland und erneuerten die Hoffnung der Regierung eines frisch wiedervereinigten Deutschlands, dass sich die Handelsverbindungen trotz US-Sanktionen ausbauen lassen würden. Die Erleichterung des Reisens und der Handelsbeziehungen bedeutete, dass die Diasporagruppen, die noch dazu in der Lage waren, Aktivisten zu mobilisieren, Deutschland als idealen Ausgangspunkt für den Versuch einer Infiltration der iranischen Gesellschaft ansahen. Das mangelnde Bewusstsein führender deutscher Gesprächspartner für den autoritären Charakter selbst bekannterer iranischer Diasporagruppen wie der Volksmudschahedin (Modschahedin-e Chalgh-e Iran, MEK) ermöglichte es deren Aktivisten, hochrangige deutsche Kontakte aufzubauen, die sie vor staatlichen Repressionen schützen konnten:

> »Vertreter der ›Volksmudschahedin‹ wurden als Gäste zu SPD- und CDU-Parteitagen eingeladen. So kann [MEK-Führer Massoud] Rajavi Bilder von Kanzler Helmut Kohl im Gespräch mit Mitgliedern der ›Volksmudschahedin‹ vorweisen.«[91]

Im Rahmen einer umfassenderen Strategie, um die US-Sanktionen zu umgehen und die wirtschaftliche Belebung zu fördern, warben iranische Staatsorgane Diasporamitglieder für ein Netz von Strohfirmen und Schmuggelprogrammen an, das der iranische Militärgeheimdienst und die Revolutionsgarde zur Beschaffung von Dual-Use-Gütern für militärische Zwecke nutzten. Trotz sporadischer Bemühungen deutscher und US-amerikanischer Sicherheitsbehörden, diese illegalen Lieferketten zu unterbrechen, erzielten die Mittelsmänner in diesem Geschäft oft erhebliche Profite.[92] Die Vorstellung, dass es unter den Präsidenten Hāschemi Rafsandschāni und Mohammad Chātami trotz des Konservatismus des Obersten Führers Ali Chamenei zu Reformen kommen könnte, nährte bei einigen in der iranischen Diaspora die Hoffnung auf eine Versöhnung mit den staatlichen Eliten im Iran. In manchen Fällen überwogen Geschäftschancen die ideologischen Skrupel und ebneten den Weg für Kontakte zu Familiennetzwerken mit Verbindung zum iranischen Regime. So wurde es manchen Vertretern der Diaspora möglich, als Kommunikationskanäle für deutsche staatliche Stellen zu fungieren.[93]

Das Beispiel der Volksmudschahedin: Radikalisierung gegen die Mullahs

Während ein Teil der Diaspora begann, wieder Kontakte zum iranischen Staat zu knüpfen, radikalisierten sich einige ehemalige Mitglieder revolutionärer linker Gruppen angesichts der Beständigkeit der Islamischen Republik und gerieten so in den Bann eines totalitären politischen Kults um die Modschahedin-e Chalgh-e Iran (MEK): die Volksmudschahedin. Der autokratische Führungsstil des früheren Studentenaktivisten Massoud Rajavi hinderte die MEK nicht daran, im Rahmen ihres Untergrundkriegs gegen den iranischen Staat Rekruten in der iranischen Diaspora in Europa zu finden. Obwohl sie vom Chomeini-Regime 1981 brutal unterdrückt worden war, veranstaltete die MEK-Führung eine Terrorkampagne, bei der bewaffnete Zellen Mord- und Bombenanschläge verübten. Rajavis Bündnis mit dem irakischen Staat während des Krieges mit dem Iran erwies sich als katastrophale Fehlkalkulation für die Bewegung; sie verlor die Unterstützung, die sie im Iran und der Diaspora noch gehabt hatte. Ihre mehrere Tausend verbliebenen Anhänger halfen bei der Bildung von MEK-Militäreinheiten, die zu Hilfstruppen des irakischen Militärs wurden.[94]

Nach dem Ende des Iran-Irak-Kriegs gingen viele Aktivisten der Volksmudschahedin nach Deutschland und Frankreich. Sie bauten Parteistrukturen in der Diaspora auf, die den sektiererischen Totalitarismus des Führungskults um die Familie Rajavi nachbildeten. Während Massoud Rajavi zusammen mit den paramilitärischen Kräften der MEK unter dem Schutz Saddam Husseins in einem Stützpunkt im Irak blieb, koordinierte seine Frau Maryam die Leitung der Partei in der Diaspora und sicherte ihr eine unabhängige Finanzquelle in Form regelmäßiger Spenden eines Großteils der Einkünfte loyaler Parteimitglieder.[95] In Verbindung mit Mitteln aus dem Irak und den Golfstaaten, die sich vor einer iranischen Übermacht fürchteten, ermöglichte ihre straffe Organisation in der Diaspora es der MEK, regelmäßige Einnahmequellen zu entwickeln und sowohl in der US-amerikanischen als auch in der europäischen Politik Verbündete zu finden, die den Iran als existenzielle Bedrohung ansahen – und dazu bereit waren, über die Tatsache hinwegzugehen, dass die USA und die EU die MEK als Terrorgruppe eingestuft hatten. Dieser Kampf um Einfluss auf hohem Niveau ging mit dem bedenkenlosen Gebrauch illegaler Mittel einher, um Geld und Ressourcen zur Fortsetzung ihrer Operationen zu beschaffen und sich der Überwachung durch die deutsche Polizei und den iranischen Geheimdienst zu entziehen, wie der folgende FBI-Bericht aus den später 1990er-Jahren zeigt:

> »Gemeinsame Ermittlungen der Polizeibehörden von Los Angeles und Köln ergaben, dass die MEK-Zelle in Köln große Stückzahlen an Nachtsichtbrillen von einem Sportartikelgeschäft in Köln bezog. Die finanziellen Mittel dafür wurden durch einen komplexen Sozialbetrugsplan aufgebracht, für den Kinder mit mehreren Identitäten ausgestattet wurden, um mehrfach Sozialhilfe zu beantragen.«[96]

Im Lauf der Zeit versank die MEK in einer Reihe von Skandalen, die den Rest der iranischen Diaspora von ihr entfremdeten. Das Ausmaß, in dem die Führer der Volksmudschahedin das Leben ihrer Anhänger bis hin zur Wahl ihrer Ehepartner kontrollierten, wobei sie sogar Eltern ihre Kinder wegnahmen, wurde zum Gegenstand einer breiten Kontroverse. Der Versuch der MEK, mithilfe dieser sektenhaften Struktur Mitglieder in den Iran einsickern zu lassen, während sie zugleich Regimeanhänger sowie rivalisierende Oppositionsgruppen angriff und auch Anschläge auf sie verübte, zog die Aufmerksamkeit der deutschen Medien auf sich. Bis Anfang der 1990er-Jahre hatten die regelmäßigen

Gewalttaten von Aktivisten der Volksmudschahedin gegen Vertreter des iranischen Staats und konkurrierende Oppositionsgruppen die ideologischen Gräben innerhalb der iranischen Gemeinschaften und in einigen Fällen sogar einzelner Diasporafamilien vertieft.[97]

Von iranischen Geheimdiensten, der deutschen Polizei und rivalisierenden Diasporabewegungen unter Druck gesetzt, bedienten sich die Funktionäre der MEK ihrer Diasporamitglieder, um Tarnorganisationen zu gründen, die den Zugang zu Abgeordneten in den USA und einzelnen Mitgliedstaaten der EU ermöglichten. Es war eine besondere geopolitische Ironie der 1990er- und 2000er-Jahre, dass die Volksmudschahedin sowohl auf Saddam Husseins Unterstützung für ihre paramilitärischen Einheiten im Irak als auch auf die Protektion konservativer, dem Irak wie den herrschenden iranischen Eliten feindlich gesinnter Abgeordneter in den USA und der EU zurückgreifen konnten. Noch als die MEK von jüngeren politischen Generationen im Iran und in der Diaspora als sektenähnlicher Anachronismus angesehen wurde, bereitete sie Diplomaten, die sich um die Aufrechterhaltung stabiler Beziehungen zwischen der Bundesrepublik und dem Iran bemühten, bis in die frühen 2000er-Jahre hinein weiter Probleme – durch gewalttätige Zwischenfälle und eine zunehmend aufwendige Lobbyarbeit, an der Politiker der USA und der EU wie Rudy Giuliani und Rita Süssmuth beteiligt waren.[98]

Die Kurden

Ungeachtet der Fähigkeit der MEK, Unruhe zu stiften, verursachte der Aktivismus iranischer Kurden mit ihren Organisationen, die sich von den durch Farsi-Sprecher dominierten iranischen Diasporanetzwerken unterschieden, in den 1990er- und 2000er-Jahren die größten Spannungen zwischen Chomeinis Nachfolgern und deutschen Regierungen. Die innere Entwicklung der Kurdengebiete im Iran war von den Auswirkungen einer kurzen Phase sowjetischer Besatzung Mitte der 1940er-Jahre und dem länger andauernden Ausschluss von allen Führungspositionen in Militär und Staatsdienst bestimmt. Menschen kurdischer Abstammung, die sich im Wesentlichen auf Bergregionen und eine Reihe von Städten im nordöstlichen Iran konzentrierten, hatten unter dem Schah nur begrenzten Zugriff auf den wirtschaftlichen Wohlstand, der durch den Ölboom nach 1945 angeheizt wurde. Aufgrund dieses späten Zugangs zu Bildungsmöglichkeiten entwickelten die iranischen Kurden erst nach den Farsi-sprachigen iranischen Gemeinschaften oder anderen kurdischen Diasporagemeinden in Europa transnationale Gemeinschaftsorganisationen.[99]

Die Tatsache, dass sie sich erst später organisierten, bedeutete auch, dass die iranischen Kurden stark von etablierten Kurdenbewegungen, die seit den 1920er-Jahren aus dem Nordirak hervorgegangen waren, oder der Radikalisierung des kurdischen Aktivismus in der Türkei nach den späten 1960er-Jahren beeinflusst wurden. Zwar führte der Sturz des Schahs 1979 zu einem kurzen Aufblühen der kurdischen Kultur, doch schloss die Festigung der Macht des Chomeini-Regimes 1981 die systematische Unterdrückung jedes offenen Ausdrucks kurdischer Identität ein.[100] Dass die Kurden im Irak und Iran, in Syrien und der Türkei etwa zur selben Zeit in den frühen 1980er-Jahren brutal unterdrückt wurden, schuf das Bewusstsein einer gemeinsamen Sache, obwohl auch Rivalitäten zwischen den Gruppen aus diesen unterschiedlichen Staaten erkennbar wurden.

Die erfolgreichste iranische Kurdenbewegung, die DPK-I (Demokratische Partei des Iranischen Kurdistans), stützte sich auf Verbindungen zwischen kleinen Kreisen kurdischsprachiger Dissidenten und Farsi-Sprechern in der Tudeh-Partei. Die Niederschlagung ihrer Partner in der Farsi-Mehrheit unter Chomeini war der auslösende Faktor, der die DPK-I-Führung ins Exil oder in Berglager trieb, um von dort aus einen Aufstand gegen den iranischen Staat zu steuern. Die Entscheidung der irakischen Kurdengruppen unter Masud Barzani, sich im Ersten Golfkrieg auf die Seite des Irans zu stellen, trieb die kurdischen Aktivisten und Flüchtlinge aus dem Iran weiter in die Arme der DPK-I oder von Gruppen, die die Arbeiterpartei Kurdistans (Partiya Karkerên Kurdistanê, PKK) organisiert hatte, wie die Partei für ein Freies Leben in Kurdistan (Partiya Jiyana Azad a Kurdistanê, PJAK). Die flüchtigen Erfolge der PKK gegen das türkische Militär in den frühen 1990er-Jahren sowie die Entscheidung von Barzanis KDP (Demokratische Partei Kurdistans) und seiner Rivalen in der PUK (Patriotische Union Kurdistans), unter US-amerikanischem Schutz eine autonome Region im Nordirak zu errichten, führten zu Verbindungen zwischen diesen Bewegungen und einem Netz von Stützpunkten, die radikalisierte iranische Kurden für gelegentliche Überfälle auf die iranische Armee nutzen konnten.[101] Diese konkurrierenden Einflüsse auf die iranischen Kurden riefen ideologische und territoriale Spannungen zwischen DPK-I- und PKK-Netzwerken in den Grenzregionen des Irans, der Türkei und des Iraks hervor, die sich auch innerhalb der Diasporagemeinschaften in europäischen Staaten zeigten, in denen beide Bewegungen um Diasporarekruten wetteiferten.[102]

Die ideologische Radikalisierung der PKK war für kurdische Einwanderer aus dem Iran, Irak und Syrien attraktiv. Sie waren ebenso frustriert vom gemäßigteren Ansatz der Kurdenbewegungen aus ihren Herkunftsstaaten wie von ihrem Ausschluss aus dem politischen Leben im wiedervereinigten Deutschland, das von einwanderungsfeindlicher Rhetorik erfüllt war. Trotz dieser Pressionen machten es ihr eigener Migrationsweg, kurdischer Dialekt und politischer Hintergrund leichter für die iranischen Kurden, ihre organisatorische Infrastruktur gegen den Druck der PKK zu bewahren, als für kurdische Diasporaorganisationen aus anderen Staaten.[103] Während die PKK und ihre Untergruppen 1993 von der Bundesregierung verboten wurden, mieden die DPK-I und andere iranisch-kurdische Gruppen jeden Ärger mit der Regierung Kohl, sodass sie trotz der Beschwerden iranischer Diplomaten ungehindert in Deutschland operieren konnten.

Für die DPK-I waren Kurden aus dem Iran die Grundlage ihrer organisatorischen Struktur und der Iran ihr einziger Schwerpunkt. Die PKK jedoch verfolgte weiter reichende Ziele, wenn sie die kurdischen Diasporagruppierungen aus dem Irak, Iran, Syrien und der Türkei zu dominieren versuchte, um zur hegemonialen Bewegung in allen Kurdengemeinschaften zu werden. Die permanenten Friktionen mit der PKK, denen sich die DPK-I ausgesetzt sah, kosteten sie organisatorische Energien, die sie für ihre Konzentration auf die Überwachung und Bekämpfung staatlicher iranischer Operationen in Europa gebraucht hätte. Angesichts dieses endlosen Zweifrontenkampfs mit der PKK und iranischen Agenten hatte die DPK-I Mühe, sich vor den iranischen Geheimdiensten und ihren Verbündeten in Europa zu schützen.

Wirtschaftliche Verbindungen zu Teheran schwächen die Diaspora

Diese Versuche, die iranischen Oppositionsgruppen in der Diaspora einzuschüchtern, standen oft im Widerspruch zu anderen Aspekten der Bemühungen des iranischen Klerikerregimes um eine Konsolidierung nach Chomeinis Tod. Da sie möglichst rasch eine Wirtschaft wieder in Gang bringen mussten, die nach einem Jahrzehnt Revolution und Krieg am Boden lag, signalisierten die iranischen Diplomaten, dass Teheran ein verlässlicher Partner für EU-Mitgliedstaaten werden könnte. Selbst als sich die amerikanische und die iranische Marine in den letzten Jahren des Ersten Golfkriegs aufgrund der Behinderung des Tankerverkehrs in der Straße von Hormus unmittelbar gegenüberstanden, hielt die Bundesregierung in der Hoffnung, zu einem günstigeren Zeitpunkt die Beziehungen und den Handel ausbauen zu können, am Dialog mit ihren iranischen Gesprächspartnern fest. Gleichzeitig weiteten die Revolutionsgarde und ihre libanesischen Stellvertretergruppen sowohl die Einschüchterung von Diasporaorganisationen als auch ihr Netzwerk von Import- und Exportfirmen zur Umgehung der US-Sanktionen aus.[104]

Da sich die Bundesregierungen auf ihre Kontakte in der iranischen Führung konzentrierten, verloren die iranischen Diasporagruppen jeden Zugang zu hochrangigen deutschen Staatsvertretern, wenngleich eine kleine Gruppe von Bundes- und Landtagsabgeordneten der SPD, CDU und Grünen ihr Interesse aufrechterhielt. Aufgrund der permanenten Attacken der iranischen Regierung wandten sich immer mehr iranische Aktivisten von konfrontativen Formen des Protests und der Unterwanderung des Irans ab und verlegten sich auf den weniger riskanten Einsatz für die Menschenrechte in Europa. Zwar arbeiteten in den USA einflussreiche Diasporaorganisationen mit führenden Mitgliedern der Republikanischen und der Demokratischen Partei zusammen, doch erlaubte ihnen ihr begrenzter Kontakt zu denen, die noch in den Iran ein- und aus ihm ausreisen konnten, nur wenige direkte Einblicke in die Entwicklungen vor Ort. Mit ihrer Kenntnis alter Schmugglerrouten und ihren regelmäßigen Kontakten zu kurdischen Reisenden aus dem Iran war die DPK-I dagegen bis in die frühen 2000er-Jahre näher an den Entwicklungen in ihren Ursprungsregionen dran.

Während die KDP- und PUK-Gruppierungen, die den Nordirak kontrollierten, ihr Möglichstes taten, um Problemen mit dem iranischen Staat aus dem Weg zu gehen, versuchten sie die Kontrolle über Gebiete im Nordirak auszuweiten, in denen die PKK wie auch die DPK-I eigene Stützpunkte für grenzüberschreitende Operationen unterhielten.[105] Die effektive Öffentlichkeitskampagne, mit der die PKK die Aufmerksamkeit auf Menschenrechtsverletzungen an Kurden durch die türkische Armee lenkte, sowie das Bemühungen kurdischer Peschmerga, Saddam Husseins Regime vom Nordirak fernzuhalten, trugen der kurdischen Sache größere Sympathien in Europa ein. In den Augen der europäischen Regierungen, die sich an den Hilfsleistungen und der Sicherheitsunterstützung der USA für einen entstehenden kurdischen Quasistaat im Nordirak beteiligten, stellte die DPK-I eine annehmbarere Alternative für Kontakte und Kooperationen vor Ort dar als eine PKK-Führung, die Krieg gegen ein NATO-Mitglied führte.[106]

Durch diese Verbindungen entwickelte die DPK-I-Führung Beziehungen zu europäischen Sicherheitsbehörden und sozialdemokratischen Parteien, die an einem Partner interessiert waren, mit dem sie im Nordirak zusammenarbeiten und ein alternatives ideologisches Programm zu dem der PKK für die kurdische Diaspora fördern konnten. Die Ausweitung der Kontakte zwischen Vertretern mehrerer europäischer Staaten im Jahr 1991 sowie die Einordnung der DPK-I als sozialistische und nicht marxistisch-leninistische Organisation durch die Sozialistische Internationale der europäischen sozialistischen und sozialdemokratischen Parteien schufen den Raum für Hilfen von europäischen staatlichen und parteipolitischen Organisationen, der sich für die DPK-I als nützlich erweisen konnte.

Der Mykonos-Anschlag 1992

Es war deshalb auch nichts Ungewöhnliches, dass Führungspersönlichkeiten der DPK-I im September 1992 an einem Kongress der Sozialistischen Internationale in Berlin teilnahmen, um sich dort bei Vertretern europäischer sozialdemokratischer Parteien für die Belange der Kurden im Iran einzusetzen. Zusammen mit den Repräsentanten der DPK-I in Frankreich, Fattah Abdoli, und

Deutschland, Homayoun Ardalan, versuchte der Generalsekretär der Partei, Sadegh Scharafkandi, auf einem so wichtigen Treffen für die gemäßigte europäische Linke die europäischen Sozialisten und Sozialdemokraten für ihre Sache zu gewinnen – wie es auch ähnliche Organisationen aus anderen Diasporagruppen zu diesem Zeitpunkt taten, in dem die globale Politik in Fluss geraten zu sein schien.[107] Nach Begegnungen mit hochrangigen europäischen Mitte-Links-Politikern besuchten sie spät am Abend des 17. September 1992 ein griechisches Restaurant in der Nähe des Kongresses, das nach der Insel Mykonos benannt war.

Diese Kongressroutine fand um 23 Uhr ein jähes Ende, als zwei maskierte Attentäter das Restaurant betraten und Scharafkandi, Abdoli und Ardalan niederschossen und ihren Dolmetscher Nouri Dehkordi tödlich verwundeten.[108] Im Lauf ihrer Ermittlungen stellten die Berliner Polizei und der Bundesnachrichtendienst fest, dass der iranische Staat in die Planung dieser Morde verwickelt war. Die verwendeten Waffen und die Taktik der Attentäter glichen denen anderer Operationen, die iranische Geheimagenten gesteuert hatten. Wie sich ebenfalls erwies, war der Leiter der Operation ein iranischer Agent der Revolutionsgarde namens Abdol-Raham Bani-Haschemi, der sich in den Iran abgesetzt hatte.[109] Andere Beteiligte wie ein rangniederer Agent, der für die Überwachung der Diaspora zuständig war, sowie libanesische Aktivisten der Hisbollah, die in Berlin lebten, wurden festgenommen, als sie versuchten, sich falsche Reisepässe zu besorgen. Ein Untersuchungsausschuss des Berliner Senats erkundete daraufhin die Rolle libanesischer Diasporanetzwerke als Drahtzieher solcher Mordanschläge:

> »Im Zeitraum Januar bis September 1992 ging beim BfV eine Vielzahl von Warnmeldungen über angebliche Anschlagspläne der Hizb Allah in Europa im allgemeinen bzw. der Bundesrepublik im besonderen ein. Der weitaus größte Teil dieser Infor-

mationen stammte von einem befreundeten Dienst und wurde als geplante Racheaktion für den Tod des damaligen Hizb Allah-Generalsekretärs Abbes Mussawi bei einem israelischen Luftangriff bezeichnet …«[110]

Die raschen Festnahmen brachten tiefe Meinungsverschiedenheiten innerhalb der deutschen Staatsorgane über die Beziehungen zum Iran ans Licht. Der BND und die Polizeiermittler deckten Verbindungen zwischen den Agenten, die die Ermordung dieser und anderer kurdischer oder iranischer Diasporaaktivisten organisiert hatten, und dem Leiter des iranischen Außen-Geheimdienstes, Ali Fallahian, auf. Sie brachten damit deutsche Diplomaten und Regierungspolitiker, die sich für einen Dialog mit der iranischen Regierung eingesetzt hatten, in tiefe Verlegenheit. Wie schon anlässlich der Krawalle in Mainz ein Jahrzehnt zuvor oder der Ausschreitungen in Westberlin während des Schah-Besuchs 1967 stritten Polizei- und Sicherheitsbeamte mit Diplomaten und Unterhändlern in Handelsfragen darüber, ob die Angriffe eine hinreichend große Provokation darstellten, um Deutschlands diplomatische und Handelsbeziehungen mit dem Iran dem Risiko von Vergeltungsmaßnahmen auszusetzen. Auch schränkte der BND den Informationsfluss an die Bundesanwälte ein, die den Auftragsmördern im Fall Mykonos und anderen von iranischen Geheimdiensten organisierten Gewalttaten den Prozess zu machen versuchten.[111]

Nachdem sie monatelang behindert worden waren, ließen die frustrierten Staatsanwälte, die den Mykonos-Prozess betrieben, an die Presse durchsickern, wie BND und Kanzleramt das Bundesministerium der Justiz gedrängt hatten, die Ermittlungen zu verzögern. Die anschließende Kontroverse erlaubte es ihnen, in dem Prozess, der von Januar 1993 bis zum April 1997 dauerte, die direkte Beteiligung iranischer Geheimdienste im Detail darzulegen – sehr zur Verärgerung deutscher Diplomaten und zur offenen Wut des iranischen Außenministeriums. Der Untersuchungsausschuss des Berliner Abgeordnetenhauses veröffentlichte weitere peinliche Details darüber, wie die Hoffnungen der Bundesregierung auf eine Stärkung der Reformer im klerikalen Regime des Irans den Eifer Berlins oder der Bundespolizei und der Nachrichtendienste gebremst hatten, jene Netzwerke ins Visier zu nehmen, die den Mordanschlag letztlich vorbereitet hatten, obwohl sie bereits seit den späten 1980er-Jahren an Angriffen auf Diasporaziele beteiligt gewesen waren.[112]

Trotz der Kontroverse um die Mykonos-Morde hielten die Kohl-Regierung und ihre Nachfolger in der SPD-Grüne-Koalition unter Gerhard Schröder und Joschka Fischer am Dialog mit dem iranischen Staat fest, um die Reformer in der Staatsführung zu unterstützen und Handelsmöglichkeiten in der iranischen Wirtschaft zu erschließen. Ungeachtet aller Enttäuschung, die US-Diplomaten und Diasporaaktivisten über die Tätigkeit iranischer Geheimdienstnetze auf deutschem Boden zum Ausdruck brachten, setzten die politischen Entscheidungsträger der BRD ihre Hoffnungen unverändert auf die Vorstellung eines reformierten Irans, was eine bemerkenswerte Kontinuität mit der Politik ihrer Vorgänger in den 1950er- und 1960er-Jahren aufwies.[113] Obwohl überraschende Entwicklungen in Deutschland oder dem Iran bei iranischen oder iranisch-kurdischen Aktivisten Hoffnungen wecken konnten, verschaffte der von deutschen Diplomaten, Politikern und Unternehmen verfolgte iranische Traum den iranischen Staatsvertretern regelmäßig einen Vorteil gegenüber einer ideologisch fragmentierten Diaspora.

Integration

Obwohl sich die politisch aktiveren Teile der Diaspora immer noch dem Risiko brutaler Vergeltungsmaßnahmen seitens der iranischen Sicherheitsbehörden oder ihrer Stellvertreter ausgesetzt sahen, waren die 1990er-Jahre auch eine Periode, in der sich die iranischen Gemeinschaften allmählich tiefer in der deutschen Gesellschaft verankerten. Seit dem Beginn der iranischen Einwanderung in Ost- und Westdeutschland nach 1945 hatten die aus ihr hervorgegangenen Diasporagemeinschaften immer wieder turbulente Phasen erlebt, die durch das Zusammenwirken von Krisenwellen, die den iranischen Staat überrollten, mit dem sich beschleunigenden Wandel der deutschen Gesellschaft ausgelöst wurden. Das Tempo, in dem sich iranische Studierende an westdeutschen Universitäten während der 1960er-Jahre mobilisierten, war durch eine Spirale der Radikalisierung bestimmt, in der sich ihre Erfahrung der Unterdrückung und Revolution im Iran mit deutschen Institutionen verband, die den als störend empfundenen Migranten oft mit willkürlicher polizeilicher Repression begegneten.

Obwohl linksgerichtete Gruppen, die eher auf iranische Themen ausgerichtet waren, starken Einfluss auf das Diasporaleben in Deutschland behielten, waren viele Deutsch-Iraner schon in den späten 1990er-Jahren in das Alltagsleben der Regionen, in denen sie sich angesiedelt hatten, eingebettet. Während sich die iranischen Gemeinschaften tiefer verwurzelten, trat eine beträchtliche zweite Generation in der Bundesrepublik geborener Deutsch-Iraner ins Erwachsenenalter ein und verschob den Schwerpunkt des Gemeinschaftslebens weiter. Da es keine starke übergreifende Diasporaorganisation gab, die die diversen ideologischen Stränge innerhalb der Diaspora zusammengehalten hätte, blieben die Bemühungen, Bildung und Aktivitäten in iranischer Sprache und Kultur für diese Kinder der zweiten Generation innerhalb der iranischen Diaspora anzubieten, auf lokale Zusammenhänge beschränkt. Die verfügbaren Optionen hingen oft von der Initiative engagierter Einzelpersonen ab, die auf die Unterstützung bestimmter Gruppen zurückgreifen konnten, sofern diese zufälligerweise in einer bestimmten Region präsent waren. Weil die iranische Diasporapolitik in der BRD in so hohem Maße auf die Entwicklungen im Herkunftsland ausgerichtet gewesen war, verfügten die in den 1960er- und 1970er-Jahren für den Diasporaaktivismus zentralen Organisationen nicht über die Strukturen, um die Art von gemeinschaftlicher Unterstützung anzubieten, auf die Familien angewiesen waren, um ihre Kinder Farsi lernen oder in die iranische Kultur eintauchen zu lassen.

Jene Teile der Diaspora, die seit den frühen 1980er-Jahren politisch nicht aktiv gewesen oder erst in den 1990ern als Teil späterer Wellen der Einwanderung ausgebildeter Fachkräfte ins Land gekommen waren, hielt die Möglichkeit, in den Iran reisen zu können, um Familien und Freunde zu besuchen, von der Beteiligung an riskanteren politischen Aktivitäten ab. Da 1997 nach der Wahl Mohammad Chātamis zum Staatspräsidenten die Hoffnung auf eine Liberalisierung des iranischen Staats wuchs, begannen selbst Teile der Diaspora, die sich in der Opposition engagiert hatten, mit Angehörigen Kontakt aufzunehmen und in den Iran zu reisen. Während einige Vertreter der ersten Generation, die sich seit den frühen 1990er-Jahren aus der Diasporapolitik herausgehalten hatten, die Gelegenheit nutzten, um Verwandte zu besuchen, setzten sich Mitglieder der zweiten Generation mit Kultureinrichtungen und Geschäftsnetzwerken im Iran, die sich eine gewisse Autonomie von den theokratischen Elementen des Regimes erkämpft hatten, in Verbindung. Sie waren zuversichtlich, dass ihnen ihre deutsche Staatsangehörigkeit unter Chātami einen gewissen Schutz bieten würde.

Zwar überwachten Agenten der Revolutionsgarde und Hisbollah-Vertreter die iranischen Oppositionsgruppen in der Diaspora auch weiterhin, doch bedeutete Chātamis Bemühen, auf europäische Regierungen und Washington zuzugehen, dass verdeckte Operationen zurückhaltender ausgeführt wurden als unter seinen Vorgängern. Nachdem die USA die Volksmudschahedin zur Terrorgruppe erklärt und die EU-Staaten nachgezogen hatten, fielen die iranischen Versuche, Schläge gegen die Organisation zu verüben, weniger dreist aus, obwohl die amerikanische Invasion im

Irak die Verlegung ihres Schwerpunkts in ein neues Hauptquartier in Albanien mit Hunderten von Aktivisten erzwang.[114] So zweifellos galten die Volksmudschahedin der Bundesregierung und der übrigen Diaspora inzwischen als ein autoritärer Kult, dass sich die Spirale ihrer Ausgrenzung vom Rest der iranischen Gemeinschaft beschleunigte, wenngleich sie immer noch über die Fähigkeit verfügten, auf jährlichen Treffen ihrer Anhänger die Unterstützung prominenter Politiker aus den USA oder der EU zu gewinnen.

Trotz des Scheiterns von Chātamis Reformkurs zur Verhinderung der brutalen Unterdrückung von Massenprotesten und des Wahlsiegs von Mahmud Ahmadineschād mit einem kulturell reaktionären Programm hatten Vertreter der Diaspora, die sich gegen Menschenrechtsverletzungen im Iran einsetzten, mit der fortgesetzten Zurückhaltung der Bundesregierungen gegenüber einem zu harten Kurs gegen den Iran zu kämpfen. Ihre Erfahrungen wiederholten damit die ihrer Vorgänger, die in den 1980er-Jahren gegen das Chomeini-Regime oder in den 1960er- und 1970er-Jahren gegen die Autokratie des Schahs protestiert hatten.[115] Die Kontinuität, mit der das Auswärtige Amt und das Kanzleramt in der vagen Hoffnung auf Reformen eine Kooperation im Rahmen der bestehenden iranischen Machtstrukturen bevorzugten, erwies sich von der Schah-Ära bis zu der von Chamenei zusammen mit Ahmadineschād und der nachfolgenden Regierung unter Hassan Rohani bestimmten Ordnung als eine institutionelle Betonmauer, gegen die Generationen von Diasporaaktivisten immer wieder vergeblich anrannten.[116]

Der neuerliche, durch die Proteste der Grünen Bewegung im Iran 2009 ausgelöste Diasporaaktivismus bewirkte zwar eine politische Mobilisierung nicht nur unter jüngeren Menschen, die sich als Teil der iranischen Gemeinschaft verstanden, obwohl sie in Deutschland geboren worden waren. Die zentrale Bedeutung für das Leben der Gemeinschaft, die er in den 1970er- und 1980er-Jahren gehabt hatte, erlangte er jedoch nicht mehr. Der Weg, der sich über Jahrzehnte des Zusammenwirkens mit lokalen wie nationalen gewerkschaftlichen und zivilgesellschaftlichen Bewegungen eröffnet hatte, bot den Angehörigen der iranischen Diaspora Gelegenheiten, sich in einer Weise an der Organisation der Gemeinschaft zu beteiligen, die ihren Erfahrungen und Anschauungen entsprach. Zivilgesellschaftliche Initiativen von Wohltätigkeitsarbeit zur Linderung lokaler Armut bis hin zu nationalem antirassistischem Aktivismus brachten Angehörige der iranischen Diaspora, die von den Traditionen der Linken geprägt waren, auf wissenschaftliche, mediale oder politische Felder in Deutschland, die in einzelnen Fällen zu Karrieren in der Bundespolitik führten. Kontakte, die einst gepflegt worden waren, um die deutsche Linke für Themen im Zusammenhang mit der Politik des Irans zu gewinnen, wurden nun vielmehr zu einem Schritt der Einbindung eines erheblichen Teils der iranischen Diaspora in das politische Leben Deutschlands.

Happy End? Die Integration der iranischen Diaspora in die deutsche Gesellschaft

Obwohl sie nicht zu den größten Exilgemeinden in der Bundesrepublik gehört, hat die iranische Diaspora eine Präsenz im deutschen kulturellen und politischen Leben entwickelt, die über ihre zahlenmäßige Größe hinausgeht. Auf kollektiver Ebene führten die Versuche iranischer Diasporagruppen, die Unterstützung der deutschen Linken für Oppositionsbewegungen in ihrem Heimatland zu gewinnen, in der ersten Generation iranischer Immigranten zu engen Kontakten mit vielen deutschen Gesprächspartnern. Diese Verbindungen boten der zweiten, in Deutschland geborenen Generation von Diasporaangehörigen die Möglichkeit, Zugang zum politischen, medialen und wirtschaftlichen Leben eines breiteren Milieus zu erhalten, das bis zu einem gewissen Grad immer noch von den Grünen verkörpert wird.

Die sozialen Strukturen, die diesen Teilen der iranischen Gemeinschaft zugrunde liegen, basieren auf Migrationsprozessen, die mit der Ankunft iranischer Studierender an westdeutschen Universitäten sowie politischer Exilanten in West- und Ostberlin begannen und mit Auswanderungswellen akademisch oder beruflich ausgebildeter Iraner weitergingen, wie sie jeder neue Krisenzyklus im Iran auslöste. Dass so viele iranische Familien der ersten und zweiten Generation auf einem beträchtlichen Sozial- und Bildungskapital aufbauen konnten, bot eine weitere Grundlage für ihre Integration und sogar manchen Aufstieg zu Prominenz und Macht für Menschen, die in iranischen Gemeinschaften in Deutschland aufgewachsen waren.[117]

Diese Anzeichen der Integration sind überall in der deutschen Gesellschaft zu finden. Die Bekanntheit von Deutsch-Iranerinnen und Deutsch-Iranern wie Golineh Atai, Isabel Schayani oder Michel Abdollahi, die im Journalismus beachtliche Rollen spielen, zeigt, wie die besondere Ausrichtung der Iraner der ersten Generation auf höhere Bildung die sozialen Grundlagen schuf, auf denen Angehörige der zweiten Diasporageneration in breiterem Maß von Prozessen der sozialen Mobilität profitieren konnten. In jüngerer Zeit haben Organisationen wie Diwan – Deutsch-Iranische Begegnungen e. V. in Köln einen Raum geschaffen, in dem diese aufwärtsmobilen Milieus das Kulturleben ihrer örtlichen Gemeinschaften zu prägen versuchen. In so vielfältigen politischen und medialen Kontexten wie der Redaktion der *Zeit* mit Mariam Lau oder von Bündnis 90/Die Grünen im Bundestag, deren Verteidigungs- und Außenpolitik von Omid Nouripour, ihrem heutigen Co-Vorsitzenden, mitgestaltet wird, eröffnete das Bildungskapital, von dem Menschen iranischer Herkunft trotz aller ihnen entgegengesetzten Barrieren und Stereotype zehren konnten, auch den Raum, um ihre Festlegung auf die Vertretung von Diasporainteressen zu vermeiden. Wie sehr die iranische Diaspora vielmehr für ein erfolgreiches Integrationsmodell steht, zeigt sich daran, dass

Menschen iranischer Abstammung alle Aspekte der Wirtschafts-, Universitäts-, Wissenschafts- und Kulturpolitik auf Feldern haben prägen können, die weit über den mitunter beschränkten Themenkreis von Migration, Diaspora und nationaler Identität hinausgehen.

Die iranisch-deutsche Erfahrung der Diasporabildung, des Gemeinschaftsaktivismus und der Integration ist ein gutes Beispiel dafür, wie problematisch die verbreiteten Narrative über die Auswirkungen der Migration auf die deutsche Gesellschaft sind. Wenn Mitglieder von Bewegungen, die in einer aufstrebenden Diasporagemeinschaft verankert sind, sowohl mit dem deutschen Staat als auch mit dem Staat in ihrem Herkunftsland in Konflikt geraten, führen die daraus resultierenden Formen der Konfrontation oft zu einer gewaltsamen Eskalation, die Ängsten unter der deutschen Wählerschaft und feindseligen Schlagzeilen in deutschen Nachrichtenmedien Vorschub leisten kann. Doch zeigt das iranische Beispiel, dass solche anfänglichen Turbulenzen, die das Bild einer Gemeinschaft in der breiten deutschen Bevölkerung mitbestimmen, nicht bedeuten, dass das Scheitern ihrer Integration in die deutsche Gesellschaft vorgezeichnet ist.

Jedes Individuum, das den Prozess einer Integration in die Gesellschaftsordnung eines Niederlassungslands (oder der Entfremdung von ihr) durchläuft, erlebt eine persönlich einzigartige Dynamik. Für viele Menschen jedoch spielen der von ihnen erlebte Migrationsprozess und die Formen gemeinschaftlicher Verbindungen, die sie früh in ihrem Niederlassungsland aufbauen, allesamt eine Rolle bei der Schaffung gemeinsamer Wege in eine Gesellschaft oder das kollektive Erleben von Diskriminierung. Wohl hat die prägende Erfahrung vieler nach West- und Ostdeutschland eingewanderter Iraner eine tiefe Feindschaft gegenüber den Institutionen des iranischen Staats vor und nach der Islamischen Revolution erzeugt, doch stammten sie überwiegend aus der iranischen Mittelschicht und den Eliten mit Grundbesitz, die von einem erheblichen Bildungskapital profitierten. Nicht nur in Deutschland, sondern auch im übrigen Europa und in Nordamerika verbindet die Geschichte der iranischen Diaspora deshalb Konflikte mit Regierungen über ihre Beziehungen zu aufeinanderfolgenden autoritären Regimen im Iran mit einer bemerkenswert raschen Integration in die soziale Ordnung von Gesellschaften, die anfangs oft mit Feindseligkeit auf Einwanderer aus einem Staat mit muslimischer Bevölkerungsmehrheit reagieren.

Das Widerstreben mehrerer Bundesregierungen, sich für eine direkte Konfrontation mit dem Iran zu entscheiden, verhalf der Revolutionsgarde und anderen iranischen Geheimdiensten zu dem Freiraum, ihre Operationen in Deutschland so auszuweiten, dass sie die iranischen Diasporagemeinden in Europa einschüchtern konnten. Von der mangelnden Bereitschaft der Führungen deutscher Parteien und staatlicher Organe, sich voll und ganz hinter ihre Sache zu stellen, überrascht, wurden die meisten iranischen Oppositionsgruppen allmählich aufgerieben, sodass sie keine Bedrohung für das Regime der Islamischen Republik mehr bilden. Viele iranische Aktivisten der ersten Diasporageneration, die so große Hoffnungen in einen revolutionären Wandel gesetzt hatten, mussten in den Jahrzehnten nach der deutschen Wiedervereinigung und dem Tod Chomeinis 1989 damit kämpfen, den gescheiterten Versuch einer Störung der Beziehungen zwischen dem Iran und Deutschland zu verarbeiten, während sie sich auf ein dauerhaftes Exil von einem Heimatland einstellten, das sie einst zu verändern versucht hatten.

Doch der vergebliche Versuch des Diasporaaktivismus, einen politischen Wandel im Iran anzustoßen, ist für eine Gemeinschaft, deren Mitglieder bis in die 2010er-Jahre in beträchtlicher Zahl den sozialen Aufstieg ins Herz der deutschen Gesellschaft geschafft haben, nur eine Seite der Medaille. In vielen Fällen halfen die Beziehungen, die iranische Immigranten in Universitäten und auf Protestmärschen mit einem deutschen politischen Milieu anknüpften, welches in den frühen 1960er-Jahren institutionell am Rand stand und dann in den späten 1990er-Jahren ins Zentrum der Macht vordrang, die Integration weiter Teile der iranischen Gemeinschaft zu beschleunigen. Die politischen Bündnisse, die iranische Aktivisten zur Zielscheibe eines westdeutschen Staats machten, der in der Schah-Ära vor allem den Linksradikalismus fürchtete, wurden zur Grundlage der Aufnahme vieler Deutsch-Iraner in die Eliten des wiedervereinigten Deutschlands.

Dieser Integrationserfolg zeigt, wie wichtig es ist, die tieferen sozialen und ökonomischen Grundlagen einer Gemeinschaft in den Blick zu nehmen, statt von der Annahme auszugehen, Fälle von politischem Radikalismus in Teilen von ihr würden ihre Entwicklung insgesamt vorwegnehmen. Wie mich meine Begleiterin auf jener unendlichen Straßenbahnfahrt erinnerte, waren die Deutsch-Iraner, die von einem starken Selbstvertrauen in die kulturellen Errungenschaften ihres Herkunftslands zehrten, nie dazu bereit, eine Behandlung in ihrem Niederlassungsland zu akzeptieren, die nicht von ihrer völligen Gleichwertigkeit ausgegangen wäre. Integration ist nie ein geradliniger Prozess und oft mit individuellen oder kollektiven Fehlschlägen verbunden. Manchmal aber dürfen wir uns die Einsicht erlauben, dass ein Happy End doch möglich ist.

Die Sonnenallee in Neukölln war einmal Symbol für Gangs und Gewalt, heute ist sie für viele ein Fluchtpunkt. Syrer und andere arabische Diasporagruppen prägen die Straße auf ihre eigene Weise.

KAPITEL 3

»Wir schaffen das« – die arabischen Diasporagruppen in Zeiten des Krieges und des Friedens

Hin und wieder passiert es auf einer Party, dass eine kleine Gruppe in der Küche von heiterem Geplänkel in eine heftige Diskussion verfällt, die schließlich ein irres Maß an Intensität erreicht. Eine freundliche Atmosphäre kann sich in eine angespannte verwandeln, und das Gespräch verstrickt sich in so polarisierende Themen, dass ein betrunkener Streit zwischen Partygästen, die gerade noch miteinander herumgeflachst haben, unvermeidlich wird.

Während meiner Studienjahre in Deutschland bot der Konflikt zwischen Israelis und Palästinensern ein solches aussichtsloses Gesprächsthema. In einer Gesellschaft, in der die kollektive Verantwortung für die Verbrechen des Holocausts den Horizont des politischen Lebens bestimmte, war das Schicksal des Staats, der zum Zufluchtsort für Jüdinnen und Juden wurde, ein Gegenstand besorgter Debatten. Die Intensität solcher Diskussionen spiegelte wider, wie die politischen Bruchlinien in Deutschland durch das Ringen um ein Gleichgewicht zwischen Israels Rolle als Zufluchtsstätte für die Juden vor deutscher Verfolgung, Palästinensern, die durch den israelischen Staat unterdrückt wurden, und postkolonialen arabischen Gesellschaften, die Israel als existenzielle Bedrohung ansahen, geprägt wurden.

Das quälendste Erlebnis, das ich mit einer entgleisenden Debatte über Israel und Palästina hatte, war auf einer Studentenparty in Berlin. Ich war in die Küche geflüchtet, nachdem ein »Take-That«-Fan die Stereoanlage gekapert hatte, und setzte mich am Fenster mit einem deutsch-libanesischen Bekannten zusammen, um bei ein paar Bierchen Schalkes jüngstes Debakel zu analysieren. Nach einigen Minuten merkten wir, dass die Gruppe neben uns in eine heftige Diskussion verstrickt war. Als ihre Debatte an Lautstärke zunahm, wurde deutlich, dass zwei der Beteiligten Verfechter der »Antideutschen«-Strömung waren, die linke Überzeugungen mit einem leidenschaftlichen Eintreten für Israel verband, während die anderen drei zu einer gegnerischen Gruppe gehörten, für die die Palästinenser ein Symbol des antiimperialistischen Widerstands bildeten.

Anfangs versuchten wir, diesen Streit über Israels Behandlung der Palästinenser zu ignorieren, doch wurde er so lebhaft, dass wir unsere Biere austranken und beschlossen weiterzuziehen. In diesem Moment erklärte einer der Beteiligten, am Schicksal Palästinas werde sich die Zukunft der Welt entscheiden. Mit diesen Worten wandte er sich an meinen Trinkkumpan, als suche er dessen Bestätigung. Der war erst befremdet, nur um dann müde zu brummen: »Was schaust du mich an, verdammt? Meine Familie in Beirut hasst sie alle beide.«

Die Entwicklung bis 1945

Beruhte Deutschlands Verhältnis zum Osmanischen Reich und zum Iran auf einer langen Tradition staatlicher Diplomatie, so waren seine Beziehungen mit der arabischen Welt bis zum 20. Jahrhundert bruchstückhafter. Im 18. und 19. Jahrhundert wäre die Vorstellung absurd gewesen, ein Konflikt zwischen Juden und Arabern über die Kontrolle von Land um Jerusalem könnte zu einer Schlüsselfrage der Diskussionen über Außenpolitik und nationale Identität in

Deutschland werden. Zwar prägten die Mythen um die Kreuzzüge die Einstellung zur arabischen Welt, die Wahrnehmung ihrer Kultur aber wurde durch die Beziehungen zu den Osmanen gefiltert. Und auch wenn sich im späten 18. Jahrhundert eine Faszination für die Schriften mittelalterlicher islamischer Philosophen und Dichter herausbildete, die in den 1830er-Jahren in die Entstehung der Orientalistik als wissenschaftlicher Disziplin einfloss, zog sie kein größeres Interesse an den zeitgenössischen politischen Realitäten der arabischen Welt nach sich.[1]

Die begrenzten Kontakte zwischen der deutschsprachigen und der arabischen Welt wurden zusätzlich durch die dominante Stellung anderer europäischer Mächte im Mittelmeerraum beeinflusst, die engere Beziehungen zu den Eliten des Nahen Ostens unterhielten. Bis zum späten 19. Jahrhundert hatte eine Folge von militärischen Eingriffen, Besatzungskriegen und Kolonialisierungsprozessen den französischen Einfluss auf die Levante gefestigt und den Maghreb unmittelbar französischer Herrschaft unterworfen. Die Briten brachten Ägypten 1880 unter ihre Kontrolle, um sich den Suezkanal zu sichern, während die italienische Eroberung Syriens das Ausmaß der osmanischen Schwäche zeigte und damit dem Ersten Weltkrieg die Bühne bereitete. 1919 gipfelte die imperiale Vorherrschaft Europas über die arabische Welt in der Aufteilung der Überreste der Levante zwischen Großbritannien und Frankreich durch das Sykes-Picot-Abkommen.[2]

Die Präsenz britischer und französischer Militärgarnisonen und Zivilverwalter übte auf die regionalen Eliten erhebliche Anziehungskraft aus. Für die ägyptische, libanesische und syrische Oberschicht wurde ein Studien- oder Arbeitsaufenthalt in Paris oder London zum Schlüssel für den Zugang zu einflussreichen Positionen. Im Libanon und in Syrien lösten wirtschaftliche Zusammenbrüche und Hungersnöte zudem eine Welle der Arbeitsmigration in die Vereinigten Staaten aus. Da Algerien in die metropolitanen staatlichen Strukturen Frankreichs eingebunden war und über Transportverbindungen nach Marokko sowie Tunesien verfügte, wirkte Frankreich schon vor dem Ersten Weltkrieg auf nordafrikanische Migranten ähnlich anziehend.[3]

Deutschland, das nicht über solche kolonialen Bindungen verfügte, zog nur eine Handvoll Studierender und Intellektueller aus Ägypten und der Levante an. Weil sie eine Alternative zu den französischen Institutionen mit ihrer offen kolonialen Einstellung darstellten, waren deutsche Universitäten für einige Studenten aus arabischen Gesellschaften attraktiv. Doch im Vergleich mit den Interaktionen zwischen anderen europäischen Staaten und der arabischen Welt blieb Deutschlands Einfluss trotz der sogenannten Orientreise Kaiser Wilhelms nach Istanbul, Beirut und Jerusalem 1898 begrenzt.[4] Dies zeigte sich auch daran, dass dessen diplomatische Bemühungen auf die Machtzentren des Osmanischen Reichs in Anatolien und auf dem Balkan ausgerichtet blieben. Obwohl es Deutschlands Position verbessern sollte, kam das 1903 begonnene Projekt der »Bagdadbahn« von Berlin nach Bagdad zu spät, um vor dem Ersten Weltkrieg noch nennenswerte Auswirkungen zu zeitigen. Zwar gab es deutsche Konsulate mit professionellen Diplomaten in Kairo, Bagdad und Beirut, doch im Vergleich zum französischen, britischen und russischen Einfluss im gesamten Osmanischen Reich war die deutsche Präsenz in Form von Schulen und Handelsverbindungen nicht von der Art, die vor 1945 eine nennenswerte arabische Zuwanderung nach Deutschland ausgelöst hätte.[5]

Die Gründung vordergründig autonomer Staaten unter Völkerbund-Mandaten, die faktisch unter der imperialen Kontrolle Großbritanniens und Frankreichs standen, veranlasste das deutsche Außenministerium dazu, 1927 neue Botschaften in Damaskus und Bagdad zu eröffnen. Diese ersten Schritte bewirkten allerdings nicht viel mehr, als eine relativ geringe Zahl arabischer Geschäftsleute, Intellektueller und Studenten zu einem Aufenthalt in Deutschland zu bewegen. Obwohl nationalistisch oder islamistisch gesinnte Studenten wie Isam Eddin Hifni Nassif oder Mohammed Nafi Tschelebi im Berlin der Zwischenkriegszeit politisch aktiv waren, war das Fehlen einer einflussreichen Gruppe arabischer Exilanten in Deutschland, auf die man hätte zurückgreifen können, einer der Gründe, warum die Ambitionen des NS-Regimes, nach Hitlers Machtergreifung 1933 im Nahen Osten Fuß zu fassen, nur schwer in Gang kamen.[6]

Gewiss, einige Bewegungen wie die Jungägyptische Partei, die libanesischen Falangisten oder die neu gegründete Baath-Partei verbanden faschistische Einflüsse mit Strängen des arabischen Nationalismus. Doch passten ihre Hoffnungen auf eine arabische Einheit gegen den europäischen Imperialismus nicht mit den strategischen Zielen des nationalsozialistischen Regimes zusammen.[7] Eine Handvoll arabischer Intellektueller wie der Großmufti von Jerusalem, Mohammed Amin al-Husseini, kollaborierten im Zweiten Weltkrieg offen mit Nazideutschland, verfügten jedoch nicht über die nötigen Verbindungen, um beim Versuch der Wehrmacht, Nordafrika zu erobern, eine große Hilfe zu sein. Die Tatsache, dass sich das NS-Regime so fest mit einem faschistischen italienischen Staat verbündete, der seine eigene genozidale Politik zur Unterwerfung der Libyer verfolgte, schmälerte zusätzlich die Anziehungskraft Berlins für Araber, die nach einem Ausweg aus dem Griff des europäischen Imperialismus suchten.[8]

Auf der Flucht: Deutsche Juden in Palästina

Wenn es eine Ausnahme vom begrenzten kulturellen Einfluss Deutschlands im Nahen Osten vor 1945 gab, dann in den Gebieten, die heute Palästina und den Staat Israel bilden. Vor 1933 ließen sich dort nur 2000 der 600 000 jüdischen Staatsbürger Deutschlands im Zuge einer breiteren Welle zionistischer Auswanderung nieder.[9] Diese deutsch-jüdischen Zionisten bauten eine Präsenz in Palästina auf, die zur Grundlage der viel größeren Welle jüdischer Flüchtlinge vor der Verfolgung durch die Nazis nach 1933 wurde. Obwohl das jüdische Leben in Deutschland zerstört war, bedeutete die Ankunft von über 90 000 deutschen und österreichischen Juden, umgangssprachlich als »Jeckes« bezeichnet, die in Palästina Zuflucht suchten, dass kulturelle Einflüsse aus der gesamten deutschsprachigen Welt in die Institutionen einflossen, aus denen schließlich der Staat Israel hervorgehen sollte.[10]

In einem Schritt, der die globale jüdische Diaspora in Palästina zutiefst spaltete, handelten die Zionistische Vereinigung für Deutschland und die Jewish Agency mit dem Naziregime das Ha'avara-Abkommen aus, um deutschen Juden angesichts ihrer brutalen Verfolgung in Deutschland einen Rettungsanker zu sichern. Bis das Programm 1939 eingestellt wurde, ermöglichte es die Auswanderung umsiedlungswilliger Juden, wenn sie ihre Vermögenswerte im Austausch gegen deutsche Güter, die nach Palästina exportiert wurden, liquidierten.

Diese Auswanderungswelle gipfelte in den späten 1940er-Jahren in der Ankunft von mehr als 270 000 Juden und Jüdinnen infolge des Holocausts und der Niederlage des Naziregimes. Ein bleibendes Paradox dieses Zustroms von Flüchtlingen aus ganz Europa aufgrund der deutschen Verfolgung war, dass der neu entstehende Staat Israel die Gesellschaft mit dem größten deutschen kulturellen Einfluss im Nahen Osten wurde.[11]

Die besonderen Beziehungen zu Israel

Nach dem ersten arabisch-israelischen Krieg von 1947 bis 1949 brachten der Schock des Krieges und die Entkolonialisierung die geopolitische Position all dieser Gesellschaften im Nahen Osten ins Wanken. Diese Phase von Dekolonisation und Krieg erzeugte

Migrationsmuster, auf deren Folgen weder West- noch Ostdeutschland vorbereitet waren. Im daraus resultierenden wechselseitigen Verhältnis zwischen der deutschen Gesellschaft und den arabischen Diasporagemeinschaften schlugen sich neue Dynamiken nieder, die sich unter Arabern wie Deutschen tief greifend auf die Debatten über die nationale Identität auswirken sollten.

Als sie die internationale Bühne betraten, waren sowohl Ost- als auch Westdeutschland zunächst zu sehr mit der Blockkonfrontation im Kalten Krieg und dem Wiederaufbau beschäftigt, als dass sie sich nennenswert mit außereuropäischen Entwicklungen hätten befassen können. Die vorrangigen Ziele der Regierung Adenauer lauteten, die Bundesrepublik in der NATO zu verankern und durch Schaffung der Grundlagen des europäischen Zusammenwachsens eine Versöhnung mit Frankreich und anderen westeuropäischen Nachbarn zu erreichen. Angesichts der Zwänge des Kalten Kriegs und des sowjetischen Expansionsdrangs bildeten diese Bemühungen, als gleichwertiger Partner zur Bildung eines gemeinsamen westlichen Bündnissystems beizutragen, den Hauptfokus der westdeutschen Außenpolitik in Adenauers erster Amtszeit.

Zu dieser diplomatischen Initiative gehörte auch, die Verbrechen gegen die Menschlichkeit anzuerkennen, die die nationalsozialistischen Vorgänger der Bundesrepublik begangen hatten. Der schnelle Aufbau einer soliden Beziehung zum Staat Israel war nicht nur ein unmittelbarer Akt der Sühne gegenüber den jüdischen Gemeinschaften, sondern sollte auch als Signal an die USA und andere Partner dienen, dass die Bundesrepublik einen echten Bruch mit der Rassenideologie des Hitler-Regimes vollzogen hatte. Die Weiterentwicklung der westdeutschen Unterstützung Israels bis hin zu Waffenverkäufen an das israelische Militär und die Vertiefung von Handelsverbindungen und Kulturaustausch, einschließlich des »Wiedergutmachungsabkommens«, hatten Rückwirkungen auf Bonns Verhältnis zu den arabischen Staaten, gegen die

Israel seinen Unabhängigkeitskrieg geführt hatte.[12] Ursprünglich unterlagen diese Waffenlieferungen durch ein direktes Abkommen zwischen Verteidigungsminister Franz Josef Strauß und Schimon Peres, seinerzeit Generaldirektor im israelischen Verteidigungsministerium, absoluter Geheimhaltung. Als sie im Herbst 1964 an die Öffentlichkeit gelangten, sah sich die BRD mit einer Welle der Wut im ganzen Nahen Osten konfrontiert, die zu einer tiefen Krise in ihren Beziehungen zu den arabischen Staaten führte.[13] Sie schufen auch eine Quelle von Konflikten mit den nationalistischen Bewegungen, die sich unter den Hunderttausenden Palästinensern herausbildeten, welche nach der Eroberung ihres Landes durch Israel hatten fliehen müssen. Zwar blieben diese Spannungen in den 1950er-Jahren ein Problem für die Bemühungen der Bundesrepublik, verschiedene arabische Staaten zu umwerben, doch fielen sie für die Politiker in Bonn angesichts einer mangelnden nennenswerten Präsenz arabischer Diasporagruppierungen in Deutschland innenpolitisch nicht allzu sehr ins Gewicht.

Diese Nonchalance gegenüber den Auswirkungen der ersten geopolitischen Entscheidungen der BRD führte dazu, dass die westdeutschen staatlichen Institutionen nicht auf die Herausforderungen vorbereitet waren, mit denen sie binnen eines Jahrzehnts nach dem ersten arabisch-israelischen Krieg konfrontiert werden sollten. Mochten die mit der Außenpolitik befassten Diplomaten und Politiker auch ihre eigenen Initiativen und Projekte verfolgen, so bedeutete die zunehmende Präsenz von Gastarbeitern und Studierenden aus dem Nahen Osten und Nordafrika in westdeutschen Städten, dass vormals ferne Konflikte nun zum Gegenstand innenpolitischer Kontroversen wurden. Während sich die Beziehungen zu Israel bis in die späten 1960er-Jahre noch einer breiten gesellschaftlichen und ideologischen Zustimmung erfreuten, begannen die Auswirkungen anderer Konflikte in der arabischen Welt infolge der Dekolonisierungskriege die Aufmerksamkeit von Studierenden und Intellektuellen zu erregen, die der politischen Ordnung der Bundesrepublik skeptisch gegenüberstanden. Von all diesen Konflikten wirkte sich der Algerienkrieg als erster in einer Weise aus, die die westdeutsche außenpolitische Elite nicht vorhergesehen hatte.

Die Dekolonialisierung beginnt: Deutschland und der Algerienkrieg

Obwohl es seit den späten 1940er-Jahren Signale gegeben hatte, dass sich die Unzufriedenheit der muslimischen Bevölkerung mit der französischen Herrschaft über Algerien zuzuspitzen begann, wurden die westdeutschen Diplomaten doch von der Geschwindigkeit überrascht, mit der sich eine bewaffnete Revolte 1954 zu einem Volksaufstand ausweitete. Angesichts der großen französischen Siedlerbevölkerung in Algerien artete der Krieg rasch in brutale lokale Gewaltorgien aus und polarisierte auch Frankreich selbst. Nach der Schlacht von Algier im Jahr 1957, in der französische Fallschirmjägerregimente Mitglieder der Nationalen Befreiungsfront Algeriens (Front de libération nationale, FLN) folterten, um die Kontrolle über die Stadt wiederzugewinnen, wurde der algerische nationalistische Befreiungskampf zu einer Cause célèbre für viele linke Europäer, die im Kolonialismus ein Produkt der umfassenderen kapitalistischen Ungerechtigkeiten sahen. In der Bundesrepublik begünstigte die Bereitschaft des französischen Militärs, die Menschenrechte mit Füßen zu treten, die Bemühungen von FLN-Anhängern, Unterstützung für den algerischen Nationalismus zu finden.[14]

Die französischen Kolonialkriege der 1950er-Jahre waren im Bewusstsein der Bundesrepublik bereits sehr präsent, da sich nach dem Zweiten Weltkrieg Tausende Deutsche der französischen Fremdenlegion angeschlossen hatten. In Indochina und Algerien stellten Deutsche bis zu 40 Prozent ihrer Kämpfer.[15] Trotz der Versuche der deutschen Polizei, den französischen Rekrutierungsbemühungen entgegenzutreten, spielten deutsche Fremdenlegionäre eine so prominente Rolle in diesen Kriegen, dass Lieder von Freddy Quinn zur Feier ihrer Tapferkeit wie »Der Legionär« und dann später »Hundert Mann und ein Befehl« zu Hits wurden.[16] Auch die Umtriebe deutscher Rüstungshändler, die bereit waren, beiden Seiten Waffen zu liefern, und die deutschen Aktivisten, die der FLN halfen oder sogar für sie kämpften, bereiteten dem Auswärtigen Amt Kopfschmerzen.[17] Als sich abzeichnete, dass Frankreich nach der Machtübernahme durch General Charles de Gaulle 1958 einen Ausweg aus dem Algerienkrieg suchte, mussten sich die westdeutschen Diplomaten in Algier und Tunis mit desillusionierten deutschen Deserteuren aus der französischen Armee herumschlagen, die nach Hause zurückkehren wollten. Jeder einzelne dieser Vorfälle löste Irritationen bei den französischen Obrigkeiten aus, wie sie eine westdeutsche Regierung auf Versöhnungskurs mit Paris lieber vermeiden wollte.[18]

Konnte man zu den Aktivitäten Deutscher in Algerien noch auf Distanz gehen, so rückten die Ereignisse im Maghreb durch die zunehmende Zahl algerischer und tunesischer Einwanderer und Einwandererinnen in der Bundesrepublik nach 1958 in greifbare Nähe. Da sie studierten oder lehrten, bedeutete die Präsenz einer Handvoll Intellektueller, die als Repräsentanten für die FLN wirkten, dass die algerische nationalistische Sache Fürsprecher mit Kontakten zu führenden Vertretern der westdeutschen Linken hatte. Selbst prominente SPD-Politiker wie Hans-Jürgen Wischnewski engagierten sich aus Verachtung für die koloniale Unterdrückung in proalgerischen Solidaritätsvereinen.[19]

Die Existenz einer algerischen Community in Westdeutschland an sich war eine Folge von Frankreichs imperialem Projekt. Durch die späte Rückeingliederung des Saarlands aus Frankreich in die Bundesrepublik 1957 und die Anwesenheit französischer Truppen in Rheinland-Pfalz und Baden-Württemberg blieben die Grenzen zwischen beiden Ländern durchlässig. Angesichts eines Arbeitskräftemangels in der Bundesrepublik konnten Algerier von Frankreich in Städte wie Saarbrücken oder Kaiserslautern ziehen und dort Beschäftigung finden. Auch die antimuslimischen Repressalien der französischen Sicherheitskräfte, die wie besessen nach FLN-Aktivisten suchten, bestärkten Algerier mit nationalistischen Sympathien darin, in westdeutsche Städte zu übersiedeln, wo sie nicht unter solchem Druck standen. 1961 hatten sich bereits über 10 000 Algerier, die als französische Staatsbürger galten, in Westdeutschland niedergelassen.[20]

Zwar konnte die FLN ihren Einfluss auf die Algerierinnen und Algerier in Westdeutschland ausbauen, doch hatte sie damit das soziale Leben dieser Gemeinschaft nicht völlig unter ihrer Kontrolle. Die französischen Sicherheitsdienste, die bereits rücksichtslose Methoden anwandten, um FLN-Anführer in Frankreich und im Maghreb zu inhaftieren und zu ermorden, schreckten auch keineswegs vor Angriffen auf algerische Nationalisten in Deutschland zurück.[21] Auch nationalistische Gruppierungen von Algeriern, die mit der FLN konkurrierten, versuchten in westdeutschen Städten Fuß zu fassen, was zu Vergeltungsmaßnahmen und Gewalttaten von FLN-Agenten führte, die ihre vorherrschende politische Stellung in sämtlichen algerischen Gemeinschaften sicherstellen wollten.[22] Die Aktionen der rechtsextremen Organisation Armée Secrete (OAS), bestehend aus französischen Siedlern und Soldaten, die de Gaulles Rückzugsstrategie aus Algerien zu sabotieren versuchten, reichten ebenfalls bis in die westdeutschen Städte, in denen französisches Militär stationiert war, und bereiteten den Behörden zusätzliche Probleme.[23]

Der Wunsch von SPD wie CDU/CSU nach einer Aussöhnung mit Frankreich verhinderte eine tiefere westdeutsche Verstrickung in die Entwicklungen in Algerien. Führende SPD-Vertreter, die die FLN unterstützten, betonten, dass sie dies nicht aus Feindschaft gegenüber dem französischen Volk taten, während Politiker der CDU/CSU und der FDP, die Sympathien für eine entkolonialisierte Welt hatten, eher zur Sorge vor potenziellen prokommunistischen Tendenzen in den Befreiungsbewegungen des Nahen Ostens und Afrikas neigten.[24] Von der französischen Regierung gedrängt, ließen das Bundesinnenministerium und das Bundesamt für Verfassungsschutz (BfV) algerische und andere arabische Studierende überwachen, wobei sie oft noch die schwächsten Anklänge an kommunistische Ideologeme als Vorwand nutzten, um Aktivisten in Gewahrsam zu nehmen und Solidaritätsgruppen zu verbieten. Damit schufen die westdeutschen Sicherheitsbehörden Präzedenzfälle, wie mutmaßliche Verbindungen zum Kommunismus als Grundlage verwendet werden konnten, um nichteuropäische Diasporagruppen zu unterdrücken, die in den kommenden Jahrzehnten immer wieder aufgegriffen werden sollten. Gleichzeitig pflegten Diplomaten und BND-Beamte Kontakte zu Gesprächspartnern innerhalb der FLN, um sich mit einer Bewegung gut zu stellen, die vor der Machtübernahme zu stehen schien.[25]

Wenngleich die Operationen der FLN in der Bundesrepublik keine entscheidende Bedeutung für den Ausgang des Algerienkriegs hatten, verkomplizierten ihre Versuche zum Waffenschmuggel und zu Angriffen auf französische Militärstützpunkte in Deutschland die Beziehungen zwischen einer französischen Sozialistischen Partei, die die Kriegsanstrengungen befürwortete, und Vertretern der SPD, die ein Ende der Kolonialherrschaft in Nordafrika forderten.[26] Diese Spannungen wurden noch verstärkt, weil Wischnewski und andere SPD-Politiker an ihrer Unterstützung der FLN festhielten, obwohl sie sich keinen Illusionen darüber hingaben, wie deren Agenten vor Ort verfuhren.[27] Angesichts solcher Zwänge zeigten SPD-Vertreter und andere linke Aktivisten, die für die algerische Unabhängigkeit eintraten, ihre Solidarität durch überparteiliche Aktionskomitees statt durch offizielle sozialdemokratische oder gewerkschaftliche Institutionen.[28] In späteren Jahren erwiesen sich die dadurch geknüpften

Verbindungen für künftige Bundesregierungen als bemerkenswert nützlich, da sie eine Grundlage für freundschaftliche Beziehungen zur algerischen Elite nach der Unabhängigkeit schufen.

Nachdem es selbst die relativ geringe Zahl in Westdeutschland arbeitender oder studierender Algerier geschafft hatte, Sozialdemokraten und andere linke Aktivisten für ihre Anliegen zu gewinnen, war absehbar, dass die Auseinandersetzungen in der arabischen Welt für die Bundesrepublik keine rein außenpolitische Angelegenheit bleiben würden. Als Konflikt, der weltweit aufmerksam verfolgt wurde und den wichtigsten europäischen Partner der BRD in eine Krise stürzte, musste der Algerienkrieg ohnehin unweigerlich Aufmerksamkeit erregen. Die Präsenz algerischer Aktivisten in Deutschland sowie die Aktivitäten französischer Sicherheitsdienste oder abtrünniger Paramilitärs verhalfen dem Krieg in der Bundesrepublik jedoch zu einer Bedeutung, die er sonst nicht gehabt hätte. Es war nur eine Frage der Zeit, bis diese Spannungen zu größeren Schwierigkeiten zwischen Bonn und Paris geführt hätten, doch erkannte die französische Regierung unter Präsident de Gaulle schließlich, dass der Krieg untragbar geworden war.

Die arabischen Studierenden kommen

Auch nach dem Ende des Algerienkriegs zogen Konflikte in der arabischen Welt sichtbare Folgen für Städte in der gesamten Bundesrepublik nach sich. Da die deutschen Universitäten bemüht waren, ihren weltweiten Ruf wiederherzustellen, wurden ihre Versuche, Studierende aus arabischen Staaten zu gewinnen, von staatlichen Rahmenabkommen zur Internationalisierung der höheren Bildungseinrichtungen flankiert. Bereits 1956 zeigte der Aktivismus arabischer und anderer nichteuropäischer Studierender im Zusammenhang mit dem gescheiterten britisch-französisch-israelischen Versuch, den Suezkanal zu besetzen und die ägyptische Regierung unter Präsident Gamal Abdel Nasser zu stürzen, dass diese in der Bundesrepublik politisch nicht untätig bleiben würden. Die Proteste, die zwei Jahre später an westdeutschen Universitäten ausbrachen, als libanesische und palästinensische Studenten ihre Wut über die Intervention des US-Militärs im Libanon zum Ausdruck brachten, ließen eine erhebliche Politisierung und Koordination dieser arabischen Studierenden erkennen.[29] Doch der geordnete Verlauf der Proteste und die Geschwindigkeit, mit der diese Welle von Aktivismus nach der Stabilisierung der Situation in Beirut wieder abflaute, hinterließen bei den Beamten im westdeutschen Innenministerium den falschen Eindruck, dass die Entwicklungen in der arabischen Welt in der Bundesrepublik keine großen Probleme bereiten würden.

Die wachsende Zahl von Studierenden aus entkolonialisierten Gesellschaften im Nahen Osten, Asien und Afrika war auch eine Folge der Systemkonkurrenz zwischen der BRD und der DDR im Kalten Krieg. Studenten von außerhalb Europas anzuziehen wurde zu einer zentralen Priorität westdeutscher Diplomaten, nachdem die ostdeutsche Regierung 1956 ein Institut für Auslandsstudenten an der Karl-Marx-Universität in Leipzig gegründet hatte, um Studierende aus Staaten wie Indien und Äthiopien in einem Umfeld zu unterrichten, das die vermeintlichen Vorzüge der marxistisch-leninistischen Ideologie betonte.[30] Zwischen 1957 und 1960 stieg die Zahl der Studierenden aus der arabischen Welt, Asien und Afrika in der Bundesrepublik auf 10 000. Allein 60 Prozent aller im Ausland studierenden Ägypter taten dies in der BRD. Durch diesen studentischen Zustrom aus der arabischen Welt wurden Libanesen, Jordanier und Palästinenser zu einem vertrauten Anblick an vielen westdeutschen Universitäten.[31]

Obwohl sie durch gemeinsame politische Erfahrungen eng miteinander verbunden waren, entwickelte jede Gruppe arabischer Studierender unter dem Einfluss der politischen Entwicklung ihres Herkunftslands ihr eigenes Verhältnis zu ihrer lokalen Gemeinschaft. Wie Quinn Slobodian hervorgehoben hat, erwiesen sich der Algerienkrieg und andere Entkolonialisierungskriege für viele nichteuropäische Studierende als Quelle der Radikalisierung.[32] An der Gründung der Afro-Asiatischen Studentenunion durch Studierende aus Indien, Syrien, Birma und anderen Staaten der Blockfreienbewegung ließ sich erkennen, wie stark viele Neuankömmlinge in Westdeutschland bereits in ihren Herkunftsländern politisiert worden waren. Ausgehend vom Algerienkrieg trugen die Proteste anlässlich anderer Konflikte in Staaten auf dem Weg der Dekolonisierung in den späten 1950er-Jahren dazu bei, Nichteuropäer mit westdeutschen Studierenden in Kontakt zu bringen, die linken Studentenorganisationen wie dem SDS angehörten.

Die neu eintreffenden Studierenden aus Staaten wie Ägypten, dem Irak, Jordanien, Syrien oder dem Libanon schufen die Grundlagen für Communitys, die sich mit der Zeit vergrößern sollten. In den späten 1960er-Jahren ergänzten die Beteiligung einiger Staaten aus der Arabischen Liga an Gastarbeiterprogrammen sowie der regelmäßige Zustrom von Flüchtlingen und Asylbewerbern, die vor staatlicher Unterdrückung und Krieg flohen, die Diasporagemeinschaften aus sämtlichen Staaten der arabischen Welt um neue Elemente.[33] Jede dieser Gemeinschaften verfügte über ihre eigene innere Dynamik, auch wenn sie mit anderen arabischsprachigen Gruppen verflochten blieb. Mit der Zeit führten jedoch ideologische, konfessionelle und generationelle Spannungen dazu, dass diese anfängliche Solidarität zwischen den arabischen Gemeinschaften unter zunehmenden Druck geriet und sich in manchen Fällen ganz auflöste. Wie in der iranischen Diaspora schwächten sich die ursprünglichen Momente der Einigkeit mit der Zeit ab, wenn Migranten eine Berufslaufbahn einschlugen, die sie von aktivistischer Politik abhielt, oder wenn sie von anderen ideologischen und kulturellen Glaubenssystemen angezogen wurden, für die nicht mehr die Volkszugehörigkeit oder der Herkunftsstaat den Hauptfokus der politischen Loyalität bildete.

Die Rolle von Herkunft und sozialem Hintergrund

Die sozialen Hintergründe jeder Diaspora aus der arabischen Welt, die sich aus diesen ersten Begegnungen herausbildete, waren für ihre weitere Entwicklung als Gemeinschaft entscheidend. Wie sehr sich individuelle Schicksale aufgrund der Klassen- oder regionalen Hintergründe der Migranten auch unterschieden, im Gemeinschaftsleben schlug sich unweigerlich die soziale Zusammensetzung der Mehrheit ihrer Angehörigen nieder. Die ägyptische Diasporagemeinschaft etwa bestand bis in die 1980er-Jahre hinein hauptsächlich aus Studierenden an deutschen Universitäten, die in der Regel in gut bezahlte Stellen aufstiegen, welche gewisse fachliche Qualifikationen erforderten und daher mit einem Mittelschichtstatus und finanzieller Sicherheit einhergingen.[34] Der regelmäßige Kontakt mit westdeutschen Studierenden brachte es zudem mit sich, dass sich die ägyptische Community durch ein hohes Maß an Mischehen auszeichnete und bereits die zweite Generation viele Kinder mit gemischt ägyptischem und deutschem Hintergrund zählte.[35]

Waren die ägyptischen Studierenden unter den nichteuropäischen Gruppen an westdeutschen Universitäten während der Anfänge des studentischen Aktivismus in den späten 1950er-Jahren noch prominent vertreten, so wurde ihre Rolle unter den arabischen Studierenden eine Dekade später von anderen Gruppen übernommen, deren ideologische Narrative besser mit denen der westdeutschen studentischen Linken harmonierten. Die soziale Spaltung Ägyptens in Milieus, die der von Anwar as-Sadat nach Nasser errichteten politischen Ordnung im weitesten Sinne loyal gegenüberstanden, sowie in diverse säkulare Dissidentengruppen, islamistische Netzwerke mit Bezug zur Muslimbruderschaft, darunter die Muslimische Gemeinschaft Deutschlands e. V., oder salafistische dschihadistische Bewegungen schlug sich in den 1970er- und 1980er-Jahren auch in einer entsprechenden Zersplitterung des ägyptischen Diasporalebens nieder.[36] Die gefährdete Lage der koptischen Christen in Ägypten führte darüber hinaus dazu, dass die ägyptischen Kopten in der Bundesrepublik ihre eigenen gemeinschaftlichen Institutionen aufbauten, die sich von denen der restlichen Diaspora abgrenzten.

Ungeachtet dieser ganzen Vielfalt an ideologischen Vorstellungen blieb die soziale Zusammensetzung der ägyptischen Gemeinschaft in Westdeutschland im Großen und Ganzen dieselbe Mischung aus qualifizierten Berufstätigen der Mittelschicht und einer kleinen Zahl weniger gut ausgebildeter Wirtschaftsmigranten.[37] Die Beteiligung einer Gruppe salafistischer Dschihadisten, die einer für ihren Radikalismus bekannten Hamburger Moschee angehörten, an den Terrorangriffen vom 11. September 2001 erregte zwar weltweit Aufmerksamkeit. Doch die Ägypter in dieser Gruppe gehörten einem extremistischen Netzwerk an, das radikalisierte Studenten aus mehreren arabischen Ländern umfasste und somit das Ausmaß widerspiegelte, in dem aus den ägyptischen Ursprüngen von Al-Qaida eine breitere transnationale Extremistenbewegung hervorgegangen war.[38] Viel präsenter waren Fachkräfte aus der Mittelschicht, die mit ihrem Aktivismus die Muslimbruderschaft unterstützten, als diese an Bedeutung gewann, bis ihre kurze Zeit an der Macht 2013 durch einen Militärputsch beendet wurde. Heute bieten sie den ägyptischen Aktivisten der Bruderschaft, die anschließend nach Deutschland geflohen waren, eine sichere Zufluchtsstätte.[39]

Neben diesen islamistischen Netzwerken hat sich in der Bundesrepublik jedoch ein Spektrum an Diasporamilieus herausgebildet, das die ganze Bandbreite der ägyptischen Gesellschaft abdeckt. In diesem ideologisch umkämpften Umfeld konnten die Vertreter der Gemeinschaft, die dem gegenwärtigen Militärregime unter Präsident Abdel Fatah El-Sisi treu sind, auf die volle Unterstützung der ägyptischen Botschaft bauen, um sich als tonangebend hinzustellen. Trotz dieser Bemühungen hat sich in Berlin eine neue Welle ägyptischer Aktivisten und Dissidenten angesiedelt, nachdem sie vor der Unterdrückung all jener geflohen waren, die nach dem Ägyptischen Frühling von 2011 auf Reformen hingewirkt hatten. Sie arbeiten nun im Exil weiterhin daran, die Demokratisierung und kulturelle Liberalisierung ihres Herkunftslands voranzubringen.[40]

Im Vergleich dazu waren die algerische, die tunesische und die marokkanische Gemeinschaft sozial vielfältiger, doch blieb ihre Rolle in Bezug auf Größe und Einfluss ebenso begrenzt. Da Frankreich und andere frankofone Staaten oder Mittelmeeranrainer unverändert die hauptsächlichen Auswanderungsziele aus dem Maghreb bildeten, stieg die Gesamtzahl der Migranten aus allen drei Staaten nie über 130 000, während die Gesamtzahl der Menschen in der Bundesrepublik mit mindestens einem Elternteil aus Nordafrika in den Jahren vor 2020 relativ stabil bei 442 000 geblieben ist.[41] Während die Bundesrepublik in den späten 1960er- und frühen 1970er-Jahren Anwerbeabkommen mit Tunesien und Marokko unterzeichnete, die Gastarbeiter aus beiden Staaten anzogen, schloss die algerische Regierung parallel dazu Vertragsarbeiterabkommen mit der DDR ab, die bis in die späten 1970er-Jahre Bestand hatten. Gut bezahlte Industriejobs in westdeutschen Städten lockten darüber hinaus auch weiterhin algerische Arbeitskräfte aus Frankreich nach Deutschland.[42] In Westwie Ostdeutschland waren diese Arbeitskräfte dem Rassismus von Gemeinschaften ausgesetzt, die immer noch tief verwurzelte Vorurteile gegenüber Muslimen hegten. Trotz des Bekenntnisses der SED zum sozialistischen Internationalismus weiteten sich diese Spannungen 1975 in Erfurt zu antialgerischen Ausschreitungen aus.[43] Obwohl sie nicht so weitreichend waren, prägten ähnliche Erfahrungen auch das Leben maghrebinischer Gastarbeiter in westdeutschen Städten.

Unbeschadet dieser Erfahrungen entschieden sich viele Marokkaner, Tunesier und Algerier, nach Erlangung ihres Universitätsabschlusses oder der Beendigung des Gastarbeiterprogramms in der Bundesrepublik zu bleiben.[44] Die meisten Algerier in der DDR wurden zwar 1984 wegen dauerhafter Spannungen mit ihren deutschen Kollegen und SED-Behörden durch die algerische Regierung angewiesen, in die Heimat zurückzukehren, doch auch hier konnten einige Fuß fassen und mit Landsleuten in Verbindung bleiben, die an ostdeutschen Universitäten Ingenieurs- und Naturwissenschaften studierten.[45] Wie im Fall der ägyptischen Gemeinschaft waren diese Gruppen weder groß noch straff genug organisiert, um nach 1989 eine wesentliche Rolle im politischen Leben Westdeutschlands zu spielen, selbst als politische Turbulenzen in Tunesien und der algerische Bürgerkrieg in den 1990er-Jahren ihre Diasporanetzwerke intern polarisierten. Obwohl in keiner bestimmten Region ansässig, konnten sich diese Diasporagruppen ein gewisses Maß an gemeinsamer Identität bewahren, während sie die Hürden der restriktiven Staatsangehörigkeitsregularien und des strukturellen Rassismus überwanden, um ihren Weg zur Integration in die bundesrepublikanische Gesellschaft zu finden. Entgegen weitverbreiteter Stereotype in der deutschen Gesellschaft beweist die Entwicklung der ägyptischen und maghrebinischen Gemeinschaften somit, dass ein polarisiertes Verhältnis zum deutschen Staat und soziale Isolation für Diasporagruppen aus der arabischen Welt nicht unvermeidlich sind. Die besondere soziale Struktur dieser Gemeinschaften kann vielmehr eine wichtige Rolle für das Tempo spielen, mit dem sie sich in die deutsche Gesellschaft eingliedern.

Die Rolle der Palästinenser

Erst durch die Diasporagruppen aus der arabischen Welt, die nach den frühen 1960er-Jahren im öffentlichen Bewusstsein präsent geblieben sind, hat sich das Stereotyp des arabischen Migranten als Integrationsproblem im politischen Diskurs der Bundesrepublik massiv festgesetzt. Über Jahrzehnte bekamen palästinensische und libanesische Gruppen die meiste Aufmerksamkeit von Medien und Staat sowie Unterstützung von politischen Bewegungen in West- wie Ostdeutschland.

Israels Sieg über die Armeen Ägyptens, Jordaniens und Syriens 1967 trug dem Land im gesamten politischen Spektrum der Bundesrepublik erhebliche Sympathien ein. In den Wochen nach Kriegsende aber begannen sich Teile der westdeutschen Linken für die Sache der Palästinenser zu begeistern.[46] Neben dem engen Verhältnis zwischen Israel und den Vereinigten Staaten nährte der Umstand, dass die Palästinensische Befreiungsorganisation (PLO) und rivalisierende bewaffnete Palästinensergruppen für viele Verfassungsgegner in der BRD zum Symbol des Widerstands gegen den Imperialismus wurden, in den frühen 1970er-Jahren eine weitverbreitete Israelfeindlichkeit unter linksextremistischen Bewegungen in Westdeutschland.[47] Parallel unterstützten SED-Institutionen in der DDR den palästinensischen Kampf, während der Sowjetblock als Ganzes sein Bündnis mit dem Baath-Regime unter Hafiz al-Assad in Syrien und den von Damaskus protegierten Palästinensergruppen zementierte. Der Antisemitismus der westdeutschen Rechtsextremen wiederum erzeugte in Verbindung mit ihrer USA-Feindlichkeit eine zähneknirschende Sympathie für die palästinensische Sache und führte bisweilen zu einer unangenehmen Übereinstimmung mit manchen Vertretern der extremen Linken, die in gewissen Fällen auch in eine antisemitische Richtung abdrifteten, wenn es um die Interpretation der Entwicklungen im Nahen Osten ging.[48]

Wenngleich die ideologischen Konsequenzen dieser vertieften Beschäftigung mit der Politik des Nahen Ostens davon abhingen, ob sich eine Bewegung stärker auf die Notlage der Palästinenser oder die vermeintliche Rolle Israels als Vorposten des westlichen Imperialismus konzentrierte, sollte sich die polarisierte Debatte über das Vorgehen Israels und der Palästinenserbewegungen bis heute zu einem zentralen Aspekt des politischen Lebens in Deutschland entwickeln. Das sattsam bekannte Abdriften der Zionismuskritik in antisemitische Sprachbilder erwies sich auch in den Kontroversen um die Beziehungen der Bundesrepublik zu Israel und der arabischen Welt als wiederkehrendes Muster.

Die von der palästinensischen Diaspora in den 1960er-Jahren gegründeten politischen Organisationen spielten eine entscheidende Rolle bei der Beeinflussung einer der zentralen Dynamiken der deutschen Politik nach 1945. Für die anderen arabischen Studentenorganisationen stand die Frage der Unterstützung oder Ablehnung der staatlichen Institutionen ihres Herkunftslands im Mittelpunkt. Die Palästinenser aber konnten als Teil einer Gemeinschaft, die entweder als Flüchtlinge über den gesamten Nahen Osten verteilt war oder bis 1967 in Gebieten unter jordanischer oder ägyptischer Herrschaft lebte, auf keine bestehenden Beziehungen mit einem eigenen Staat zurückgreifen. Das erschwerte es der Polizei und den Nachrichtendiensten ebenso wie späteren Historikern zunächst, den Hintergrund und die potenzielle Politisierung palästinensischer Studierender nachzuvollziehen, da viele Palästinenser, die überhaupt über das finanzielle und das Bildungskapital verfügten, um in der BRD oder der DDR zu studieren, Reisepässe jener arabischen Staaten hatten, in die ihre Familien geflohen waren.[49]

Stattdessen waren die Palästinenserorganisationen Teil einer unverwechselbaren nationalen Bewegung, die über die Loyalität zur PLO strukturiert war. Als Dachorganisation zur Koordination der Aktivitäten sämtlicher Palästinenserbewegungen mit

Unterstützung der Arabischen Liga konnte die größte Fraktion der PLO, die von Jassir Arafat angeführte Fatah, palästinensische Studierende im Ausland mit den finanziellen Mitteln und der Gemeinschaftsinfrastruktur ausstatten, die sie für ihre Suche nach Unterstützern für ihren Kampf brauchten. Während das breiter aufgestellte palästinensische Komitee der Arabischen Studentenvereinigungen (ASV) mehrere Tausend arabische Studierende in der Bundesrepublik für die palästinensische Sache gewinnen konnte, kam die Kampagne, die das Interesse der westdeutschen Linken erregte, in Schwung, nachdem sich die mit der Fatah verbundenen palästinensischen Aktivisten um Kontakte mit dem SDS und der Studentenbewegung ganz allgemein bemüht hatten.[50]

Wer spricht für die Palästinenser in Deutschland?

Zentral für den palästinensischen Aktivismus in Deutschland war zunächst die Generalunion palästinensischer Studenten (GUPS), die nach ihrer Gründung 1959 in Kairo Zweigstellen in jedem Land eröffnet hatte, in dem Palästinenser studierten.[51] Das wesentliche Ziel von Organisationen wie der GUPS bestand in der Stärkung der Verbindungen zwischen den über Nahost und Europa verstreuten Exilanten, den Flüchtlingen in libanesischen und syrischen Lagern, die zunehmend Stadtvierteln glichen, und einer Bevölkerung im Westjordanland, die über Nacht von jordanischer und ägyptischer unter israelische Herrschaft gekommen war. Ausgenommen hiervon blieben vor allem die Araber, die innerhalb der israelischen Staatsgrenzen von 1947 lebten und unter denen die wenigen, die sich ein Studium im Ausland leisten konnten, vorsichtig im Umgang mit palästinensischen Organisationen sein mussten, um bei der Rückkehr in ihre Heimatstädte keine Probleme zu bekommen.[52]

Wie für andere Studierende aus der arabischen Welt bestand ein entscheidender Anreiz, in der Bundesrepublik zu studieren, für bemittelte Palästinenser in den relativ geringen Kosten eines Studiums an westlichen Universitäten, die in keiner der früher im Nahen Osten vorherrschenden ehemaligen Kolonialmächte beheimatet waren. Durch das Engagement des Auswärtigen Amtes sowie der für die deutsche Diplomatie zentralen Kultureinrichtungen DAAD und Goethe-Institut bot sich ehrgeizigen arabischen Studenten die Möglichkeit, Deutschkurse zu belegen, die ihnen akademische Chancen in der Bundesrepublik oder der DDR eröffneten. Da diese Kulturdiplomatie ursprünglich darauf zielte, das Profil der Bundesrepublik in nahöstlichen Gesellschaften zu schärfen, die Bonn als lukrative Handelspartner betrachtete, wurden wenige Fragen zum Hintergrund der jungen arabischen Studierenden gestellt, die bereit waren, sich mit der deutschen Kultur vertraut zu machen.[53]

Die politisch aktivsten unter den mehreren Tausend Palästinensern, die in den 1960er-Jahren ein Studium an westdeutschen Universitäten begannen, waren für Führungspositionen in einer Palästinenserbewegung prädisponiert, die händeringend nach Personal mit der für eine effektive diplomatische Arbeit erforderlichen Ausbildung und entsprechenden Kontakten suchte. Aus Sicht der Fatah konnten palästinensische Studenten in der Bundesrepublik sowohl das Bewusstsein für die palästinensische Sache schärfen als auch Terroroperationen der Fatah gegen israelische Ziele im Nahen Osten und in Europa operativ unterstützen.[54] Eine prominente Rolle in den westdeutschen Medien spielte Abdallah al-Frangi, Vorsitzender der GUPS und Herausgeber einer deutschsprachigen Zeitschrift namens *Resistentia-Schriften*, in der Berichte über Palästinenser erschienen, die in der BRD studiert hatten, bevor sie an Terroroperationen beteiligt oder sogar in ihnen umgekommen waren. Al-Frangi trug entscheidend dazu bei, den palästinensischen Kampf ins öffentliche Bewusstsein zu rücken. Als die öffentliche Aufmerksamkeit für die Ereignisse in Indochina mit dem schrittweisen Rückzug der USA aus Vietnam nach der Tet-Offensive ab dem 31. Januar 1968 nachließ, wurde der palästinensische Befreiungskampf schnell zu einem neuen Schlachtruf der westdeutschen Linken.[55]

Studentische Aktivisten wie William und Nabil Nassar, Brüder aus einer prominenten Familie in Ramallah, bemühten sich aktiv darum, palästinensische Kommilitonen für geheime Ausbildungsprogramme anzuwerben, in denen sie für bewaffnete Angriffe auf israelische Ziele vorbereitet würden. William Nassar wurde bald abgeschoben, Nabil aber blieb federführend in den Kampagnen der GUPS zur Mobilisierung von Unterstützung für die palästinensische Sache in der deutschen Studentenbewegung, während er in Frankfurt Medizin studierte.[56] Ob ein künftiger führender PLO-Diplomat wie Abdallah Frangi oder eine Person wie Amin al-Hindi, der später palästinensischer Geheimdienstchef werden sollte, in den höchsten Rängen der palästinensischen Elite fanden sich Kader, die eine aktive Rolle in der GUPS in Deutschland gespielt hatten, bevor sie zwischen 1967 und 1973 Kampferfahrung bei bewaffneten Infiltrationsoperationen und Terroranschlägen sammelten.[57] Nachdem sie bei gescheiterten Einsätzen von den Israelis festgenommen worden waren, kehrten einige wie Frangi in die Bundesrepublik zurück, um sich auf die Schärfung des diplomatischen Profils der PLO zu konzentrieren. Andere wie al-Hindi folgten Arafat erst nach Beirut und dann nach Tunis, nachdem ein israelischer Einmarsch in den Libanon die PLO zum Verlassen des Landes gezwungen hatte. Die Hilfe der DDR und anderer Ostblockstaaten bei der Bewaffnung und Ausbildung palästinensischer Kämpfer leistete einen weiteren Beitrag zu diesen Verbindungen zwischen den Palästinensern und beiden Deutschlands, da führende PLO-Vertreter regelmäßig ostdeutsche Beamte in Ostberlin aufsuchten.[58]

Die Tatsache, dass die historische Erblast des Holocausts entscheidend für die deutsche Wahrnehmung des israelischen Vorgehens war, bot Teilen der westdeutschen Linken, die zentrale Aspekte der westdeutschen politischen Identität herausfordern wollten, einen zusätzlichen Anreiz, sich die palästinensische Sache auf ihre Fahnen zu schreiben. In den 1970er-Jahren verglichen propalästinensische Kampfparolen den Staat Israel oft mit den faschistischen Regimen vor 1945, während marxistisch-leninistische Terrorgruppen wie die Rote Armee Fraktion (RAF) und die Revolutionären Zellen (RZ) den Gebrauch von Gewalt nicht nur gegen Israel, sondern auch gegen jüdische Ziele befürworteten, die den israelischen Staat unterstützten. Terrorattentate mit deutscher Beteiligung, die von den RZ und der Volksfront zur Befreiung Palästinas (Popular Front for the Liberation of Palestine, PLFP) koordiniert wurden, nährten die Spaltung innerhalb der Linken über die Frage, inwieweit der Einsatz für die Palästinenser in ein antisemitisches Weltbild umschlagen konnte, das eine gefährliche Nähe zur Sprache der Neonazis aufwies.[59] Für die palästinensischen Aktivisten entwickelte sich die Verquickung ihres Kampfes mit den aufgeladenen deutschen Debatten über die nationale Identität und das Vermächtnis des Holocausts zu einem zweischneidigen Schwert. Einerseits lenkte sie die Aufmerksamkeit auf ihre Sache, doch trug sie ihnen andererseits auch die Feindseligkeit weiter Teile der westdeutschen Gesellschaft ein, in deren Augen die bedingungslose Unterstützung Israels grundlegend für die Sühne der Verbrechen des NS-Regimes war.

Auch die chronischen Flügelkämpfe innerhalb der Palästinenserbewegung wirkten sich zunehmend abträglich auf ihre Versuche aus, in Deutschland Unterstützung für ihren Kampf zu gewinnen. Rivalisierende, Fatah-feindliche Fraktionen in der PLO, von denen jede ihren eigenen Sponsor aus den Staaten der Arabischen Liga hatte, begannen palästinensische Studierende in westdeutschen Städten anzuwerben, die ihnen Zugang zu sicheren Häusern gewähren, Waffen schmuggeln und israelische Ziele in

Europa angreifen konnten. Als der Konkurrenzkampf zwischen der Fatah und den rivalisierenden Gruppierungen um die Kontrolle der GUPS und anderer Palästinenserorganisationen ans Licht kam, wurden die Diasporagemeinschaften in Deutschland und im übrigen Europa von den brutalen internen Grabenkämpfen erschüttert, die die Palästinenserbewegung bis zu den späten 1970er-Jahren zerbrechen sollten.

Terror

Der wachsende Druck aus der gesamten Palästinenserbewegung auf die Fatah, ihre Bereitschaft zu empfindlichen Schlägen gegen Israel unter Beweis zu stellen, förderte eine Dynamik, die zu einem harten Vorgehen gegen palästinensische Organisationen in Westeuropa führte. Die Radikalisierung der deutschen Studentenbewegung wirkte mit der einer palästinensischen Diaspora zusammen, die miterlebt hatte, wie das Westjordanland und der Gazastreifen nach dem israelischen Sieg von 1967 unter israelische Herrschaft gekommen waren. Als sie 1971 beim Aufbau des Terrornetzwerks Schwarzer September halfen, hofften die Fatah-Anführer auch darauf, die Schmach ihrer Vertreibung aus Jordanien nach Zusammenstößen mit der dortigen Regierung wettzumachen. Dieser Handlungsdruck führte dazu, dass palästinensische Aktivisten aus der Bundesrepublik in libanesische Lager strömten, wo sie eine militärische Ausbildung erhielten und sich sogar an Überfällen auf israelische Ziele jenseits der Grenze beteiligten.[60] Nach einer Reihe von Flugzeugentführungen und gezielten Mordanschlägen in Europa und dem Nahen Osten im Jahr 1971 beschloss die Führung des Schwarzen September, sich auf die Planung eines Attentats während der Olympischen Spiele von 1972 in München zu konzentrieren, um weltweite Aufmerksamkeit zu erregen. Die Entscheidung, Zellen des Schwarzen September mit Verbindungen zum

Parteiapparat der PLO zu aktivieren, verfolgte das doppelte Ziel, sowohl die Bemühungen der Volksfront zum Abwerben von Aktivisten zu bremsen als auch zu demonstrieren, dass die Fatah Israel immer noch zu treffen vermochte – eine Entscheidung, die fatale Auswirkungen nicht nur für die palästinensische Diaspora, sondern für alle Araber in der Bundesrepublik haben sollte.

Die Geiselnahme der israelischen Olympiamannschaft am 5. September 1972 begann mit der Tötung zweier israelischer Athleten, als ihr Apartment gestürmt wurde, und endete in einem katastrophal missglückten Befreiungsversuch, einer wilden Schießerei, bei der alle neun verbliebenen israelischen Geiseln ums Leben kamen. Zur Bestürzung des westdeutschen Innenministeriums hatte einer der palästinensischen Geiselnehmer, der seit den frühen 1960er-Jahren in Deutschland lebte, versucht, mit Frangi und dem Rest der GUPS-Führung Kontakt aufzunehmen, bevor er mit der Polizei verhandelte.[61] Auch mehrere palästinensische Terroristen starben durch Schüsse der Polizei, während drei festgenommen wurden; sie konnten am 29. Oktober 1972 im Austausch gegen eine Lufthansa-Maschine, die der Schwarze September in München entführt und nach Zagreb umgeleitet hatte, nach Libyen ausreisen. Sowohl das Massaker an den israelischen Sportlern als auch die anschließende Flugzeugentführung waren eine tiefe Demütigung für die westdeutschen Sicherheitsbehörden, die bereits mit einer Welle des Inlandsterrorismus unter Federführung der RAF (oft in Zusammenarbeit mit den radikalsten Fraktionen in der PLO) und der Revolutionären Zellen zu kämpfen hatten.[62]

Die durch den Schwarzen September erlittene Demütigung löste in der Bundesrepublik eine wütende Reaktion gegen die Palästinenser aus. Die GUPS und andere der PLO nahestehende Vereine wurden von den westdeutschen Behörden sofort verboten. In einem Akt der kollektiven Bestrafung, wie viele es sahen, wurden Hunderten von Palästinensern und anderen in der BRD lebenden Arabern die Studenten- und Arbeitsvisa entzogen.[63] Dadurch wurden nicht nur viele derjenigen, die sich offen für Gruppen mit bekannten Verbindungen zum Schwarzen September eingesetzt hatten, sondern auch zahlreiche nicht aktiv am palästinensischen Kampf beteiligte Studierende und Migranten ohne Zugang zu Rechtsmitteln abgeschoben. In den 1970er-Jahren genügte manchmal schon der vage Verdacht, dass sie mit linksradikalen oder propalästinensischen Gruppen zu tun haben könnten, um in der BRD lebende Araber in die Gefahr einer Abschiebung in nahöstliche und nordafrikanische Staaten zu bringen, wo ihnen ebenfalls Verhöre oder Verhaftungen drohten.[64]

Bis in die späten 1960er-Jahre bedeuteten das großzügige westdeutsche Asylrecht und die Neigung der Gerichte, im Zweifel für die Bürgerrechte zu entscheiden, dass auch Nichtstaatsangehörige auf wenige Hindernisse für eine Beteiligung an politischer Agitation stießen, solange sie nicht direkt mit einer Organisation zu tun hatten, die vom Bundes- oder einem Landesinnenministerium als verfassungsfeindlich eingestuft worden war. Ab 1967 aber schufen die restriktiven Maßnahmen gegen Iraner zur Eindämmung der Proteste gegen den Schah Präzedenzfälle, die im Laufe der späten 1960er- und frühen 1970er-Jahre ausgeweitet wurden, um auf die Welle des Aktivismus von Studierenden und Einwanderern zu reagieren.[65] Nach dem Massaker bei den Olympischen Spielen griffen panische Innenminister auf diese iranischen Präzedenzfälle zurück und verlangten die Überprüfung jedes Arabers, der in die Bundesrepublik einreiste. Bis Ende 1972 wurde über 2400 Passagieren aus arabischen Staaten die Einreise verweigert, obwohl viele von ihnen bereits seit Jahren in der BRD lebten und arbeiteten. Die Polizei durchsuchte die Wohnungen und Büros Hunderter Araber, nicht nur Palästinenser, und eine unmittelbar durch die Attentate des Schwarzen September ausgelöste Abschiebungswelle betraf mehrere Hundert Personen.[66]

Die Repressionen gegen palästinensische und andere arabische Studentenorganisationen in der Bundesrepublik hielten die gesamten 1970er-Jahre hindurch an. Als sich die Rivalitäten zwischen der Fatah und anderen Fraktionen – wie der von Syrien unterstützten Volksfront PFLP oder der vom Irak unterstützten, von der Baath-Partei kontrollierten Arabischen Befreiungsfront – zu bewaffneten Kämpfen in Beirut zuspitzten, breiteten sich diese Spaltungen auch in der Diaspora aus.[67] Nachdem die diplomatischen Bemühungen unter Jassir Arafat ihren strategischen Schwerpunkt auf die Beeinflussung europäischer Regierungen verlagerten, um auf diesem Wege in eine stärkere Verhandlungsposition gegenüber Israel zu kommen, wandten sich viele palästinensische Diasporaführer schnell von den deutschen Terrornetzwerken ab, mit denen sie vorher die Zusammenarbeit gesucht hatten.[68] Gruppen mit Verbindungen zu RAF oder RZ, die zuvor mit PLO-Gruppen in der Bundesrepublik zusammengewirkt und deren Ausbildungslager im Libanon genutzt hatten, verlagerten daraufhin ihre Loyalität auf Organisationen wie die PFLP, hinter denen Syrien oder der Irak standen, um sich weiterhin militärisch ausbilden lassen und Waffen schmuggeln zu können. Diese Entwicklung gipfelte in gemeinsam koordinierten Terrorattentaten wie dem Angriff auf die westdeutsche Botschaft in Stockholm, der Entführung einer El-Al-Maschine, die zur Landung in Entebbe gezwungen wurde, oder der Geiselnahme der Ölminister bei einer OPEC-Konferenz in Wien im Jahr 1975.[69]

Bis heute ist die Entführung der Lufthansa-Maschine »Landshut« von 1977, für die sich die RAF mit einer Splittergruppe der Volksfront zusammentat, eines der tiefsten politischen Traumata der Bundesrepublik, das sich ins historische Gedächtnis Deutschlands eingegraben hat. Die Entführer, die sich aus Kämpfern der RAF und der PFLP zusammensetzten, wollten elf RAF-Mitglieder aus deutschen Gefängnissen freipressen und waren Teil einer größeren Terrorkampagne, zu der auch die Entführung von Hanns Martin Schleyer gehörte, dem Vorsitzenden des Bundesverbandes der Deutschen Industrie. Die Geiseln in der »Landshut« konnten befreit werden, als eine GSG-9-Antiterroreinheit die Maschine am 18. Oktober 1977 auf dem Flughafen von Mogadischu stürmte, wobei drei der vier Entführer und Entführerinnen starben. In der Folge verstärkte die Beteiligung der PFLP das politische und mediale Narrativ in Deutschland und im übrigen Europa, das Araber automatisch mit jeder Form von Terrorismus in Verbindung brachte.[70]

Obwohl sie von Gruppen ausgingen, die Arafats Führung spinnefeindlich gegenüberstanden, schürten die anhaltenden Attentate palästinensischer Terrorgruppen die Feindseligkeit eines Großteils der deutschen Öffentlichkeit gegenüber dem politischen Aktivismus von Arabern weiter. Da westdeutsche Terrorgruppen intensiv und aktiv mit Rivalen der Fatah zusammenarbeiteten, die unter der Führung von George Habasch oder Abu Nidal bis in die späten 1980er-Jahre immer neue Terrorattentate auf israelische und westliche Ziele organisierten, war der Spielraum für die Diplomaten im Auswärtigen Amt, um öffentliche Kontakte mit gemäßigteren Vertretern der Palästinenserbewegung aufzubauen, beschränkt.[71] Die Tatsache, dass sowohl Jassir Arafat als auch seine Rivalen Beziehungen zu sowjetischen und ostdeutschen Sicherheitsdiensten unterhielten, die bereit waren, Bewegungen, die US-Verbündete in Europa und im Nahen Osten destabilisieren konnten, mit Waffen und Geld zu versorgen, führte zu noch größerem Druck der westdeutschen Sicherheitsbehörden auf die Palästinenser in der BRD.[72]

Die Bestrebungen der PLO, nach ihrer erzwungenen Verlegung nach Tunis ihren Organisationsapparat zu professionalisieren, ermöglichten es Persönlichkeiten wie Abdallah Frangi, vom radikalen Rand der westdeutschen Politik abzurücken. Dieses Umschwenken auf Respektabilität kulminierte darin, dass Frangi vollen diplomatischen Status als Vertreter der Palästinenserbehörde erhielt, nachdem Verhandlungen zwischen Israel und der PLO zu den Osloer Verträgen von 1994 geführt hatten, mit denen in Teilen des Westjordanlands und des Gazastreifens die palästinensische Selbstverwaltung wiederhergestellt wurde. Arafats zögerliche Bemühungen um eine größere Akzeptanz im internationalen Staatensystem zwischen 1982 und 1994 schufen den Raum für die westlichen Staaten, die PLO als legitime Vertreterin der kollektiven palästinensischen Interessen anzuerkennen. Ähnlich ermöglichten es die Versuche von Fatah-nahen Diasporaorganisationen unter Anführern, die zuvor mit dem radikalen linken Rand der deutschen Politik verbündet gewesen waren, Partnerschaften mit kommunalen Verwaltungen in der Bundesrepublik aufzubauen, den Palästinensern, sich in die Mitte der deutschen Gesellschaft zu integrieren.

Wie es bei Teilen der iranischen Gemeinschaft der Fall gewesen war, profitierten auch der Fatah nahestehende palästinensische Aktivisten davon, dass einige ihrer alten Verbündeten aus der extremen Linken im Lauf der 1990er-Jahre über die Grünen und später die PDS/Linkspartei in die parlamentarische Politik wechselten.[73] Wie sich die PLO in einen von den europäischen Staaten anerkannten diplomatischen Akteur verwandelte, bevor sie in Form der Palästinensischen Autonomiebehörde Machtbefugnisse im Westjordanland übernahm, so erlangten auch viele ihrer bekanntesten Aktivisten in Westeuropa Legitimität als offizielle akkreditierte Repräsentanten palästinensischer Institutionen oder als Mitwirkende an der lokalen oder regionalen deutschen Politik beziehungsweise an zivilgesellschaftlichen Organisationen.[74] Diasporanetzwerke, die einst in permanenter Konfrontation mit den westdeutschen Sicherheitsbehörden gestanden hatten, fanden nun einen Platz im regionalen Politikbetrieb verschiedener Bundesländer.

Dennoch blieb dieser Integrationsprozess anfällig, da Teile der palästinensischen Diaspora nicht bereit waren, Jassir Arafats Strategie der Verhandlungen und Gegengeschäfte zu akzeptieren. Zwar hielten einige deutsche Linksextremisten weiterhin das Vermächtnis der PFLP hoch, doch wurden diejenigen unter ihnen, die einer Festnahme entgangen waren, mit zunehmendem Alter immer ineffektiver, und sie fanden auch keinen neuen Zulauf mehr. Auch der Umstand, dass einige linke Milieus in der Bundesrepublik aus ihren eigenen ideologischen Dynamiken heraus eine radikal proisraelische Einstellung entwickelten, konterkarierte nachhaltig die Versuche von PLO-Anhängern, eine starke Gefolgschaft aufzubauen, um die deutsche Politik zu beeinflussen.[75] Ein zweischneidiges Schwert war in dieser Hinsicht die Präsenz islamistischer Netzwerke um die Hamas, die sich als palästinensische Unterorganisation der Muslimbruderschaft deren Infrastruktur in Deutschland zunutze machen konnte, um sich dem unvermeidlichen Fahndungsdruck israelischer und westdeutscher Sicherheitsdienste zu entziehen. Obwohl es den Hamas-Aktivisten gelang, ein gewisses Interesse bei anderen Islamisten in der Bundesrepublik auszulösen, erlangte ihre Organisation in der Diaspora nie die Zugkraft und den Einfluss ihrer Rivalen von der Fatah.[76]

Abschied vom radikalen Kurs

Als sich der Schwerpunkt der Palästinenserbewegung ins Westjordanland und den Gazastreifen zurückverlagerte, verblasste die Rolle der Diaspora bei der Bestimmung ihres Kurses und ihrer Prioritäten. Einige prominente palästinensische Aktivisten kehrten zurück, um Führungspositionen in der Palästinensischen Autonomiebehörde zu übernehmen, und blieben auch dann noch in den palästinensisch kontrollierten Gebieten, als der Oslo-Friedensprozess scheiterte und die internen Machtkämpfe zwischen der Hamas und der Fatah eskalierten. Die Enttäuschung über die Autonomiebehörde insbesondere nach Arafats Tod führte zu einer Aufspaltung der Macht der Fatah, die in der Übernahme des Gazastreifens durch die Hamas und dessen anschließende Blockade durch Israel gipfelte. Mit dem Prestigeverlust der Autonomiebehörde entstanden neue zivilgesellschaftliche Organisationen in der Diaspora wie *Palästina Spricht* in Berlin, die eine direkte politische Anbindung vermieden und sich auf humanitäre Hilfe und gemeinschaftsübergreifende Kampagnen konzentrierten. Obwohl sie noch immer bereit waren, Demonstrationen in einer Weise zu organisieren, die nicht zuletzt auch wegen Antisemitismusvorwürfen häufig zu Spannungen mit der Polizei und örtlichen Verwaltungen führte, versuchten diese Gruppen jede zu enge Identifikation mit bestimmten palästinensischen Fraktionen zu vermeiden, damit die oft gewaltsamen Rivalitäten in Westbank und Gaza ihre Fähigkeit, eine breite Koalition von Unterstützern in Deutschland aufzubauen, nicht beeinträchtigten.[77]

Obwohl das Schicksal Palästinas ein zentrales Thema in der deutschen politischen Diskussion blieb, richtete sich die palästinensische Diaspora selbst zunehmend auf diese Form von politischer Lobbyarbeit an der Basis und Kulturlobbyismus aus, während sie sich gleichzeitig von den Machtkämpfen zwischen der Autonomiebehörde und der Hamas fernhielt. Da sie ein Produkt mehrerer Wellen der wirtschaftlichen Zuwanderung und Flüchtlingsströmen seit den 1950er-Jahren war, bedeuteten die soziale Vielfalt der palästinensischen Diaspora und ihre lange Präsenz in Deutschland auch, dass sich viele ihrer Angehörigen trotz großer Entbehrungen und Diskriminierungserfahrungen bis in die frühen 2020er-Jahre allmählich in die deutsche Gesellschaft integriert hatten. Das Engagement für die palästinensische Sache, das sie mit vielen ihrer deutschen Gesprächspartner teilten, wurde Teil ihrer vertieften Beschäftigung mit der Politik der Bundesrepublik.

Der Zuzug einer wachsenden Zahl israelischer Juden nach Berlin seit den späten 1990er-Jahren verkomplizierte die Debatten um den Konflikt zwischen dem israelischen Staat und der palästinensischen Gesellschaft um eine weitere Ebene. Die Einwanderung von Israelis in die Bundesrepublik, die überwiegend auf ausgebildete Fachkräfte zurückging, welche Karrierechancen und ein sichereres Umfeld suchten, erwies sich als Überraschung für die deutschen Regierungen und als Schock für den Staat Israel. In beiden Fällen lief diese Umkehr der Migrationsrichtung der historischen Erzählung zuwider, nach der Israel ein Hort der Sicherheit vor einem Land war, das das für den Holocaust verantwortliche Regime hervorgebracht hatte.[78]

Dies bedeutete auch, dass sich die Aktivitäten der palästinensischen Diaspora oft in großer Nähe zu Institutionen der jüdischen Gemeinschaft abspielten, die nicht nur durch den Zustrom jüdischer Auswanderer aus Russland wieder auflebten, sondern durch die starke Präsenz israelischer Juden nunmehr auch direkt mit israelischen politischen Perspektiven verbunden waren. Viele Israelis, die nach Deutschland zogen, beteiligten sich nicht besonders an einer auf ihr Heimatland bezogenen Politik, da sie Israel oft aus Frustration über fehlende Karriereperspektiven sowie die anhaltende Dominanz des Likud und anderer Parteien, die eisern an den jüdischen Siedlungen im Westjordanland festhielten, verlassen hatten.[79] Statt sich als Hindernis für den palästinensischen Diasporaaktivismus zu erweisen, schuf ein Umfeld besonders in Berlin, in dem Angehörige der israelischen Mittelschicht Seite an Seite mit einer palästinensischen Diasporabourgeoisie lebten, sogar Gelegenheiten zum Dialog und zur Zusammenarbeit in der örtlichen Zivilgesellschaft.[80] In einem Umfeld, in dem die alltäglichen Interaktionen mit Israelis in Deutschland die Auswirkungen der durch den Konflikt in ihren jeweiligen Heimatländern hervorgerufenen Antipathien mitunter abschwächten, war die palästinensische Diaspora in der Bundesrepublik inzwischen eine ganz andere Welt geworden als das radikalisierte Milieu, in dem die Terroristen von München 1972 Unterschlupf gefunden hatten.

Die ersten Libanesen

Seit den 2010er-Jahren ist die palästinensische Sache so sehr von anderen Bewegungen in der deutschen Gesellschaft absorbiert worden, dass die Stimmen der Diaspora-Palästinenser gelegentlich zugunsten prominenter deutscher Kommentatoren beiseitegeschoben zu werden scheinen. In den politischen Talkshows, die sich im deutschen Fernsehen in einem solchen Ausmaß ausgebreitet haben, dass sie den politischen Diskurs möglicherweise verzerren, sind die Debatten über den Konflikt zwischen Israel und den Palästinensern zuweilen von Deutschen dominiert worden, die verschiedene Seiten der Debatte vertreten. Die israelischen und palästinensischen Betroffenen aus der Diaspora wurden dabei an den Rand gedrängt, als Menschen, über die man eher diskutiert als mit ihnen. Als straffer disziplinierte Organisationen aus anderen arabischen Diasporagruppen begannen, sich stark an den Protesten gegen Israel zu beteiligen, hatten deutsch-palästinensische Aktivisten mitunter Mühe, der Stimme der Menschen im Westjordanland und Gazastreifen Gehör vor den Forderungen anderer Gemeinschaften zu verschaffen, in deren Programm die Palästinenser ein strategisches Faustpfand in einem endlosen Krieg mit Israel darstellten.

Einer der Hauptakteure, die in den 1990er-Jahren die palästinensische Agenda zu vereinnahmen begannen, war eine aufstrebende Kraft unter schiitischen libanesischen Migranten, die den deutschen Sicherheitsdiensten Anlass zur Sorge gab. Die Hisbollah war zwar einer der sichtbareren politischen Akteure unter den verschiedenen konfessionellen und ideologischen Fraktionen, in die sich die libanesische Diaspora infolge des Bürgerkriegs in ihrem Heimatland aufgespalten hatte, das Ausmaß aber, in dem libanesische Zuwanderer als Sicherheitsrisiko betrachtet wurden, ging ihrem Aufstieg voraus. Als sich palästinensische und andere arabische Gruppen in den ersten Jahren der Auswanderung vom Nahen Osten in die Bundesrepublik in Lobbys für ihre jeweilige

Sache verwandelten, brachte der Grad ihrer Politisierung die libanesischen Studierenden dazu, sich aktiv an Initiativen zu beteiligen, die auf einen blockfreien oder panarabischen Aktivismus ausgerichtet waren.[81] Gestützt auf die Solidarität, die ihnen andere arabische Studierende bei den Protesten anlässlich des Konflikts in Beirut von 1958 erwiesen hatten, fühlte sich die kleine Kohorte libanesischer Studenten in der Bundesrepublik zu breiteren ideologischen Anliegen hingezogen als den spezifischen Spaltungen der konfessionellen politischen Ordnung, die den Libanon dominierte.

Die bestehenden kolonialen oder geschäftlichen Beziehungen ermöglichten es den Eliten der jeweiligen konfessionellen Gruppen im Libanon, ihre Kinder zum Studium nach Frankreich oder Großbritannien zu schicken. Die Libanesen, die sich für Westdeutschland entschieden, stammten in der Regel aus der Mittelschicht und profitierten von den günstigeren Studienmöglichkeiten in der BRD. Der langfristige Einfluss der Amerikanischen Universität Beirut verlockte dieselbe soziale Gruppe ab den späten 1950er-Jahren zu einem Studium in den USA, wenngleich die Kurse, die die Universität zusammen mit dem örtlichen Goethe-Institut anbot, auch die Grundlage für ein Studium in Deutschland schufen, welche die kleine Zahl von Libanesen, die in der Bundesrepublik studieren wollten, oft in Anspruch nahmen.[82]

Manchen libanesischen Studierenden eröffnete ein Auslandsstudium schlicht die Möglichkeit, den sektiererischen Imperativen der Politik ihres Heimatlands zu entkommen. Der Libanon war durch ein politisches System geprägt, das die politische Vorherrschaft der maronitischen Christen und anderer Religionsgemeinschaften untermauerte, die in der Mandatszeit zwischen den Kriegen enge Beziehungen zu Frankreich gepflegt hatten. Das Land war bereits von erheblichen klassen- und konfessionsspezifischen Spannungen durchzogen, da sich rivalisierende Fraktionen um eine Ausweitung ihrer Macht bemühten, während andere versuchten, ihre etablierten Interessen zu verteidigen. Nach den Kriegen von 1947 und 1967 brachten mehrere Wellen palästinensischer Flüchtlinge die heikle politische Ordnung des Libanons weiter aus dem Gleichgewicht, da die PLO und andere bewaffnete Palästinensergruppen ihre Kontrolle über die ausufernden Flüchtlingslager dazu nutzten, ihre eigenen staatsähnlichen Strukturen aufzubauen.[83]

Gleichzeitig erlebte Beirut einen außergewöhnlichen Wirtschaftsboom. Sein Bank- und Schifffahrtssektor und sein Gastgewerbe erbrachten zentrale Dienstleistungen für Golfstaaten wie Saudi-Arabien, Irak, Kuwait oder die Vereinigten Arabischen Emirate, die zur Bewältigung des mit ihren steigenden Öleinnahmen verbundenen Wirtschaftswachstums auf externe Experten angewiesen waren. Da es sich um einen neutralen und nicht bedrohlichen Staat ohne große Führungsambitionen handelte, waren die unregulierten Märkte des Libanons in den 1950er- und 1960er-Jahren für wirtschaftliche Eliten attraktiver, um Gelder zu verschieben, Geschäfte zu vermitteln und ihre Freizeit zu verbringen, als die Märkte in Staaten wie Ägypten oder Syrien mit ihrem von autoritären Regimen engmaschig kontrollierten wirtschaftlichen und politischen Leben. Dieser wachsende Wohlstand führte zusammen mit einem Netz an Bildungseinrichtungen in Beirut zu einer weiteren Zunahme an Studierenden aus der herrschenden Elite und oberen Mittelschicht, die bereit waren, ihre Ausbildung an westeuropäischen oder nordamerikanischen Universitäten abzuschließen.[84]

Doch in einer Gesellschaft voller konfessioneller Rivalitäten zwischen Gruppen, die Politik und Wirtschaft beherrschten, und anderen wie den schiitischen Gruppen an der Südgrenze zu Israel, den Drusengemeinschaften in den Bergen oder der sunnitischen Arbeiterschicht radikalisierten sich auch viele junge Menschen. Die revolutionären Palästinenserorganisationen rund um die Flüchtlingslager verleiteten einige libanesische Aktivisten in ihrer Wut über soziale und religiöse Ungerechtigkeiten zu linksradikalen oder antiimperialistischen Ideologien, während sie andere junge Libanesen dazu brachten, sich rechten Organisationen anzuschließen, die sich die Verteidigung des Status quo ans Revers geheftet hatten.[85] Dass die Phalange, eine der prominentesten Bewegungen maronitischer Christen, in den 1930er-Jahren von einem Mitglied einer bekannten Familie namens Pierre Gemayel gegründet worden war, nachdem er sich vom Nationalsozialismus hatte inspirieren lassen, bereitete den westdeutschen Diplomaten, die die Ereignisse im Libanon zu beeinflussen versuchten, besonders heikle Probleme.[86]

Der Bürgerkrieg im Libanon und seine Folgen

Wie bei anderen Gemeinschaften aus der arabischen Welt wandelten sich die soziale Zusammensetzung und die politische Perspektive der libanesischen Gemeinschaften radikal, als sich die wirtschaftlichen und politischen Bedingungen in ihren Herkunftsdörfern und -städten verschlechterten. Nachdem der innere Zusammenhalt des libanesischen Staats zerfiel und sich rivalisierende konfessionelle und ideologische Gruppen auf die Seite der PLO-Milizen oder gegen sie stellten, hatte die daraus resultierende Eskalation der Gewalt im ganzen Libanon unmittelbare Auswirkungen auf die libanesische Diaspora. Bereits 1969, als der Schock des Zustroms palästinensischer Flüchtlinge nach dem Sechstagekrieg Unruhe in den Flüchtlingslagern in Beirut wie auch in Dörfern und Städten im Südlibanon auslöste, wurden Risse und wechselseitige Verdächtigungen zwischen libanesischen Studierenden aus Gemeinschaften, die sich unter Druck fühlten, und ihren palästinensischen Kommilitonen in Westeuropa sichtbar.[87]

Nicht nur der libanesische Bürgerkrieg, auch die Wellen der Migration und politischen Verwerfungen, die die Diaspora betrafen, entwickelten sich in mehreren Phasen. Bei den ersten kriegerischen Auseinandersetzungen kämpften die rechten christlichen Fraktionen mit der Phalange unter Führung der Gemayels als zentralem Akteur und ihre Verbündeten in anderen konfessionellen Gruppierungen gegen die PLO mit ihren verschiedenen lokalen sunnitischen und drusischen Partnern, die man seinerzeit noch der Linken zurechnete. Die Folge war eine Flüchtlingswelle, die in der Diaspora alles zerstörte, was es noch an Solidarität über konfessionelle und ideologische Grenzen hinweg gegeben hatte. Als das syrische Militär 1976 eingriff, um eine Beilegung des Krieges zu erzwingen, dabei aber gleichzeitig palästinensische Fraktionen unterstützte, die die Fatah ablehnten, war die Auswanderung aus allen libanesischen Gruppen nicht nur nach Europa und Nordamerika, sondern sogar nach Südamerika und Australien in vollem Gang.[88]

Es folgten noch mehrere Migrationswellen. Libanesen aus allen Bevölkerungsschichten und Palästinenser aus den Flüchtlingslagern flohen vor der israelischen Invasion von 1982. Mitte der 1980er-Jahre verließen viele schiitische Libanesen Teile des südlichen Libanons, in denen Israel ein Besatzungsregime installierte. Weitere Flüchtlingsströme wurden durch die letzte Runde brutaler Fraktionskämpfe ausgelöst, bevor der Krieg 1990 ein Ende fand.[89] Da es dem Flughafen von Beirut gelang, trotz des Gemetzels rundherum seinen Betrieb aufrechtzuerhalten, konnten Tausende Flüchtlinge direkt nach West- oder Ostberlin, nach Frankfurt oder München fliegen, um Asyl zu beantragen. Selbst in den vielen Fällen, in denen Asylgesuche eigentlich aussichtslos waren, führten die regelmäßig überall im Libanon aufflammenden Kämpfe dazu, dass die westdeutschen Bundes- und kommunalen Behörden ihre Abschiebungsversuche weitgehend einstellten. Dadurch ermöglichten sie es den libanesischen Flüchtlingen und Asylsuchenden, sich dauerhaft in der Bundesrepublik niederzulassen.[90]

Viele Angehörige der ersten Wellen libanesischer Auswanderung in den 1970er-Jahren stammten aus christlichen oder sunnitischen Milieus, die über das Bildungs- und finanzielle Kapital verfügten, um ins Ausland zu gehen und ihre Berufslaufbahn dort fortzusetzen. Da sich das politische Leben der Christengemeinschaften im Libanon an alten neokolonialen Verbindungen zu Eliten in Frankreich wie auch an jüngeren Verbindungen zu politischen Netzwerken in den USA orientierte, lag der Schwerpunkt der Unterstützung durch die Diasporagruppierungen für die libanesischen Christengruppen großteils außerhalb der Bundesrepublik.[91] Die Tatsache, dass die mächtigste christliche Fraktion um die Phalange-Bewegung ihre Wurzeln in Pierre Gemayels Faszination für den Faschismus in der Zwischenkriegszeit hatte, erschwerte es ihr ohnehin, Kontakte und offene Türen in der BRD zu finden.

Zwar entwickelten die Gemayels im Vorfeld der israelischen Invasion von 1982 eine Partnerschaft mit der israelischen Regierung unter Menachem Begin und Ariel Scharon. Doch die Beteiligung christlicher libanesischer Milizen am Massaker an Palästinensern in den Flüchtlingslagern Sabra und Schatila während der Belagerung von Beirut führte dazu, dass Diasporagruppen, die hinter diesen Bewegungen standen, zumindest in der Bundesrepublik kaum Einfluss gewinnen konnten. In den Jahrzehnten nach dem Krieg, der 1990 durch das Abkommen von Taif beendet wurde, blieb die Unterstützung für libanesische Christenbewegungen auf finanzielle Spenden, Geschäftskontakte und die Aktivitäten einer Handvoll Nostalgiker beschränkt, von denen viele nach dem Ende des Bürgerkriegs geboren wurden und die Erfolge diverser Milizen auf dem Schlachtfeld feierten, die schon lange ins Feld der zivilen Politik gewechselt waren.[92]

Auch die Aktivitäten sunnitischer oder drusischer libanesischer Milieus mit Verbindungen zu den Bewegungen, die schließlich im Mainstream der libanesischen Politik nach dem Bürgerkrieg aufgingen, blieben begrenzt. Selbst nach der Ermordung Rafiq al-Hariris im Jahr 2005, den anschließenden Protesten, die zum Abzug des syrischen Militärs führten, und der 2008 erfolgenden Gegenreaktion der syrischen Verbündeten blieb die politische Mobilisierung der sunnitischen Gruppen in Westdeutschland auf die Unterstützung der Zivilgesellschaft sowie humanitäre Organisationen in ihren Heimatstädten und -dörfern beschränkt.[93] Darin schlug sich eine allgemeine Desillusionierung mit der Politik der Eliten nieder, wie sie die sunnitischen libanesischen Diasporamilieus schon vor Beendigung des Bürgerkriegs erfasst hatte. So verzichteten diese Gruppen auch auf eine ernsthafte, über lokale Klientelwirtschaft hinausgehende Beteiligung an Parteien wie der Zukunftsbewegung der Familie Hariri, die ihre Gemeinschaften im Libanon dominierten.

Die wenigen libanesischen Sunniten, die durch Entwicklungen wie den Irakkrieg oder rassistische Diskriminierung radikalisiert wurden, wandten sich ab 2003 eher transnational vernetzten Dschihadisten-Gruppen zu, die ebenfalls eine Präsenz in mehreren libanesischen Städten aufgebaut hatten.[94] Abgesehen von dieser isolierten Randgruppe ist die breitere libanesische Sunniten-Gemeinschaft in ihrem politischen Leben nicht besonders straff organisiert. Ihre in der Bundesrepublik geborene zweite und dritte Generation integriert sich, trotz Diskriminierungserfahrungen und Spannungen in Fragen von Geschlechterrollen, Stück für Stück in die deutsche Gesellschaft. Selbst als die Auswirkungen des Syrienkriegs und der Zusammenbruch des libanesischen Pfunds 2020 eine Protestwelle im gesamten Libanon auslösten, betrachtete die überwiegende Mehrheit der libanesischen Sunniten, Christen und Drusen, die sich nach 1960 in der Bundesrepublik angesiedelt hatten, Deutschland als einen Raum, in dem man den scheinbar unlösbaren gesellschaftlichen Dysfunktionalitäten entkommen konnte, die den Libanon in den Abgrund trieben – und nicht als einen Raum, von dem aus sie sich weiter in der Politik ihres Heimatlands engagieren wollten.

Die Hisbollah und die kriminellen »Clans«

Zwei andere Gruppen aus der libanesischen Diaspora allerdings zogen die Aufmerksamkeit der Medien und der Bundesregierung auf sich. Die erste war ein straff strukturiertes Netzwerk von Gemeinschaftseinrichtungen, das entscheidend dazu beitrug, die Loyalität eines Großteils der libanesischen schiitischen Gemeinschaft an das transnationale Einflussnetzwerk der Hisbollah zu binden. Die zweite waren organisierte Verbrecherbanden aus der Mhallami-Gemeinschaft, einer überwiegend arabischsprachigen Volksgruppe aus dem Südosten der Türkei, die im späten 19. Jahrhundert, zusammen mit anderen eng zusammenhaltenden Familien und regionalen Netzwerken, in den Libanon ausgewandert war. Sehr unscharf bezeichnet man sie heute als »Clans«. Obwohl die Hisbollah und die sogenannten kriminellen Clans nur einen Bruchteil der Libanesen in der Bundesrepublik ausmachten, beeinflusste ihr Tun die Mediendarstellung nicht nur der libanesischen, sondern auch anderer arabischsprachiger Diasporagruppen unverhältnismäßig stark.[95]

Im Aufstieg der Hisbollah zur Vorherrschaft über die schiitischen libanesischen Diasporagemeinschaften spiegelte sich ihre wachsende Macht im Libanon selbst wider. Während die Amal und andere schiitische politische Gruppierungen im Libanon immer noch eine Form der etablierten Politik darstellten, die um Führungsfiguren, sogenannte »Zaims«, organisiert war, zeichnete sich die Hisbollah durch eine strengere Disziplin und strukturierte Institutionen aus, in denen sich ihre ideologische Indoktrination durch die iranische Revolutionsgarde niederschlug. Neben einem bewaffneten Flügel, der die Vorherrschaft über die schiitische Gemeinschaft sicherte und die israelische Armee im Jahr 2000 in einem brutalen Aufstand gegen Israels Besatzung des Libanons zum Abzug zwang, gründete sie auch eine Reihe von Gemeinschaftsorganisationen und Wohltätigkeitseinrichtungen, die alle Aspekte des Lebens ihrer Mitglieder von der Gesundheitsversorgung über den Schulunterricht bis zu eigenen Fernsehsendern abdeckten. Dieser allumfassenden Gemeinschaftsinfrastruktur im Libanon entsprach die erfolgreiche Schaffung von Organisationen zur Unterstützung der libanesischen schiitischen Diasporagruppen in Europa und Südamerika.[96]

Aufgrund ihrer stark erhöhten Reichweite durch den von ihr kontrollierten Satellitenfernsehsender Al-Manar konnte die Hisbollah ihr Image als Verteidiger der schiitischen Interessen nicht nur im Libanon, sondern in allen schiitischen Gemeinschaften stärken, indem sie ihre Rolle als erfolgreicher Kämpfer gegen Israel und die Vereinigten Staaten im Libanon der 1980er-Jahre medial unablässig verherrlichte. Mit finanzieller Unterstützung durch das iranische Regime gelang es der Hisbollah, durch den Aufbau einer loyalen Basis in der Diaspora, die libanesische schiitische Gemeinschaften von Deutschland bis Paraguay und sogar Westafrika miteinander verband, eine transnationale Plattform zu entwickeln, die ihr sowohl Einnahmen durch verbotene Geschäftsaktivitäten als auch Terrorattentate gegen ihre Feinde erlaubte.[97]

Dass die iranische Revolutionsgarde für die Ermordung kurdischer Aktivisten im Restaurant Mykonos 1992 auf Hisbollah-Agenten zurückgreifen konnte, war insofern nicht ungewöhnlich, denn die Hisbollah unterstützt iranische Geheimdienstoperationen bis zum heutigen Tag aktiv.[98] Durch Tarnorganisationen mit Verbindungen zu Moscheen und Wohltätigkeitseinrichtungen in Hamburg und anderen deutschen Städten konnte die Hisbollah in einem Ausmaß Personal verschieben und Geld waschen, das die deutschen Sicherheitsbehörden vor ein Dilemma stellte. In den meisten Fällen hatten die örtlichen Polizeikräfte oder Sicherheitsdienste Mühe, Forderungen aus den USA und Israel, die Aktivitäten der Hisbollah zu unterbinden, mit ihrem Wunsch in

Einklang zu bringen, größere Schwierigkeiten mit den schiitischen libanesischen Gruppen zu vermeiden, um sie auf dem Wege des Dialogs von radikalen Gruppen fernzuhalten.[99]

Erschwert wurden diese Kalküle zusätzlich durch den anhaltenden Versuch mehrerer Bundesregierungen, Kontakte zur Hisbollah aufzubauen. Im Bewusstsein ihrer Widerstandsfähigkeit und ihres großen Einflusses im Libanon suchten deutsche Diplomaten, wie sie es schon mit den iranischen Geldgebern der Hisbollah gehalten hatten, oft das Gespräch mit ihrer Führung, um herauszufinden, ob nicht eine Form von Entspannung zwischen ihr und dem Staat Israel zu erreichen wäre.[100] Zwar wurden diese wiederholten Bemühungen von Israel mit Argwohn betrachtet, und sie zeigten bei einer Hisbollah-Führung, deren ganzer Gründungsmythos sich um den unendlichen Krieg gegen den Staat Israel drehte, auch keinen Erfolg, doch schmälerten sie allemal die Bereitschaft der deutschen Behörden zu einem allzu harten Vorgehen gegen die Diasporainfrastruktur der Hisbollah.

Diese grundlegenden Spannungen und Widersprüche der Politik des deutschen Staats gegenüber der Hisbollah sind bis heute nicht wirklich aufgelöst worden. Obwohl die Bundesregierung Israel in seinem Krieg gegen Hisbollah-Einheiten im Südlibanon 2006 ihre Unterstützung bekundete, hielten sich die Bundes- und Landesbehörden zurück und schlossen Tarnorganisationen mit Verbindungen zur Hisbollah erst 2020. Polizei und Geheimdienste in der BRD gingen robust gegen Hisbollah-Agenten vor, die in Waffenschmuggel und Drogenhandel verwickelt waren, verhielten sich jedoch gegenüber Wohlfahrtseinrichtungen oder Moschee-Vorständen aus dem Hisbollah-Umfeld vorsichtig.[101] Der anhaltende Einfluss der Hisbollah-Strukturen auf viele libanesische Schiiten und allgemeiner arabische Gemeinschaften zeigte sich regelmäßig bei Demonstrationen gegen Israels Abwehr palästinensischer Forderungen, wenn Teile der Menge Hisbollah-Parolen mit antisemitischen Inhalten skandierten, die es Israels

Bundesgenossen in der deutschen Politik und den Medien leichter machten, die Unterstützung der palästinensischen Sache zu diskreditieren.[102]

Diese regelmäßige Zweckentfremdung propalästinensischer Demonstrationen zeigt auch, wie sehr sich Hisbollah-nahe Organisationen auf eine gemeinsame Feindschaft gegen Israel stützen konnten, um Verbindungen zu Teilen der deutschen Linken aufzubauen. Weil sie ihren Widerstand in die Sprache des Antiimperialismus kleideten, konnten die Hisbollah-Lobbyisten über diese Verbindungen auch Unterstützung für ihr Bemühen finden, den Aufstand gegen das Assad-Regime zu denunzieren, von dem ihre eigene Operationsfähigkeit im Libanon abhing.[103] Neben russischen staatlichen Desinformationskanälen und iranischem staatlichem Lobbyismus verschiedener Form waren es Diasporaaktivisten und -organisationen, die nach 2011 durch Lobbyarbeit und systematische Strategien für die sozialen Medien federführend den Sympathien für die Proteste und den bewaffneten Widerstand gegen das Assad-Regime entgegenwirkten. Da es ihnen gelang, die Auffassung zu verfestigen, bei allen syrischen Demonstranten und Rebellen handele es sich entweder um Dschihadisten oder um Schachfiguren des US-»Imperialismus«, trugen sie nicht nur zur Spaltung der öffentlichen Meinung in Deutschland bei und schwächten so die Bereitschaft der Bundesregierung, der syrischen Opposition zu helfen. Sie inszenierten sich auch erneut erfolgreich als Verteidiger der Schia in den Augen anderer schiitischer Milieus in der Bundesrepublik. Wieder einmal bewies die Hisbollah damit, dass eine disziplinierte und finanziell gut ausgestattete Organisation, auch wenn sie in der BRD nur von einer kleinen Gemeinschaft getragen wird, einen unverhältnismäßig großen Einfluss selbst in einer Lage ausüben kann, in der sie vom deutschen Staat scheinbar als feindlicher Akteur betrachtet wird.

Die Fähigkeit, einem jahrzehntelangen Druck des deutschen Staats zu widerstehen, ist auch ein wesentliches Merkmal der libanesischen Netzwerke organisierter Kriminalität. Obwohl sich libanesische Flüchtlinge und Migranten jeder Glaubensrichtung am organisierten Verbrechen in der BRD beteiligten, verfügten Verwandtschaftsnetze und Geschäftspartnerschaften aus eng zusammenhaltenden Gruppen über einen Wettbewerbsvorteil. Während die Rolle, die die Hisbollah in schiitischen Gemeinschaften im Libanon spielte, bedeutete, dass die in solche illegalen Aktivitäten involvierten Schiiten zumindest ihre Autorität anerkennen mussten, führte das Fehlen einer solchen übergeordneten politischen Struktur dazu, dass sich Mhallami-Netzwerke ganz auf die Generierung von Geldflüssen konzentrieren konnten.

Durch die engen Verwandtschaftsnetze, oft von Libanesen kurdischer Abstammung, die Gruppen in der Bundesrepublik mit Cousins und Cousinen oder sogar Brüdern und Schwestern in anderen europäischen Ländern, Südamerika, Afrika und den USA verbanden, waren die Mhallami-Gangs zusammen mit einer Handvoll ähnlicher palästinensischer oder sunnitisch-libanesischer Gruppen in der Lage, Drogen und andere Güter über verlässliche Partner schnell aus dem Libanon oder aus Südamerika nach Europa zu verschieben.[104] Während die rohe Gewalt, die die Fußtruppen dieser Banden anwandten, und ihre offene Zurschaustellung familiärer Verbindungen ihnen in deutschen Boulevardblättern und Nachrichtenmedien die Bezeichnung als »Clans« eintrugen, spiegelte sich im kruden Ton dieses herablassenden Begriffs vor allem wider, wie weit deutsche Journalisten und Polizisten die technische Raffinesse und die transnationalen Verbindungen unterschätzten, die kriminelle libanesische Netzwerke in kurzer Zeit aufbauen konnten.[105] Mit ihrem direkten Zugang zu Beiruts Immobilienboom als Mittel zur Geldwäsche und Zugriff auf verschiedene Quellen der Drogenproduktion konnten diese Banden häufig ihre Position auf dem Berliner und Hamburger Immobilienmarkt festigen, während sie gleichzeitig in verschiedenen Vierteln Schutzgelderpressung betrieben. Eine komplexe

Verschleierung mittels Scheinfirmen und kreativer Steuerbuchhaltung bewirkte, dass führende Vertreter dieser Gruppen ein Bild greller Extravaganz in der Öffentlichkeit kultivieren konnten, während sie nebenher gezielte Polizeirazzien überstanden.

Doch wie erfolgreich diese Banden auch mit staatlichem Druck und den Gefahren des Celebrity-Status umgingen, die Verbindungen zu Rappern wie Anis Ferchichi alias Bushido ihnen einbrachten, gewannen sie nie politischen Einfluss über ein lokales Niveau in Deutschland oder dem Libanon hinaus. Der Einfluss, den Gangsterbosse wie Nasser Abou-Chaker oder Mahmoud Al-Zein in Berlin oder Hannover ausüben konnten, resultierte nicht aus der Art von Schattenstaat, dessen Kontrolle ihnen aufgeregte Boulevardjournalisten immer wieder zutrauten.[106] Dennoch sind die Auswirkungen der libanesischen kriminellen Netzwerke auf die örtlichen Machtverhältnisse in Deutschland erheblich und zeigen wie im Fall der Hisbollah, dass ein diszipliniertes Diasporanetzwerk oft mehr Einfluss erlangen kann als größere Diasporagruppen mit einem freier strukturierten Gemeinschaftsleben.

Syrer und Kurden

Für Syrerinnen und Syrer, die in der Bundesrepublik einzutreffen begannen, nachdem das Assad-Regime im Sommer 2011 seine Unterdrückung der Proteste verschärft hatte, waren solche von besser organisierten libanesischen Diasporagruppen dominierten Gemeinschaftsstrukturen die erste große Hürde beim Versuch, sich in der Bundesrepublik einzuleben. Syrische zivilgesellschaftliche Aktivisten, die sich in der öffentlichen deutschen Debatte Gehör verschaffen wollten, sahen sich immer wieder mit systematischen Versuchen konfrontiert, ihre Aussagen zu diskreditieren. Ohne die bereits bestehenden Diasporastrukturen, die andere Gruppen geschaffen hatten, fiel es ihnen schwer, deutsche staatliche Einrichtungen und politische Parteien auf die Risiken aufmerksam zu machen, die sich in ihrem Heimatland aufbauten.[107]

Vor dem Ausbruch des syrischen Bürgerkriegs im Frühjahr 2011 umfasste die Diaspora in Deutschland kaum mehr als 30 000 Personen, die sich auf verschiedene konfessionelle Gruppen verteilten. Da sie ihre Identität religiös verstanden, taten sich die syrischen Christengemeinden und Drusengemeinschaften oft mit Angehörigen anderer arabischer Staaten zusammen. Die Zahl der Alawiten war so gering, dass sie kaum als organisierte Gemeinschaft wahrgenommen wurden, während sich die Schiiten aus Syrien vorzugsweise libanesischen Hisbollah-Organisationen anschlossen. All diese Gruppen standen der regierenden Baath-Patei in Syrien zwar skeptisch gegenüber, hielten sich aber von den kleinen Oppositionsbewegungen im Exil weitgehend fern: Als konfessionelle Minderheiten mussten sie befürchten, dass ein potenzieller weiterer bewaffneter Aufstand der Sunniten, wie ihn in den frühen 1980er-Jahren die Muslimbruderschaft rund um Aleppo und Hama angeführt hatte, die Existenz ihrer Gemeinschaften im Heimatland bedrohen könnte.

Sichtbarer waren in der Bundesrepublik die syrischen Kurden, die in die Rivalitäten zwischen PKK-nahen Organisationen und konkurrierenden nationalistischen Gruppierungen hineingezogen wurden. Die Gruppe, die deutschen Sicherheitsbeamten die meisten Sorgen bereitete, waren jedoch die mit der Muslimbruderschaft verbundenen Aktivisten im Exil. Innerhalb der kleinen Gemeinschaft syrischer Sunniten in der Diaspora blieben diese Muslimbrüdergruppen das Ziel gewaltsamer Einschüchterungsmaßnahmen und Mordanschläge, die von Geheimagenten aus der syrischen Botschaft heraus organisiert wurden, um die Interessen von Syriens Präsident Hafiz al-Assad und nach dessen Tod im Jahr 2000 die seines Sohnes und Nachfolgers Baschar al-Assad zu verteidigen.[108] Obwohl solche gewaltsamen Vorfälle bei den deutschen Sicherheitsbehörden Besorgnis auslösten, hofften die deutschen Diplomaten, ein syrisches Regime umwerben zu können, das nach dem Verlust seiner sowjetischen Geldgeber in den frühen 1990er-Jahren unter Baschar zu Reformen bereit schien. Sie betrachteten diese regelmäßigen Angriffe auf eine Handvoll syrischer Dissidenten als ein Hindernis, das es zu überwinden galt, um Investitionsmöglichkeiten in der Levante zu verfolgen. Selbst die Tatsache, dass das syrische Regime palästinensische Terrorgruppen unterstützte sowie ein enges Bündnis mit der Hisbollah und dem Iran eingegangen war, galt ihnen nicht als Hinderungsgrund für engere Beziehungen, da der Friedensprozess zwischen Israelis und Palästinensern in den späten 1990er-Jahren in Berlin die Hoffnung auf eine umfassendere Entspannung im gesamten Nahen Osten speiste.[109]

Der Krieg in Syrien und die Flüchtlingskrise

Diese Illusionen, die von dem Glauben genährt wurden, Baschar sei ein Reformer, dem eine alte, noch von seinem Vater ins Amt gebrachte Garde einflussreicher Regimevertreter im Weg stehe, führten dazu, dass die politisch Verantwortlichen in Deutschland schlecht auf die Eskalation vorbereitet waren, die auf die Massenproteste gegen das Assad-Regime im März 2011 folgte. Als die Welle brutaler Vergeltungsmaßnahmen zur Unterdrückung der Demonstrationen im ganzen Land schließlich einen Bürgerkrieg entfesselte, der eine zunehmend konfessionelle Dimension annahm, wurden die Versuche deutscher und anderer europäischer Diplomaten, einen Weg des Kompromisses zu finden, von Baschar brüsk zurückgewiesen.[110] Stattdessen machte er sich die regimetreue Losung »Assad, oder wir brennen das Land nieder« zu eigen und griff auf die durch alawitische Clan-Netzwerke verankerte Machtstruktur seiner eigenen Familie zurück, um unter Einsatz von verheerender Gewalt jegliche Bedrohung dieser Machtstruktur zu vernichten.[111]

Nachdem sie so sehr auf Baschars vermeintliche Mäßigung gesetzt hatte, blieb die deutsche Politik in den ersten drei Jahren des Bürgerkriegs zwischen 2011 und 2014 orientierungslos und unfähig, mit dem Tempo der Ereignisse Schritt zu halten. Während die Bundesrepublik untätig blieb, eskalierte der Krieg von der Schlacht um Homs im Winter 2012 bis zur Belagerung von Aleppo 2016, nachdem immer mehr ausländische Akteure wie Russland, Iran und die Hisbollah ihr ganzes Gewicht für das Assad-Regime in die Waagschale warfen oder wie die Türkei und Katar die Rebellenmilizen voll unterstützten. Jeder Eskalationszyklus hinterließ mehr Binnenflüchtlinge, die ab Februar 2012 einen der größten Flüchtlingsströme seit dem Zweiten Weltkrieg auslösten. Zwar wiesen viele Beobachter auf die steigenden Flüchtlingszahlen hin, weil ihnen klar war, dass Europa von ihnen betroffen sein würde, doch die Bundesregierung und die Institutionen der EU, auf die sie sich stützte, hatten Mühe, eine kohärente Reaktion zu entwickeln.[112]

Es gab noch weitere globale Auswirkungen, die die Bundesregierung zu Beginn des Konflikts schwerlich vorhersehen konnte. So ging die Entscheidung des Assad-Regimes, inhaftierte Dschihadisten in der Hoffnung freizulassen, dass sie die zunehmend in der sunnitischen Bevölkerungsmehrheit verankerten Oppositionsbewegungen radikalisieren und diskreditieren würden, in den ersten Kriegsjahren nach hinten los. Denn unter den Entlassenen befanden sich Schlüsselfiguren aus dem Aufstand im Irak, die mit ihrer Erfahrung dazu beitrugen, die Rebellengruppen fest zusammenzuschweißen und zu disziplinieren. Der Preis dafür, Dschihadisten die Führung zu überlassen, war hoch, auch wenn von Al-Qaida-Veteranen geführte Gruppen wie Dschabhat al-Nusra eine Schlüsselrolle bei den Erfolgen der Rebellen in Regionen wie Idlib spielten, die von der Türkei und Katar sowie von nicht-dschihadistischen Milizen mit Zugriff auf US-Panzerabwehrraketen unterstützt wurden. Denn mit der Zeit führte der Radikalismus des dschihadistischen Einflusses auf die Rebellion teils in eine Spirale des Extremismus. Sie ermöglichte den Aufstieg des Islamischen Staats, der in seinem Streben nach Vorherrschaft nicht nur weniger radikale Rebellengruppen vernichtete, sondern auch Al-Qaida-loyale Milizen wie die al-Nusra-Front (oder später HTS) angriff, bevor er seine Kriegsanstrengungen auf das Assad-Regime und die irakische Regierung konzentrierte. Dass die Dschihadistengruppen eine solche Aufmerksamkeit bei einer radikalisierten Internationale von Extremisten im ganzen Nahen Osten und in Europa erregten, die sich schließlich mit dem IS loyal erklärte, verprellte viele Anhänger der Opposition in Syrien wie in der Diaspora.[113]

Ob es einen bestimmten Moment gab, der nach dem Mai 2015 einen Wendepunkt für die Massenmigration von Flüchtlingen über die Türkei und Libyen nach Europa markierte, ist eine offene Frage. Als Assads Truppen in Rebellenenklaven wie Duma im August 2013 Tausende von Menschen mit Chemiewaffen massakrieren konnten, ohne die geringsten Konsequenzen gewärtigen zu müssen, war dies der Moment, an dem das Regime den Spielraum gewann, um die Rebellen im ganzen Land zurückzudrängen. Der parallele Aufstieg des IS führte zur Verwüstung gleichermaßen regimetreuer wie von den Rebellen gehaltener Gebiete; gleichzeitig drang der IS so tief in die Teile des Landes ein, die von kurdischen Milizen unter der PKK-nahen Partiya Yekîtiya Demokrat bzw. Partei der Demokratischen Union (PYD) kontrolliert wurden, dass sich der Flüchtlingsstrom im Lauf des Jahres 2014 beschleunigte.[114] Dass eine von der Türkei unterstützte Koalition von Milizen (einschließlich der al-Nusra-Front) die Kontrolle über den Großteil der nördlichen Provinz Idlib übernehmen und das Regime mithilfe einer umfassenden russischen Militärintervention in den folgenden Jahren die von Rebellen gehaltenen Teile der Stadt Aleppo zurückerobern konnte, führte zu zusätzlichen massiven Bevölkerungsbewegungen. Auch weitere Interventionen wie die türkische Besetzung von Teilen Idlibs und Nord-Aleppo oder

der Einzug von US-Truppen und -Stützpunkten in das von der PYD kontrollierte Nordostsyrien im Rahmen von Kampagnen gegen den IS, die im Verlust seiner Hauptstadt Rakka gipfelten, zogen massenhafte Bewegungen von Menschen nach sich.[115]

Die militärischen Feldzüge, die der Islamische Staat auf dem Höhepunkt seiner Ausbreitung durchführte, verbanden darüber hinaus die Kriege im Irak und in Syrien miteinander. Das bewirkte eine weitere Verstärkung von Flüchtlingsströmen, die sich seit vorangegangenen Konflikten wie dem US-amerikanischen Krieg im Irak oder dem Krieg zwischen der türkischen Armee und der PKK bereits verstetigt hatten. Religiöse Minderheiten wie die Jesiden, die aufgrund der Flucht vor diesen Konflikten in der Bundesrepublik bereits stark vertreten waren, erlebten einen genozidalen Sturmlauf des IS, der ganze Gemeinden in Flüchtlingslager und schließlich zur Auswanderung in die EU und nach Deutschland trieb.

Die neuen Migranten und die Diaspora

Obwohl die chaotischen Szenen Hunderttausender Flüchtlinge, die von vorläufigen Zufluchtsstätten in der Türkei aus über die Ägäis nach einem neuen Leben suchten, all jene zu überraschen schienen, die auf dem Höhepunkt der Schuldenkrise in der Eurozone abgelenkt gewesen waren, hatten sich die Risiken für Europa bereits Jahre zuvor durch die Bewegungen von Binnenflüchtlingen und von Flüchtlingen entlang der syrischen Grenze abgezeichnet. Das Rinnsal von Flüchtlingen nach Deutschland hatte schon dazu geführt, dass sich bis 2014 fast 120 000 Personen, die sich auf der Flucht vor den syrischen Kriegen befanden, in der Bundesrepublik niedergelassen hatten.[116] Der immense Anstieg des Flüchtlingsstroms im Sommer 2015 führte dazu, dass sich diese Zahl bis 2021 auf über 800 000 Menschen syrischer Herkunft vergrößerte, wobei die Zahlen weiterhin jährlich wachsen, da bereits in der BRD ansässige Syrer Möglichkeiten finden, um Familienmitglieder nachzuholen, die noch in Flüchtlingslagern in Syrien oder der Türkei festsitzen.[117]

Eine so große Flüchtlingswelle in so kurzer Zeit mit Gruppen, die nur über eine begrenzte, nicht zur Aufnahme so vieler Menschen geeignete Diasporainfrastruktur verfügten, bedeutete, dass die syrische Diaspora nach dem Sommer 2015 praktisch bei null anfangen musste. Die Bemühungen einiger mit der Muslimbruderschaft verbundener Gruppen, Milizen wie Ahrar al-Scham medizinische und finanzielle Unterstützung zukommen zu lassen, gewannen nur aufgrund des Interesses anderer, breiter aufgestellter islamistischer Organisationen an Durchschlagskraft. Auch die deutschen Polizei- und Sicherheitsbehörden verfolgten die Internationalisierung dieser Art von Hilfsanstrengungen aufmerksam. Restriktionen und sogar Verbotsversuche für unverfänglichere Hilfsbemühungen waren die Folge, denn es bestand die Sorge, dass sie es Sympathisanten der Dschihadisten ermöglichen könnten, Rekruten für radikal-islamistische Milizen zu finden. Ähnliche Befürchtungen seitens deutscher staatlicher Stellen hatten Auswirkungen auf die Hilfsmaßnahmen für Nordostsyrien, die von der PKK und ihrem Versuch beeinflusst waren, ausländische Kämpfer für ihre Sache zu gewinnen.[118]

Ironischerweise richtete sich die oft wirkungsvolle Propaganda des Islamischen Staats ungeachtet ihrer Betonung der Siege in Syrien eher an transnationale dschihadistische Netzwerke, als dass sie in einer konzertierten Bemühung versucht hätte, speziell Diaspora-Syrier an Bord zu holen.

Parallel dazu wurden die vereinzelten Assad-treuen Diasporagruppen von den Sympathien der meisten in die Bundesrepublik kommenden Flüchtlinge für die Rebellen in den Schatten gestellt. Nur mithilfe ihnen wohlgesinnter Hisbollah-naher Gruppen sowie der russischen staatlichen Desinformationskampagnen zur Beeinflussung der Debatte in Deutschland konnten sich die Sympathisanten des Assad-Regimes öffentlich Gehör verschaffen.[119]

Die ersten Flüchtlinge, die zwischen 2012 und 2014 eintrafen, stammten oft aus städtischen Dissidentenkreisen und hatten Erfahrung im Aufbau von Selbsthilfeorganisationen. Nach der Ankunft Hunderttausender Flüchtlinge zwischen Mai und November 2015, die oft über die Ägäis und zu Fuß durch Griechenland und den Balkan nach Deutschland kamen, arbeiteten ihre Gemeinschaftsnetzwerke, die erst wenige Monate zuvor entstanden waren, mit der deutschen Zivilgesellschaft und staatlichen Einrichtungen zusammen, um diese bei humanitären Maßnahmen und Eingliederungshilfen zu unterstützen – eine Herausforderung, auf die Deutschland nicht vorbereitet war. Gleichzeitig hofften viele zivilgesellschaftliche Aktivisten, die aufgrund der Verfolgung durch das Assad-Regime und des Drucks der sich zunehmend radikalisierenden Rebellenmilizen nach Deutschland geflohen waren, diesen gemeinschaftsbildenden Prozess für den Aufbau einer starken Diasporainfrastruktur nutzen zu können. Sie sollte darauf ausgerichtet werden, Hilfe für Regionen in Syrien zu organisieren, die das Regime nicht unter Kontrolle hatte, um die Hoffnung auf einen Wandel im Land aufrechtzuerhalten.[120]

Durch die Entwicklung von Verbindungen zu deutschen Organisationen und Thinktanks, die auf die Verfolgung von Kriegsverbrechern oder auf humanitäre Hilfsangebote spezialisiert sind, ist es einigen dieser Initiativen gelungen, die Mitglieder einer mittlerweile riesigen syrischen Diasporagemeinschaft nachhaltig in die zivilgesellschaftlichen Bemühungen um die Umgestaltung ihres Heimatlandes einzubinden. Im Vergleich aber zu den kleineren Diasporanetzwerken wie etwa den Hisbollah-nahen Gruppen unter libanesischen Schiiten oder den PKK-Untergruppen in der Diaspora blieb die Fähigkeit zivilgesellschaftlicher Aktivisten, die breite syrische Gemeinschaft gegen das Assad-Regime zu mobilisieren, begrenzt. Als die Auswirkungen der Flüchtlingskrise von

2015 von der deutschen Gesellschaft verkraftet waren und durch andere Sorgen über das Coronavirus, den Krieg Russlands gegen die Ukraine und steigende Lebenshaltungskosten abgelöst wurden, wandte sich auch ein Großteil der syrischen Gemeinschaft in Deutschland anderen Sorgen zu: der mühevollen Aufgabe des Deutschlernens, der Frage nach Möglichkeiten des Familiennachzugs und der Orientierung im Dschungel der zahlreichen staatlichen Programme zur Integration von Syrern in den deutschen Arbeitsmarkt.[121]

Die wissenschaftliche Erforschung der Gemeinschaftsbildung in der syrischen Diaspora ist zwar noch nicht abgeschlossen, doch gibt es erste Hinweise darauf, warum das Engagement und die Bereitschaft zur Mobilisierung im Hinblick auf Entwicklungen im Heimatland bei vielen Syrern in der Diaspora begrenzter sind als bei vergleichbaren Gruppen wie der kurdischen oder der ukrainischen Diaspora. Aktivisten, die auf dem Höhepunkt des Bürgerkriegs zivilgesellschaftliche Initiativen und humanitäre Hilfsangebote in den syrischen Rebellengebieten organisiert hatten und jetzt in Berlin und anderen deutschen Großstädten leben, spielen immer noch eine aktive Rolle bei der Lobbyarbeit gegen das Assad-Regime. Einige Mitwirkende an Projekten wie dem Podcast *Branch 251* (bezogen auf die »Interne Abteilung 251« des syrischen Foltergefängnisses im Stadtteil Al-Khatib im Zentrum von Damaskus) haben auch aktiv mit deutschen NGOs und Strafverfolgern zusammengearbeitet, um Kriegsverbrecher auf allen Seiten des syrischen Konflikts ausfindig zu machen und zu verfolgen. Doch mit der Zeit hat dieses Engagement in der syrischen Gemeinschaft insgesamt nachgelassen. Viele Syrerinnen und Syrer scheinen mehr damit beschäftigt zu sein, Arbeit zu finden und sich in die deutsche Gesellschaft zu integrieren, als sich weiterhin aktiv für die Politik ihres Herkunftslands zu engagieren.[122]

Ein zentraler Faktor in diesem Zusammenhang ist der Verlauf der Rebellion selbst, der entscheidend zur Desillusionierung und

Entpolitisierung unter den syrischen Flüchtlingen in Deutschland beigetragen hat. Die zerstrittene Koalition der Milizen hatte bereits vor dem Fall der von Rebellen gehaltenen Viertel in Aleppo im Herbst 2016 und den anschließenden, von Russland und dem Iran unterstützten Offensiven in Nordwestsyrien viel Wohlwollen bei der Kernanhängerschaft der Rebellion verloren. Die Bereitschaft einiger der mächtigsten Rebellenfraktionen wie Dschaisch al-Islam in den Ghuta-Vorstädten von Damaskus oder der al-Nusra-Front, die sich nach ihrem Bruch mit Al-Qaida in HTS umbenannt hat, repressive Maßnahmen gegen jeden Kritiker zu ergreifen, hat viele Zivilisten und Aktivisten zusätzlich entfremdet. Sie hatten sich von der Rebellion einmal mehr erhofft als die Ersetzung eines sektiererischen Autoritarismus durch einen anderen.[123]

Die Tatsache, dass die durch die Demokratischen Kräfte Syriens in Zusammenarbeit mit US-Truppen vom IS zurückeroberten nordöstlichen Teile Syriens faktisch unter politischer Kontrolle des syrischen PKK-Ablegers PYD stehen, führt zu permanenten Reibungen mit der Türkei und hat auch die Skepsis der arabischsprachigen syrischen Diasporamilieus hervorgerufen, die das separatistische Programm der Kurdenbewegungen zutiefst ablehnen. Korruptionsanfällig und unfähig, eine einheitliche Befehlsstruktur aufzubauen, neigen die lokalen Rebellenmilizen zu brutalen Grabenkämpfen um die Kontrolle kleiner Gelände. Sie haben dadurch ihre eigene Fähigkeit geschwächt, sich den Angriffen des Assad-Regimes zu widersetzen, sobald diese durch Russland oder Iran unterstützt werden, oder die Einnahme von Gebieten durch den IS zu verhindern.[124]

Der Umstand, dass die verbliebenen Rebellenenklaven in Idlib und Nord-Aleppo nur unter dem Schutz der von Präsident Erdoğan 2016 ins Land entsandten türkischen Truppen gehalten werden können, bedeutet, dass zivilgesellschaftlicher Aktivismus und humanitäre Hilfe für diese Regionen dem Druck der türkischen Behörden Rechnung tragen müssen. Zwar bietet die HTS im von Rebellen besetzten Idlib die effektivsten Formen von Sicherheit und Regierungsführung, doch ist in dieser Region schlicht kein Platz für politische Reformen, wie sie die Angehörigen der Diaspora befürworten. Auch in Afrin, das türkische Truppen im März 2018 von der PYD erobert haben, sowie in Nord-Aleppo machen ständige Machtkämpfe zwischen Milizen, mit denen die türkische Regierung eine Partnerschaft eingegangen ist, jedes zivilgesellschaftliche Engagement, das die Zustimmung der Diaspora finden könnte, unmöglich. Erschwerend kommt hinzu, dass die meisten Mitglieder der syrischen Diaspora in Deutschland Familienangehörige in den vom Assad-Regime oder der PYD kontrollierten Gebieten haben. Damit muss jeder in der Bundesrepublik, der sich in der Diaspora in auffälliger Weise politisch für sein Heimatland engagiert, mit Vergeltungsmaßnahmen gegen seine Angehörigen rechnen. Weil das Assad-Regime nach wie vor Anhänger in manchen Diasporanetzwerken hat und sich auf die Unterstützung der Hisbollah-Infrastruktur in Deutschland verlassen kann, besteht obendrein für politisch aktive Vertreter der Diaspora die Gefahr, dass ihre Online-Aktivitäten verfolgt oder sie sogar physisch überwacht werden.[125]

Es sollte daher nicht überraschen, dass so viele syrische Flüchtlinge versucht haben, die Politik ihres Herkunftslands hinter sich zu lassen, nachdem sie die Schrecken des Bürgerkriegs, das Flüchtlingsleben in türkischen Städten inmitten einer Wirtschaftskrise und eine gefährliche Wanderung über den Balkan überlebt haben. Angesichts des Scheiterns aller Versuche, Syrien durch Reformen oder eine Revolution umzugestalten, und der anhaltenden Dysfunktionalität syrischer Institutionen in jedem der drei Kleinstaaten, in die das Land aufgeteilt worden ist, hat sich das Gros der syrischen Gemeinschaft der Aufgabe zugewandt, seinen Platz in der deutschen Gesellschaft zu finden. Die fortgesetzten Versuche vieler Syrer, weitere Familienmitglieder aus Syrien oder aus

Flüchtlingslagern in der Türkei und im Libanon in die Bundesrepublik nachzuholen, haben dazu beigetragen, dass sie die sprachlichen und beruflichen Fertigkeiten erwerben, um sich in den deutschen Arbeitsmarkt integrieren zu können. Auch wenn die Syrer in Deutschland rasch ein dichtes Netzwerk an lokalen Vereinen und Wohlfahrtsinitiativen aufgebaut haben, waren diese zunächst überwiegend auf humanitäre Hilfe und Bildungsmaßnahmen für Gemeinschaften in Syrien ausgerichtet. Vereine wie *Deutsch-Arabisches Zentrum für Bildung und Integration* oder *Manzoul e. V.* jedoch haben mit der Zeit ihre Bemühungen zunehmend auf die Integration der Syrer in die deutsche Gesellschaft konzentriert.[126]

Neben dem Zusammenbruch des Aufstands in Syrien, der alle Hoffnungen auf einen positiven politischen Wandel begraben hat, sollte man auch nicht unterschätzen, wie sehr das zivilgesellschaftliche Engagement von vielen Deutschen sowie die Reaktion von Teilen des deutschen Staats im Rahmen der sogenannten Willkommenskultur auf die Ankunft Hunderttausender Flüchtlinge im August 2015 das Verhältnis der syrischen Diaspora sowohl zu ihrem Herkunftsland als auch zu ihrem Niederlassungsland geprägt hat. Damit soll die Welle des rassistischen Nationalismus, die den Aufstieg der AfD beflügelte, genauso wenig heruntergespielt werden wie die Auswirkungen, die die schnelle Rückkehr Deutschlands und der EU zu restriktiven Grenzkontrollen mit Unterstützung durch einen 2016 mit der Türkei vereinbarten Aktionsplan auf die Syrer hatte. Dennoch rief die spontane Welle der Solidarität mit den Flüchtlingen im Sommer 2015 ein Maß an Wohlwollen gegenüber der deutschen Gesellschaft unter den syrischen Flüchtlingen hervor, das unter den größeren Diasporagruppierungen in der Bundesrepublik unüblich ist. In dieser Gemeinschaft, deren Herkunftsland keine direkte koloniale Beziehung zu Deutschland hatte, standen dem ersten positiven Eindruck keine starken vorgefassten historischen Narrative gegenüber, die die Wahrnehmung von Deutschlands Platz in der Welt geprägt hätten. Vielleicht mehr als in jeder anderen Diasporagruppierung war der erste Kontakt des überwiegenden Teils der 800 000 Syrer, die heute in der Bundesrepublik leben, mit der Gesellschaft, in der sie sich niedergelassen haben, entscheidend für ihre langfristige politische Entwicklung als Diaspora.[127]

In einer so großen Gemeinschaft wird es in nachfolgenden Generationen immer Menschen geben, die sich zu einem auf das Heimatland gerichteten Aktivismus hingezogen fühlen oder nach Erfahrungen struktureller Diskriminierung in einen gewalttätigen Extremismus abdriften können. Betrachtet man jedoch die allgemeinen politischen und sozialen Trends in verschiedenen syrischen Milieus, so erscheint es für einen Großteil der syrischen Diaspora in Deutschland wahrscheinlicher, dass sie jenem Land gegenüber, das ihnen neue Chancen bot, jene tiefe Loyalität ausbilden, wie man sie unter irischen oder kubanischen Amerikanern in den Vereinigten Staaten findet. Während Europa mit neuen Flüchtlingsströmen an seinen Grenzen konfrontiert ist, besteht für Deutschland in der syrischen Diaspora eine außergewöhnliche Gelegenheit, Fehler der Vergangenheit zu vermeiden und Menschen, die ein unaussprechliches Trauma erlitten haben, die Chance zu geben, sich dem Streben nach Glück zu widmen.

Die neue Lage verstehen

Führt man sich den Stand des deutschen politischen und medialen Diskurses über arabische Diasporagruppen in der Bundesrepublik vor Augen, so gewinnt man oft den Eindruck, die Zeiten seien noch nicht überwunden, als Kommentatoren wie Peter Scholl-Latour, die den neokolonialen Vorstellungen vom Nahen Osten der 1950er-Jahre verhaftet waren, in Talkshows als Experten für die »arabische Seele« präsentiert wurden. Eine lange Tradition, Gesellschaften von Marrakesch bis Basra als eine einzige homogene Masse darzustellen, prägt noch immer die öffentliche Wahrnehmung der arabischen Diasporagemeinden, die ein zentraler Teil der deutschen Gesellschaft geworden sind. Auch wenn sich die bemerkenswerte Solidarität mit den syrischen Flüchtlingen hoffentlich als langlebiger erweisen wird, wurden auch sämtliche Sprachbilder, die auf einem simplifizierenden Verständnis des islamischen religiösen Lebens oder auf einer geradezu rassistischen Sichtweise der Menschen im Nahen Osten als besonders gewaltbereit beruhen, von denjenigen in der deutschen Politik wirksam eingesetzt, die Vorurteile gegen Migranten zu schüren hofften. Die Leichtigkeit, mit der tief verwurzelte Stereotypen über Araber nicht nur von der AfD, sondern auch von vielen Medien und Politikern, die sich selbst im verfassungskonformen Mainstream der Bundesrepublik wähnen, in Anschlag gebracht werden konnten, zeigt, wie tief ein institutionell rassistisches Verständnis des Nahen Ostens in einem Großteil der deutschen Gesellschaft verankert ist.

Die Absurdität vieler dieser Stereotype und Sprachbilder wird offensichtlich, wenn man auch nur einen flüchtigen Blick auf die in diesem Kapitel untersuchten Diasporagruppen sowie andere Gemeinschaften mit zunehmender Präsenz in der BRD wirft, wie etwa Deutsch-Jemeniten, Deutsch-Libyer oder Deutsch-Sudanesen. Jede dieser Gruppen verfügt über ihre eigenen spezifischen Traditionen und kollektiven Erfahrungen, die von der Interaktion zwischen Deutschland und ihren Herkunftsländern beeinflusst sind. In ihrer je eigenen Entwicklung umfassen sie zumal ein breites Spektrum an schichten-, geschlechts- und generationsspezifischen sowie ideologischen Perspektiven, die das deutsche Leben auf ihre eigene Art beeinflussen werden. In diesem faszinierenden Kaleidoskop individueller Erfahrungen, die durch eine Folge traumatischer Erlebnisse in Krieg und Exil geprägt sind, liegt auch ein tiefes Reservoir an Widerstandsfähigkeit und Kraft, das, wenn man ihm den verdienten Respekt entgegenbringt, zum Aufbau eines besseren Deutschlands beitragen kann.

Am Frankfurter Busbahnhof warten 44 Busse darauf, jugoslawische Gastarbeiter für den Weihnachtsurlaub zurück in ihre Heimat zu bringen. (18. Dezember 1987)

KAPITEL 4

Kampf der Identitäten: Kroaten, Serben, Bosnier, Mazedonier und warum es keine »jugoslawische« Diaspora gibt

Ich war jung, und ich brauchte das Geld. Am Ende des Studienjahres war mein Konto so leer, dass mein Vater mir höflich nahelegte, mir doch vielleicht einen Sommerferienjob zu suchen. Das Glück wollte es, dass ein Freund mich und den Rest unserer Clique auf eine Liste mit Studierenden bugsieren konnte, die von einem hannoverschen Krankenhaus angestellt wurden, damit sie für erkrankte oder im Urlaub befindliche Pförtner und Hausmeister einspringen konnten. Da dies häufig vorkam, konnte man mindestens eine doppelt bezahlte Schicht pro Woche arbeiten: sauber machen, medizinische Geräte von A nach B schieben oder mit Elektrowagen, die dummerweise dazu neigten umzukippen, wenn man zu schnell damit fuhr, das Essen auf die Stationen liefern.

Die fest angestellten Arbeiter, denen ich während meiner Schichten zugeordnet wurde, kamen fast alle aus Diasporagemeinden, die eine Verbindung zu Jugoslawien hatten, jenem Staat, der gerade einmal zehn Jahre zuvor auseinandergebrochen war. Einige der älteren Kollegen waren schon in den späten 1960er-Jahren als Gastarbeiter aus Kroatien, Serbien, Bosnien und dem Kosovo gekommen. Die jüngeren Arbeiter und Arbeiterinnen, die kaum älter waren als ich selbst und in den frühen 1990er-Jahren als Flüchtlinge nach Deutschland gekommen waren, hatten den Job mithilfe von Verwandten aus der Gastarbeitergeneration ergattert. Während die älteren Kollegen in ihrem langen Arbeitsleben immer nur diese eine Stelle gehabt hatten, hofften die jüngeren auf eine berufliche Veränderung, und manchmal traf ich sie einige Jahre später als Kommilitonen und Kommilitoninnen oder Auszubildende auf den Unipartys wieder, die ich mit meinen Freunden besuchte. Nachdem ich einmal bei einem Kantinengespräch mit meinen akademischen Ambitionen angegeben hatte, verkündete einer der älteren Arbeiter mit ironischem Unterton, dass ich als der zukünftige »Dottore« dafür zuständig sei, nach dem Mittagessen das Druckerpapier auszuwechseln. Der Spitzname blieb mir erhalten, solange ich dort arbeitete.

Mit zunehmender Zeit beeindruckte mich vor allem die Kameradschaft unter den Leuten, mit denen ich zusammenarbeite. Die gemeinsame jugoslawische Kultur, Anekdoten und familiäre Verbindungen bildeten eine Art Gegengewicht zu den unterschiedlichen ethnischen Hintergründen und sorgten trotz der harten Arbeit und der unsinnigen Vorgaben eines reizbaren deutschen Vorarbeiters, der niemals nach Hause zu gehen schien, für eine freundliche Atmosphäre. Als ich einmal zusammen mit einem Kollegen, der im gleichen Jahr und gleichen Alter aus Kroatien nach Hannover gekommen war wie ich aus Kanada, in jenen orangefarbenen Elektrowagen Essen auf die Stationen lieferte, kam das Gespräch auf das Leben in unseren Geburtsländern. Wir erzählten uns gegenseitig von der Zeit vor dem Umzug nach Deutschland, und mittendrin bemerkte ich beiläufig, wie gut offenbar all unsere Kollegen miteinander auskamen und wie wenig die Schrecken der jüngsten Vergangenheit noch eine Rolle zu spielen schienen. Mein Kollege trat abrupt auf die Bremse, musterte mich, als hätte ich nicht alle Tassen im Schrank, und seufzte: »Dottore, Dottore, du musst noch ganz schön viel lernen.«

Jede Nation beginnt mit einer Idee

Der ideengeschichtliche Hintergrund jener bis in eine hannoversche Krankenhauskantine der frühen Zweitausenderjahre sichtbar werdenden gemeinsamen kulturellen Erfahrungen, aber auch politischen Spannungen, reicht zurück bis ins 19. Jahrhundert. Unter dem Assimilierungsdruck der von ungarischen Eliten innerhalb der Doppelmonarchie des Habsburgerreichs dominierten politischen Ordnung gründeten kroatische Intellektuelle in den 1830er-Jahren die Illyrische Bewegung, um die Verbindung mit ihrem serbischen Pendant zu fördern, das gerade erfolgreich gegen das Osmanische Reich aufbegehrte.[1] Obwohl die Idee einer südslawischen Einheit, eines Staats Jugoslawien, in Serbien und Slowenien nur schwer Fuß fassen konnte, erfreute sie sich in den 1880er- und 1890er-Jahren in der neu entstehenden kroatischen Mittelschicht einer nie da gewesenen Beliebtheit. Zwar gab es diverse ideologische Verbindungen mit der seit 1850 von russischen Nationalisten propagierten panslawistischen Idee, die unter anderem auf der Annahme beruhte, die Russen seien dazu berufen, die slawischen Völker Europas anzuführen. Doch die Intellektuellen in Kroatien und Serbien, die sich nach und nach der südslawischen Sache annahmen, blieben vor allem gegenüber dieser von den Russen beanspruchten Vorherrschaft skeptisch. Sie zogen den Gedanken einer gleichberechtigten Partnerschaft mit Moskau vor, die dafür gesorgt hätte, dass das letzte Wort über das politische Schicksal des Westbalkans in Zagreb und Belgrad verblieb. Bewegungen wie die Napredna Omladina (Fortschrittliche Jugend) waren Teil eines größeren Projekts, das die gemeinsamen Interessen gegenüber ungarischen und italienischen Herrschaftsansprüchen betonte. Nach der anfänglichen Hoffnung, dass ein solches Staatengebilde als gleichberechtigter Partner von Österreich und Ungarn Teil des Habsburgerreichs bleiben könnte, wurden kroatische Aktivisten von den Repressionen der ungarischen

Autoritäten und dem Desinteresse des Habsburger Zentralstaats immer mehr in Richtung der Idee eines gemeinsamen Staats mit Serbien gedrängt.[2]

Die tiefe sprachliche Verbundenheit zwischen der serbischen, kroatischen und bosnischen Gesellschaft bildete bis zum endgültigen Zusammenbruch Jugoslawiens in den 1990er-Jahren die wichtigste Grundlage für das Projekt eines gemeinsamen Staats. Als im späten 18. und frühen 19. Jahrhundert die serbische und die kroatische Sprache aus einander ähnlichen Dialekten grammatisch standardisiert wurden, entstand das Potenzial für einen auf einer gemeinsamen sprachlichen Herkunft beruhenden Kulturraum. Diesen Bemühungen standen Unterschiede im Wortschatz genauso entgegen wie die Entscheidung kroatischer Wissenschaftler für das lateinische Alphabet, obwohl ihre serbischen Kollegen sich für kyrillische Buchstaben entschieden hatten. Die Spannungen zwischen den »Unitaristen«, die darauf hofften, ein Zusammenwachsen der beiden Sprachen zu befördern, und den Intellektuellen in Zagreb, Belgrad und Sarajevo, die die kulturelle Einzigartigkeit ihrer eigenen Sprachtraditionen schützen wollten, wurden dadurch verschärft.[3]

Sowohl in der Zwischenkriegsphase als auch im kommunistischen Jugoslawien nach 1945 kamen dazu noch die Befürchtungen aus Mazedonien und Slowenien, dass ein von der Zentralregierung gefördertes, einheitlich serbokroatisches Modell ihre eigenen kulturellen Traditionen unterminieren könnte. Wie auch bei anderen Aspekten der Idee Jugoslawiens schürten die Bemühungen um eine gemeinsame Sprache Ängste bezüglich des Fortbestehens von eigenständigen serbischen, kroatischen, bosnischen, slowenischen und mazedonischen Kulturtraditionen. Diese Ängste trugen ihrerseits dazu bei, dass nationalistische Bewegungen bei all jenen Widerhall fanden, die beiden jugoslawischen Staaten ohnehin schon skeptisch gegenüberstanden. Die Meinungsverschiedenheiten über das Thema Sprache spielten auch in der Konkurrenz unter den verschiedenen politischen Bewegungen innerhalb der Diasporagruppen in Europa und Nordamerika eine wichtige Rolle: Es ging stets darum, welche Sprachauffassung und welche Kulturtradition die Identität der jeweiligen Gemeinschaften definierten.[4]

Erst ein Jahrzehnt vor dem Ersten Weltkrieg begann sich das Engagement von serbischen Intellektuellen und Teilen der herrschenden slowenischen, kroatischen und bosnischen Eliten für die Idee eines gemeinsamen jugoslawischen Staats in einer übergeordneten politischen Strategie zu bündeln. Nach der Eskalation der politischen Situation zwischen der Zeit der Balkankriege von 1912 und den Nachwirkungen der Ermordung des Habsburger Thronfolgers Erzherzog Franz Ferdinand durch serbische Nationalisten, die weitreichende Verbindungen zu militärischen Splittergruppen innerhalb des serbischen Staats hatten, wurden Pläne für eine umfassendere regionale Agenda konkreter. Die Idee Jugoslawiens als eines gemeinsamen Staats mit den Slowenen, Kroaten und den weitaus weniger gewillten Mazedoniern sowie den muslimisch geprägten Bosniern etablierte sich in der serbischen Gesellschaft schon während des Ersten Weltkriegs, der mit seinen Tragödien und Triumphen zerstörerische Folgen für all jene Nationen hatte, die später Teil des jugoslawischen Staats werden sollten.[5]

Wie tief die Idee Jugoslawiens in der Herausbildung einer kroatischen Identität in den Jahrzehnten vor dem Ersten Weltkrieg wurzelte, hatte mich schon als Student überrascht, als ich noch ganz am Anfang meiner Untersuchung der bundesdeutschen Diasporagemeinden stand. Die komplexe Geschichte des Ideals einer südslawischen Einheit und Brüderlichkeit, auf der die Idee Jugoslawien basierte, passte nicht zu der Hitzigkeit, mit der meine Kollegen und Schulfreunde mit Wurzeln in den nach dem Zweiten Weltkrieg entstandenen jugoslawischen Diasporagruppen über ihr Herkunftsland diskutierten. Für Bekannte und Freunde aus Kroatien war die Idee Jugoslawiens ein unterdrückerisches Trugbild, ein Fehler, der den Kroaten im gesamten 20. Jahrhundert nichts als Leid und Krieg gebracht hatte. Doch die Wut darüber, wie Familienmitglieder in ihren Dörfern und Städten von der verbleibenden jugoslawischen Armee (JNA), die inzwischen dem nationalistischen serbischen Regime von Slobodan Milošević Gefolgschaft leistete, in den Krieg gestürzt worden waren, wurde oft von guten Erinnerungen an eine nun verlorene gemeinsame jugoslawische Kultur abgemildert. In ein und demselben Gespräch konnten Schulfreunde zornig vom Fronteinsatz eines Cousins berichten und sich gleichzeitig wehmütig fragen, ob Jugoslawien überhaupt noch existieren würde, falls es seine Nationalmannschaft ins Halbfinale der Fußballweltmeisterschaft von 1990 schaffen würde.

Großserbien versus Kroatien versus Bosnien versus Mazedonien versus Jugoslawien

Freunde und Bekannte aus der serbischen Diaspora schienen mehr hinter der Idee Jugoslawien zu stehen. Mir wurde erst später klar, dass der serbische Nationalismus, der von Slobodan Milošević und den unter seine Kontrolle gebrachten Staatsmedien propagiert wurde, auch in der serbischen Gemeinde der Bundesrepublik Unterstützung fand. Die engen Freunde meiner Familie jedoch, die aus den serbischen Communities kamen, waren bestürzt über den Niedergang der von ihnen nach wie vor unterstützten jugoslawischen Idee. Frustriert über die Wahlerfolge der nationalistischen Bewegungen in Kroatien und Slowenien, hofften einige von ihnen sogar, dass die JNA die Republiken, die den föderativen Staat Jugoslawien ausmachten, mit Gewalt daran hindern würde, sich abzuspalten. Als der Konflikt eskalierte, konnte man beobachten, wie sehr Freundschaften und familiäre Bindungen unter den Meinungsverschiedenheiten litten, wenn es darum ging, ob der Krieg notwendig sei, um die Interessen der serbischen Gemeinschaften in Bosnien und Kroatien zu verteidigen, oder ob er im Gegenteil einen Verrat an all dem darstelle, wofür die Idee von Jugoslawien einst stand.

Solche kontroversen Haltungen gegenüber der Idee Jugoslawiens begegneten mir auch in den anderen Diasporagemeinden des Westbalkans – sowohl während meiner Ferienjobs als auch im Zuge meiner Forschungsarbeit. Häufig blickten zum Beispiel die Kosovo-Albaner auf das Leben unter Präsident Josip Broz Titos Herrschaft zwar mit gemischten Gefühlen zurück, doch die Repressionen, mit denen ihre Gemeinschaft zu kämpfen hatte, führten sie erst auf den jugoslawischen Staat nach Titos Tod zurück. Meine mazedonischen Gesprächspartner dagegen blickten mit verträumter Gleichgültigkeit auf die jugoslawische Phase ihres Landes: Für sie war sie nur eine von vielen Herrschaftsformen aus einer weit entfernten Hauptstadt, die ihr Land erlebt hatte, bevor es 1991 in die Unabhängigkeit stolperte. Akademikerkollegen und -kolleginnen aus Slowenien betrachteten die jugoslawische Ära als peinliches Zwischenspiel, das man so schnell wie möglich hinter sich lassen musste. Von allen Ethnien, die ich in Hannover und Berlin traf, stellten vor allem die Bosnier Jugoslawien immer wieder als eine verlorene Welt der friedlichen Koexistenz dar, deren Mängel angesichts der Schrecken des Krieges und der Nachkriegskorruption verblassten.

Die unterschiedlichen Haltungen zum Erbe des Jugoslawismus wurden vor allem von den verschiedenen Auswirkungen geprägt, die die jugoslawischen Sezessionskriege auf die jeweiligen Nachfolgestaaten hatten. Die Erinnerung an das kulturelle Erbe und die Idee Jugoslawiens ist darüber hinaus jedoch auch ein Produkt des Einflusses, den die jugoslawischen Regierung auf das Leben von Auswanderern ausübte, die eine Gesellschaft verlassen hatten, die mit dem Übergang von der Agrarökonomie zum Industriestaat erheblich zu kämpfen hatte. Nach 1918 wirkten sich die

Spannungen zwischen dem gemeinsamen König der Serben, Kroaten und Slowenen, einem Nachfahren der serbischen Herrschaftsdynastie, auf der einen Seite und der aufstrebenden kroatischen Bauernpartei auf der anderen Seite auch auf die kroatischen und serbischen Diasporagruppen aus, die drei Viertel der eine Million Immigranten aus Südosteuropa ausmachten, die sich im späten 19. und frühen 20. Jahrhundert in Europa und Nordamerika niedergelassen hatten.[6] Die Ermordung des Anführers der Bauernpartei Stjepan Radić bei einer Debatte im jugoslawischen Parlament im Jahr 1928 sowie die Einführung einer diktatorischen Herrschaft durch König Alexander I. im darauffolgenden Jahr zwangen viele Befürworter der kroatischen Autonomie zur Flucht. Viele von ihnen versuchen daraufhin, innerhalb der Diasporagemeinden Unterstützung für ihre Sache zu organisieren.[7] Weil diese Aktivitäten im Jahr 1934 schließlich dazu führten, dass König Alexander in Marseille von kroatischen Nationalisten ermordet wurde, entschlossen sich die jugoslawischen Nachrichtendienste dazu, in sämtlichen Diasporamilieus, die sie für gefährlich erachteten, die Infiltrierung und Unterdrückung zu verschärfen. Ihre Methoden sollten ihren kommunistischen Nachfolgern nach 1945 zum Vorbild werden.[8]

Titos Jugoslawien und die »Gastarbeiter« in Deutschland

Der kommunistische Staat, der unter der Führung von Josip Broz Tito nach 1945 errichtet wurde, war anfangs zu sehr damit beschäftigt, die Gesellschaft wiederaufzubauen, die von der deutschen Besatzung und inneren Konflikten zerstört worden war, als dass er sich hätte damit beschäftigen können, was die über 10 000 politischen Emigranten und Flüchtlinge trieben, die im Lauf der letzten Monate des Zweiten Weltkriegs aus dem Land geflohen waren. Serbische und kroatische Nationalisten und Kollaborateure, denen es nicht gelang, während des Rückzugs der Wehrmacht zu fliehen, wurden von Titos Partisanentruppen gefangen genommen und mussten entweder lange Haftstrafen absitzen oder wurden an Orten wie Kočevski Rog getötet, wo man Tausende Kollaborateure und Gegner der neuen Regierung exekutierte.[9] Die Versuche der kommunistischen Regierung, die nicht nur in der Gesellschaft, sondern auch in der Partei selbst auftretenden ethnischen Differenzen durch das Konstrukt einer Föderation von vornherein auszubalancieren, zielten vor allem darauf ab, genau jene nationalistischen Gefühle zu neutralisieren, die die nun exilierten und untereinander rivalisierenden Bewegungen schüren wollten. Das föderalistische System, das aus geografisch definierten Republiken bestand, die sich nach den inneren Grenzen von Jugoslawien vor 1941 richteten, steht für den Versuch, die kulturellen Ansprüche jeder einzelnen nationalen Gruppe zu erfüllen. Auch die plötzliche Wendung gegen die sowjetische Dominanz über Osteuropa im Jahr 1947 verschaffte Tito den Handlungsspielraum, den er brauchte, um die Vereinigten Staaten und die westeuropäische Regierungen zu umwerben, um deren Unterstützung sich zur gleichen Zeit auch die antikommunistischen Exilbewegungen bemühten.[10]

Als das Tito-Regime sich durch ökonomische Schwierigkeiten gezwungen sah, die Fremdinvestitionen und Außenhandelsbeziehungen auszuweiten, begannen die Bemühungen um eine Verbesserung der Beziehungen zur Bundesrepublik Deutschland – und das nur ein Jahrzehnt, nachdem die Wehrmacht Jugoslawien verlassen hatte. Im Gegenzug taten die dem jugoslawischen Staat feindlich gegenüberstehenden Auswanderer und Vertriebenen ihr Bestes, um den Versuch einer diplomatischen Annäherung zu torpedieren. Dass die Grenzkontrollen gelockert wurden, um den Tourismus aus Westeuropa anzukurbeln, ermöglichte es umgekehrt jugoslawischen Bürgern, mithilfe von Arbeitserlaubnissen oder nachdem sie aufgrund von Verfolgung wegen ihrer Verweigerung des Militärdienstes in der Bundesrepublik politisches Asyl beantragt hatten, zum Arbeiten nach Westdeutschland zu kommen, wo gerade ein akuter Arbeitskräftemangel herrschte. Noch bevor diese Zufuhr von Arbeitskräften durch ein im Jahr 1968 ausgehandeltes sogenanntes Anwerbeabkommen geregelt wurde, waren jugoslawische Bürger und Bürgerinnen in allen Branchen der westdeutschen Wirtschaft präsent.[11] Die Massenauswanderung der Arbeiter zog auch ausgebildete Fachleute und Studierende mit sich, die hofften, hier größere Chancen zu haben, als ihnen das Jugoslawien der 1960er-Jahre bieten konnte.

Noch vor der Unterzeichnung des Anwerbeabkommens wurden in Jugoslawien erste Befürchtungen über die gesellschaftlichen Auswirkungen einer derart großen Auswanderungswelle laut. Das Ausmaß, in dem sich die Migration beschleunigte, zeigte auch, dass der jugoslawische Staat seine ökonomischen Entwicklungsziele selbst mit dem gelockerten Modell einer sogenannten Arbeiterselbstverwaltung nicht erreichte. Dieses gab den Betriebsdirektionen vor Ort viel größere Autonomie gegenüber der zentralen Kontrollinstanz als das sowjetische Modell und wurde zum Hauptkritikpunkt am Bund der Kommunisten, der machthabenden Partei.[12] Die Studierendenproteste in den späten 1960er-Jahren in Belgrad sowie die Hinwendung zu einer offeneren Debattenkultur nach innen und außen beim kroatischen Bund der Kommunisten in Zagreb können ebenfalls als Reaktion darauf interpretiert werden, dass so viele Mitbürgerinnen und Mitbürger das Bedürfnis hatten, ihr Glück in Westdeutschland zu suchen. Zumindest stand die Frage im Raum, was die massenhafte Auswanderung eigentlich über den Zustand der jugoslawischen Gesellschaft aussagte. Nachdem er sich anfänglich dialogbereit gezeigt hatte, befürwortete Tito schließlich das von den um ihre Macht fürchtenden Hardlinern propagierte Durchgreifen gegen die Studierendenbewegung und gegen langjährige kroatische Regierungsmitglieder. Doch auch danach blieb das Thema Auswanderung – als Symbol für die ökonomischen Probleme des Landes – für die staatlichen Eliten Jugoslawiens ein wunder Punkt.

Die skizzierten Befürchtungen aufseiten der Regierungspartei hatten zudem Einfluss auf die Art und Weise, wie der jugoslawische Staat mit jenen Bürgerinnen und Bürgern umging, die sich nach der Unterzeichnung des Anwerbeabkommens im Jahr 1968 auf westdeutschem Boden aufhielten. Zunächst war das Abkommen einfach ein Versuch, mit dem längst losgetretenen Migrationsprozess Schritt zu halten und weitere Arbeitskraftanwerbungen zu ermöglichen, aber vor allem bot es jugoslawischen Diplomaten und den Parteiorganisationen des Bundes der Kommunisten die Chance, Kontakt zu den Gastarbeitern in Westdeutschland aufzunehmen und Diasporastrukturen aufzubauen, die der jugoslawischen Idee gegenüber loyal waren. Zwar entstanden Clubs, Vereine und Fußballligen für jugoslawische Gastarbeiter, die in den meisten westdeutschen Städten aus dem Boden schossen, auf Eigeninitiative von Arbeiterinnen und Arbeitern oder Studierenden, doch erhielten sie von Anfang an auch Unterstützung von der jugoslawischen Regierung. Um zu signalisieren, wie wichtig ihnen die Förderung der jugoslawischen Diasporagemeinden war, nannten hochrangige Mitglieder des Bundes der Kommunisten die Gastarbeiter – mit Blick auf die sechs Republiken, aus denen die jugoslawische Föderation bestand – »die siebte Republik«.[13] Eines der wichtigsten Elemente dieser Kontaktstrategie war die Jugendarbeit. So waren die Konsulate dafür verantwortlich, durch die Bereitstellung von Schulmaterialien und die Organisation außerschulischer Aktivitäten dafür zu sorgen, dass bei jugoslawischen Kindern, die in der Bundesrepublik aufwuchsen, der Grundstein für eine Befürwortung der Idee Jugoslawiens gelegt wurde.[14]

Diese Art der Jugendarbeit beinhaltete zum Beispiel auch die Bereitstellung jugoslawischer Zeitungen und Zeitschriften, die

Bestückung der städtischen Bibliotheken mit Büchern in serbokroatischer Sprache, aber auch vom jugoslawischen Außenministerium oder den Kulturinstitutionen der Partei bezahlte Tourneen von Musik- oder Tanzensembles mit zum Teil sehr prominenten Künstlerinnen und Künstlern. Zwar wurde den Kindern anfangs häufig ganz bewusst eine vereinheitlichende Sicht auf das Serbokroatische beigebracht, aber schon bald siegte der Pragmatismus: Damit Familien, die sich Unterricht im kroatischen und serbischen Dialekt wünschten, nicht von den konkurrierenden nationalistischen Organisationen für ihre eigenen Jugendprogramme abgeworben wurden, versuchten die jugoslawischen Kulturbeamten, diesen Wünschen nachzukommen. Bis die staatlichen Strukturen Jugoslawiens in den späten 1980er-Jahren zu bröckeln begannen, blieben der muttersprachliche Unterricht und andere Formen der Jugendarbeit, die bei den Kindern der Gastarbeiterinnen und Gastarbeiter eine innere Verbindung zum Herkunftsland ihrer Eltern aufbauen sollten, eine tragende Säule des jugoslawischen Engagements in den Diasporagemeinden.[15] Da die Gastarbeiterverträge auch den Zugang zu Rentenversicherung und zum Gesundheitswesen regelten, hatte der jugoslawische Staat zudem die Möglichkeit, Gastarbeiter mit zeitlich beschränkter Arbeitserlaubnis unter Druck zu setzen. Parteimitglieder und Geheimdienstmitarbeiter hatten keine Skrupel, dieses Druckmittel ergänzend zur Finanzierung von Kulturarbeit so einzusetzen, dass lokale Netzwerke, die Tito gegenüber loyal eingestellt waren, dazu gebracht wurden, diejenigen auszuspionieren, die dem jugoslawischen Status quo kritisch gegenüberstanden.[16]

Doch trotz all dieser Bemühungen, den Sinn für die gemeinsame Identität zu stärken, gab es in allen jugoslawischen Diasporagruppierungen auch Anhänger der nationalistischen Bewegungen, deren Ablehnung der Regierungspartei auf all jene Migranten und Migrantinnen einen Reiz ausübte, die die politischen und ökonomischen Strukturen des jugoslawischen Staats als zutiefst dysfunktional empfanden. Auf jeden Gastarbeiter, der einen Rest Loyalität für die Idee Jugoslawiens aufbrachte, kamen genauso viele, wenn nicht mehr, mit ganz anderen Narrativen: Familiengeschichten und persönliche Erinnerungen an die Unterstützung der verlierenden Seite im Zweiten Weltkrieg, die Bestrafung abweichender Meinungen in der Nachkriegszeit oder die zermürbende Realität von Armut und Existenzangst während der 1950er-Jahre. Ein Teil der Migranten, die sich in der Bundesrepublik niedergelassen hatten, um einem autoritären Regime mit eingeschränkten ökonomischen Perspektiven zu entkommen, sorgte also dafür, dass die Hoffnungen der Nationalbewegungen, den jugoslawischen Staat zu zerschlagen, wiederbelebt wurden.

Die Ustascha und ihre Nachfolger

Von den nationalistischen Bewegungen, die versuchten, in der BRD Unterstützung zu organisieren, kam die erfolgreichste unter ihnen aus der kroatischen Diaspora. In den 1970er-Jahren bildeten unter den Einwanderern und Gastarbeitern aus Jugoslawien nur die fast 300 000 Kroaten und die über 500 000 Serben Gruppen, die so groß waren, dass man dort auch mit Minderheitenpositionen eine beträchtliche Menge von Unterstützern fand. Beide Gruppen pflegten zudem intensive familiäre, gesellschaftliche und religiöse Beziehungen zu Landsleuten, die im Zuge früherer Auswanderungswellen aus Serbien und Kroatien nach Nordamerika, Australien und Südamerika gegangen waren.[17] Während die Zersplitterung der serbischen Emigrantenszene in rivalisierende Gruppen verhinderte, dass die serbische nationalistische Bewegung eine brauchbare Alternative zu den jugoslawischen Clubs und Vereinen darstellte, gewann die besser strukturierte und ideologisch geschlossenere kroatische Emigrantenszene, die schon in den 1950er-Jahren ihr nationalistisches Engagement in der Bundesrepublik aufgenommen hatte, unter den Gastarbeitern und Gastarbeiterinnen so viele Unterstützer, dass sie zu einer der sichtbarsten Diasporabewegungen in der Bundesrepublik wurde. Wenn auch die kroatischen Nationalisten in der ideologisch vielfältigen Diaspora niemals vollständig die Kontrolle übernahmen, so bedeutete ihre sichere Stellung in einer so großen Gemeinschaft doch, dass sie in der Lage waren, auf ein über ganz Deutschland verteiltes Unterstützernetzwerk zurückzugreifen, das zahlenmäßig in die Zehntausende ging.

Die Beziehungen zwischen den politischen Emigranten und Emigrantinnen aus Kroatien, die den Ausgangspunkt für das nationalistische Engagement in der Diaspora bildeten, und den westdeutschen politischen Eliten waren durch die jahrhundertelangen starken Verbindungen zwischen der deutschsprachigen Welt und Kroatien geprägt. Obwohl Kroatien vom ungarischen Teil des Habsburgerreichs regiert wurde, blieb für die meisten Mitglieder der kroatischen Eliten Wien der kulturelle Bezugspunkt. So hatte auch die Beliebtheit der Idee einer Einheit mit Serbien im Vorfeld des Ersten Weltkriegs mehr mit antiungarischen Gefühlen zu tun als mit Hass auf den weit entfernten österreichischen Kaiser in Wien. So kämpften im Jahr 1918 zahlreiche kroatische Einheiten an der italienischen und russischen Front bis zum Zusammenbruch der Habsburgermonarchie loyal für die österreich-ungarische Sache.[18] Erst die konsequente Entfernung von Kroaten aus Machtpositionen nach dem Zusammenbruch veranlasste eine ganze Generation von Kroaten, extrem nationalistische Positionen zu übernehmen. Einige der radikalsten Aktivisten, die diese Krise hervorbrachte, riefen in den frühen 1930er-Jahren die Ustascha-Bewegung ins Leben, die einen extremen Nationalismus mit ideologischen Elementen aus dem italienischen Faschismus und dem deutschen Nationalsozialismus kombinierte.[19]

In den frühen 1930er-Jahren erhielten die kroatischen Nationalisten Rückendeckung von italienischen Geheimdiensten, die hofften, ihre Rivalen an der Adria durch Sezessionsbewegungen wie die Ustascha oder die Innere Mazedonische Revolutionäre Organisation (IMRO) zu schwächen. Nach der Beteiligung von Mitgliedern der IMRO und der Ustascha an der Ermordung von König Alexander im Jahr 1934 sah sich Mussolini jedoch gezwungen, Mitglieder beider Organisationen ins Gefängnis werfen zu lassen, woraufhin sich kroatische Exilanten zunehmend um deutsche Unterstützung bemühten. Doch trotz der Beliebtheit der Ustascha in einigen deutschen Studierendenzirkeln führte die Tatsache, dass die kroatische Politik der Zwischenkriegszeit durchgehend von der Bauernpartei unter der Führung von Vladko Maček dominiert wurde, dazu, dass die Experten und Beamten, die später an der Balkanpolitik der Nationalsozialisten beteiligt waren, für Verbindungen zur Ustascha kein wirkliches Interesse aufbrachten.[20]

Erst als die Wehrmacht im April 1941 die jugoslawische Armee besiegt hatte, zogen führende Mitglieder der Ustascha die Aufmerksamkeit von NSDAP-Funktionären auf sich. Nachdem sie sich gegenüber Nazideutschland als loyale Verbündete angeboten hatten, erhielten die Ustascha-Kader die Möglichkeit, ihren eigenen faschistischen Staat zu errichten, der als Unabhängiger Staat Kroatien, kurz USK (Nezavisna Država Hrvatska, NDH), bekannt wurde. Sein Anführer (der in unmittelbarer Nachahmung des deutschen Wortes *Führer* »Poglavnik« genannt wurde) war Ante Pavelić, einer der Gründer der Ustascha. Obwohl die kroatische Unabhängigkeit durchgängig stark betont wurde, blieben die Domobrani-Milizen des USK sowie der gesamte Beamtenapparat abhängig von deutschen Finanzmitteln. Zwar wurde die kroatische Unabhängigkeit in großen Teilen der Öffentlichkeit befürwortet, aber die eine oder andere Fehlkalkulation der Ustascha-Führung verstärkte schließlich die Beliebtheit der Gegner der Unabhängigkeit, namentlich der kommunistischen Partisanen und der serbischen Tschetniks. Dass das Ustascha-Regime bei der Verfolgung von Juden, Serben und linken Kroaten aktiv mit der

Wehrmacht und der SS kollaborierte, führte schließlich dazu, dass sich Teile der Bevölkerung von ihm abwendeten. Auch die Inhaftierung Mačeks (des Anführers der Bauernpartei) schadete der Ustascha mehr, als sie ihr nützte, weil sie dadurch die moderaten Nationalisten in Feinde des USK-Regimes verwandelte. So sehr sich Pavelić auch auf die Loyalität der extremen Nationalisten verlassen konnte und durch seine regelmäßigen Treffen mit Hitler deutsche Unterstützung signalisieren konnte, so wenig war sein Regime letztendlich in der Lage, in der Mehrheit der kroatischen Bevölkerung dauerhafte Begeisterung für das Projekt der Ustascha zu wecken.

Etwa zur gleichen Zeit übernahm das NSDAP-Gremium, das für die Organisation der deutschen Minderheiten zuständig war, die Kontrolle über 250 000 sogenannte Donauschwaben, jene deutsche Minderheit, die an der Donauniederung in Slawonien und der Vojvodina lebte. Doch der Bruch zwischen der deutschen Minderheit und den Kroaten war so groß, dass die nationalsozialistischen Aktivisten unter den Donauschwaben erst dann eng mit der Ustascha-Führung zusammenarbeiteten, als beide Gruppen in den letzten Monaten des Krieges zur Flucht gezwungen waren.[21] Während es Pavelić gelang, nach Italien zu entkommen, wurden Zehntausende Soldaten und Unterstützer des USK, die im südlichen Österreich britischen Soldaten in die Hände gefallen waren, an die nachrückenden Partisanentruppen ausgeliefert. Die meisten von ihnen wurden bei Bleiburg hingerichtet, diejenigen, die überlebten, wurden mit Tausenden von Wehrmachtsgefangenen und Mitgliedern der deutschen Minderheit unter grausamen Bedingungen inhaftiert.[22]

Abgesehen von einigen Balkanspezialisten im Mittelbau des bundesdeutschen Auswärtigen Amtes, die sich während des Krieges in Jugoslawien aufgehalten hatten, bestand die kleine Gruppe von Diplomaten und Experten, die auf jugoslawische Beziehungen spezialisiert waren, entweder aus umgesiedelten Donauschwaben oder unerfahrenen jungen Beamten.[23] In den 1950er-Jahren versuchten kroatische Gruppierungen und ihre deutschen Sympathisanten zwar, mithilfe früherer Wehrmachtsoffiziere und Diplomaten finanzielle Unterstützung für sich zu organisieren, aber im Allgemeinen stießen sie im Staatsapparat der Bundesrepublik auf wenig Gegenliebe. Titos Entscheidung, schon im Jahr 1947 mit der UdSSR zu brechen und sich in einem relativ frühen Stadium des Kalten Kriegs um stabile Beziehungen zum Westen zu bemühen, machte es für westdeutsche Regierungsbeamte unabdingbar, die politischen Emigranten auf Distanz zu halten, obwohl einige Antikommunisten mit der kroatischen Sache sympathisierten. Der Ustascha-Hintergrund vieler kroatischer Führungspersonen bereitete auch der Polizei Sorge, die zur Verhinderung von Ärger mit jugoslawischen Diplomaten alles tat, um Veranstaltungen kroatischer Nationalisten nur unter Auflagen stattfinden zu lassen.[24]

Obwohl also Bundesbeamte gegenüber Emigrantengruppen, in denen frühere Ustascha-Mitglieder eine führende Rolle spielten, misstrauisch blieben, hielt sich ihr Interesse, hart gegen Immigrantengruppen vorzugehen, phasenweise extrem in Grenzen. Das lag zum einen an der schlechten Behandlung deutscher Kriegsgefangener durch den jugoslawischen Staat in den späten 1940er-Jahren, zum anderen am Abbruch der diplomatischen Beziehungen zu Jugoslawien, nachdem dieses im Jahr 1957 die DDR als eigenständigen Staat anerkannt hatte. Abgesehen davon, dass deutsche Behörden kroatische Nationalisten stets in ihre Schranken wiesen, sobald antijugoslawische Demonstrationen außer Kontrolle gerieten, widersprachen schon die Seltenheit und zahlenmäßige Begrenztheit von antijugoslawischen Aktionen in den 1950er-Jahren der Behauptung des Tito-Regimes, die Ustascha baue in der Bundesrepublik Deutschland eine Guerilla-Armee auf, die demnächst in Jugoslawien einmarschieren solle.[25] Dass die kroatische Exilgemeinde sich trotz ihres Hangs zu Richtungskämpfen relativ unauffällig verhielt, führte bei den westdeutschen

Sicherheitsbehörden in dieser Phase zu einer gewissen selbstzufriedenen Bequemlichkeit.

Die meisten Vertriebenen, die nicht nach Jugoslawien zurückkehren wollten, schlossen sich nach 1949 der großen Auswanderungswelle nach Nordamerika an. Bis dahin waren die 13 000 nach 1945 in München, Stuttgart und dem Ruhrgebiet gelandeten kroatischen Vertriebenen von politischen Exilanten angeführt worden, die die kleinen Vereine und Organisationen entsprechend ihrer jeweiligen politischen Agenda steuerten. Unter der Führung von Berislav Deželić, der in der jugoslawischen Politik der Vorkriegszeit eine gewisse Rolle gespielt hatte, bildeten die Anhänger der Bauernpartei zwar eine wahrnehmbare Gruppe, aber die etwas prominenteren Führungspersönlichkeiten hatten häufig einen Ustascha-Hintergrund. Um all diese verschiedenen Gruppen der kroatischen Exilgemeinde zusammenzuhalten, bot eine katholische Mission aus Kroatien in Deutschland Räumlichkeiten an, in denen sich die jeweiligen Gruppierungen unter der Leitung kroatischer Geistlicher treffen konnten.[26] Doch die gemeinsame Religion war nicht genug, um die Gräben zwischen den vom Scheitern des Unabhängigen Staats Kroatien enttäuschten extremen Nationalisten und solchen Kroaten zu überbrücken, die Pavelić gegenüber loyal blieben oder sich zu den übrig gebliebenen Anhängern der Bauernpartei zählten. Führungskämpfe endeten häufig damit, dass ein Teil der Beteiligten die jeweilige Gruppe verließ, um eine eigene neue Fraktion zu gründen.[27]

Aus diesen Richtungskämpfen gingen zahlreiche neue Organisationen hervor. Die am besten vernetzte war die Partei Hrvatski Oslobodilacki Pokret (HOP), eine direkte Nachfolgerin der Ustascha, die im Juni 1956 von Pavelić und anderen Ustascha-Exilanten in Madrid gegründet worden war. Mit der Unterstützung von Emigranten, die dem Unabhängigen Staat Kroatien gedient hatten, erlangten die HOP und ihr bewaffneter Flügel, die Hrvatske obrambene snage (HOS), durch Tarnorganisationen wie das »Zentralkomitee der kroatischen Vereinigungen in Europa« (Središnji odbor hrvatski društava u Europi, SOHDE) oder die »Vereinigten Kroaten in Deutschland« (Ujedinjeni Hrvati Njemačke, UHNJ) eine kleine, doch sichtbare Präsenz in der Diasporagemeinde. Viele kroatische Aktivisten wie Nahid Kulenović, Mile Rukavina und Miroslav Peran, die es später durch ihre Gewalttaten gegen den jugoslawischen Staat zu trauriger Berühmtheit bringen sollten, wurden ursprünglich in solche Gruppen rekrutiert.[28]

Andere frühere Ustascha-Mitglieder, die Pavelić als Versager betrachteten, gründeten Konkurrenzgruppen. So riefen im Jahr 1951 Branimir Jelić, Stjepan Buć und andere in die Bundesrepublik geflohene extrem rechte Intellektuelle das Kroatische Nationalkomitee (Hrvatski Narodni Odbor, HNO) ins Leben. Viele Aktivisten, die in der BRD eine neue Heimat fanden, wie Jelić oder General Ivo Brozovic, waren in der Zwischenkriegsphase in die Politik gegangen und hatten häufig ihre ganz eigenen Schwierigkeiten mit der Ustascha, was verhinderte, dass sie nach dem Krieg der Kollaboration mit Nazideutschland beschuldigt wurden. Das HNO, das sich bequem durch großzügige Spenden rechts stehender Deutscher und Exil-Kroaten finanzieren konnte, erhielt darüber hinaus für Publikationen in kroatischer Sprache (wie zum Beispiel die Zeitung *Hrvatska Drzava)* sogar Zuschüsse vom Ministerium für Flüchtlinge und Vertriebene.[29] Finanzielle oder ideologische Streitigkeiten zwischen einzelnen Führungspersonen führten zu einer Aufspaltung des HNO und der HOP in kleinere Splitterfraktionen, die alle von sich behaupteten, sie würden »am entschlossensten« gegen den jugoslawischen Staat vorgehen. Um sich einen größeren Einfluss zu sichern, waren altgediente Emigranten wie Berislav Deželić, Ivica Boras und Vater Rafael Medic-Skoko (Ante Pavelićs ehemaliger Seelsorger) nicht selten Mitglied in mehreren Gruppierungen. Dass jede Splittergruppe für sich reklamierte, härter gegen den jugoslawischen Staat vorgehen zu können, führte schnell zu einer Spirale der Radikalisierung.[30]

Die »Gastarbeiter« verändern die Diasporagemeinden

Der massive Zustrom von Gastarbeiterinnen und Gastarbeitern aus Jugoslawien gab den nationalistischen Organisationen innerhalb der kroatischen Gemeinde in Deutschland neuen Schwung. Auch die serbischen, bosnischen, slowenischen, mazedonischen und kosovarischen Nationalisten, deren jeweilige Splittergruppen ebenfalls während der bewaffneten Konflikte der 1930er- und 1940er-Jahre entstanden waren, profitierten von dieser Entwicklung. Sobald eine Gruppe von einer einigermaßen bekannten Persönlichkeit angeführt wurde und die Kapazitäten hatte, neu eingetroffene Migranten zu unterstützen, konnte sie in jeder westdeutschen Stadt Hunderte von Anhängern gewinnen. In den frühen 1960er-Jahren gab es in Westdeutschland nur etwa 30 000 Migranten aus Jugoslawien – 13 000 von ihnen stammten aus Kroatien.[31] Im Jahr 1973 betrug die Zahl von Jugoslawen in der Bundesrepublik Deutschland dann schon mehrere 100 000, etwa ein Drittel von ihnen kam ursprünglich aus Kroatien.[32] Selbst wenn die nationalistischen Gruppen nur einen Bruchteil dieser neu eintreffenden Migranten für sich gewinnen konnten, waren es immer noch genug, um ihre Pläne deutschlandweit voranzutreiben. Dennoch wurden diese für erbitterte Flügelkämpfe und Spaltungen so anfälligen Gruppen von den deutschen Sicherheitsbehörden häufig nicht wirklich ernst genommen. Doch als im Jahr 1963 eine Welle von Gewalt gegen jugoslawischen Ziele in der Bundesrepublik Deutschland die westdeutsche Polizei und Diplomatie dann doch nötigte, sich mit diesen Gruppierungen auseinanderzusetzen, waren sie überrascht, mit welcher Schnelligkeit es diesen gelungen war, Unterstützer und Gelder für ihr Vorhaben zu gewinnen, jeden anzugreifen, der sich Jugoslawien gegenüber loyal verhielt.[33]

In ihren Bemühungen, auch deutsche Staatsbürger als Unterstützer zu gewinnen, führten die kroatischen Nationalisten vor allem die schlechte Behandlung von deutschen Kriegsgefangenen und Donauschwaben durch kommunistische Partisanen ins Feld. Mit Blick auf die Zustimmung breiterer Bevölkerungsschichten zögerten sie auch nicht, Jugoslawien mit der DDR zu vergleichen und das Land als kommunistische Bedrohung für den Westen hinzustellen. Eigentlich abgestimmt auf den konservativen Flügel der CDU/CSU, weckten solche Thesen auch das Interesse von rechten Polizeibeamten und bekannten ultrarechten Aktivisten wie Wilhelm Schöttler. Das Gefühl, in Teilen des westdeutschen Staatsapparats über stillen Rückhalt zu verfügen, führte zwar dazu, dass die kroatischen Nationalisten fälschlicherweise glaubten, nun von der Basisarbeit in den Exilgemeinden zu direkten Attacken auf den jugoslawischen Staat übergehen zu könnten.[34] Doch außer eher symbolischen Finanzhilfen des Auswärtigen Amtes und des Bundesministeriums für Vertriebene brachten diese stillschweigenden Unterstützer aus der rechten Szene den kroatischen Gruppen letztendlich nicht viel ein. Zwar boten einige CDU-Politiker mit donauschwäbischem Hintergrund ihre Unterstützung an, aber es gelang ihnen nie, auch nur so viele staatliche Gelder zu organisieren, dass zumindest einige kroatische Emigranten von ihrer politischen Arbeit leben konnten.[35]

Die speziellen Strukturen, die die katholische Kirche den Kroaten geschaffen hatte, wirkten sich ebenfalls auf die Entwicklung der kroatischen Gemeinschaft in Deutschland aus. Zwar vermieden die meisten Priester es, sich offen in die Politik einzumischen, aber bei den diversen kirchlichen Festen und den wöchentlichen Gottesdiensten konnten die nationalistischen Aktivisten unkompliziert mit kürzlich eingetroffenen Gastarbeitern in Kontakt treten.[36] Diejenigen unter den Priestern jedoch, die bereit waren, die kroatischen Nationalisten offen zu unterstützen, übernahmen bei der Organisation von Protesten und Gedenkfeiern eine zentrale Rolle. Feste, die mit den wichtigsten Ereignissen der kroatischen Geschichte zusammenhingen, begannen stets mit einem Gottesdienst – im Anschluss gingen dann die Teilnehmerinnen und Teilnehmer gemeinsam zu Protestveranstaltungen oder Versammlungen. Außerdem führten die engen Verbindungen zwischen deutschen und kroatischen Priestern dazu, dass hochrangige Mitglieder der katholischen Kirche sich bei der Bundesregierung für Kroaten einsetzten, die vom jugoslawischen Staat inhaftiert worden waren.

Bis in die frühen 1960er-Jahre hinein hatten deshalb kroatische Emigranten das Gefühl, sich bei Kundgebungen und Demonstrationen einer radikalen Rhetorik bedienen zu können, ohne befürchten zu müssen, dass die westdeutsche Polizei eingriff. In den 1950er-Jahren hatten diese Kundgebungen, die an Ereignisse wie die Erklärung der kroatischen Unabhängigkeit während des Zweiten Weltkriegs erinnerten, nie mehr als 200 bis 300 Teilnehmer gehabt. Die bloße Anwesenheit der Polizei hatte dafür gesorgt, dass die Teilnehmerinnen und Teilnehmer die Auflagen nicht verletzten, also zum Beispiel keine Uniformen trugen und auf hetzerische Parolen, die als Aufruf zur Gewalt interpretiert werden konnten, verzichteten. Doch als die gemeinsame Ablehnung der sowjetischen Expansionspolitik Deutschland und Jugoslawien enger zusammenrücken ließ, setzten sich besonders jüngere Aktivisten dafür ein, zur Torpedierung solcher Kooperationstendenzen jugoslawische Ziele in der Bundesrepublik direkt anzugreifen.[37] Gewaltfreie Protestaktionen wie das Aufhängen riesiger Transparente gegenüber einem Münchener Gebäude, in dem im Juli 1963 westdeutsche und jugoslawische Handelsvertreter tagten, stießen jedoch in der breiten deutschen Öffentlichkeit trotz der reißerischen Aufschrift »Jugoslawische Partisanen haben deutsche Kinder vergast!!« auf wenig Interesse.[38]

Obwohl die diplomatische Anerkennung der DDR durch Jugoslawien die Aufnahme umfassender diplomatischer Beziehungen mit der Bundesrepublik wegen des Festhaltens der Adenauer-Regierung an der Hallstein-Doktrin bis zum Jahr 1965 verhinderte, führte die hohe Wichtigkeit, die selbst Adenauer engeren Beziehungen mit Belgrad einräumte, zu einem Kompromiss, durch den das jugoslawische Außenministerium in Bonn eine Handlungsvertretung eröffnen konnte, die dann de facto als diplomatische Vertretung und als Knotenpunkt für ein Netz an Konsulaten innerhalb der Bundesrepublik diente. Die Wut der kroatischen Migranten auf das Tauwetter in den westdeutsch-jugoslawischen Beziehungen sollte sich für einige Jahre hauptsächlich auf diese erweiterte diplomatische Vertretung konzentrieren. Als Vorwand, in der Bundesrepublik auch gewaltsam vorzugehen, diente den Nationalisten die Tatsache, dass viele jugoslawische Diplomaten als kommunistische Partisanen im Zweiten Weltkrieg gekämpft hatten.

Die Versuche, Druck auf Repräsentanten der jugoslawischen Regierung in der Bundesrepublik auszuüben, hatten anfänglich sogar Erfolg. Kroatische Aktivisten arbeiteten mit Paul Wüllner zusammen, einer der Führungsfiguren des sogenannten Gesamtdeutschen Blocks/Block der Heimatvertriebenen und Entrechteten, einer Partei, die vornehmlich Vertriebene repräsentierte und häufig offen nationalistische Positionen vertrat. Im November 1961 nutzte Wüllner seine Position als Abgeordneter des Bayerischen Landtags, um Informationen in Umlauf zu bringen, die nahelegten, dass Predrag Grabovac, der jugoslawische Konsul in München, im Jahr 1945 als Chef des Geheimdienstes der Partisanen (Odjeljenje za zaštitu naroda, OZNA) in Dalmatien an Gräueltaten gegen Wehrmachtssoldaten, Donauschwaben und kroatische Priester beteiligt gewesen sei. Nachdem dann Wüllner im Bayerischen Landtag Emigrantenquellen zitiert hatte, denen zufolge Grabovac noch immer Agent des jugoslawischen Geheimdienstes (Uprava Državne Bezbednosti, UDBA) sei, setzte sich dieser am 7. Dezember 1961 nach Österreich ab.[39] Eine ähnliche Aktion hatte schon einige Wochen zuvor zur kurzzeitigen Verhaftung des jugoslawischen Handelsvertreters Ante Vracaric geführt, dem kroatische Aktivisten eine Beteiligung an Kriegsverbrechen vorwarfen. In beiden Fällen verhinderte die Tatsache, dass die Beschuldigten zügig das Land verlassen konnten, eine schwere diplomatische Krise zwischen Westdeutschland und Jugoslawien, die sich zu dieser Zeit ja gerade bemühten, engere Sicherheits- und Handelsbeziehungen aufzubauen.[40]

Bis zum Sommer 1962 offenbarten die bundesweiten Angriffe auf jugoslawische Diplomaten und Handelsvertreter, wie schnell und umfassend sich erst kürzlich eingetroffene kroatische Gastarbeiter offenbar radikalisierten. Die Polizei hatte zunehmend mit Protestaktionen zu tun – so wurde zum Beispiel im Juni 1962 auf der Messe Friedrichshafen eine jugoslawische Flagge heruntergerissen –, aber obwohl sich das Auswärtige Amt jedes Mal bemühte, Kritik und Bedenken von jugoslawischer Seite zu zerstreuen, wurde die BRD nach solchen Vorfällen in staatlich kontrollierten jugoslawischen Zeitungen wie *Borba* regelmäßig heftig dafür kritisiert, zu »nachsichtig« gegenüber kroatischen Nationalisten zu sein.[41]

Am 29. November 1962 erreichte die Eskalation der Gewalt einen Punkt, von dem es kein Zurück mehr gab: das Sprengstoffattentat auf die jugoslawische Handelsvertretung in Bonn-Mehlem. Wegen des jugoslawischen Nationalfeiertags befanden sich am Ort des Geschehens nur der Konsulatsbeamte und stellvertretende Handelskommissar Albert Dovgan und sein kleiner Sohn Berto sowie der Hausmeister Momčilo Popović. Kurz vor dem Mittagessen verschaffte sich die »Kreuzerbruderschaft«, ein kleines Netzwerk radikaler kroatischer Nationalisten, gewaltsam Zutritt zu dem Gebäude, während sie Parolen gegen Tito und Serbien skandierten. Nachdem sie etliche Räume verwüstet und Dovgan vor den Augen seines Sohnes verprügelt hatten, lieferten sich einige der Angreifer einen Schusswechsel mit Popović, der, bevor er schließlich niedergeschossen wurde, den anderen helfen konnte, aus dem Gebäude zu fliehen. Zwar schafften es die Angreifer nicht wie geplant, ihren Sprengstoff zu zünden, aber Dovgan verbrachte wegen seiner schweren Verletzungen mehrere Monate im Krankenhaus, und Popović starb an seinen Schussverletzungen. Als die Polizei am Ort des Geschehens eintraf, ließen sich die kroatischen Angreifer ruhig abführen, weil sie fälschlicherweise glaubten, dass sie, weil sie ein kommunistisches Ziel angegriffen hatten, nur mit leichten Strafen zu rechnen hätten. Der Angreifer, der die tödlichen Schüsse auf Popović abgegeben hatte, ein 39 Jahre alter Lkw-Fahrer namens Franjo Perčić, widersetzte sich seiner Verhaftung nicht, und ein anderer Angreifer wurde von der Polizei in einer Kneipe aufgespürt, wo er gerade in aller Seelenruhe sein zweites Bier trank.[42]

Die Zeitungen in Jugoslawien reagierten zornig und werteten die Angriffe als Beweis, dass die BRD mit kroatischen Faschisten zusammenarbeite. Popović wurde mit staatlichen Ehren in Belgrad begraben, und Tito persönlich verlieh ihm posthum den Titel »Held der Nation«.[43] Angesichts der Verärgerung aufseiten der jugoslawischen Diplomatie intensivierten die westdeutschen Sicherheitsbehörden ihre Observation kroatischer Nationalisten. Die Geheimdienstler, die damit beauftragt worden waren, die jugoslawischen Diasporagemeinden genauer unter die Lupe zu nehmen, erkannten schnell, wie wenig sie über die Radikalisierung jener in Deutschland lebender Kroaten wussten, die nun zu Rekruten der Kroatischen Kreuzerbruderschaft (Hrvatski križari) geworden waren.[44]

Nachdem sie sich im Januar 1959 mit 200 Mitgliedern und einem größeren Sympathisantenkreis von der HDO abgespalten hatte, gelang es der Kroatischen Kreuzerbruderschaft in Deutschland, die alteingesessene Emigrantenszene mit jüngeren migrantischen Arbeitern in Kontakt zu bringen. Ihre drei Anführer, Franjo Percić, Pater Rafael Medic-Skoko und der Pharmazeut Josip Alexander Jilk, hatten alle im Zweiten Weltkrieg gekämpft und waren in der Ustascha aktiv gewesen, bevor sie Zuflucht in Deutschland gefunden hatten.[45] Medic-Skoko war während des Krieges sogar Ante Pavelićs persönlicher Seelsorger gewesen und hatte bis 1957 im Exil in Madrid und Buenos Aires gelebt, wo er von hochrangigen früheren Anführern des USK-Regimes umgeben gewesen war. Dass der deutsche Bischof von Paderborn nach dessen Rückkehr aus Südamerika im Jahr 1958 ausgerechnet Medic-Skoko zum verantwortlichen Seelsorger für die Kroaten im Ruhrgebiet gemacht hatte, wurde nach dem Attentat für die katholische Kirche zu einer ausgesprochen peinlichen Angelegenheit.[46]

Percić dagegen war während des Zweiten Weltkriegs wegen seines Engagements für die Rechte der Kroaten in von Ungarn und Deutschland kontrollierten Gebieten in Dachau inhaftiert gewesen, nur um dann im Jahr 1946 von den Kommunisten ins Gefängnis geworfen zu werden, bevor er nach Deutschland ins Exil gehen konnte. Jilk und Percić hatten sich beide vor ihrer Flucht aus Kroatien außerhalb der Ustascha-Strukturen engagiert. Mit ihren Verbindungen zu anderen prominenten Immigranten wie Branimir Jelić und Berislav Deželić hatte diese Gruppe die Kontakte und die aktivistische Erfahrung, die es zur Gründung einer Organisation brauchte, die in der Lage war, eine neue Generation zu integrieren. Diese jüngeren Mitglieder hatten Jugoslawien häufig in den späten 1950er-Jahren verlassen, um dem Wehrdienst zu entgehen und in der Bundesrepublik Arbeit zu suchen. Viele von ihnen kamen aus Familien, die während des Krieges durch jugoslawische Partisanen Angehörige verloren hatten, und wenn sie Asyl beantragten, führten sie häufig diese Erfahrung ins Feld. Die Attraktivität der Kreuzerbruderschaft bestand zum Teil darin, dass es ihr gelang, einsamen und isolierten jungen Männern weit weg von zu Hause Unterstützung und Gemeinschaft anzubieten.[47]

Um ihre Taten zu rechtfertigen, erhoben die Attentäter die gleichen Anschuldigungen gegen Popović wie zuvor gegen Grabovac und Vracaric: Er sei in Kriegsverbrechen der Partisanen gegen

Deutsche verwickelt gewesen.[48] In Publikationen von Vertriebenen, die vom Donauschwäbischen Verband finanziert wurden, erschienen Solidaritätsbekundungen mit der Kreuzerbruderschaft, und der berüchtigte ultrarechte Anwalt Wilhelm Schöttler übernahm die Verteidigung der Attentäter.[49] Jüngerer Mitglieder der Kreuzerbruderschaft äußerten, die Proteste gegen Tito seien genauso Teil der Schlacht gegen den globalen Kommunismus wie die Demonstrationen gegen die Berliner Mauer, woraus ihre Zuversicht sprach, dass »normale« Deutsche ihre Aktionen guthießen.[50] Die Verteidigung nutzte solche Äußerungen, um die Gewalt gegen den jugoslawischen Staat als authentischen Akt der Selbstverteidigung gegen den Kommunismus hinzustellen. Doch das völlige Ausbleiben von wohlwollenden Reaktionen in der Öffentlichkeit machte deutlich, wie umfassend sich in der BRD die Haltung gegenüber dem Jugoslawien Titos schon Mitte der 1960er-Jahre verändert hatte.

Die Gewalt eskaliert

Auch in den folgenden Jahren bestand die Verteidigungsstrategie kroatischer Nationalisten darin, die Taten in den Mittelpunkt zu stellen, die ihre Opfer angeblich während des Zweiten Weltkriegs begangen hatten.[51] Als die Gewalt zwischen kroatischen Nationalisten und dem jugoslawischen Staat auf bundesdeutschem Boden eskalierte, benutzten dann auch deutsche Anwälte die Behauptung, die jugoslawientreuen Geschädigten seien als Partisanen an Kriegsverbrechen beteiligt gewesen oder hätten diese verteidigt, als Standardstrategie, mit der sie versuchten, kroatische Aktivisten, denen kriminelle Machenschaften vorgeworfen wurden, auf Kaution freizubekommen. Erfolg hatte diese Taktik zum Beispiel im Prozess gegen den Gastarbeiter Franjo Goreta, dem vorgeworfen wurde, im Jahr 1966 einen jugoslawischen Diplomaten ermordet zu haben. In diesem Fall war es eben diese Erwähnung von Kriegsverbrechen durch Partisanen, die dazu führte, dass Goreta nur eine geringe Strafe erhielt, was ihn später dazu befähigte, in kroatischen nationalistischen Kreisen zu einer einflussreichen Figur zu werden.[52] Ob nun bei Ermittlungsverfahren oder vor Gericht: Sowohl jüngere als auch erfahrenere kroatische Nationalisten neigten dazu, die von der Ustascha begangenen Verbrechen gegen die Menschlichkeit abzustreiten und dem gegenüber die Verbrechen des jugoslawischen Staats besonders zu betonen.[53]

Häufig spielten kroatische Immigranten, die sich gegenüber westdeutschen Diplomaten und Politikern moderat gaben, bei der Radikalisierung jüngerer Gastarbeiter sehr wohl eine entscheidende Rolle. Berislav Deželić zum Beispiel gelang es hervorragend, seine westdeutschen Gesprächspartner von seiner demokratischen Gesinnung zu überzeugen, während er bei der Rekrutierung von Gastarbeitern in nationalistische Gruppen immerhin eine so prominente Rolle spielte, dass die jugoslawischen Geheimdienste einen Mordanschlag auf ihn planten.[54] So war Deželić zwar bis 1945 ein loyaler Anhänger der Bauernpartei gewesen, der der Ustascha kritisch gegenüberstand, aber in Vereinen wie dem Kroatischen Sozialdienst, die nach seiner Übersiedlung in die BRD mit seiner Hilfe gegründet worden waren, kamen junge Gastarbeiter häufig zum ersten Mal mit extremistischeren nationalistischen Kreisen in Berührung. Branimir Jelićs Kroatische Nationalbewegung spielte bei der Förderung eines radikalen nationalistischen Programms eine ähnliche Rolle. Sowohl Jelić als auch Deželić trugen dazu bei, dass die kroatischen Nationalisten in Deutschland eine respektable Fassade aufrechterhalten konnten, durch die ein gewisses Maß an Sympathie oder zumindest Toleranz bei der westdeutschen Polizei und Diplomatie gewährleistet werden konnte – zumindest bis zum Mehlem-Attentat.[55]

Das Ausmaß der von Emigranten und Gastarbeitern verübten bewaffneten Gewalt in Mehlem – unter anderem mit Pistolen und in Kohlebergwerken gestohlenem Sprengstoff – sowie die darauf folgenden Anschläge waren ein echter Schock für die Mitarbeiter des Verfassungsschutzes, hatten sie doch noch bis ins Jahr 1962 hinein ihr Hauptaugenmerk auf mögliche kommunistische Infiltrierung durch Gastarbeiterprogramme gelegt.[56] Zwar wurde die Kreuzerbruderschaft verboten, aber zahlreichen jungen Migranten, die in das Mehlem-Attentat verwickelt gewesen waren, gelang es, weiterhin eine prominente Rolle beim radikalsten Flügel des kroatischen Nationalismus zu spielen. Mile Rukavina, der für den tätlichen Angriff auf Albert Dovgan zu einer Gefängnisstrafe verurteilt worden war, hatte danach immerhin noch eine so berüchtigte Position inne, dass er die zweifelhafte Ehre besaß, auf einer dem Auswärtigen Amt in die Hände gefallenen Tötungsliste des SDB (dem mit einem neuen Image versehenen Nachfolger der jugoslawischen Geheimpolizei UDBA) zu stehen. Zum Ärger der westdeutschen Polizei, die inzwischen für keine der beiden Seiten mehr viel übrig hatte, wurde die Gewalt zusätzlich dadurch verschärft, dass kroatische Emigranten regelmäßig von jugoslawischen Geheimdiensten gekidnappt oder ermordet wurden.[57] Dass kroatische Nationalisten wie Rukavina und Goreta inzwischen Kontakte zu Netzwerken des organisierten Verbrechens hatten, deren Auseinandersetzungen mit rivalisierenden Banden und mit SDB-Agenten die Aufmerksamkeit der Medien auf sich zogen, war für die westdeutsche Polizei ein zusätzliches Ärgernis.[58]

Bis in die späten 1960er-Jahre hinein hatten Berichte des *Spiegels* über die Verwicklung kroatischer Nationalisten in kriminelle Machenschaften sowohl der nationalistischen Bewegung als auch der weiteren Diasporagemeinde enormen Schaden zugefügt.[59] Bei Lokalpolitikern der CDU und CSU, die für die Behauptung, Recht und Ordnung würden vernachlässigt, schon immer sehr empfänglich gewesen waren, verstärkten die Hinweise auf kriminelle Machenschaften in Teilen der kroatischen Nationalbewegung die Unlust, sich in die angespannten politischen Beziehungen innerhalb der Diasporagruppen des Westbalkans hineinziehen zu lassen. Die regelmäßigen Berichte der Boulevardzeitungen über Vertriebene hatten schon in den späten 1940er- und frühen 1950er-Jahren dazu beigetragen, Ängste über Kriminalität unter Flüchtlingen und Migranten zu schüren.[60] Dass in bestimmten Milieus innerhalb der jugoslawischen, türkischen, kurdischen und italienischen Diasporagruppen Verbindungen zum organisierten Verbrechen bestanden, über die in den Medien ausführlich berichtet wurde, schürte diese Ängste in der Öffentlichkeit weiter und wurde für die westdeutsche Rechte zu einem Hauptargument gegen Immigration. Dass diejenigen, die in die finsteren Bande zwischen Kriminalität und Politik involviert waren, im Fall der kroatischen Einwanderer mit der Rechten in Verbindung gebracht wurden, war für SPD-Politiker ein gefundenes Fressen: In Sachen hartes Vorgehen gegen Einwandererkriminalität brachten sie ihre Konkurrenten von der CDU eine Zeit lang regelmäßig in Verlegenheit.[61]

Als die Nachfolgeorganisationen der Kreuzerbruderschaft zunehmend terroristischen Vereinigungen zu ähneln begannen und ihre Verbindungen zu Schmugglernetzwerken nutzten, um in den Waffen- und Drogenhandel einzusteigen, wurde es selbst für die jugoslawientreuen kroatischen Emigranten immer schwieriger, dem negativen Image ihrer Gemeinde etwas entgegenzusetzen. Was die explosive Situation weiter anheizte, war die Tatsache, dass der SDB derart erfolgreich Informanten und Informatinnen anheuerte, dass man selbst über einen so prominenten Nationalisten wie Franjo Goreta munkelte, er habe an eben jenen Diplomaten, den er 1965 niederschoss, Informationen weitergegeben.[62] Die große Mehrheit der Kroaten, die in der Bundesrepublik lebten, verhielt sich gesetzestreu, aber die negativen Schlagzeilen, die die politische Gewalt und die kriminellen Geschäfte provozierten, ließen sich nur schwer abschütteln. Dass die Journalisten beim *Spiegel* und bei der *Bild*-Zeitung in den frühen 1970er-Jahren begannen, jene Gruppen innerhalb der Einwanderergemeinden, die kriminelle Aktivitäten mit ihrem politischen Engagement verbanden, die »Kroaten-Mafia« zu nennen, hielt schließlich auch rechts stehende westdeutsche Politiker davon ab, ihre Unterstützung für diejenigen zu artikulieren, die gegen den jugoslawischen Staat vorgingen.[63]

Diese toxische Mischung aus Gewalt, nationalistischer Politik und Verbindungen zum organisierten Verbrechen führte in den frühen 1970er-Jahren dazu, dass jede Demonstration, an der auch kroatische Nationalisten beteiligt waren, in Gewalt ausarten konnte. Ein typisches Beispiel dafür, wie schon kleine Anlässe eskalieren konnten, war eine Massenschlägerei am Münchner Hauptbahnhof im April 1970, die sich daran entzündet hatte, dass die kroatische Flagge mit dem Schachbrettmuster und andere nationalistische, von den westdeutschen Behörden auf jugoslawischen Druck hin verbotene Symbole gezeigt worden waren. Dass mehrere Hundert Aktivisten, die auf dem Weg zu einer Massenkundgebung waren, erst unter Kontrolle gebracht werden konnten, als die Bereitschaftspolizei auf den Plan trat, zeigte, wie weit kroatische nationalistische Organisationen in ihrer Konfrontation mit dem deutschen Staat, der ihrer Meinung nach mit einem kommunistischen Regime unter einer Decke steckte, zu gehen bereit waren.[64] Trotz aller Verständigungsversuche mit jugoslawischen Diplomaten in den örtlichen Konsulaten und mit als moderat geltenden kroatischen Emigranten zeigte der Zusammenbruch der Sicherheitsmaßnahmen im Umfeld dieser Kundgebung, wie eine zahlenmäßig kleine Gruppe die westdeutschen Autoritäten erheblich in Bedrängnis bringen konnte. Mithilfe einer Mischung aus Einschüchterung und gut organisierter Kontaktaufnahme in Teilen der größeren Diasporagemeinde gelang es den kroatischen Nationalisten, sich ein Unterstützernetzwerk zu schaffen, das ihnen sowohl vor polizeilichen Ermittlungen als auch vor Infiltrierung durch den SDB Schutz bot.

Den öffentlichen Schock, den im Jahr 1971 die Säuberungen

innerhalb der kroatischen kommunistischen Führung auslösten, konnten die nationalistischen Exilkroaten auf dieser Grundlage perfekt für sich nutzen. Eine Lockerung der staatlichen Einschränkungen des öffentlichen Lebens in den späten 1960er-Jahren hatte Platz für eine Gruppe von jungen Funktionären gemacht, die schnell an die Spitze des kroatischen Bundes der Kommunisten aufgestiegen waren und dem Ausdruck von kultureller Identität und einem offeneren politischen Dialog mehr Raum gaben. Als der sogenannte Kroatische Frühling jedoch zu einer umfassenderen Infragestellung des gesamten Systems führte und zunehmend von Studierendenprotesten begleitet wurde, kamen bei den Hardliner-Fraktionen innerhalb der Staatsführung Befürchtungen über eine kroatische Abspaltung von Restjugoslawien auf. Sie drängten Tito, eine Welle von Repressionen anzuordnen, und nach einem Treffen in Titos Jagdhaus in Karadordevo Anfang Dezember 1971, bei dem die Parteiführer der anderen jugoslawischen Republiken die kroatische Führung zum Rücktritt gezwungen hatten, kam es in ganz Kroatien zu Säuberungen und Inhaftierungen.[65] Die Familien vieler Gastarbeiter und Studierender in Deutschland, die der kroatischen nationalistischen Bewegung bis dahin distanziert gegenübergestanden hatten, waren unmittelbar von diesen Säuberungen betroffen. Während das harte Durchgreifen in Jugoslawien selbst dazu führte, dass nationalistisch-kroatische Einstellungen ein ganzes Jahrzehnt nicht mehr frei geäußert werden konnten, wurden durch diese Ereignisse Teile der Diasporagruppen, die dem kroatischen Nationalismus bislang neutral gegenübergestanden hatten, geradezu in die Arme nationalistischer Gruppen getrieben, die dann auf die Ereignisse in Zagreb mit einer neuen Welle von Gewalt gegen jugoslawische Ziele in ganz Europa reagierten.[66]

Obwohl die kroatischen Nationalisten in Deutschland immer mehr Anhänger gewannen und die Gewalt gegen jugoslawische Diplomaten und den SDB weiter eskalierte, hatten Polizei und

Geheimdienste erhebliche Schwierigkeiten, die Entwicklungen innerhalb der jugoslawischen Diasporagemeinden voll zu durchschauen. Dass die mit dem organisierten Verbrechen verbandelten Nationalisten bereit waren, gewaltsam gegen all diejenigen vorzugehen, die sie des Verrats verdächtigten, sorgte für ein Niveau an Einschüchterung, das es der deutschen Polizei erheblich erschwerte, Informanten zu finden, die frühzeitig vor geplanten Terroranschlägen warnen konnten.[67] Häufig konnten Anschläge nur durch Zufall – zum Beispiel die Entdeckung von Sprengstoff bei eine Routine-Fahrzeugkontrolle – verhindert werden, oder durch schlichtes Glück, wie im Fall der Entdeckung eines Waffenverstecks in der Wohnung eines kroatischen Nationalisten in Hannover, der sich aus Versehen selbst in den Fuß geschossen hatte, als er bei der Taufe seiner Tochter mit seiner neuen Pistole angeben wollte.[68] Dagegen enthielten die durch Überwachungsaktionen des SDB gesammelten und von der jugoslawischen Polizei großzügig zur Verfügung gestellten Informationen sehr viel wertvollere Hinweise auf die Entwicklungen innerhalb der kroatischen Exilgemeinde. Weil aber der SDB seinerseits immer wieder gewaltsam gegen seine Feinde innerhalb der Diasporagruppen vorging, trauten westdeutsche Polizei- und Geheimdienstbeamte den Informationen, die von den staatlichen Institutionen Jugoslawiens kamen, nicht recht über den Weg. Das hatte wiederum zur Folge, dass das Bundesamt für Verfassungsschutz und das Bundeskriminalamt häufig erst *nach* Anschlägen von internen Veränderungen innerhalb der nationalistischen Gruppen erfuhren, anstatt dass sie von Kontaktpersonen frühzeitig vor bevorstehenden Anschlägen gewarnt wurden.[69]

Dass die westdeutsche Polizei sich trotzdem immer wieder auf solche Amtshilfe von jugoslawischen Autoritäten stützte, um gegen kroatische Nationalisten vorzugehen, die von den 1960er- bis in die frühen 1970er-Jahre hinein über 40 Anschläge auf Anhänger des Bundes der Kommunisten und jugoslawische Diplomaten begangen hatten, war für kroatische Aktivisten eine Quelle der Empörung.[70] Angesichts der Bemühungen der SPD, die 1965 zusammen mit der CDU/CSU Regierungspartei geworden war, die Annäherung an Jugoslawien weiter voranzutreiben, führten viele kroatische Nationalisten die verschärfte Beobachtung durch den Verfassungsschutz auf eine angebliche sozialdemokratische »Nachgiebigkeit« im Angesicht des Kommunismus zurück. Nachdem die SPD im Jahr 1969 in einer Koalition mit der FDP die führende Rolle in der Regierungskoalition übernommen hatte, entstand eine Initiative, die darauf abzielte, das Bundesministerium für Vertriebene und Flüchtlinge in das Bundesministerium des Innern zu integrieren. Im Zuge dieser Maßnahmen beschlossen die für die Neuordnung der staatlichen Beziehungen zu Emigrantenkreisen zuständigen SPD-Minister, den kroatischen Gruppen sämtliche Mittel zu streichen. Zwar waren fast alle osteuropäischen Emigrantengemeinden damit konfrontiert, dass ihnen die Brandt-Regierung im Zuge ihrer Ostpolitik, die darauf abzielte, die Beziehungen zu den Warschauer-Pakt-Staaten zu verbessern, die Gelder erheblich gekürzt hatte, aber im Fall der Kroaten wurden selbst moderaten nationalistischen Gruppen wegen der anhaltenden Gewalt und der gleichzeitigen Bemühungen der BRD, möglichst nahe an Titos innerste Kreise heranzukommen, staatliche Unterstützungsgelder komplett gestrichen.[71] Der eine oder andere CSU-Lokalpolitiker äußerte zwar Sympathien für jene kroatischen Gruppen, zu denen er über die örtlichen Strukturen der katholischen Kirche Kontakt hatte, aber die CSU-Regierung in Bayern konzentrierte sich mehr auf die Rekrutierung von Gastarbeitern und auf Investitionsmöglichkeiten in den jugoslawischen Republiken und bot in praktischer Hinsicht den nationalistischen Gruppen keinerlei Unterstützung mehr. Als Franz Josef Strauß nach Titos Tod ein Beileidsschreiben nach Belgrad schickte, waren die Prioritäten der bayerischen Landesregierung trotz der bestehenden lokalen Kontakte endgültig klar.[72]

Zwar konzentrierten sich der SDB und der jugoslawische Militärgeheimdienst KOS bei ihrer Observierung der Diasporagruppierungen hauptsächlich auf die kroatischen Nationalisten, aber es gab noch andere Exilanten-Gruppen, die der jugoslawischen Führung erhebliche Sorgen bereiteten. Die Mitglieder anderer ethnischer Gruppen aus Jugoslawien hatten kurz nach dem Zweiten Weltkrieg ebenfalls politische Netzwerke aufgebaut, die darauf spezialisiert waren, jene Auswanderer und Gastarbeiter anzuwerben, die sich in den 1960er-Jahren auf ähnliche Weise wie die Kroaten von der Idee Jugoslawiens distanziert hatten.[73] Slowenische und bosnische Muslim-Organisationen[74] zogen zwar das Interesse von ihnen feindlich gesinnten jugoslawischen Diplomaten auf sich, aber wegen ihrer größeren Zurückhaltung gegenüber dem jugoslawischen Staat und der Tatsache, dass ihr Fokus mehr auf dem Aufbau lokaler Strukturen lag als auf gewaltsamer Konfrontation, wurden sie bis zur Eskalation der Spannungen innerhalb Serbiens in den späten 1980er-Jahren weitgehend in Ruhe gelassen.[75] Dagegen waren die Auswirkungen der ethnischen Spannungen zwischen Albanern und Serben im Kosovo schon damals in allen Exilgemeinden Europas zu spüren.

Selbst als der Kosovo innerhalb von Jugoslawien schon einen semiautonomen Status erhalten hatte, begannen ein paar Kosovo-Albaner, deren Ziel die Unabhängigkeit beziehungsweise eine Vereinigung mit Albanien war, die Organisation und Rekrutierung innerhalb der Gastarbeitergemeinden voranzutreiben. Genau wie bei den gewalttätigen Gruppen am Rande der kroatischen nationalistischen Bewegung war die Tatsache, dass einige politische Kosovo-Albaner Kontakte zum organisierten Verbrechen hatten, für jugoslawische Diplomaten ein gutes Argument, die westdeutsche Polizei zu drängen, auf solche Milieus mehr Druck auszuüben. Brutale Aktionen des SDB wie die Tötung von drei albanischen Aktivisten in Heilbronn im Jahr 1981 versetzten den politischen Aktivitäten albanischer Nationalisten in Deutschland für mehrere Jahre einen schweren Schlag. Nachdem Randgruppen innerhalb des serbischen Bundes der Kommunisten in Zusammenarbeit mit proserbischen Elementen innerhalb der gesamtjugoslawischen Partei dafür gesorgt hatten, dass der Autonomiestatus des Kosovo im Jahr 1987 zurückgenommen wurde, schafften es diese Gruppen nun, den staatlichen Druck zum Grund für eine Neuorganisierung zu machen und viele der wütenden Kosovo-Albaner als Anhänger zu gewinnen. Die Unterdrückung der albanischen Partei und der albanischen ökonomischen Eliten sowie die Brutalität, mit der Bereitschaftspolizisten im Jahr 1990 gegen Demonstranten vorgegangen waren, trieb viele Kosovo-Albaner in der Bundesrepublik Deutschland dazu, sich Organisationen anzuschließen, die noch 20 Jahre zuvor als gewalttätige Randgruppen galten.[76]

Serbische Nationalisten

Vor Titos Tod waren es unter den verschiedenen jugoslawischen Exilgemeinden in der Bundesrepublik und Westeuropa vor allem die serbischen Gruppierungen, die bei jugoslawischen Diplomaten und Geheimdiensten Nervosität auslösten. Während die gemeinsame Hoffnung auf Unabhängigkeit die ansonsten ideologisch disparaten Gruppen innerhalb der kroatischen Diaspora zusammenschweißte, blieb die zahlenmäßig sehr viel größere serbische Exilgemeinde in konkurrierende Einzelgruppen zersplittert. Die Gräben zwischen ihnen verliefen entlang der Trennlinien, die sich während des Zweiten Weltkriegs innerhalb der serbischen Gesellschaft insgesamt aufgetan hatten: Politische Exilanten und jüngere Migranten ließen sich häufig von Gruppen anheuern, die sich positiv auf die Tschetnik-Milizen bezogen. Diese Kampfverbände waren ursprünglich aus dem serbisch-nationalistischen Widerstand gegen die Deutschen hervorgegangen und hatten später gegen die kommunistischen Partisanen gekämpft. Die entsprechenden Exilanten-Gruppen wurden schon seit den frühen 1950er-Jahren von der UDBA und später vom SDB ins Visier genommen.[77] Kleinere Gruppen, die versuchten, die royalistischen Traditionen der serbischen Thronfolger aufrechtzuerhalten, hatten Schwierigkeiten, in der jüngeren Generation überhaupt neue Mitglieder anzuwerben, was sie jedoch nicht davon abhielt, in der gesamten Zeit des Kalten Kriegs aktiv zu bleiben. Zwar tauchten in der vielschichtigen Welt des organisierten Verbrechens im Deutschland des Kalten Kriegs neben den Kroaten auch zunehmend serbische Verbrecher auf, die zum Beispiel die profitable »Balkanroute« für den Schmuggel von Betäubungsmitteln aufbauten, aber ihre Verbindungen zu den unterschiedlichen politischen Fraktionen waren sehr viel loser als bei den Kroaten, weil hier das Geschäftliche vom Politischen stärker getrennt wurde.[78]

Das serbische nationalistische Narrativ, dass das kommunistische Jugoslawien unter der Führerschaft des in Kroatien geborenen Tito per se darauf ausgelegt war, serbische Ansprüche zu unterdrücken, bescherte den entsprechenden Organisationen zwar viele Anhänger und Anhängerinnen, aber ein Großteil der serbischen Exilgemeinde in Deutschland stand noch so lange hinter der Idee Jugoslawiens, bis im Jahr 1990 noch die letzte Hoffnung auf ihre Bewahrung begraben werden musste.[79] Diese besondere Mischung aus der Befürwortung einer serbischen Nation bei gleichzeitiger Loyalität gegenüber dem jugoslawischen Staat kam trotz allem immer wieder mit den Interessen des Tito-Regimes in Konflikt. Dass Aleksandar Rancović von der jugoslawischen Staatsführung ausgeschlossen wurde und man seine Verbündeten aus den serbischen Behörden entfernte, nachdem ihm vorgeworfen worden war, dass er die gesamte staatliche Elite hatte observieren lassen, bereitete Teilen der serbischen Diaspora schon deshalb Unbehagen, weil Rancović eine Persönlichkeit war, der man zutraute, die serbischen Interessen gegen andere ethnische Gruppen zu verteidigen. Als dann dem Sturz Rancovićs verschiedene

Vorstöße folgten, die dominante Position der serbischen Republik einzudämmen, indem man dem Kosovo und der Vojvodina eine beinahe vollständige Autonomie gewährte und dafür sorgte, dass Kosovo-Albaner in staatlichen Institutionen und im Bund der Kommunisten schneller aufsteigen konnten, wurde sowohl in Serbien selbst als auch in der serbischen Diaspora die Wut über eine angebliche Vernachlässigung von serbischen Interessen durch die Zentralregierung größer.[80]

Doch die extreme Zersplitterung des politischen Lebens in der serbischen Diaspora sowie die erwähnte Restloyalität gegenüber dem jugoslawischen Staat hatten zur Folge, dass hier keinerlei Strukturen existierten, die die Entwicklung in Serbien selbst auf ähnliche Weise hätten beeinflussen können wie die kroatische Exilbewegung, die nach dem Zusammenbruch Jugoslawiens die Neuausrichtung der Politik in Kroatien aktiv mitgestalten konnte. Vielmehr betraf die nationalistische Radikalisierung, die bewusst von einer ehrgeizigen Fraktion innerhalb des Bundes der Kommunisten um Slobodan Milošević geschürt wurde, zunächst nur Serbien selbst, und Exilbewegungen und kriminelle Netzwerke wurden erst später auf eine Weise politisiert, die dann auch Einfluss auf die Machtverschiebungen in Belgrad hatte. Bis dieser Kipppunkt in den späten 1980er-Jahren erreicht war, legten der SDB und andere jugoslawische Geheimdienste ihr Hauptaugenmerk auf die sehr viel größeren Gefahren, die von der kroatischen Exilgemeinde auszugehen schienen.[81]

Titos Tod und die Folgen

Titos Tod im Jahr 1980 löste sowohl in Jugoslawien als auch in den verschiedenen Diasporagemeinden weltweit eine Welle der Emotionen aus, und es zeigte sich schnell, dass niemand aus der Staatsführung in der Lage war, Titos besondere Autorität als Anführer im Krieg und als über allen Teilrepubliken stehender Staatsmann zu ersetzen. Auch andere jugoslawische Führungsfiguren der Nachkriegszeit, wie zum Beispiel Edvard Kardelj und Vladimir Bakarić, die von der Bevölkerung zugleich respektiert und gefürchtet wurden, starben, und ihre Nachfolger hatten es in den frühen 1980er-Jahren extrem schwer, zum Schutz der Zentralgewalt die Staatsapparate der einzelnen Republiken und autonomen Regionen so fest im Griff zu behalten, wie es Tito und seinem engsten Kreis über Jahrzehnte gelungen war. Die neue Form der kollektiven Führung, die nach Titos Tod etabliert wurde, sorgte für ein Machtgleichgewicht zwischen zentralen Institutionen wie der Armee oder dem für Wirtschaft und Handel zuständigen Beamtenapparat und den zunehmend selbstbewusst agierenden Führungsfiguren der sechs Teilrepubliken.[82]

Einem eher schwachen Staatsmann wie Stevan Doronjski gelang es zwar für kurze Zeit, den Parteivorsitz im Bund der Kommunisten mit dem Amt des Staatspräsidenten zu vereinbaren, aber seine Macht war schon deshalb permanent gefährdet, weil das alle Teilrepubliken einbeziehende Rotationsmodell der geteilten Präsidentschaft jedem Versuch einer Stärkung des Zentralstaats oder der Partei sofort entgegenwirkte. Mitte der 1980er-Jahre war dann die einzige zentrale Institution, die noch halbwegs funktionierte, das Militär; selbst die Zentralbank hatte die Kontrolle über den Inflationsprozess verloren. Das von Kardelj eingeführte System der Arbeiterselbstverwaltung führte dazu, dass jede Republik ihre Industrie- und Dienstleistungssektoren zunehmend unabhängig von denen der anderen Republiken koordinierte.[83]

Diese Aushöhlung der staatlichen Zentralgewalt hatte auch spürbare Folgen für die Fähigkeit des jugoslawischen Staats, die Entwicklung in den Diasporagruppen in Deutschland mitzubestimmen. Der jugoslawische Staat und die Parteifunktionäre hatten immer versucht, den Kindern von in Deutschland lebenden Gastarbeitern Gefühle von Patriotismus und Loyalität gegenüber ihrem Herkunftsland nahezubringen, indem sie an den Partisanenwiderstand gegen Deutschland während des Zweiten Weltkriegs erinnerten: Bei Gedenkveranstaltungen, in der umsonst zur Verfügung gestellten Kinder- und Jugendliteratur und bei den regelmäßigen Theater- und Filmvorführungen wurden vor allem die Heldentaten während des Krieges gefeiert. Neben dem Kriegsthema sollte das angestrebte Gefühl eines gemeinsamen Zweckes vor allem dadurch hervorgerufen werden, dass die zentrale Rolle Titos betont wurde: als Oberbefehlshaber und als derjenige, dem es nach dem Krieg gelungen war, den von ideologischen und ethnischen Konflikten zerrissenen Staat wieder zu einer Einheit zusammenzuführen. Mit Anbruch der frühen 1980er-Jahre, als die ursprüngliche Generation der Tito umgebenden Kämpfer langsam verschwand und durch gesichtslose Bürokraten aus der Staats- und Parteielite ersetzt wurde, wurde es zunehmend unmöglich, zur Produktion eines jugoslawischen Patriotismus auf das Narrativ des heldenhaften Partisanen zurückzugreifen.[84]

Der Einfluss der Erinnerung an den Zweiten Weltkrieg auf die Diasporagemeinden wurde aber seit Mitte der 1980er-Jahre auch durch die historischen Gegenerzählungen der dem jugoslawischen Staat feindlich gegenüberstehenden nationalistischen Exilgruppen geschwächt. Wer in Deutschland zu einer Diasporagruppe mit Wurzeln in Jugoslawien gehörte, konnte nun jederzeit an Literatur oder Organisationen geraten, die eine völlig andere Geschichte des kriegerischen Heldentums erzählten. Dass die Truppen, die gegen die Partisanen gekämpft hatten, entweder stillschweigend oder offen mit der Wehrmacht und der SS kooperiert hatten, wurde in solchen Narrativen entweder massiv heruntergespielt oder sogar gerechtfertigt. Die Muslime aus Bosnien, die in der Bundesrepublik lebten, bezogen sich in ihrer nationalen Erzählung dagegen auf eine weiter entfernte Vergangenheit, in der ihre Gemeinschaft als die bestimmende Kraft im Balkan der Frühmoderne auftrat. Dieses Narrativ vermischte sich mit Dynamiken in Bosnien selbst, durch die sich unterschiedliche ideologische Positionen innerhalb der muslimischen Gemeinschaft von einer politischen Randposition zum kulturellen Mainstream entwickelten.[85] Auch für Mazedonier und Slowenen hatten die Diasporagruppen alternative Rahmenerzählungen für das historische Gedächtnis parat, in denen der den jugoslawischen Staat nach 1945 ganz wesentlich legitimierende Partisanenmythos entweder stillschweigend weggelassen oder direkt kritisiert wurde.

Der schwindende Einfluss von staatlich geförderten gesamtjugoslawischen Identitätsnarrativen auf die Diasporagemeinden in Westdeutschland wurde dadurch noch verstärkt, dass der enge Kontakt der Gastarbeiter mit den Entwicklungen in den jeweiligen jugoslawischen Teilrepubliken die Entfremdung von der von Tito hinterlassenen politischen Ordnung beschleunigte. Die zahllosen Touristen und Gastarbeiter, die täglich in die eine oder andere Richtung die – im Vergleich zu den sowjetischen Ostblockstaaten wenig kontrollierte – Grenzen überquerten, erschwerten es der jugoslawischen Regierung erheblich, die Aufmerksamkeit der Auswanderer von den häuslichen Problemen abzulenken. In den späten 1960er- und frühen 1970er-Jahren war es dieser permanente Grenzverkehr, der es kroatischen nationalistischen Terrornetzwerken erlaubte, immer wieder auf jugoslawisches Territorium vorzudringen, auch wenn die versuchten Bombenanschläge und Morde fast immer mit der Gefangennahme oder Tötung der Angreifer durch die jugoslawischen Geheimdienste endeten.[86] Der Bedarf an harter Währung und engen Handelsbeziehungen mit dem Ausland sorgte immer wieder dafür, dass die durch solche Anschläge ausgelösten Sicherheitsbedenken in den Hintergrund traten und die Grenzen schließlich doch offen blieben. Hunderttausende von Gastarbeiterfamilien verbrachten ihre Ferien so regelmäßig in ihren Heimatregionen, dass sie ein sehr klares Bild von der politischen Uneinigkeit und dem ökonomischen Niedergang bekamen, die Jugoslawien nach Titos Tod an den Rand eines Zusammenbruchs brachten.

Während in den 1960er- und frühen 1970er-Jahren dieser regelmäßige Kontakt jugoslawische Diplomaten noch dabei unterstützt hatte, in den Diasporagruppen die Loyalität gegenüber dem jugoslawischen Staat aufrechtzuerhalten, trug in den frühen 1980er-Jahren dieses Hin und Her zwischen der Bundesrepublik und der Heimat der Gastarbeiter eher dazu bei, die Spannungen innerhalb der jugoslawischen Gesellschaft hervorzuheben, und unterminierte die Versuche, eine Verbundenheit mit der von Tito geschaffenen politischen Ordnung zu bewahren. Die intensiven Bemühungen, neue Mitglieder für die Jugendorganisationen des Bundes der Kommunisten, zum Beispiel die Pioniere, zu werben, schlugen immer häufiger fehl, weil die regelmäßige Konfrontation der Kinder und Jugendlichen aus Gastarbeiterfamilien mit der politischen Unzufriedenheit, der Hyperinflation und der ökonomischen Krisenstimmung in ihrem Heimatland es ungemein schwer machte, in ihnen ein Gefühl von Loyalität gegenüber Jugoslawien zu erzeugen. Zudem waren viele Gastarbeiter, die in ein Geschäft oder anderes Eigentum in ihren Heimatregionen investiert hatten, um irgendwann etwas Konkretes zu haben, zu dem sie zurückkehren konnten, fast immer mit Korruption und nervenaufreibender Bürokratie konfrontiert, was ebenfalls dazu führte, dass die Wut auf den jugoslawischen Staat sich immer weiter anstaute. Dieser Staat nutzte zwar gern die Möglichkeit, seinen Anteil der Auslandsüberweisungen in harter Währung abzuzweigen, legte aber denjenigen, die diese Devisen konkret investieren wollten, nichts als Steine in den Weg.[87]

Die kroatische nationalistische Bewegung konnte diese Desillusionierung über die Entwicklungen in Jugoslawien perfekt nutzen, um ihre eigene politische Agenda bekannt zu machen. Behilflich waren ihr dabei ihr weitgespanntes Netzwerk an Gruppen und Organisationen, die stillschweigende Unterstützung aus

Teilen des katholischen kroatischen Klerus und ihr Ruf, sich mit direkten Aktionen mutig einzumischen. Als die zentralen Institutionen des jugoslawischen Staats sich endgültig in einen Zustand der Lähmung verabschiedet hatten, konnten sich Gruppen, die noch kurze Zeit vorher in den kroatischen Communities der Bundesrepublik als gewalttätige Randerscheinungen galten, nun plötzlich als Boten der Zukunft präsentieren, anstatt als die letzten Überbleibsel eines vergangenen und gescheiterten Experiments zu erscheinen. Als die Spannungen zwischen den jugoslawischen Teilrepubliken und den verschiedenen ethnischen Gruppen auch innerhalb und außerhalb des bürokratischen Apparats der Regierungspartei immer öfter offen ausgetragen wurden, begannen die kroatischen Nationalisten, sich systematischer zu organisieren und auf jene Mitglieder der Diasporagemeinden zuzugehen, die bisher versucht hatten, eine neutrale Haltung einzunehmen: zwischen dem jugoslawischen Staat, dem sie nicht mehr trauten, einerseits – und den kroatischen nationalistischen Organisationen andererseits, gegen die bis vor nicht allzu langer Zeit ihr extremistischer und gewalttätiger Ruf gesprochen hatte.

Im Jahr 1974 wurde mit dem Kroatischen Nationalrat (Hrvatsko Narodno Vijeće, HNV) eine Schirmorganisation gegründet, der es gelang, die Bewegung über die nationalen Grenzen hinweg enger zusammenzuführen. Doch noch bis in die späten 1980er-Jahre hinein hatten Aktivisten, die auf wachsende Unterstützung der europäischen Christdemokraten und anderer konservativer Parteien gesetzt hatten, mit dem gewalttätigen Image zu kämpfen, das ihnen noch immer anhing.[88] Nach der Niederschlagung des Kroatischen Frühlings gelang es dem HNV als übergeordneter Schirmorganisation dennoch, die unterschiedlichen Diasporamilieus, die ursprünglich alle ihren eigenen ideologischen und kulturellen Hintergrund gehabt hatten, zur systematischen Förderung der nationalistischen Sache enger zusammenzuführen. So beschränkt der Einfluss des HNV gewesen sein mag: Zumindest sorgte er dafür, dass einander nahestehende und von Auswanderern der Nachkriegszeit geprägte Organisationen es schafften, jenen desillusionierten Dissidenten und ehemaligen Funktionären aus dem Bund der Kommunisten, die nach 1971 gezwungen waren, Kroatien zu verlassen, eine neue politische Heimat zu bieten. In Westdeutschland half der HNV außerdem dabei, den politischen Schaden zu begrenzen, der infolge von Gewaltakten der allerextremistischsten nationalistischen Gruppen entstanden war, unter anderem nach der Ermordung des jugoslawischen Botschafters in Schweden und der Entführung eines Flugzeugs der Transworld Airlines.[89]

Trotz dieser Vorzüge hätte es die kroatische nationalistische Bewegung kaum schaffen können, die Ereignisse in Kroatien so entscheidend mitzubestimmen, wäre da nicht ihre Zusammenarbeit mit hochrangigen jugoslawischen Politikern gewesen, die ihrerseits die finanzielle Unterstützung und die Möglichkeiten zur Lobbyarbeit im Ausland, die ihnen von einem starken Diasporanetzwerk zur Verfügung gestellt werden konnten, zu schätzen wussten. Für diese Partnerschaft zwischen der kroatischen nationalistischen Bewegung im Ausland und dem Wiederaufleben des antijugoslawischen Aktivismus in Kroatien selbst wurde Franjo Tudjman zu einer zentralen Figur. Als ehemaliger Partisanenkämpfer, der noch unter Tito gedient hatte, war er in der jugoslawischen Armee zum General aufgestiegen und hatte dann als Politikwissenschaftler an der Universität Zagreb Karriere gemacht. Im Lauf der 1960er-Jahre geriet er durch seine Enttäuschung über den Kommunistischen Bund in Dissidentenkreise, was schließlich dazu führte, dass er während des Kroatischen Frühlings entlassen wurde. Anders als viele andere Dissidenten, wie zum Beispiel Milovan Djilas, die zwar mit der Führung des Kommunistischen Bundes brachen, gegenüber der Idee Jugoslawiens jedoch loyal blieben, hatte Tudjman schon bei Anbruch der 1970er-Jahre keinerlei Skrupel mehr, mit nationalistischen Emigranten und Gastarbeitern im Ausland Kontakt aufzunehmen. Weil er auch persönlich einen Hang zum kroatischen Nationalismus hatte und gute Kontakte in die europäischen Diasporagemeinden pflegte, wurde er im Jahr 1981, nachdem entdeckt worden war, dass er sich mit nationalistischen Aktivisten der kroatischen Community in Schweden getroffen hatte, zum zweiten Mal zu einer Gefängnisstrafe verurteilt.[90]

Dass er zwischen 1971 und 1981 insgesamt zweimal im Gefängnis gesessen hatte, verschaffte ihm die Glaubwürdigkeit, die er brauchte, um selbst die radikalsten nationalistischen Zirkel für sein Projekt zu begeistern, das vorsah, eine vereinigte Nationalbewegung zu gründen, die, sobald der jugoslawische Staat schwach genug war, bereit wäre, die Macht in Zagreb zu übernehmen. Gleichzeitig bedeutete die Tatsache, dass er unter Tito als Partisanenkämpfer und Armeegeneral gedient hatte, dass er von dem Verdacht frei war, irgendwelche Sympathien für die Ustascha zu haben, die bekanntlich mit Nazideutschland kollaboriert hatte und an völkermordähnlichen Massentötungen von Juden und anderen Minderheiten beteiligt gewesen war. Seit Slobodan Milošević angefangen hatte, auf nationalistische Ressentiments der Serben zu setzen, um sich die Unterstützung für seinen Aufstieg an die Spitze der serbischen kommunistischen Führung im Jahr 1987 zu sichern, konnte man sich der reflexartigen nationalistische Reaktionen in Kroatien selbst und der kroatischen Diaspora sicher sein. Durch seine eigene, sehr vielschichtige Biografie war Tudjman schließlich in der Lage, verschiedene Stränge der kroatischen Gesellschaft und der Diasporagruppierungen in Einklang zu bringen, wodurch die Abgründe zwischen den verschiedenen, einander eigentlich mit Misstrauen begegnenden sozialen Milieus übertüncht werden konnten. Sein persönlicher Wahlkampf bekam dadurch nach und nach den Anschein einer unaufhaltsamen historischen Kraft.

Im Juni 1989 erhielten die verschiedenen Versuche, Alternativen zum Kommunistischen Bund aufzubauen, durch die Gründung der Kroatischen Demokratischen Union (Hrvatska Demokratska Zajednica, HDZ) neuen Schwung. Tudjman selbst war der Hauptakteur dieser Parteigründung, unterstützt wurde er von Dissidenten aus der nationalistischen Bewegung und hochrangigen ehemaligen Funktionären der kroatischen Teilrepublik.[91] Für viele Kroaten in Deutschland, die nach dem Fall der Berliner Mauer den Zusammenbruch der DDR und der Sowjetunion miterlebt hatten, wurde der Zusammenbruch Jugoslawiens auf eine Weise vorstellbar, die vor 1989 undenkbar gewesen wäre. Ohne die über zwei Millionen US-Dollar, die von in Kanada lebenden kroatischen Geschäftsleuten, von politischen Immigranten in westeuropäischen Staaten und einem beachtlichen Spendenstrom der Diasporagemeinden in Westdeutschland kamen, hätte die HDZ niemals einen so professionellen Wahlkampf führen können, der schließlich dafür sorgte, dass der kränkelnde Kommunistische Bund die ersten freien Wahlen zum kroatischen Parlament verlor. Auch für die Strategie der HDZ, Kroatien aus der jugoslawischen Föderation zu lösen, spielten die Diasporagruppen in Europa, Nordamerika und Australien eine zentrale Rolle: Mit ihrer Hilfe wurden staatliche Strukturen reorganisiert und nationale Identitätsdiskurse wiederbelebt, durch die dann schließlich die Unabhängigkeit von einer politischen Träumerei zu einer geopolitischen Realität wurde.[92]

Als es darum ging, die kroatischen Exilgemeinden in ganz Europa zu mobilisieren und zu reorganisieren, nützte es der HDZ erheblich, dass vor allem die kroatischen Diasporagemeinden in Deutschland über Miloševićs Aufstieg in Serbien schockiert waren. Serbische Dissidenten und Intellektuelle in Belgrad und serbische nationalistische Immigrantengruppen, die durch die nun folgenden Migrationswellen neuen Zulauf erhielten, unterstützten Miloševićs Maßnahmen zur Aufhebung der Autonomie des Kosovo und zum Zurückdrängen der politischen Macht der Kosovo-Albaner innerhalb des jugoslawischen Staats. Neben der Hilfe vonseiten außerstaatlicher Strukturen wurde aber der langsame Übergang Serbiens zu einem irredentistischen, für den Zusammenbruch Jugoslawiens mitverantwortlichen politischen Programm vor allem von der aufsteigenden Fraktion innerhalb des Partei- und Staatsapparats in der serbischen Republik selbst getragen – unter anderem, weil die Karrieren der Mitglieder dieser Fraktion nun direkt an Miloševićs ehrgeizige Pläne gebunden waren. Dass Fernsehen, Radio und andere Medien, die noch bis vor Kurzem dem System Tito gegenüber loyal gewesen waren, nun sehr schnell zur nationalistischen Agenda umschwenkten, die auch serbische Gebietsansprüche auf große Teile Kroatiens und Bosnien-Herzegowinas beinhaltete, sorgte für jene Art von Backlash unter Kroaten innerhalb und außerhalb von Jugoslawien, aus dem Tudjman und die HDZ schließlich Kapital schlagen konnten.[93]

Bei dem katastrophalen und letzten Parteitag des Bundes der Kommunisten im Januar verließen die Delegationen der Slowenen, Kroaten, Bosnier und Mazedonier aus Protest gegen Slobodan Milošević den Versammlungsraum. Durch seine Kontrolle über die Parteistrukturen Serbiens, Montenegros, des Kosovo und der Vojvodina war es ihm immer wieder gelungen, auf Entscheidungen der Partei Einfluss zu nehmen. Durch den Zusammenbruch des Bundes der Kommunisten entstand nicht nur in Jugoslawien ein Machtvakuum, sondern auch in den Diasporagruppen. Bei den Kroaten wurde es umgehend von der HDZ gefüllt. Die schnelle Auflösung des diplomatischen Korps aus der Tito-Zeit führte außerdem dazu, dass die wenigen Aktivitäten, die von den Konsulaten und den Organisationen des Bundes der Kommunisten noch aufrechterhalten wurden, schon vor dem 14. Parteitag gestrichen worden waren. Weil die nationalistischen Aktivisten in den kroatischen Communities in Deutschland beim Aufstieg der HDZ eine so zentrale Rolle gespielt hatten (und das schon, bevor die Partei im Frühling 1990 bei Kroatiens ersten freien Wahlen seit Jahrzehnten die absolute Mehrheit errang), hatten verschiedene Parteiorgane früh begonnen, mit den staatlichen Behörden in Kroatien zusammenzuarbeiten, um beispielsweise die ursprünglich vom jugoslawischen Staat betriebene Jugendarbeit und andere Aktivitäten in den Diasporagemeinden zu übernehmen.[94]

Nur wenige Wochen nach der Übernahme der noch immer zur jugoslawischen Föderation gehörenden kroatischen Republik begannen die Minister der HDZ mit den Planungen für das seit 1991 bestehende Ministerium für Emigration. Auf diese Weise wurden die Diasporagruppen – die Zusammenarbeit mit ihnen und ihre Unterstützung – im Herzen der kroatischen Staatlichkeit verankert, noch bevor Kroatiens Unabhängigkeit von außen anerkannt wurde. Als die Tudjman-Regierung massiv damit beschäftigt war, territoriale Milizen aufzustellen, um ihre politischen Ziele gegen das jugoslawische Militär zu verteidigen, nutzte sie gleichzeitig einen erheblichen Teil ihrer zeitlichen und finanziellen Ressourcen für die Konzipierung eines neuen Staatsbürgerschaftsrechts, das Menschen mit kroatischem Hintergrund einen leichten Zugang zur kroatischen Staatsbürgerschaft verschaffen sollte, und für die Formulierung eines Wahlgesetzes, das dafür sorgen sollte, dass die Diasporagemeinden unmittelbar Einfluss auf das kroatische Parlament nehmen konnten.[95] Für die Verankerung von irredentistischen politischen Programmen in den kroatischen Exilgemeinden in Deutschland war es besonders wichtig, dass diese Agenda auch Pläne beinhaltete, Teile von Bosnien zu annektieren, in denen mehrheitlich Kroaten lebten. Nur einige Jahre zuvor wäre ein solches Programm als verrückte Obsession gewalttätiger Extremisten abgetan worden.

Das Programm der HDZ zum Aufbau der kroatischen Nation bezog also sowohl Kroaten innerhalb Jugoslawiens als auch die weltweiten Diasporagruppierungen ein. In einer Atmosphäre, in der prominente nationalistische Anführer wie zum Beispiel Gojko

Šušak, der dann während des Krieges Kroatiens Verteidigungsminister wurde, aus ihrem Exil in Toronto oder München eingeflogen wurden, um dann im politischen Leben Kroatiens in den ersten Jahren der Unabhängigkeit eine zentrale Rolle zu spielen, gingen die Neuerfindung von Identitätsnarrativen in den Diasporagemeinden mit der Rekonstruktion des Staats und der Gesellschaft in Kroatien selbst Hand in Hand.[96] Aber auch die extrem aufgeladene Stimmung zwischen den ethnischen Gruppen in Jugoslawien führte dazu, dass schon innerhalb der ersten 18 Monate, in denen Tudjman die ersten Versuche unternahm, die kroatische nationalistische Bewegung zu vereinigen, die Mehrheit der kroatischen Gesellschaft aus einer Position vorsichtiger Neutralität zum Programm der HDZ überlief. Eine parallele Dynamik erlebte die Diasporagemeinde in Deutschland, als Exilkroaten, die bis dahin Distanz zur nationalistischen Politik gehalten oder sogar an patriotischen Veranstaltungen des jugoslawischen Staats teilgenommen hatten, nun die Seiten wechselten, indem sie sich einem Netzwerk von mit der HDZ verbündeten nationalistischen Organisationen anschlossen.

Krieg

Die Bemühungen der HDZ, das stark fragmentierte kroatisch-nationalistische Milieu zusammenzubringen, bekamen Aufwind, als der bewaffnete Konflikt in den Jahren 1990 und 1992 plötzlich nicht mehr nur als abstrakte Bedrohung im Raum stand, sondern zur entsetzlichen Realität wurde. Die kurzen Kämpfe zwischen slowenischen Territorialmilizen und der jugoslawischen Armee (JNA) hatten auch deshalb nur einen begrenzten Effekt auf die slowenischen Gemeinschaften in Deutschland, weil diese Kämpfe sofort abebbten, nachdem die Truppen der JNA sich im September 1991 aus Slowenien zurückgezogen hatten. Die kroatische Diasporagruppe dagegen wurde aufgrund der etwas langsameren Eskalation und der darauf folgenden lang anhaltenden Kämpfe auf kroatischem Gebiet fast vollständig in die Generalmobilmachung hineingezogen. Als das Plädoyer der HDZ-Regierung für die vollständige Unabhängigkeit im Sommer 1991 immer mehr Zuspruch erhielt, organisierte der kroatische Staat zusammen mit den Leitfiguren der Exilgemeinden unaufhörlich Kundgebungen, Solidaritätsveranstaltungen und Lobbyarbeit bei deutschen Politikern auf lokaler, Landes- und Bundesebene. Die gleichzeitige Mobilmachung der Exil-Communities und der schleichende Beginn des Unabhängigkeitskriegs veränderten das Selbstbild der Mitglieder der Diasporagemeinden vollständig, während die Alternative, für die der jugoslawische Staat einmal gestanden hatte, aus dem Blickfeld geriet.[97]

Als sich die Spannungen zwischen der kroatischen Regierung und serbischen Minderheiten in der Krajina und den östlichen Regionen Slawoniens zu einem echten Krieg ausgewachsen hatten, in dem auch die Truppen der JNA kämpften, war die Militarisierung der kroatischen Gesellschaft so weit fortgeschritten, dass die Diasporagemeinschaften endgültig in jene kollektive Identitätsnarrative hineingezogen wurden, die von der nationalistischen Bewegung seit ihren Anfängen unter Medic-Skoko, Jelić und Dezelić in den 1950er-Jahren kultiviert worden waren. Dass die von der nun dem Milošević-Regime in Belgrad verpflichteten JNA unterstützten serbischen Milizen die Stadt Osijek bombardierten, die Krajina eroberten, bei der Belagerung von Dubrovnik zahllose zivile Opfer in Kauf nahmen und nach dem Fall von Vukovar zahllose Menschen exekutierten, war für viele Kroaten, die als Gastarbeiter nach Deutschland gekommen waren, der ultimative Beweis, dass die von nationalistischen Gruppen in die Welt gesetzten Erzählungen über den serbischen Revanchismus mit der politischen Realität übereinstimmten. Als im Lauf des Jahres 1992 immer mehr Flüchtlinge in den Diasporagemeinschaften Westeuropas Hilfe suchten, waren die Folgen des Krieges durch die

Ankunft Tausender von Menschen, die unmittelbar Zeugen der Verheerungen an der Front geworden waren, unmittelbar in deutschen Städten zu spüren. Der Einsatz der kroatischen Gemeinschaften in Deutschland für humanitäre Hilfe an die eintreffenden Flüchtlinge und ihre vom Krieg überzogenen Heimatstädte veränderte das Leben kroatischer Einwanderer und Einwanderinnen in Deutschland endgültig. Es drehte sich nun hauptsächlich um die Loyalität gegenüber dem kroatischen Staat und die Feindschaft gegenüber den jugoslawischen Institutionen, die nun direkt im Dienst der serbischen Feinde auf dem Schlachtfeld standen.[98]

Die schnelle Anerkennung von Kroatien und Slowenien

Das Netz kroatischer Organisationen mit seinen ursprünglichen Knotenpunkten in München und anderen deutschen Städten sammelte über 24 Millionen US-Dollar an humanitärer Hilfe für Kroatien und sorgte darüber hinaus für einen Strom an Rekruten, die sich bereit erklärt hatten, in kroatische Militäreinheiten einzutreten. Der Prozess, der der Entscheidung der deutschen Regierung vorausging, den europäischen Konsens zu brechen, der vorsah, das Ergebnis der Verhandlungen im Jahr 1992 abzuwarten, wurde wesentlich von der Lobbyarbeit kroatischer Exilorganisationen und der katholischen Kirche beeinflusst: Am 19. Dezember 1991 beschloss die deutsche Regierung, die Unabhängigkeit Kroatiens und Sloweniens anzuerkennen. Dass die kroatische Gemeinschaft in Deutschland nun sehr geschlossen auftrat, hatte es erheblich erleichtert, die Unterstützung der CDU/CSU zu organisieren, zumal die Taten serbischer Milizen und der JNA-Einheiten in der Gegend von Vukovar den kroatischen Nationalisten weitere Argumente an die Hand gaben. Auch war es sehr viel einfacher als zuvor, auf gemeinsame Kontakte innerhalb der katholischen Kirche zurückzugreifen, um Zugang zu deutschen Gesetzgebern und hochrangigen Medienvertretern zu bekommen.

In den USA fanden ähnliche Bemühungen ihren Höhepunkt in einer Demonstration, an der über 35 000 Mitglieder der Diaspora und zahlreiche Kongressabgeordnete teilnahmen. Sie trugen außerdem dazu bei, die Verbindungen kroatischer Diasporagruppen zu europäischen und amerikanischen Gesetzgebern wiederaufleben zu lassen, die noch einige Jahre zuvor von den Nachwirkungen der kroatischen nationalistischen Terrorangriffe in den 1960er- und 1970er-Jahren stark beeinträchtigt gewesen waren.[99] Nicht nur gelang es den entsprechenden kroatischen Lobbyisten aus der deutschen Diasporagemeinde, für den Herbst 1991 ein Treffen zwischen Helmut Kohls Sicherheitsberater Horst Teltschik und Franjo Tudjman auszuhandeln, sondern sie schafften es auch, sich direkten Zugang zu einflussreichen Journalisten der *Frankfurter Allgemeinen Zeitung*, der *Bild*-Zeitung und anderer Medien zu verschaffen, um in der deutschen Öffentlichkeit die These zu verbreiten, die kroatische Regierung verteidige »die europäischen Werte« gegen die aggressiven Angriffe von Slobodan Miloševićs nun offen nationalistischem Regime.[100]

Auch als in den Jahren 1992 und 1993 Berichte über Gewalttaten kroatischer Truppen gegen kroatische Serben sowie Kriegsverbrechen von kroatischen Milizen gegen bosnische Muslime in Bosnien durchzusickern begannen, blieb die Regierung Kohl nicht zuletzt wegen der unermüdlichen Lobbyarbeit der Exil-Kroaten für die Ansprüche und Forderungen des kroatischen Staats sehr viel offener als andere Mitgliedstaaten der europäischen Gemeinschaft. Die unterschwellige Sympathie für die kroatische Sache wirkte sich bis auf die Ebene der Bundesländer und Städte aus, wo die Polizei bis zum Ende des Konflikts im August 1995 wenig unternahm, um das Phänomen der »Urlaubs-Soldaten« zu unterbinden. Dabei handelte es sich um Mitglieder der Diasporagruppierungen in Deutschland, Kanada und den Vereinigten Staaten, die ihre Ferien damit verbrachten, in kroatischen Einheiten an der Front zu kämpfen, bevor sie an ihren Arbeitsplatz zurückkehrten. Obwohl sie häufig von kroatischen Truppen und auch von Mitgliedern der Diaspora, die sich vollständig verpflichtet hatten, belächelt wurden, brachten diese Gelegenheitsmilizen unmittelbare Kriegserfahrungen mit zurück nach Deutschland, was dazu führte, dass sich ein ganz bestimmtes, auf einer extrem militarisierten Form von Männlichkeit aufbauendes nationalistisches Narrativ in der Diasporagemeinde verbreiten konnte.[101]

Die tiefe Verstricktheit der Diasporagruppen in alle Aspekte der kroatischen Kriegsmobilmachung führte zu einem Paradox: Je mehr sich die Kämpfe zwischen den ehemaligen jugoslawischen Republiken intensivierten, desto mehr Diasporaaktivisten, die während der vergangenen Jahrzehnte politische Gewalttaten gegen den jugoslawischen Staat begangen hatten, ließen sich in den Krieg hineinziehen. Das betraf nicht nur die kroatische Diaspora, von der aus Halbkriminelle wie Franjo Goreta, der in den 1970er-Jahren Terroranschläge begangen hatte, nun eilig halfen, Milizen aufzubauen, die dann im Jahr 1991 unmittelbar während der ersten Welle der Kämpfe überall in Kroatien eingesetzt wurden. Die Eskalationsdynamik zog auch gewalttätige und in manchen Fällen kriminelle Banden an, die sich an den Rändern der serbischen, kosovo-albanischen und bosnischen Diaspora gebildet hatten. Als die Reichweite und Brutalität der Kämpfe eskalierten, begannen sie die gewaltbereitesten Figuren jeder einzelnen Diasporagemeinde magisch anzuziehen, was dazu führte, dass das Ausmaß der Gewalt zwischen diesen Communities im Ausland ziemlich plötzlich zurückging.

Wenn irgendwo in Deutschland oder in einem anderen europäischen Land im Zusammenhang mit den jugoslawischen Abspaltungskriegen doch einmal Gewalt aufflackerte, hatte sie oft mit den Aktivitäten der Überreste des SDB und des KOS zu tun, die nun dem Milošević-Regime dienten.[102] Weil die gewaltbereitesten Mitglieder der kroatischen nationalistischen Bewegung sich aus den Diasporagemeinden in Richtung der Frontlinien in Kroatien bewegt hatten und Kroatien nun ein international anerkannter Staat war, versuchten die verbleibenden Vertreter des jugoslawischen Staats und die serbisch-nationalistischen Netzwerke, denen sie dienten, jegliche Konfrontation mit kroatischen Gegnern in Deutschland zu vermeiden. Als dagegen im Jahr 1996 der Widerstand der Kosovo-Albaner gegen die Kontrolle aus Belgrad immer gewaltsamer wurde, griffen die Geheimdienste, die nun Milošević und seinen Alliierten in der serbischen Diaspora dienten, auf die altbekannten Methoden gewalttätiger Einschüchterung zurück, die der SDB und KOS schon in den 1970er-Jahren genutzt hatten, um ihre Kampagne gegen Prominente zu führen, die damals für Unterstützung für jene bewaffneten Gruppen warben, aus denen sich dann später die Befreiungsarmee des Kosovo (Ushtria Çlirimtare e Kosovës, UÇK) formieren sollte.[103] Weil der SDB auch intensiv das organisierte Verbrechen und die Hooliganszene in Belgrad infiltriert hatte, spielte er auch bei der Etablierung halbkrimineller Strukturen eine Schlüsselrolle, die wiederum dafür sorgten, dass bestimmte Milizen an den brutalsten Kämpfen überhaupt – zunächst an der Front in Kroatien, später dann in Bosnien – beteiligt waren. Genau wie bei kroatischen nationalistischen Gruppen überschnitt sich in diesen Netzwerken ein extremer Nationalismus mit den kriminellen Machenschaften transnationaler Banden, die ihrerseits in den serbischen Communities in Deutschland ihre Heimat hatten.

Die Zerrissenheit der serbischen Diaspora

Trotz einiger struktureller Parallelen zwischen der serbischen und der kroatischen Diaspora waren es vor allem die Unterschiede zwischen den beiden Gemeinden, die hervorstachen. Die politisch aktiven nationalistischen Exil-Kroaten ergriffen häufig selbst die Initiative und arbeiteten auf Augenhöhe mit den professionelleren Mitgliedern des heimischen Sicherheitsapparats zusammen. Lokale Führungsfiguren wie Goreta von der Insel Susak erhielten auf diese Weise erhebliche Macht, um die nationalen Ereignisse mitzubestimmen. Bei den Serben dagegen mussten sich die Exilanten in ihrer politischen Arbeit den verbleibenden Mitgliedern des alten jugoslawischen Sicherheitsapparats unterordnen. Die Strukturen von damals wurden nun dafür eingesetzt, Miloševićs Machtbasis sowohl auf dem Schlachtfeld als auch in Serbien zu sichern.

Während die kroatischen, bosnisch-muslimischen und kosovoalbanischen Gemeinden es während der 1990er-Jahre schafften, als Reaktion auf die Vorkriegseskalation, die Kriegsmobilmachung und den Wiederaufbau nach dem Krieg relativ einheitliche Organisationsstrukturen innerhalb der Diaspora zu entwickeln, blieb die serbische Gemeinde in dieser Zeit sehr viel zersplitterter. So groß die Unterstützung für serbisch-nationalistische Gruppen und die von Milošević angeführten Militäroperationen hier auch sein mochte, so wenig konnten dadurch die Trennungen innerhalb der serbischen Diaspora überwunden werden. Es ging dabei sowohl um konkurrierende ideologische Konzepte, die nun häufig auch auf den neuen Online-Plattformen diskutiert wurden, als auch um die grundsätzliche Haltung zur jugoslawischen Idee. In jenen Teilrepubliken, die zumindest einige Fragmente ihres institutionellen Erbes erhalten konnten, waren solche Fragen wesentlich weniger umstritten.[104] Weil die serbischen Nationalisten und Milizen in Bosnien und Kroatien fast überall als die Hauptverursacher des Konflikts galten, wurde es für serbische Diasporagruppen extrem schwierig, Unterstützung für ihre eigenen politischen Programme zu organisieren. Als Kriegsverbrechen wie das Massaker von Srebrenica dazu führten, dass die deutsche und europäische Öffentlichkeit sich endgültig gegen Milošević und die Sache des serbischen Nationalismus stellte, reagierten die serbischen Diasporagemeinden auf diese verbreitete Haltung zum Jugoslawienkrieg extrem befremdet, was ihre politische Isolierung noch verstärkte. Als die Krajina und Ostslawonien im August 1995 an die kroatische Armee fielen und daraufhin Luftangriffe der NATO und militärische Offensiven der bosnischen Muslime und der Kroaten bosnisch-serbische Gebietsgewinne zum Teil rückgängig machten, führte das zu einer weiteren Demobilisierung und Entpolitisierung in den serbischen Diasporagemeinden.

Das Abkommen von Dayton, das Bosnien unter eine internationale Aufsicht stellte, die von Tausenden in bosnischen Städten stationierten NATO-Soldaten abgesichert werden musste, war ein Punkt, an dem die serbische Diaspora noch weiter auseinanderdriftete. Die Loyalitäten gegenüber der nationalistischen Sache insgesamt teilten sich auf in Milošević-Anhänger und Befürworter seiner in der Opposition arbeitenden Rivalen wie Vuk Drašković und Vojislav Šešelj. Zumindest Letzterer war tief in die Kriegsverbrechen der von ihm aufgestellten Miliz verstrickt. Die NATO-Luftangriffe auf Ziele in Serbien, die die serbischen Truppen zum Rückzug zwangen und es kosovo-albanischen Aufständischen im Jahr 1999 ermöglichten, im Kosovo die Macht zu übernehmen, waren Anlass für ein kurzes Wiederaufflackern der Protestveranstaltungen von Mitgliedern der serbischen Exilgemeinden in Deutschland, auf denen eine tiefe Entfremdung von der Außenpolitik und den politischen Institutionen der Bundesrepublik sichtbar wurde.[105] Doch dieser letzte Ausbruch der Frustration der Diasporagruppen war nicht von Dauer, und die militärischen Niederlagen des Milošević-Regimes sowie die im Land herrschende Unterdrückung und Korruption sollten in den darauffolgenden Jahren schrittweise zu dessen Niedergang führen. Weil sich große Teile der serbischen Wirtschaft vom Zusammenbruch der Kriegszeit nicht erholt hatten, kamen immer mehr junge Serben nach Deutschland, um Arbeit zu suchen, was unter anderem zur Folge hatte, dass die serbischen Diasporagemeinden nicht nur enge Verbindungen zu den Protesten hatten, die Milošević im Jahr 2001 zu Fall brachten, sondern auch zu den darauf folgenden Versuchen, die politische Ordnung in Serbien zu verändern. Doch dieser gelegentlich aufflammende Aktivismus war mit dem kontinuierlichen, von gut ausgestatteten staatlichen Behörden abgesichertem Engagement, das die Identitätsnarrative der kroatisch-deutschen Community über die Jahre radikal verändert hatte, nicht zu vergleichen.[106]

Auch die Tudjman-Regierung driftete nach und nach in Autoritarismus und die Förderung einer irredentistisch-nationalistischen Agenda gegenüber Bosnien ab, hatte ebenfalls Kriegsverbrechen begangen und fing an, abweichende Meinungen zu unterdrücken, aber bezüglich der Involviertheit der jeweiligen Diasporagruppierungen in die Politik ihrer Herkunftsländer blieb der auffällige Unterschied zwischen Serbien und Kroatien bestehen. Nachdem die Interventionen der NATO im Kosovo und dann zwei Jahre später in Mazedonien dazu beigetragen hatten, den militärischen Konflikt zu beenden, blieb die serbische Diaspora politisch gespalten und hatte nur sehr begrenzt Einfluss auf die Entwicklungen in Belgrad. Was Bosnien angeht, war es ähnlich: Zwar gab es ein enormes zivilgesellschaftliches und auch karitatives Engagement zwischen den Diasporagemeinden und den jeweiligen ethnischen Gruppen in Bosnien, aber die oligarchischen, elitären Strukturen und das System der politischen Vetternwirtschaft, das während des Kriegs und in der Nachkriegszeit zu neuer Blüte gekommen war, führten auf lange Sicht dazu, dass Persönlichkeiten von außerhalb oder aus der Diaspora so gut wie keine Chance hatten, bestimmte Entwicklungen innerhalb Bosniens infrage zu stellen.[107] Sämtliche slowenischen Regierungen der Nachkriegszeit begriffen dagegen einen möglichst engen Kontakt mit den Auslandsslowenen als Teil ihrer nationalen Diplomatie. Und auch in Mazedonien spielten die nationalistischeren unter den Diasporagruppen eine aktive und häufig hoch problematische Rolle in der heimischen Politik.

Die Diasporagemeinden der Kosovo-Albaner waren zentral wichtig für den Aufstand der UÇK, der schließlich die Abspaltung des Kosovo von Serbien ermöglichte: Sie halfen sowohl bei der Finanzierung als auch bei der Rekrutierung von Soldaten, und noch heute, 20 Jahre später, bemühen sich die führenden politischen Fraktionen regelmäßig um Spenden und Unterstützung aus den Netzwerken der kosovo-albanischen Diaspora.[108]

Die entscheidende Rolle der kroatischen Diaspora

Und doch ist es im Vergleich zu allen anderen Exilgemeinden mit Wurzeln im ehemaligen Jugoslawien auch 30 Jahre nach der Unabhängigkeit noch immer die kroatische Diaspora, die die einflussreichste Rolle in der Politik des einst zu Jugoslawien gehörenden Staats spielt. Über fast zwei Generationen hinweg seit der kroatischen Unabhängigkeit bestimmen die starken Verbindungen zwischen den Diasporagruppen und dem kroatischen Staat, die auch durch den weitreichenden Zugang zur kroatischen Staatsbürgerschaft, durch das Wahlrecht für Auslandskroaten und durch aufwendige staatliche Institutionen zur Förderung der Kontakte zu Exilkroaten geschaffen wurden, noch immer ganz wesentlich die Geschicke sowohl des kroatischen Staats als auch der kroatischen Diasporagemeinden. Bei jungen Menschen, die fast 15 bis 20 Jahre nach der Machtübernahme der HDZ im Jahr 1991 geboren wurden, ist das Identitätsnarrativ, das unter den Emigranten und Emigrantinnen in Deutschland lebendig gehalten wurde und dann zu einer Grundlage der nationalistischen Mobilisierung während des Niedergangs von Jugoslawien wurde, erstaunlich fest verankert – nicht zu vergessen: als Teil der Kultur eines Mitgliedstaats der Europäischen Union. Dass die kroatische Staatsbürgerschaft in der Bundesrepublik Deutschland nun zu genau der politischen und ökonomischen Teilhabe berechtigt, die jedem Mitglied eines EU-Staats zusteht, hat den Graben zwischen den politischen Haltungen und wirtschaftlichen Biografien der Serben auf der einen und der Kroaten auf der anderen Seite erheblich vergrößert.

Bei all den tief gehenden Traumata, die die Menschen aus den kroatischen Diasporagemeinden genauso erleben mussten wie alle anderen Migranten und Migrantinnen aus dem ehemaligen Jugoslawien, ist es sehr bemerkenswert, dass die in Deutschland lebenden Einzelpersonen und Familien mit ihren verschiedenen ethnischen Hintergründen in dieser Zeit der Kriege und gesellschaftlichen Umbrüche nur selten den Kontakt zueinander abbrachen. Wie Florian Bieber und Dario Brentin sowie Saša Stanišić und Jagoda Marinić immer wieder betont haben, sind die Erfahrungen dieser unterschiedlichen Communities in Deutschland und Österreich überaus vielschichtig.[109] Ob und inwieweit sich verändernde Identitätsnarrative, Gender-Zuordnungen und politische Bündnisse die Freundschaften zwischen in Deutschland lebenden Kroaten, Serben, Kosovo-Albanern und bosnischen Muslimen beeinflussten, hing nicht nur stark von den Kontexten in den jeweiligen Städten und Regionen ab, aus denen sie ursprünglich stammten, sondern auch von den Stadtteilen und Communities in Deutschland, in denen sie sich niedergelassen hatten. Weil so viele Gastarbeiter in der Bundesrepublik durch das vom jugoslawischen Staat koordinierte Rekrutierungssystem in die Bundesrepublik gekommen waren, arbeiteten in den Betrieben, in denen sie sich wiederfanden, häufig Menschen mit verschiedenen jugoslawisch-ethnischen Hintergründen, was wiederum ihr Sozialleben und ihre familiären Verbindungen prägte.

Auf jede Familie mit Angehörigen, die ihren Job in Deutschland kündigten, um an der Front zu kämpfen, kam eine, die nicht voll hinter dem Krieg stand, den ihre jeweilige Heimatregion führte. Anhänger der HDZ oder von Milošević wurden durch Freundschaften am Arbeitsplatz oder familiäre Bindungen über die ethnischen Trennlinien hinweg zur Mäßigung gezwungen – vor allem in solchen deutschen Städten, wo ein Großteil jeder Community einmal in jene Formen des gesellschaftlichen Engagements eingebunden gewesen war, die bis in die Mitte der 1980er-Jahre hinein vom Bund der Kommunisten initiiert worden waren, um die jugoslawische Idee fest in der Diaspora zu verankern. Die Solidarität mit denen, die die Verwandten und Freunde zu Hause vor Angriffen schützten, sowie der Hass auf die Anführer jener Staaten, die nun zu Feinden geworden waren, konnte relativ unkompliziert neben Freundschaften am Arbeitsplatz oder in der Schule existieren, wo Diskussionen über die Ereignisse in der Heimat ohnehin meist sorgsam vermieden wurden.

Die Ankunft Hunderttausender Flüchtlinge aus den früheren jugoslawischen Teilrepubliken während der 1990er-Jahre beschleunigte zwar die Veränderung der Identitätsnarrative der einzelnen Diasporagemeinden rasant, machte aber nicht automatisch die Verbindungen zwischen den Mitgliedern der verschiedenen Communities zunichte. In vielen Fällen kamen Flüchtlinge mit der Hilfe von Familienmitgliedern nach Deutschland, die sich hier schon als Gastarbeiter niedergelassen hatten.[110] Dass Teile der kroatischen, serbischen und anderer vom Krieg betroffenen Exilgemeinden den bewaffneten Konflikten direkt ausgesetzt waren, verstärkte zwar den Nationalismus in den verschiedenen Diasporagruppen erheblich, aber es gab auch die umgekehrten Fälle, in denen frisch nach Deutschland gekommene Flüchtlinge in die über alle ethnischen Grenzen hinweg fortbestehenden freundschaftlichen und familiären Verbindungen einbezogen wurden. Für die Flüchtlinge, die nach dem Krieg nicht in ihre Heimatländer zurückkehrten, sondern in Deutschland blieben, bedeutete das manchmal, dass sie die beruflichen und sonstigen Kontakte zu Kollegen und Schulfreunden aus Gemeinschaften, die auf der anderen Seite des Konflikts gestanden hatten – also ihr ganz alltägliches Leben in der Bundesrepublik –, von den Traumata, die sie während des Krieges erlebt hatten, abspalten mussten.

Wie Marija Bogic, Dean Ajdukovic und andere gezeigt haben, entstand bei ehemaligen Flüchtlingen aus Bosnien, Kroatien und dem Kosovo durch die Notwendigkeit, sich trotz der tiefen emotionalen Wunden, die das Grauen des Krieges hinterlassen hatte, ein neues Leben in Deutschland aufzubauen, ein immenser Druck, der noch Jahrzehnte nach dem Krieg zu einem psychischen Zusammenbruch führen konnte.[111] Wie im Einzelnen mit diesem Druck umgegangen wurde, hing natürlich stark von der Lebenseinstellung und den konkreten Erfahrungen jedes einzelnen Flüchtlings oder ehemaligen Soldaten ab. Aber selbst bei jenen Überlebenden des Krieges, die noch lange mit ihrem Trauma zu kämpfen hatten, blieb gegenüber Mitgliedern aus anderen ehemaligen jugoslawischen Communities bis in die 2010er-Jahre hinein eine »Leben und leben lassen«-Haltung die gängige Strategie, um den Alltag im Exil zu bewältigen.[112]

Angesichts des Leids und des Unglücks, das den Balkan während der 1990er-Jahre erschütterte, und angesichts der Abgründe, die sich zwischen den verschiedenen Diasporagruppierungen aus dem früheren Jugoslawien im Lauf der Jahrzehnte auftaten, ist es erstaunlich, wie viele Mitglieder dieser Gemeinden es geschafft haben, sich einen Platz in der deutschen Gesellschaft zu erobern, der ihnen und ihren Familien ein gewisses Maß an Freiheit und Glück gewährt. Das soll weder die Diskriminierung herunterspielen, die Teile der kroatischen, serbischen, bosnischen, kosovarischen und mazedonischen Diaspora in Deutschland bis heute erleben, noch die erheblichen wirtschaftlichen Nachteile, unter denen sie zu leiden haben. Trotz dieser Nachteile kamen bis in die frühen 2020er-Jahre stetig Kroaten, Serben, Bosnier und andere Menschen aus dem Westbalkan nach Deutschland, weil ein sozialer Aufstieg durch die Teilhabe an der europäischen Integration und die Möglichkeit, einen festen Arbeitsplatz zu finden, hier zumindest im Bereich des Möglichen liegt: nicht nur für die Mitglieder der zweiten und dritten Generation, deren Eltern sich vor mehreren Jahrzehnten in Deutschland niedergelassen haben, sondern auch für Menschen, die erst kürzlich in Deutschland angekommen sind.[113] Bei den Kroaten hat immer wieder auch die katholische Kirche mit ihrem stetigen Einfluss auf die Diasporagemeinden für eine größere Teilhabe am politischen, gesellschaftlichen und wirtschaftlichen Leben der deutschen Gesellschaft gesorgt.[114] Viele Kroatien-Deutsche sehen den Einfluss der katholischen Kirche wegen ihrer Rolle bei der Unterstützung nationalistischer Aktivitäten in der Vergangenheit zwar kritisch, aber die Verbindungen der Katholischen Mission zur großen sozialen Infrastruktur der katholischen Kirche in Deutschland hatten ohne Frage einen positiven Einfluss auf die Teilhabemöglichkeiten von Mitgliedern der kroatischen Diasporagruppen.

Auf der Grundlage der Stabilität, die sich die Gastarbeiter aus dem früheren Jugoslawien in der deutschen Gesellschaft erarbeitet haben, ist es einigen Mitgliedern der zweiten und dritten Generation nun möglich geworden, in Deutschland sehr erfolgreiche Positionen einzunehmen. So hat Saša Stanišić, der im Jahr 1993 mit seiner halb serbischen, halb bosnischen Familie als Kind vor dem Krieg in Bosnien nach Deutschland geflohen ist, in seinen Romanen ausgelotet, wie die langen Schatten des Krieges und die Sisyphusarbeit des Neuanfangs das Verhältnis zum eigenen Geburtsland auch dann noch beeinträchtigen können, wenn sämtliche Integrationsprobleme in der neuen Heimat überwunden wurden. Auch die Familie von Adis Ahmetovic, der im Jahr 1993 in Hannover geboren wurde, musste aus Bosnien fliehen, und konnte sich nur mithilfe eines Anwalts, der nun zusammen mit Ahmetovic als SPD-Abgeordneter im Bundestag sitzt, vor der Abschiebung retten. Er ist heute der Berichterstatter des deutschen Bundestags für den Westbalkan, während Stanišić ein prominenter Autor der europäischen Literaturszene wurde – nur zwei der bekanntesten Beispiele dafür, wie erfolgreich sich viele, die vor dem Krieg in Jugoslawien fliehen mussten, trotz aller Schwierigkeiten in die deutsche Gesellschaft integriert haben.

Im Mittelpunkt der deutschen Gesellschaft werden auch zunehmend Menschen sichtbar, deren Familien mit den verschiedenen Auswanderungswellen seit 1945 aus dem Westbalkan nach Deutschland gekommen sind. Zu den prominentesten gehört Jagoda Marinić, die als Tochter von Gastarbeitern aus Dalmatien in den 1980er- und 1990er-Jahren in Stuttgart aufwuchs. Sie gilt heute als eine der bekanntesten deutschen Essayistinnen und Autorinnen und gehört zu einer größeren Szene von Schriftstellern, die in ihren Texten auch über ihren Umgang mit unterschiedlichen Identitätsentwürfen nachdenken. Fredi Bobic machte, wie so viele Kinder von Gastarbeitern aus dem ehemaligen Jugoslawien, eine Karriere als Profisportler. 1971 noch in Maribor als Sohn einer slowenischen Mutter und eines kroatischen Vaters geboren, kam er mit seiner Familie nach Stuttgart. Seine Karriere als Profifußballer führte ihn vom VfB Stuttgart zu Borussia Dortmund und schließlich zu den Bolton Wanderers. Er spielte insgesamt 36 Mal für die deutsche Nationalmannschaft, unter anderem bei der Europameisterschaft 1996 und 2004.

Natürlich beruhen solche außergewöhnlichen Karrieren im Bereich der Kunst, der Politik und des Sports auf sehr individuellen Fähigkeiten, Umfeldern und Entscheidungen, aber sie können dennoch als Sinnbilder für den Erfolg gelten, mit dem sich die mit dem Westbalkan verbundenen Diasporagemeinden, deren Mitglieder sich Mitte der 1990er-Jahre noch in einer politisch und ökonomisch äußerst schwachen Position befunden haben, in die deutsche Gesellschaft integriert haben. Dieser langsame und häufig erfolgreiche Integrationsprozess bedeutet jedoch nicht, dass der lange Schatten des schrecklichen Krieges nur drei Generationen nach dem Zerfall Jugoslawiens komplett abgeschüttelt wäre. Doch die Zeit, der stetige Kontakt zwischen den einzelnen Communities und die innerhalb der einzelnen Gruppen geführten, oft sehr schwierigen Gespräche über die Ursachen und Folgen des Konflikts haben zumindest dafür gesorgt, dass ein normaler Alltag und manchmal sogar eine partielle Versöhnung zwischen den einzelnen Communities möglich geworden ist, die vom Krieg in ihren Heimatländern auseinandergerissen worden sind.

Es war diese Mischung aus offen diskutierten Kriegserlebnissen, engen, jahrzehntelangen Freundschaften und dem Bemühen, sich die Solidarität unter den Kollegen nicht vom Erbe des Krieges kaputtmachen zu lassen, auf die ich mir damals, vor 20 Jahren, keinen rechten Reim hatte machen können, weil ich mich darauf konzentrieren musste, keine teuren medizinischen Geräte fallen zu lassen und den Essenswagen nicht zu Schrott zu fahren. Bei meinen Klassenkameraden mit serbischem oder kroatischem Hintergrund hatte ich schon früh erlebt, wie die unterschwelligen Spannungen plötzlich aufflackern konnten. Doch meist war das Bemühen groß, sich wieder zusammenzuraufen, und alle ließen eine gewisse Vorsicht walten, wenn es um die Ereignisse in den Heimatländern ihrer Eltern ging. Meine nichtjugoslawischen Freunde und ich erlebten dadurch, wie gute Freundschaften und das gemeinsame Leiden unter der alles andere als toleranten deutschen Schule und den deutschen Behörden eine ganz bestimmte Solidarität zwischen jenen Klassenkameraden aufrechterhielten, die weiterhin von allen »Jugos« genannt wurden.

Mit dem Ende des Krieges im Kosovo schien der Moment gekommen zu sein, meine Arbeitskollegen, die vielleicht einen ganz anderen Blick auf die Geschehnisse hatten als meine kroatischen und serbischen Grundschulfreunde, relativ offen auf das Thema anzusprechen. Doch erstaunlicherweise begegnete mir hier trotz aller kulturellen und sozialen Unterschiede letztendlich dieselbe Mischung aus Bitterkeit über alles, was verloren gegangen war, und dem Bemühen, eine Grundhaltung aufrechtzuerhalten, die sich vielleicht wirklich am besten mit »Leben und leben lassen«

beschreiben lässt. Wenn wir zum Zeitvertreib zwischen zwei Arbeitseinsätzen lange Gespräche führten, dann konnte es passieren, dass plötzlich jemand einen ungeschickten Versuch unternahm, das, was mir ein anderer Kollege gerade erzählt hatte, zu korrigieren; ein bisschen nach dem Motto: »Unser Freund hier ist ein toller Kerl, aber weißt du, er hat sich von der kroatischen/serbischen/albanischen/muslimischen Propaganda einfangen lassen. Hör mal zu, was wirklich passiert ist.« Und irgendwann waren dann plötzlich alle dabei, sich voller Nostalgie daran zu erinnern, wie vor dem Krieg so vieles so viel besser gewesen war. Doch diese kurzen Ausflüge in die Politik wechselten sich ständig mit anderen Themen ab, der Meckerei über die Unfähigkeit deutscher Chefs bis zu irgendeinem neuen dubiosen Skandal aus der Welt der Stars und Sternchen.

Damals, vor zwei Jahrzehnten, bereitete eine Rechnungsprüfung dem für mich und den kunterbunten Haufen der anderen Teilzeitkräfte so lukrativen und für unsere Vollzeitkollegen so geruhsamen Arrangement ein jähes Ende. Doch der besondere Umgang der verschiedenen Diasporagruppierungen mit den Kriegen und dem Zerfall Jugoslawiens, die ihre Entwicklung so entscheidend mitbestimmt hatten, ist wohl der Grund dafür, dass es für viele Menschen aus diesen Gemeinden noch heute eine Art gemeinsamen kulturellen Raum gibt. So sehr bestimmte politische Entscheidungen ihr Leben geprägt hatten, so wenig lassen sie sich ihren Alltag von der Politik bestimmen. Erst der Zerfall des jugoslawischen Staats in den frühen 1990er-Jahren gab der bis dahin lautstarken Minderheit der kroatischen, serbischen und kosovo-albanischen Nationalisten die Gelegenheit, die Teile ihrer jeweiligen Communities auf ihre Seite zu ziehen, die bis dahin entweder apolitisch gewesen waren oder voller Sentimentalität an der alten Idee von Jugoslawien festgehalten hatten.

Selbst als die nationalistischen Identitätsnarrative endgültig gesiegt hatten, hatten die meisten Mitglieder der verschiedenen Diasporagemeinden aus dem ehemaligen Jugoslawien genau wie die Schulfreunde und Arbeitskollegen meiner Kindheit und Jugend in Hannover bezüglich ihrer gemeinsamen Biografie in Jugoslawien und Deutschland offenbar immer noch so viel gemeinsam, dass es ihnen gelang, die Traumata des Krieges, der ihrer aller Welt auf den Kopf gestellt hatte, hinter sich zu lassen. Aus »Jugos« wurden »Ex-Jugos«, und das Überleben gemeinsamer kultureller Referenzen und enger Freundschaften zwischen den Communities, deren Heimatregionen gegeneinander in den Krieg gezogen waren, wurde nach dem Ende des Kalten Kriegs eine markante Besonderheit der politischen Landschaft in Deutschland, die auch dann noch ihre ganz eigene Note behielt, als Flüchtlinge aus sehr viel weiter entfernten Kriegsgebieten in ihre Fußstapfen traten. Diese besondere Solidarität hielt sich vielleicht gerade aufgrund jener robusten Gelassenheit und Großzügigkeit, die ich als neugieriger und zu Recht in meine Schranken verwiesener Student bei meinen damaligen Kollegen hatte erleben dürfen.

Demonstration unter dem Motto »Stoppt den Krieg! Frieden für die Ukraine und ganz Europa« gegen den russischen Angriff auf die Ukraine. (27. Februar 2022)

KAPITEL 5

Schwierige Verbündete – die ukrainische Diaspora

Der schlimmste Streit, den ich mit meiner Mutter je hatte, drehte sich um die Ukraine.

Meine Mutter wurde 1946 in einem Flüchtlingslager geboren, nachdem ihre Eltern während des Zweiten Weltkriegs aus Tscherniwzi hatten fliehen müssen. Sie wuchs in der Welt der ukrainischen Diaspora auf und gab die entsprechenden Traditionen an ihre eigenen Kinder weiter. Anders als die meisten Diasporafamilien konnten meine Großeltern schon während der 1960er-Jahre regelmäßig ihre Verwandtschaft in Tscherniwzi besuchen, was mit ihren geschäftlichen Erfolgen zu tun hatte, aber in gewisser Weise auch ein Vorbote einer allgemeineren Entwicklung in den 1970er-Jahren war, in denen zunehmend Kontakte zwischen Diaspora und Herkunftsland möglich wurden. Meine eigene Kindheit in Kanada und später in Deutschland war geprägt von Gottesdiensten in der ukrainisch-orthodoxen Kirche, allen möglichen Diasporazusammenkünften und meiner Mitgliedschaft in der Pfadfinderorganisation Plast. Auch die militärischen und musikalischen Traditionen aus der englisch-österreichischen Familie meines Vaters hatten großen Einfluss auf mich, aber meine frühen Erfahrungen sind vom Rhythmus der transnationalen ukrainischen Gemeinschaft geprägt. Doch während meiner Jugend in Deutschland kam ich dann auch in Kontakt mit historischen Debatten, welche die in der Ukraine und in der ukrainischen Diaspora vorherrschenden Narrative über den Krieg und unsere nationale Identität ziemlich durcheinanderwirbelten.

Der Krach mit meiner Mutter wurde ausgelöst, nachdem wir zusammen in der Kirche ausgeholfen und ich eine Bemerkung darüber gemacht hatte, wie manche Leute aus unserer Community sofort ablenkten, wenn es darum ging, dass bestimmte Ukrainer wie Stepan Bandera und Dmytro Dontsow extrem rechte Positionen vertraten oder mit den Nazis kollaboriert hatten. Meine Mutter erwiderte giftig, die Ukrainer müssten nun einmal füreinander einstehen, weil ihnen sonst niemand zu Hilfe komme, wenn es Ärger gebe. Sie wurde sofort laut: Die Ukrainer könnten mit den Verbrechern in ihren Reihen schon ganz allein fertigwerden, sie hätten genug gelitten, und niemand – aber schon gar nicht die Deutschen – habe das Recht, ihnen vorzuschreiben, wie sie mit solchen Problemen umzugehen hätten. Ich war so schockiert von ihrer Vehemenz, dass ich ihr reflexartig Kontra gab, und das führte dann zu einer dreistündigen Debatte über Gemeinschaft, Schuld und Leid, den Opferstatus, Rache und Opferbereitschaft. Als wir völlig erschöpft waren, riefen wir schließlich einen Waffenstillstand aus und gönnten uns ein Eis. Als ich ihr später gute Nacht sagte, musste meine Mutter dann doch noch das letzte Wort behalten und knurrte: »Du bist noch zu jung, um das zu verstehen. Wenn es Probleme gibt, sind die Ukrainer immer auf sich allein gestellt.«

Damals lehnte ich diese Haltung ab. Schließlich war die Sowjetunion auseinandergebrochen und die Ukraine nun unabhängig. Aber nur zwölf Jahre später wurden diese Sicherheiten aus der Zeit nach dem Kalten Krieg auf den Kopf gestellt. Damals hatte ich als Teil eines Recherchenetzwerks direkten und schnellen Zugang zu Informationen aus der gesamten Ukraine, wo es zu sich zunehmend verschärfenden Spannungen gekommen war, nachdem die Polizei am 21. November 2013 Demonstranten angegriffen hatte. Präsident Janukowytsch hatte unter russischem Druck engere Beziehungen zur EU abgelehnt, und der Ärger darüber hatte sich schnell zu einem Aufstand entwickelt, den meine Kollegen und ich nun über einheimische Ukrainer von Weitem mitverfolgten. Die Spannungen verschärften sich von Tag zu Tag, bis es schließlich am 24. Februar 2014 auf dem Maidan in Kiew zu einer letzten Konfrontation kam, die Janukowytsch zu Fall brachte und nur zehn Tage später dazu führte, dass Russland als Vergeltungsmaßnahme die Krim besetzte. Eine kurze Ruhepause in den darauffolgenden Wochen führte zu Spekulationen, dass weitere Eskalationen vielleicht vermieden werden könnten.

Diese Hoffnungen wurden am 12. April 2014 zerstört. Ich saß gerade am Computer, als plötzlich Videos hereintrudelten, auf denen man sehen konnte, wie bewaffnete Männer das Regierungsgebäude in einer Stadt namens Slowjansk im Osten der Ukraine stürmten. Einer meiner Kollegen plädierte dafür, dieses Material nicht aufzugreifen, bis es offiziell bestätigt war. Doch als ich durch die Reaktionen der Ukrainer und der ukrainischen Diasporagemeinde scrollte, wurde mir klar, dass es zu spät war, irgendetwas unter der Decke zu halten. Während ich in den darauffolgenden Stunden die Entwicklung vor Ort intensiv beobachtete, stiegen in mir Wut und böse Vorahnungen auf. Mir war klar, wie schwerfällig die amerikanischen und europäischen Institutionen sein konnten, vor allem, wenn etwas Unerwartetes geschah, und ich wusste, wie verbreitet die Einschätzung war, man könne den russischen Präsidenten Wladimir Putin mit Worten in seine Schranken verweisen – all das würde die Reaktion des Westens auf die Gewalt auf fatale Weise verlangsamen. Mir kam es so vor, als wäre die Welt bereit, die Ukraine im Stich zu lassen. Als wir in unserem Rechercheteam gerade hektisch versuchten, uns einen Reim auf die Lage zu machen, klingelte mein Handy. Es war meine Mutter. »Siehst du, hab ich's dir doch gesagt«, sagte sie und legte auf.

Das Zerbrechen der Sowjetunion

Als Deutschland im Sommer 1991 gerade mit der Katerstimmung nach der Wiedervereinigung zu kämpfen hatte, dämmerte den Politikern und Diplomaten um Helmut Kohl und Hans-Dietrich Genscher, dass das Auseinanderbrechen der Sowjetunion eine reale Möglichkeit war. Die engen Beziehungen, die sie mit den sowjetischen Reformern um Michail Gorbatschow aufgebaut hatten, hatten es erlaubt, gegenseitige Verdächtigungen zu überwinden. Das überraschende Ende der DDR spielte sich dadurch vor dem Hintergrund einer versöhnlichen Grundstimmung zwischen jenen beiden Ländern ab, die vor nur 40 Jahren einen furchtbaren Krieg gegeneinander geführt hatten. Nur ein Jahr nach dem Gipfeltreffen zwischen Kohl und Gorbatschow im Kaukasus, das einen diplomatischen Weg für die Wiedervereinigung von West- und Ostdeutschland eröffnete, begannen dann aber die staatliche Strukturen der UdSSR zusammenzubrechen, auf deren Grundlage Kohl und Genscher ihre Strategie für eine europäische Versöhnung gebastelt hatten.

Auch wenn sich die deutschen Wirtschaftsinvestitionen und diplomatischen Anstrengungen weiterhin vornehmlich auf Moskau konzentrierten: Gorbatschows Schwierigkeiten, die baltischen Republiken der UdSSR an einer Abspaltung zu hindern und gleichzeitig die zunehmend selbstbewussten Anführer der kasachischen, russischen und ukrainischen Sowjetrepubliken dazu zu bewegen, zur Stärkung der Zentralgewalt einen neuen Unionsvertrag zu unterschreiben, zeigten deutlich, dass die alte Ordnung langsam zerfiel. Bis zum Juli 1991 hatte aber die Unterstützung der sowjetischen Führung im Umfeld Gorbatschows für die deutsche Regierung oberste Priorität. Grund dafür war die Befürchtung, dass ein zu enger Kontakt mit den Regierungschefs der sowjetischen Republiken vonseiten Moskaus als Unterminierung der sowjetischen Zentralgewalt empfunden werden könnte, die immerhin noch

250 000 Soldaten in Ostdeutschland stationiert hatte. Angesichts der Mammutaufgabe, den sowjetischen Rückzug aus Deutschland durch Finanzhilfen für Wohnungen und Stützpunkte abzufedern, löste die Aussicht auf einen Zusammenbruch des sowjetischen Staats in Deutschland die Angst aus, dass Tausende Soldaten der Roten Armee mitten in Europa festsitzen und nicht in der Lage sein könnten, nach Hause zurückzukehren.[1]

Während deutsche Diplomaten und Journalisten in Moskau mühsam versuchten, mit den Machtkämpfen innerhalb des Militärs und der Sowjetbürokratie Schritt zu halten, begannen ein paar CDU/CSU-Politiker, Kontakte zu Diasporaorganisationen aufzunehmen, und der etwas risikofreudigere Teil des deutschen außenpolitischen Establishments fing an, Verbindungen mit den Anführern der Sowjetrepubliken zu knüpfen, die sich gerade bereit machten, sich aus der Dominanz Moskaus zu lösen. Zwar hatte das Auswärtige Amt schon im Jahr 1989 Konsulate in Kiew und anderen Hauptstädten der Sowjetrepubliken eröffnet, aber die gleichzeitigen Bemühungen, Kontakt mit der noch stark in der sowjetischen kommunistischen Partei verankerten ukrainischen Führung aufzunehmen, basierten zweifellos auf der Annahme, dass die UdSSR noch eine ganze Weile fortbestehen würde. Anders als ähnliche Anstrengungen in Bezug auf die zentralasiatischen Sowjetrepubliken, die sich nur auf die Hilfe einer kleinen Anzahl deutscher Wissenschaftler und Wissenschaftlerinnen mit Verbindungen in die Region stützen konnten, konnten diese neu aufkeimenden Kontakte zwischen der Bundesrepublik und der Ukraine genau wie die zu den baltischen Staaten auf jahrhundertelangen Verbindungen mit der deutschsprachigen Welt aufbauen. Die ersten Bemühungen der Kohl-Regierung, die Kontakte zu den ukrainischen Eliten, die gerade versuchten, ihre Rolle innerhalb der UdSSR neu zu definieren, wiederzubeleben, können in gewisser Weise als die Folge des jahrzehntelangen Engagements von Diasporaaktivisten in ganz Europa und Nordamerika zugunsten der ukrainischen Unabhängigkeit betrachtet werden. Gleichzeitig markierten diese Kontakte auch den ersten Schritt in eine Welt, in der die ukrainischen Migranten-Communities es plötzlich mit einem unabhängigen ukrainischen Staat zu tun hatten.[2]

Die Ukrainer im Westen

Während der späten 1980er-Jahre konnte man ukrainisches Kulturleben in jedem Land Westeuropas und Nordamerikas finden. Die Größe dieser Communities variierte zwischen großen und mächtigen Exilgemeinden in Kanada bis hin zu kleinen, versprengten Grüppchen von ukrainischen Immigranten in den Niederlanden oder Spanien. Zahlreiche Auswanderungswellen durch Vertreibungen während des Krieges oder das Streben nach einer Verbesserung der eigenen ökonomischen Lage in Friedenszeiten hatten eine transnationale ukrainische Diaspora geschaffen, die sich ihre eigene Identität bewahrte und sie an die nachfolgenden Generationen weitergab. Während die frühen Auswanderungen aus den Territorien des russischen Reichs und Österreich-Ungarns im späten 19. Jahrhundert vor allem von der in ganz Osteuropa herrschenden bitteren Armut getrieben waren, waren es später die Verheerungen des Ersten Weltkriegs und der darauffolgende Zusammenbruch ganzer Weltreiche, die neue Fluchtbewegungen in Richtung Westeuropa und Nordamerika auslösten.[3]

Die Gründung der Ukrainischen Sozialistischen Sowjetrepublik als konstituierender Teil der UdSSR in den frühen 1920er-Jahren führte viele politische Emigranten nach Wien und Berlin, aber auch in die mehrheitlich von Ukrainern bewohnten Gebiete von Polen und Rumänien. In den Folgejahren waren es die andauernde Armut sowie die Unterdrückung von gewaltbereiten ukrainischen nationalistischen Gruppen wie der Organisation Ukrainischer Nationalisten (OUN), die dafür sorgten, dass ukrainische

Auswanderer Richtung Westen gedrängt wurden. In den 1930er-Jahren verursachten die Verstaatlichung, furchtbare Hungerkatastrophen und vom Sowjetstaat durchgeführte Säuberungen, die zum Tod von Millionen Ukrainerinnen und Ukrainern führten und heute als Holodomor bekannt sind, zunächst keine weiteren Migrationsbewegungen, weil die Kontrollen an den Grenzen der UdSSR sehr streng waren. Das daraus resultierende Erbe von Entfremdung und Armut hielt dann aber viele Vertriebene nach 1945 zumindest davon ab, auf ukrainisches Territorium zurückzukehren. Das Gemetzel des Zweiten Weltkriegs verursachte eine Flüchtlingswelle, die die ukrainische Diaspora spürbar vergrößerte, selbst als die Eingliederung der westlichen ukrainischen Territorien in das Gebiet der UdSSR diese nach 1950 größtenteils von ihren Heimatregionen abschnitt. Zwar verließen zahlreiche Vertriebene, darunter meine Großeltern, Europa in Richtung Kanada und Vereinigte Staaten, aber es gab auch sehr viele, die die Flüchtlingslager nicht verlassen konnten oder nicht gewillt waren, ihr politisches Engagement aufzugeben, weshalb sie sich in Städten ansiedelten, die so nahe wie irgend möglich an den Ländern des Ostblocks lagen, sodass auch in der Bundesrepublik Deutschland eine ansehnliche ukrainische Diaspora bestehen blieb.[4]

Da sie von den Entwicklungen in der Ukrainischen Sozialistischen Sowjetrepublik abgeschnitten waren, waren diese Communities mindestens genauso verankert in der politischen Kultur ihrer Aufenthaltsländer wie im Schicksal ihres Heimatlandes. Die Integration der Kinder und Enkelkinder dieser Immigranten durch Bildung, außerschulische Jugendarbeit, Kirchen, Banken und Firmen ins Diasporaleben sorgte nicht nur für starke soziale Bande innerhalb der ukrainischen Diaspora, sondern versetzte die Exilgemeinden auch in die Lage, ihre individuellen und kollektiven Interessen gegenüber den Regierungen, mit denen sie es zu tun hatten, selbstbewusst zu artikulieren. Aufbauend auf lange bestehende Diasporatraditionen, die zum Teil bis ins 19. Jahrhundert zurückreichten, konzentrierten sich die ukrainischen Diasporagruppen in Europa, Nordamerika und sogar noch entfernteren Ländern darauf, einen gemeinsamen Sinn für die eigene Nation zu erhalten. Obwohl es bis in die späten 1960er-Jahre hinein nur sporadische Kontakte in die sowjetische Ukraine gab, spielte in den Debatten über die ukrainische Identität und darüber, wie die Grenzen eines möglichen Territoriums für eine ukrainische Staatlichkeit nach 1945 aussehen könnten, eine der Sowjetunion gegenüber zutiefst feindselige ukrainische Diaspora immer noch eine Schlüsselrolle.

Die Gesellschaften, in denen sich Ukrainer im Lauf der Zeit niederließen, hielten je eigene Herausforderungen für die jeweiligen Diasporagemeinden bereit. In Kanada, den Vereinigten Staaten und Brasilien, wo Ukrainer im späten 19. und frühen 20. Jahrhundert ankamen, verwurzelten sie sich in Gesellschaften, die bis dahin nur sehr wenig Kontakt zu der Welt gehabt hatten, die diese Migranten hinter sich gelassen hatten.[5] Das komplexe historische Erbe, das die Beziehungen zwischen der Bundesrepublik und dem neu entstehenden ukrainischen Staat in den frühen 1990er-Jahren prägte, bot dagegen eine vollkommen andere Umgebung. Ukrainer, die nach dem Fall der Berliner Mauer nach Deutschland kamen, betraten einen Kulturraum, der lange, bevor die ukrainische Diaspora eine substanzielle politische Kraft wurde, auf die Kultur und die Politik ganz Osteuropas eine große Anziehungskraft ausgeübt hatte.

Eine ukrainische nationale Identität?

Der Prozess der Konstruktion einer nationalen Identität, die eine über verschiedene Weltreiche verteilte Gruppe mit gemeinsamen ethno-linguistischen Merkmalen zusammenbrachte, begann, als diese Gruppe aus kosakischen Gemeinschaften und karpatischem

Adel gerade mit der deutschsprachigen Welt in Kontakt gekommen war. Im frühen 16. Jahrhundert waren die Kosaken als Bauern und berittene Banditen an den Grenzen zwischen dem polnischen Staatenbund, Moskowien und dem Russischen Reich in einem Gebiet aufgetaucht, dass in etwa den Raum zwischen dem Norden von Kiew bis zum Asowschen Meer umfasste. In den 1610er-Jahren entwickelten sie eine Art Proto-Republik, die von einer Oligarchie selbst ernannter Edelmänner regiert wurde, die unter der Oberaufsicht eines sogenannten Hetman standen, also eines Anführers, der von einem kollektiven Rat gewählt wurde. Die herrschende Elite blieb dabei weiterhin den landbesitzenden Bauern verantwortlich, deren militärische Fähigkeiten sie brauchten, um ihre Raubzüge im Osmanischen Reich und bei dessen Verbündeten, den Krimtataren, durchzuführen oder polnischen oder muskowitischen Herrschern abwechselnd entweder Paroli zu bieten oder sich ihnen zu unterwerfen. Auf der Grundlage ihrer gemeinsamen Kultur und Sprache pflegten diese kosakischen Communities enge Kontakte mit Regionen in den Karpaten, die unter der sehr viel strengeren polnischen Kontrolle standen und wo es auch kleine deutsche Siedlergemeinschaften gab. Nebenbei entstanden auch zunehmend Handelsbeziehungen und ein gewisser intellektueller Austausch mit der größeren deutschsprachigen Welt. Diese Verbindungen hatten jedoch auch düstere Folgen, weil dadurch lokale Vorurteile mit dem allgemeinen europäischen Diskurs des Antisemitismus in Kontakt kamen, was eine Welle antijüdischer Pogrome während des Kosakenaufstands gegen die polnische Herrschaft im Jahr 1648 befeuerte. Weil Kiew fast ein Jahrhundert lang (nämlich zwischen 1569 und seinem Fall an Russland im Jahr 1667) nominell unter polnischer Herrschaft stand, de facto aber häufig von Kosaken regiert wurde, kam die kosakische Aristokratie über die Handelsbeziehungen der Stadt mit der Literatur und Kultur ganz Europas in Kontakt.

Diese Nähe blieb bestehen trotz der Differenzen, die entstanden, als der sogenannte ruthenische Adel die religiösen Allianzen wechselte und seine Bevölkerung, die bis dahin den orthodoxen Traditionen der Kosaken angehangen hatte, zur griechisch-katholischen Kirche konvertierte, die die etablierten lokalen Rituale bewahren und gleichzeitig den Forderungen der papsttreuen polnischen Monarchie Genüge tun sollte. Die Kontakte zur polnischen Aristokratie im 17. Jahrhundert hatten schon früh dazu geführt, dass immer wieder kosakische Söldner und galizische Granden in die Armeen der Habsburger oder anderer deutscher Fürsten eingetreten waren.[6] Die Einverleibung des Hetmanats durch die Russen und der Fall Polens an Preußen brachten die Bevölkerung im Gebiet der heutigen Ukraine in direkten Kontakt mit zahlreichen Deutschen, die als Offiziere dienten, als Verwalter Galizien und die Bukowina für Wien regierten oder als Siedler in die Region gebracht worden waren, um dort das Wirtschaftsleben für Moskau anzukurbeln.[7]

Die Konstruktion einer ukrainischen nationalen Identität, wie wir sie in ihrer heutigen Form vorfinden, wurde von rivalisierenden Einflüssen aus der russischen, polnischen, osmanischen und der Habsburger Welt begleitet, die noch heute den Umgang der ukrainischen Gesellschaft mit der Außenwelt prägen. Ähnlich wie auch bei anderen osteuropäischen Nationen entstanden die Bausteine des ukrainischen Nationalismus auch durch die Zirkulation ukrainischer Eliten durch das größere politische System Österreich-Ungarns nach den 1840er-Jahren. Diese Phase der Integration in eine konstitutionelle Ordnung, die von Wien aus regiert wurde, führte zu einer bleibenden Verbindung zwischen der ukrainischen Kultur und dem politischen und kulturellen Leben der deutschsprachigen Welt. Nicht nur die intellektuellen Welten der Ukrainer, sondern auch die der Russen, Polen, der in diesen Ländern lebenden Juden, Weißrussen und der Bewohner der baltischen Republiken standen in Wechselbeziehungen mit den gesellschaftlichen Veränderungen in deutschsprachigen Regionen, die die Bildung nationaler Identitäten auf beiden Seiten mit prägten.

Wie sich das politische Leben einer bestimmten Diasporagemeinde genau gestaltete, hing von den jeweiligen vorhergehenden besonderen Migrationsprozessen ab. Die damals noch Ruthenier genannten Menschen, die im Lauf des 19. Jahrhunderts aus Galizien und der Bukowina nach Deutschland gekommen waren, standen unter dem Einfluss der aufkeimenden Debatten über die nationale Identität der Ukrainer, die das ständige Pendeln ukrainischer Intellektueller zwischen Kiew, Charkiw und Lemberg widerspiegelten. Etwa im Jahr 1900 begannen die Diskussionen darüber, was die ukrainische Identität ausmacht, auch einen größeren Einfluss auf das politische Leben jener Hunderttausender von Migranten zu bekommen, die sich in Nordamerika niedergelassen hatten. Der Erste Weltkrieg und die darauffolgenden Revolutionen führten zu einer weiteren Politisierung der ukrainischen Diaspora, als massenhaft Menschen aus den zusammengebrochenen österreich-ungarischen und russischen Reichen vertrieben wurden.[8] In der Zwischenkriegszeit beeinflusste dieser Zustrom von Immigranten, Migranten und Flüchtlingen sogar das Leben der ukrainischen Communities in Brasilien, Argentinien und Australien, wo ausgeklügelte transnationale politische Netzwerke für die Verbreitung von Ideen und Geld in den hauptsächlich von Ukrainern bewohnten Gegenden Polens sorgten, die dann eine Brutstätte des ukrainischen Nationalismus wurden.

Das Scheitern der verschiedenen Versuche, im Jahr 1918 einen unabhängigen ukrainischen Start zu errichten, hatte zur Folge, dass die Anführer dieser erfolglosen Experimente ihre erbitterten weltanschaulichen Kämpfe in die Diasporagemeinden hineintrugen, in die sie geflüchtet waren. So führten die endlosen Fehden zwischen den Anhängern von Hetman Pavlo Skoropadsky, Nestor Machno und Symon Petljura zu tiefen und bleibenden Gräben innerhalb der politisierteren Teile der Diaspora. Als in den 1920er-

Jahren die radikal-nationalistischen OUN-Fraktionen immer mehr Zuspruch erhielten, reagierte der polnische Staat mit Repressionen, was bedeutete, dass sich der Autoritarismus der radikaleren Ideologen wie Stepan Bandera und Dmytro Dontsow bis in die Diasporamilieus verbreitete.[9] Nachdem die Sowjetunion im Jahr 1945 schließlich auch die Westukraine besetzt hatte, wurde die Diaspora für die darauffolgenden 20 Jahre von jeglichem direktem Kontakt mit den ukrainischen Territorien abgeschnitten, sodass während des Kalten Kriegs das politische Leben der Diaspora-Communities noch lange von der Politik der Zwischenkriegszeit und den Traumata der sowjetischen und nichtsowjetischen Ukraine bestimmt blieb.

Schon aufgrund ihrer schiere Größe konnten die ukrainischen Exilgemeinden in Kanada und den Vereinigten Staaten mit ihren religiösen und politischen Strukturen die erforderlichen Kapazitäten aufbringen, um die vielen nach dem Zweiten Weltkrieg eintreffenden Flüchtlinge zu integrieren. Unter ihnen waren auch politische Emigranten, die zur OUN der Zwischenkriegszeit gehört hatten, sowie Veteranen des Aufstands, der von der Ukrainischen Aufständischen Armee (Ukrajinska powstanska armija, UPA) angeführt worden war. Diese Miliz hatte anfangs vielfach mit der Wehrmacht kollaboriert, sich dann Ende 1942 gegen sie gestellt und schließlich die sowjetischen und polnischen Truppen bekämpft. Die Verwicklung ukrainischer Kollaborateure in jeden einzelnen Schritt, den die deutsche Besatzungsmacht unternahm, um den Holocaust auf ukrainischem Boden durchzuführen – von der Massenexekution in Babyn Yar bis zu den Deportationen in Konzentrationslager –, führte nach dem Zweiten Weltkrieg innerhalb der ukrainischen Diaspora zu einer Polarisierung über die Frage, inwieweit diejenigen, die mit den Deutschen kooperiert hatten, für Verbrechen gegen die Menschlichkeit zur Rechenschaft gezogen werden sollten. Die Art und Weise, in der Schlüsselfiguren der Diaspora wie Wolodymyr Kubijowytsch versuchten, ihre

Beteiligung an den Kollaborationsstrukturen mit Nazideutschland zu vertuschen, sorgte darüber hinaus für anhaltende Spannungen mit jüdischen Organisationen in europäischen und nordamerikanischen Städten, wo diese beiden Communities Tür an Tür lebten. Der Streit um die Auslieferung von John Demjanjuk, einem ukrainischen, in Cleveland lebenden Flüchtling, wegen seiner Beteiligung als SS-Wachmann am Massenmord im Vernichtungslager Sobibor im Jahr 1943, wurde während der Zeit seiner Prozesse in Israel und Deutschland, die sich von der Mitte der 1980er-Jahre bis ins Jahr 2008 erstreckten, zu einem besonders wunden Punkt zwischen dem rechten Flügel der ukrainischen Diaspora und jüdischen Organisationen.[10] Der Druck innerhalb der Diaspora, gegen externe Kritiker zusammenzuhalten, war so groß, dass selbst diejenigen, die aktiv in den sogenannten Galizischen SS-Regimentern gedient hatten, jegliche Konsequenzen vonseiten der ukrainischen Exilgemeinden vermeiden konnten, was zu tiefen Gräben innerhalb der Diaspora und großem Misstrauen von Außenstehenden führte, die die moralisch fragwürdige Natur einer solchen Toleranz gegenüber Nazikollaborateuren missbilligten.[11]

Die ukrainische Diaspora in der Bundesrepublik

Dass die mit der OUN verbündeten Bewegungen Aktivisten in ihren Reihen hatten, die aktiv mit der SS und der Wehrmacht bei der Verübung von Gräueltaten gegen Juden und andere Minderheiten kollaboriert hatten, bevor sie sich gegen Nazideutschland wendeten, führte bis weit nach 1945 zu tiefen Gräben zwischen ukrainischen und jüdischen Communities. Diese sogenannten Banderivtsy, Gefolgsleute des seit 1945 in München lebenden Stepan Bandera, propagierten ihr ethno-nationalistisches Narrativ in Kirchen, Sonntagsschulen und Jugendorganisationen wie der

Spilka Ukraïns'koï Molodi (Ukrainian Youth Organisation, CYM). Banderas Versuche, die OUN im Exil wieder aufzubauen, bis er im Jahr 1958 von einem KGB-Agenten ermordet wurde, oder auch die Bemühungen des 1973 gestorbenen Dmytro Dontsow, als Emigrant in Montreal seine philosophischen Betrachtungen über den Nationalismus in Umlauf zu bringen, sind nur zwei Beispiele dafür, wie die Vertreibung einer ganzen Generation von Ukrainern das intellektuelle Leben der Diaspora mit zentralen Persönlichkeiten der ukrainischen ultrarechten Ideologie in Berührung brachte.[12]

Zwar nahmen einige Ukraine-Kanadier und Ukraine-Amerikaner die Gelegenheit wahr, nach Mitte der 1960er-Jahre die sowjetische Ukraine zu besuchen, aber die politisch aktivsten Mitglieder der Diasporagemeinde, die sich häufig für die ukrainische Unabhängigkeit einsetzten, mussten weiterhin damit rechnen, verhaftet zu werden, wenn sie versuchten, in die UdSSR einzureisen. Dass in den ukrainischen Communities Westdeutschlands die Präsenz von Emigranten, die beschlossen hatten, sich nahe der Grenze zum Ostblock niederzulassen, besonders groß war, führte dazu, dass diese Gemeinden dem Einfluss von Aktivisten mit einem Hintergrund in der OUN oder UPA besonders stark ausgesetzt waren. Bei jedem der mit deutschen Kriegsverbrechen in der Ukraine verbundenen Skandale, die oft durch von sowjetischen Geheimdiensten lancierte Informationen angeheizt wurden, trat regelmäßig auch die Zusammenarbeit der OUN mit dem nationalsozialistischen Regime zutage, weshalb die westdeutsche Linke der ukrainischen Community mit tief sitzendem Misstrauen begegnete.[13] Die ablehnende Haltung der westdeutschen Sozialdemokraten und Liberalen wurde noch dadurch verstärkt, dass die Führungsfiguren der Diasporagemeinde nach 1945 die allerkonservativsten Persönlichkeiten innerhalb der CDU und CSU unterstützten und in vielen Fällen sogar mit Funktionsträgern zusammenarbeiteten, die Kontakte zu deutschen Rechtsradikalen hatten. So drehte sich der Skandal, der Theodor Oberländer, den Minister für Vertriebene, Flüchtlinge und Kriegsgeschädigte, zum Rücktritt zwang, um von der Stasi geleakte Informationen über seine Beteiligung an Kriegsverbrechen der ukrainischen Nationalisten, die mit den Nationalsozialisten während der ersten Tage der Invasion der UdSSR im Jahr 1941 zusammengearbeitet hatten. So etwas vertiefte den ohnehin schon schlechten Ruf der Führungsfiguren der ukrainischen Community-Organisationen so sehr, dass es nach der Regierungsübernahme durch die SPD und die FDP im Jahr 1969 beinahe unmöglich geworden war, von westdeutschen Behörden Unterstützung zu erhalten.[14]

Die Beziehungen der ukrainischen Diaspora zur bundesdeutschen Politik

Angesichts des Verlusts der alten CDU/CSU-Unterstützer innerhalb der Bundesregierung versuchten die Mitglieder der neuen, schon in der BRD geborenen oder in der Kindheit eingereisten Generation, ihre Gemeinde vorsichtig von den ideologisch geprägten, zum Teil sehr dogmatischen Mitgliedern der Zwischenkriegseinwanderer wegzuorientieren. Für die jüngeren, nach 1945 geborenen Mitglieder der Diaspora war die UdSSR zu einem festen Bestandteil der politischen Landschaft Europas geworden. Sie konzentrierten sich auf die mühselige Aufgabe, die Diasporakultur lebendig zu halten, und suchten nach Wegen, direkte Kontakte mit politischen Freunden innerhalb der Ukrainischen SSR wiederaufleben zu lassen, ohne die älteren Immigranten einem Risiko auszusetzen. Die Eltern dieser in der BRD aufgewachsenen Diasporageneration sehnten sich fast durchgängig nach der unmöglichen Rückkehr in ihr Heimatland und saßen – zumindest mental – permanent auf gepackten Koffern, während sie selbst bei all ihrem Engagement für die ukrainische Identität und Kultur letztendlich schon fest in der deutschen Gesellschaft verwurzelt waren. Für die

Führungsfiguren der jüngeren Diaspora, die die entsprechenden Gemeinden in den späten 1970er- und frühen 1980er-Jahren übernommen hatten, bestand das Hauptziel darin, die Institutionen und die Identität der Diaspora am Leben zu erhalten, obwohl der Flüchtlings- und Migrantenstrom aus der UdSSR weitgehend zum Erliegen gekommen war. Die Vorstellung, dass eine Diasporagemeinde, deren Institutionen und Mitgliederzahlen im Großen und Ganzen 30 Jahre lang unverändert geblieben waren, nur zehn Jahre später einen plötzlichen Wachstumsschub und kulturelle Veränderungen durch Emigranten aus der nun unabhängigen Ukraine erleben sollte, wäre den Leitern der Diasporagruppen, die im Jahr 1980 den Kalten Krieg als Normalität empfanden, geradezu fantastisch vorgekommen.

Die Ängste vor dem Aussterben ihrer Diaspora, die zumindest in der ukrainischen Gemeinde nach 1970 sehr verbreitet waren, wurden manchmal von einem plötzlich aufflackernden politischen Aktivismus begleitet. Ein Zusammenbruch der Sowjetunion oder ein großer Krieg zwischen Ost und West, den die radikaleren unter den Führungsfiguren der Emigranten und Flüchtlinge nach dem Zweiten Weltkrieg herbeigesehnt hatten, erschien zunehmend unwahrscheinlich, was jedoch nicht verhinderte, dass regelmäßige Protestbrief-Kampagnen und geduldige Lobbyarbeit zusammen mit anderen, dem Sowjetkommunismus feindlich gegenüberstehenden Exilgruppierungen feste Bestandteile des Diasporalebens blieben. Schon im November 1945 in der Nähe eines Lagers für Vertriebene in Aschaffenburg gegründet, hatte die Zentrale Repräsentation der Ukrainischen Emigration in Deutschland zwei Dutzend ukrainische Organisationen unter ihrem Dach zusammengefasst (angefangen von der orthodoxen und der griechisch-katholischen Kirche bis zu den Plast-Pfadfindergruppen), um als Community mit einer gemeinsamen Stimme gegenüber Westdeutschland und den Militärbehörden der Alliierten sprechen zu können.[15] Zwar veranstalteten die vielen Flüchtlinge, die sich in den späten 1940er- und frühen 1950er-Jahren noch in Westdeutschland aufhielten, Protestveranstaltungen, die den örtlichen Polizeikräften das Äußerste abverlangten, aber sogar noch nach der Ausreise der meisten Vertriebenen nach Nordamerika gelang es den trotz allem in Deutschland Gebliebenen, durch ihre Proteste gegen Repräsentanten des sowjetischen Systems ab und an einen regelrechten Aufruhr zu veranstalten. Einige Emigranten schafften es sogar, über ihre Zusammenarbeit mit amerikanischen oder westeuropäischen Behörden oder Geheimdiensten die Unterstützung der Oppositionsarbeit im Ostblock zu ihrem Beruf zu machen.[16]

Die Demonstrationen der Emigranten bekamen über die Jahre einen zunehmend ritualisierten Charakter. Bei den Protesten gegen Repräsentanten der Sowjetunion oder den Aufmerksamkeit generierenden Aktionen gegen sowjetische Symbole bei den Olympischen Spielen in München im Jahr 1972 ging es sowohl darum, die verschiedenen Diasporagruppierungen der Ostblockstaaten mit Vertriebenen und ihren westdeutschen antikommunistischen Unterstützern zusammenzubringen, um den Sinn für die gemeinsame Sache zu kultivieren, als auch darum, möglichst viel Druck auf den westdeutschen Staat auszuüben. Die SPD/FDP-Koalition auf Bundesebene legte den Schwerpunkt auf eine Entspannungspolitik mit der UdSSR und den anderen Staaten des Warschauer Pakts, und die Frustration darüber, dass staatliche Institutionen, die früher die ukrainische Diaspora unterstützt hatten, nun keinen Pfennig mehr lockermachten, brach sich in Feindseligkeit gegenüber westdeutschen Politikern Bahn, an deren Reaktionen deutlich wurde, dass jeder Versuch, die Aufmerksamkeit von Entscheidungsträgern in Bonn oder den Landeshauptstädten zu gewinnen, zum Scheitern verurteilt war.[17]

Vorfälle wie die Konfrontation mit sowjetischen Diplomaten während der Olympischen Spiele in München 1972 brachten ehemalige Sympathisanten aus der bayerischen Politik massiv in Verlegenheit, und ihr Ärger darüber prägte dann auch die Reaktionen der lokalen Presse auf die Vorfälle.[18] Dass selbst stark sympathisierende CSU-Organisationen immer weniger gewillt waren, einen derart aggressiven Aktivismus zu unterstützen, erhöhte den Druck auf ukrainische Diasporagemeinden, bei der Organisation von Protestveranstaltungen größere Zurückhaltung walten zu lassen. Davon abgesehen hatten Emigranten und andere Einwanderer der ersten Generation nun Positionen, Arbeitsstellen und sogar politische Ämter inne: Für sie gab es zu viel zu verlieren, als dass sie eine ernsthafte Auseinandersetzung mit Polizei und Geheimdiensten riskiert hätten.

Radikalere Impulse in den ukrainischen Gruppen in der Bundesrepublik wurden genau wie in anderen osteuropäischen Emigrantengruppierungen sowohl durch die von SPD und FDP geführten staatlichen Behörden unterdrückt als auch durch den Verlust an Einfluss bei rechtsradikalen deutschen Verbündeten und bei den Vertriebenen. Noch immer fanden an Tagen, die im nationalistischen Kalender der Ukrainer wichtig waren, bei sowjetischen diplomatischen Gebäuden oder Delegiertenkonferenzen Protestveranstaltungen statt. Doch dies waren nun friedliche Veranstaltungen in fast schon gemütlicher Atmosphäre. Diasporaorganisationen bewarben sich weiterhin und zum Teil erfolgreich um staatliche Finanzierung vonseiten lokaler oder bundesweiter Kulturinstitutionen, organisierten groß angelegte, an westdeutsche Politiker und Diplomaten adressierte Briefkampagnen und trafen sich mit ihnen, um sich für in der Ukraine inhaftierte Dissidenten wie griechisch-katholische Priester aus Halychyna oder den Lyriker Vasyl Stus aus dem Donbass einzusetzen.[19] Man betrachtete die Arbeit an einem respektablen Image nun als wichtigste Strategie, um sich Gehör bei westdeutschen Entscheidungsträgern zu verschaffen. Die CDU/CSU-FDP-Koalition unter Helmut Kohl, die im Jahr 1982 nach dem Rücktritt der SPD-geführten Regierung unter Helmut Schmidt an die Macht kam, setzte Brandts Ostpolitik fort und hielt an den Kontakten in den Ostblock fest, was bedeutete, dass der Druck auf sowjetfeindliche Emigranten größer wurde, weder die Repräsentanten noch die Symbole des Sowjetstaats anzugreifen.[20]

Trotz der Probleme, die ukrainische und andere osteuropäische Aktivisten aus der Emigrantengemeinde in ihrem Verhältnis zu bundesdeutschen Institutionen hatten, genossen sie auf lokaler und regionaler Ebene zumindest noch ein wenig Unterstützung. Von politischen Exilanten gegründete Bildungseinrichtungen wie die Ukrainische Freie Universität pflegten offizielle Kontakte zu bayerischen Hochschulen und hatten sich darüber hinaus die finanzielle Unterstützung von CSU-Politikern in München gesichert. Für CSU- und CDU-Politiker auf der lokalen und regionalen Ebene waren solche Akte der Solidarität mit ukrainischen und anderen osteuropäischen Immigrantennetzwerken ein Mittel, mit dem sie ihren Wählern aus den Vertriebenenverbänden signalisieren konnten, dass sie trotz Helmut Kohls Weiterführung der Entspannungspolitik mit der UdSSR weiterhin antisowjetisch eingestellt waren. Vor allem also in Regionen, in denen die Vertriebenen mit ihrer Enttäuschung über die Anerkennung der Nachkriegsgrenzen Deutschlands durch die Bundesrepublik zu kämpfen hatten, blieben lokale CDU- oder CSU-Parteiorganisationen offen für die Anliegen antikommunistischer Emigranten.[21]

Je länger der Kalte Krieg dauerte, desto wichtiger wurde in den osteuropäischen Emigrantengemeinden die Rolle der wenigen politischen Flüchtlinge, die es geschafft hatten, aus der Sowjetunion zu entkommen. Viele dieser Überläufer und Exilanten ließen sich in München nieder, wo es sowohl berufliche Möglichkeiten als auch eine Diasporainfrastruktur gab, so zum Beispiel von den USA unterstützte Medien wie Radio Free Europe oder Radio Liberty, die sich an ein osteuropäisches Publikum wandten und darüber hinaus für viele zu einem stabilen beruflichen Standbein wurden. Mit der Zeit zogen diese Medien, aber auch andere Sphären, in denen sich die verschiedenen osteuropäischen Milieus mischten, auch Menschen mit jüdischem Hintergrund an, die ab Mitte der 1970er-Jahre in wachsender Zahl die UdSSR zu verlassen begannen.[22]

Politische Exilanten trafen nur sehr sporadisch in der BRD ein, und die Juden, die die Ukraine verließen, kamen bis zu den späten 1980er-Jahren kaum mit den ukrainischen Communities in Kontakt. Nachdem sich westeuropäische und US-Geheimdienste ihrer Fälle angenommen und sie verhört hatten, entschieden sich die meisten Überläufer und jüdischen Emigranten aus der Sowjetunion ohnehin dafür, in die Vereinigten Staaten oder nach Israel auszuwandern. Diejenigen aber, die in Westdeutschland blieben, waren in der sowjetischen Ukraine mit staatlichen Repressionen konfrontiert gewesen und entsprechend verbittert. Bei Demonstrationen und Lobbykampagnen, die eine entschiedenere Haltung Westdeutschlands gegenüber der UdSSR einklagten, waren sie sichtbar und zahlreich vertreten. Doch eine demografische Größe, die ihnen das gleiche politische Gewicht gegeben hätte wie den jüdischen oder ukrainischen Gemeinden in Kanada, den Vereinigten Staaten und Australien, erreichten sie in der Bundesrepublik Deutschland nie.

Dieser allmähliche Strategiewechsel der ukrainischen Diasporagruppierung hin zu einer größeren Zurückhaltung begann zu einer Zeit, als sich die sowjetische Ukraine für ausländische Besucher zu öffnen begann. Der Aufstieg von Petro Schelest zum Generalsekretär der ukrainischen kommunistischen Partei markierte eine Phase, in der sich der sowjetische Staat offener gegenüber dezidiert ukrainischen historischen Narrativen und Kulturtraditionen zeigte. Obwohl er selbst ein orthodoxer Sowjetkommunist war, der beispielsweise die sowjetische Militärintervention gegen die Dubcek-Regierung in der Tschechoslowakei vorbehaltlos unterstützte, förderte Schelest mithilfe seines politischen Netzwerks ein Identitätsnarrativ, das die ukrainische Nation als gleichberechtigten Partner der Russen innerhalb eines gemeinsamen Sowjetstaats darstellte. Zwar wurde Schelest im Jahr 1971 von der Moskauer Führung abgesetzt, weil man im Politbüro befürchtete, dass er mit seiner Betonung ukrainischer Besonderheiten zu weit gegangen sein könnte, aber selbst die stärkere Hinwendung zum Narrativ einer gemeinsamen slawischen Identität, das auf eine partielle Russifizierung des ukrainischen Staats abzielte, führte nicht dazu, dass die Grenzen für Besucher aus der Diaspora wieder geschlossen wurden. Nach 1972 sollte die Führung der Ukrainischen SSR unter Generalsekretär Wladimir Schtscherbitzki sich zwar wütend von angeblichen extremistischen Diasporaorganisationen distanzieren, es aber gleichzeitig im Stillen Mitgliedern der Diaspora weiterhin erlauben, die Ukraine zu besuchen.[23] Selbst für jene Diasporaaktivisten, die eine Reise in die sowjetische Ukraine als zu gefährlich einschätzten, eröffnete die Entspannungspolitik zwischen dem Ostblock und den NATO-Staaten die Möglichkeit für Briefkontakte mit Menschen aus der ukrainischen Gesellschaft, die endlich dafür sorgten, dass die Auswanderer ein besseres Gespür dafür bekamen, wie sich die Gesellschaft ihres Herkunftslandes in den drei Jahrzehnten nach dem Zweiten Weltkrieg verändert hatte.

Zu einer Zeit, in der der Einfluss der Freunde der ukrainischen Diaspora in den Vertriebenenverbänden und im rechten Flügel der CDU/CSU abnahm, entwickelten sich der Kulturbereich und der Journalismus zu neuen Wirkungsfeldern der politisch engagierten Mitglieder der ukrainischen Diasporagemeinden in der Bundesrepublik Deutschland: Hier konnten sie ungestört nach einer einflussreichen Rolle auf der größeren politischen Bühne streben. In München kämpfte die Ukrainische Freie Universität (UFU) erfolgreich um das ihr in den 1950er-Jahren von den CSU-Regierungen verliehene Recht, weiterhin Universitätsabschlüsse vergeben zu dürfen. Als die ursprünglichen Gründungsmitglieder

der Fakultät ins Pensionsalter kamen und nach und nach von Wissenschaftlern und Wissenschaftlerinnen ersetzt wurden, die als jüngere Flüchtlinge im Jahr 1945 nach Deutschland gekommen waren, verlegte sich die UFU zusammen mit anderen Kulturorganisationen und Bildungseinrichtungen der ukrainischen Diaspora in zahlreichen deutschen Städten zunehmend darauf, Stipendien für Projekte zu finanzieren, die die ukrainische Sprache und Geschichtsschreibung förderten, nationalistische Narrative bestätigten und sich gegen den Einfluss sowjetischer Institutionen auf die ukrainische Gesellschaft richteten.

Ihre umfangreiche Bibliothek und ihre Archive trugen dazu dabei, dass die Ukrainische Freie Universität für die globale Diaspora zum Zentrum der nationalen Identitätsbildung wurde. Die Bestände des Vorgängers der UFU in Prag reichten bis ins späte 19. Jahrhundert zurück und umfassten auch von Diasporaorganisationen und prominenten Emigranten gestiftete Dokumente und Bilder, die Ende der 1940er-, Anfang der 1950er-Jahre in westdeutschen Flüchtlingslagern entstanden waren. Diese Quellen wurden für Wissenschaftler und Wissenschaftlerinnen der gesamten ukrainischen Diaspora ein wichtiger Anhaltspunkt bei der Erforschung der ukrainischen Politik und Kultur. Weil es auch in den frühen 1980er-Jahren noch schwierig war, Zugang zu Archiven innerhalb der Ukraine zu bekommen, waren es die Archive der UFU, die (sogar aus den Hochschulen der Ukraine selbst) einen stetigen Strom von Gelehrten anzogen und dadurch zu einem wachsenden Netzwerk von Wissenschaftlern beitrugen, die sich auf Ukrainestudien spezialisiert hatten und akademische Karrieren verfolgten, die von reichen Förderern aus der Diasporagemeinde unterstützt wurden.[24]

Obwohl diese begrenzten Kontakte zu den ersten Anzeichen für einen gesellschaftlichen Umbruch in der Ukraine gehörten, veränderten sie die vorherrschende Weltsicht der Diaspora-Communities in Westdeutschland und anderen NATO-Staaten kaum, weshalb es unter den ukrainischen Emigranten gelegentlich zu Differenzen über touristische Besuche und Kulturaustausch-Reisen kam: In den frühen 1980er-Jahren, als sogar eine ukrainische Autonomie *innerhalb* der UdSSR ungreifbar schien und die sowjetische Militärintervention in Afghanistan gerade deutlich gemacht hatte, wie entschlossen Moskau versuchte, seine Einflusssphäre auszudehnen, wurden diejenigen, die das Risiko auf sich nahmen, als Touristen in die Ukraine zu reisen oder Kontakt zu Familienangehörigen zu halten, nicht selten beschuldigt, die Interessen der ukrainischen Nation zu verraten, indem sie mit dem Sowjetstaat zusammenarbeiteten.[25] Die fortgesetzten Angriffe auf die ukrainische Diaspora vonseiten der Führung der kommunistischen Partei der Ukrainer und eine regelrechte Welle von KGB-Razzien gegen ukrainische Dissidenten verschärften bei den meisten religiösen, gesellschaftlichen und politischen Diasporaorganisationen dieses Unbehagen noch einmal erheblich.

Engere Kontakte mit der Ukrainischen SSR

Die Richtungsstreits im Parteiapparat der Ukrainischen SSR brachte Diasporaorganisationen und prominente Mitglieder der ukrainischen Exilgemeinden in ein Dilemma: Wie konnten sie Einfluss auf den gesellschaftlichen Wandel in der Ukraine nehmen, ohne in den Verdacht zu geraten, die bürokratischen moskautreuen Eliten zu unterstützen? In Westeuropa wurden die Diaspora-Communities zum einen von Bewegungen mit nationalkonservativen Wurzeln dominiert, die bis zu Iwan Franko und Mychajlo Hruschewskyj zurückreichten, zum anderen von nationalistischen Organisationen, die auf den Netzwerken der OUN basierten. In Kanada und den Vereinigten Staaten gab es dagegen auch kleinere Diasporagruppen, die in einer sozialistischen oder kommunistischen Tradition standen. Zum Befremden von Immigrantenanführern und Diasporaorganisatoren in Westdeutschland zeigten sich solche linken Aktivisten in Nordamerika durchaus empfänglich für Kontakte mit der Führung der Ukrainischen SSR unter Schelest, die sich gerade dafür öffnete, der ukrainischen Sprache und Kultur innerhalb der Institutionen der Ukrainischen SSR mehr Raum zu geben. Trotz der regelmäßigen Razzien gegen Dissidenten konnten es Intellektuelle wie Iwan Dratsch nun als Literaten, Musiker und Dichter in ukrainischer Sprache zu einiger Berühmtheit bringen, solange sie den Staat zumindest nicht direkt kritisierten. Das schien eine kulturelle Öffnung zu verheißen, von der manche Linke in der ukrainischen Diaspora glaubten, dass sie von außen unterstützt werden müsse.[26]

In den frühen 1960er-Jahren, als Petro Schelest zum Generalsekretär der Kommunistischen Partei der Ukraine ernannt worden war, kam es sogar zu einer sporadischen Zusammenarbeit zwischen dem Staat und den Parteiinstitutionen der Ukrainischen SSR auf der einen Seite und Diasporagruppen auf der anderen. Schelests Fraktion gab der ukrainischen Sprache im Bildungssystem, in der Wissenschaft und im kulturellen Leben mehr Raum. Dahinter stand die ehrliche Überzeugung, dass das, was man als besondere Eigenschaften der ukrainischen Kultur betrachtete, besser geeignet war, die gesellschaftlichen Ziele des Sowjetkommunismus zu repräsentieren, als die Eigenschaften jeder anderen Ethnie in der UdSSR, sodass die ukrainische Kultur letztlich dazu beitrug, die Partei zu stärken.[27] Dass die Schelest-Fraktion der ukrainischen Sprache und Kultur innerhalb der Institutionen der sowjetischen Ukraine mehr Raum zugestand, wurde sehr bewusst auch an die verschiedenen Diasporagemeinden in Westeuropa und Nordamerika kommuniziert, zum Beispiel über Tourneen von Musik- und Tanzensembles, die direkt auf ein Publikum aus den Diasporagruppen zugeschnitten waren. Solche Versuche, das Bild der Ukrainischen SSR in den Augen der Diaspora zu verbessern, kulminierten in dem Besuch der kommunistischen Partei

Kanadas in der Ukraine. Die kanadische Delegation bestand aus linksradikalen Mitgliedern der Diaspora, die einerseits den Prinzipien des Marxismus-Leninismus treu ergeben waren, andererseits aber den Druck kritisierten, den die zentralen sowjetischen Autoritäten auf die ukrainische Gesellschaft ausübten, damit sie eine kulturelle Russifizierung akzeptierte. Die Intensität, mit der die ukrainischen Diasporamarxisten von der Schelest-Fraktion umworben wurden, löste in anderen Diasporaorganisationen regelrechte Wut aus, zeigte ihren Mitgliedern aber auch, wie sensibel man in der Ukraine für den Einfluss der Diaspora auf Entwicklungen innerhalb der ukrainischen Gesellschaft war.

Diese kurze Phase der kulturellen Öffnung unter Schelest sollte auch nach seiner Absetzung noch lange in der ukrainischen Gesellschaft nachwirken. Breschnews Entscheidung, Schelest im Jahr 1971 nach Moskau ins Exil zu schicken, beruhte auf der zunehmenden Beunruhigung der sowjetischen Führung über gewisse ukrainische Schulbücher, in denen die ukrainisch-kosakischen Traditionen als Vorläufer einer idealisierten sozialistischen Gesellschaft dargestellt wurden. Schelests eigenes politisches Lager wurde zwar durch diese Maßnahme vollkommen zerstört, aber die kulturellen Ansichten, von denen solche ideologischen Narrative geformt waren, ließen sich dadurch nicht unterdrücken.[28] Die Nachbeben von Schelests Exilierung versetzten nicht nur die Kommunistische Partei der Ukraine in Aufruhr, sondern auch Teile eines weiter gefassten Milieus von Entscheidungsträgern aus Wirtschaft, Kultur und Politik. Obwohl die Unterdrückung nicht so brutal war wie in der Stalin-Ära, hatte der Sturz Schelests für viele, die ihre Karriere in seinem Windschatten aufgebaut hatten, zerstörerische Konsequenzen, und das selbst dann, wenn sie, was die Einschätzung der globalen geopolitischen Rolle der UdSSR anging, keineswegs von der offiziellen sowjetischen Position abwichen.

Während in den Oblasten der Westukraine in den 1970er-Jahren die politischen und religiösen Auseinandersetzungen weitergingen, hatte die neue Führung unter Schtscherbitzki im restlichen Land dafür gesorgt, dass Intellektuelle, Ökonomen und Pädagogen mit Degradierung, internem Exil und in manchen Fällen sogar mit Inhaftierung bestraft wurden. Diese Schläge gegen die politische und intellektuelle Elite der Schelest-Ära spürte man auch in Kiew, wo renommierte Wissenschaftler und Beamte an einem historisch-kulturellen Narrativ gearbeitet hatten, auf dessen Grundlage jene Lehrpläne entstanden, die dann Mitte der 1970er-Jahre zu den geschilderten Repressionen führten. Wer hingegen das harte Vorgehen Moskaus gegen solche nationale Abspaltungsbewegungen von der zunehmend russifizierten Partei befürwortete, konnte sehr schnell Karriere machen, während andere, von denen man glaubte, dass sie zu viel für ukrainische Traditionen übrig hatten, ausgegrenzt oder unterdrückt wurden.[29]

Die Kontroversen rund um die Wiederbehauptung der russischen Dominanz innerhalb des Sowjetsystems zogen auch die Aufmerksamkeit der ukrainischen Diaspora auf sich. Prominente Mitglieder der Community taten ihr Bestes, um sich im deutschen Außenministerium und bei lokalen Politikgrößen für Ukrainer einzusetzen, die von der Repressionswelle betroffen waren.[30] Als Moskau begann, sogar etablierte Politiker unter Druck zu setzen, die einfach nur aufrichtig daran glaubten, dass die Ukraine innerhalb des Sowjetsystems als ebenbürtiger Partner neben Russland stehen sollte, spürten Dissidenten, die dem ideologischen Status quo weitaus kritischer gegenüberstanden, dass der ohnehin begrenzte Raum, den sie zur offenen Artikulation ihrer Ansichten noch hatten, über Nacht im Schwinden begriffen war. Für verfolgte Wissenschaftler, die unter Schelest noch ihre Loyalität zur kommunistischen Partei zur Schau gestellt hatten, brachte man in der Diaspora nur wenig Interesse auf, aber für prominente Intellektuelle wie Vasyl Stus war die Unterstützung vonseiten ukrainischer Diasporaorganisationen und den entsprechenden Aktivisten in Westeuropa und Nordamerika enorm.[31]

Obwohl solche Protestaktionen angesichts der sehr viel größeren Massenkundgebungen verblassten, die von der westdeutschen Linken oder Diasporanetzwerken der türkischen und der kurdischen Communities organisiert wurden, sprachen die Diplomaten des Auswärtigen Amtes und andere Ministerien auf Bundes- oder Landesebene auf die Briefe und die Lobbyarbeit von Diasporaorganisationen durchaus an. Trotz der Verärgerung darüber, dass sich ukrainische Organisationen nicht nur mit Vertriebenen einließen, die sich strikt gegen die Entspannungspolitik aussprachen, sondern auch mit Teilen der deutschen Rechten, bemühte man sich um gute Beziehungen mit Vertretern der ukrainischen Exilgemeinden. Einigen westdeutschen Diplomaten und Geheimdiensten erschienen die Kontakte zur Diaspora auch als nützlich, um Informationen über die Situation in der Ukrainischen SSR zu sammeln. Die transnationale Form der ukrainischen Diasporaorganisationen löste im Auswärtigen Amt darüber hinaus die Befürchtung aus, dass die einflussreichen Führungsfiguren der kanadischen oder US-amerikanischen Diaspora ihre Frustration über die Weigerung der westdeutschen Regierung, die sowjetischen Repressionen gegen ukrainische Dissidenten zum Thema zu machen, gegenüber kanadischen oder US-amerikanischen Abgeordneten zum Ausdruck bringen könnten.

Die Briefwechsel westdeutscher Beamter mit Mitgliedern der ukrainischen Diaspora während des Kalten Kriegs geben Aufschluss darüber, auf welche Weise Diasporagemeinden mit Wurzeln im Gebiet der damaligen UdSSR mit dem westdeutschen politischen System kommunizierten. Die Mitarbeiter des Auswärtigen Amtes und des Innenministeriums, die für den Umgang mit Themen zuständig waren, die mit der UdSSR zusammenhingen, kannten die biografischen Hintergründe der Diasporafunktionäre, mit denen sie zu tun hatten, durchaus. Zwar wurden viele der hohen Beamten, die Sympathien für Vertriebenenverbände und antikommunistische Diasporaorganisationen hatten, im

Zuge der Eingliederung des Flüchtlings- und Vertriebenenministeriums in das Innenministerium versetzt oder in den Ruhestand verabschiedet, aber der anhaltende Einfluss des rechten Flügels der CDU/CSU innerhalb mancher Landesministerien sorgte weiterhin dafür, dass die entsprechende Lobbyarbeit zumindest in Ländern wie Bayern oder Baden-Württemberg auf offene Ohren stieß.[32]

Doch sogar innerhalb dieser Sympathisantenkreise führte der Wunsch, Ärger mit Repräsentanten des Sowjetsystems zu vermeiden, dazu, dass bestimmte Bedenken besser über jene transnationalen europäischen Strukturen kommuniziert werden konnten, die im Jahr 1975 in der Schlussakte von Helsinki ins Leben gerufen wurden. Ukrainische Dissidenten wie Mykola Rudenko oder Pjotr Grigorenko, die versuchten, Menschenrechtsorganisationen zu gründen, die sich auf die in Helsinki mit dem sowjetischen Staat getroffenen Vereinbarungen beriefen, waren sich nicht nur der möglichen Unterstützung aus der Diaspora bewusst, sondern arbeiteten auch mit eher linken oder liberalen Diasporanetzwerken zusammen: Sie hofften einerseits, ein breites Unterstützernetzwerk in Westeuropa und Nordamerika aufbauen zu können, und bestritten gleichzeitig vehement jegliche Verbindung zur alten nationalistischen ukrainischen Rechten. Diese sehr hörbaren Dissidentennetzwerke hatten ihren Ursprung im kulturpolitischen Engagement, das sich innerhalb und außerhalb der Kommunistischen Partei der Ukraine für eine Vorrangstellung der ukrainischen Sprache und Kultur einsetzte.[33]

Die KSZE als Verkörperung neuer gesamteuropäischer Strukturen, der die UdSSR im Jahr 1975 beitrat, schuf einerseits einen Weg, auf dem westdeutsche Regierungen ihre Besorgnis über das Schicksal ukrainischer Dissidenten und anderer Personen zum Ausdruck bringen konnten, die in der UdSSR mit Repressionen konfrontiert waren. Zum anderen aber bedeutete die Tatsache, dass die KSZE einen Rahmen für Verhandlungen schuf und insgesamt die Entspannungspolitik gegenüber Moskau betonte, dass die Anliegen der Diaspora innerhalb der strategischen Ausrichtung der Bundesrepublik nie eine besonders große Rolle spielten. Für die Regierungskoalition unter Helmut Schmidt sowie für die Kohl-Regierung der ersten zehn Jahre basierten der Erfolg der Ostpolitik und die dadurch entstandenen Gesprächskanäle ausschließlich auf den Beziehungen zur Sowjetunion und den herrschenden Regimen des Warschauer Pakts. Die Anliegen von Diasporaorganisationen, die ohnehin kaum Hoffnung hatten, ihre Ziele zu erreichen, erschienen im Vergleich zur Notwendigkeit, die Entspannung mit dem Ostblock voranzutreiben, um hier und heute einen Konflikt zu vermeiden, der zerstörerische Folgen haben könnte, einfach weniger relevant. Auch das Anliegen, für Verbrechen geradezustehen, die von Deutschen in der jüngsten Vergangenheit begangen worden waren, hatte gegenüber den Nöten der Diaspora Priorität.

Die Führungspersönlichkeiten der Diaspora waren sich des größeren diplomatischen Kontexts, in dem sie ihre Lobbyarbeit betrieben, durchaus bewusst. Anfang der 1980er-Jahre hofften die leitenden Figuren des ukrainischen Weltkongresses lediglich, dass sie im besten Fall zumindest ein wenig Unterstützung unter den NATO-Staaten für die Stärkung der ukrainischen nationalen Rechte innerhalb der UdSSR organisieren könnten. Offiziell bestärkten die Diasporaorganisationen Hoffnungen auf nationale Unabhängigkeit und vermieden direkte Kontakte mit sowjetischen Institutionen. Doch 15 Jahre Tourismus und Verwandtenbesuche auf sowjetischem Territorium hatten für einen größeren Pragmatismus gesorgt, wenn es darum ging, Kontakt zu den Entwicklungen in der Ukraine zu halten. Anders als früher, wo selbst das begrenzte Engagement in ukrainischen Kirchen und Diasporaorganisationen schon zu Konflikten geführt hatte, kam es nun trotz der vehementen Kritik vonseiten prominenter Immigranten aus dem nationalistischen Spektrum und der vor Kurzem eingetroffenen Aussiedler wegen des Wunsches einiger Mitglieder der zweiten Generation, ins Heimatland ihrer Eltern zu reisen, zumindest in westdeutschen Communities nicht mehr zu größeren Auseinandersetzungen.

Gorbatschow, Tschernobyl und das Ende des Kalten Kriegs

Nach Michail Gorbatschows Ernennung zum Generalsekretär der Kommunistischen Partei der Sowjetunion zeigten die ersten Reaktionen der Regierung Kohl auf seine Reformfraktion, wie wenig Einfluss die osteuropäischen Diasporagemeinden als politische Akteure zu dieser Zeit hatten. Die Schwerfälligkeit der späten Breschnew-Jahre und das Chaos der Zwischenregierungen von Andropow und Tschernenko trugen dazu bei, dass in vielen westeuropäischen Staaten nun die Hoffnung gehegt wurde, mit Gorbatschow könne eine Neuauflage des Kalten Kriegs verhindert werden, und Anstrengungen in diese Richtung standen nun im Zentrum der Bonner Diplomatie. Die von Gorbatschow in den Jahren 1985 bis 1988 eingeleiteten Maßnahmen zur Liberalisierung des Sowjetsystems, die unter anderem dazu dienen sollten, den Kulturen verschiedener nichtrussischer Nationalitäten etwas mehr Raum zu gewähren, führten dazu, dass man in Westeuropa kaum noch gewillt war, in Bezug auf die Interessen der ukrainischen Diaspora Druck auf die UdSSR auszuüben. Befürchtungen, dass eine zu konfrontative Haltung die sowjetische Führung unterminieren könnte, die bei den Abrüstungsverhandlungen mit dem Westen und bei Wirtschaftsreformen gerade enorme Risiken einging, wirkten wie ein weiterer Dämpfer auf die Lobbyarbeit der Diasporagemeinden.

Zwar empfanden die westeuropäischen Regierungen die zögerliche Haltung der Ukrainischen SSR unter der Führung von

Generalsekretär Wladimir Schtscherbitzki bei der Einführung der Wirtschaftsreformen als problematisch – weil sich aber die Aufmerksamkeit fast ausschließlich auf die Zentralregierung in Moskau konzentrierte, erschien das Thema nicht wichtig genug, um allzu viel Aufhebens davon zu machen.[34] Innerparteiliche Spannungen zwischen der Zentralregierung und den SSR-Eliten waren schon in den letzten Jahren der Breschnew-Ära ans Licht gekommen, umso ausgeprägter war dann Mitte der 1980er-Jahre der Wunsch der NATO-Staaten, die Verbindungen mit den Reformern um Gorbatschow zu stärken. Entsprechend groß waren die Widerstände gegen Sympathiebekundungen gegenüber Unabhängigkeitsbewegungen innerhalb der UdSSR, auf welche die sowjetische Führung sicher mit großer Härte reagiert hätte, was wiederum der kleinen Gruppe der Reformgegner in die Hände gespielt hätte, die die Veränderungen rückgängig machen wollten.

In dem Moment der Geschichte, in dem sich die Beziehungen zwischen der NATO und dem Ostblock langsam zu verbessern begannen, wurde die Ukraine durch eine Umweltkatastrophe zurück auf die Hauptbühne des Weltgeschehens katapultiert, was unter anderem zu einer nie da gewesenen Mobilisierung der Diasporanetzwerke führte. Als die Sowjetregierungen in Moskau und Kiew in den ersten Tagen der Krise noch versuchten, die Gefahren herunterzuspielen, die von der Explosion eines Atomreaktors in Tschernobyl ausgingen, hatte der Unfall längst Städte und Dörfer auf beiden Seiten der weißrussisch-ukrainischen Grenze verwüstet. Auch wenn der genaue Ablauf der Ereignisse in und um das Atomkraftwerk Tschernobyl sowohl innerhalb als auch außerhalb der UdSSR für die meisten Menschen über Jahre im Dunkeln blieb: dass es auf ukrainischem Boden einen ernsten Atomunfall gegeben hatte, zeigten meteorologische Messungen von Radioaktivität in Skandinavien zweifelsfrei. Die westlichen Medienberichte, die auf diese Nachricht folgten, führten bei den Vertretern der Sowjetunion zunächst zu einsilbigen Verlautbarungen, bis dann das ganze Ausmaß der Katastrophe nicht länger geleugnet werden konnte.

Die Schnelligkeit und Effektivität, mit der sich die ukrainische Diaspora daraufhin formierte, um Hilfslieferungen und Geldsammlungen zu organisieren, lösten bei der Zentralregierung in Moskau sofort Paranoia aus.[35] Mitte Mai 1986 gab es eindeutigere Anhaltspunkte, was passiert war, und schon im Juni begannen in Nordamerika die Spendenkampagnen für die Bevölkerung der von der Katastrophe betroffenen Gebiete. Während Gorbatschow, Schtscherbitzki und andere sowjetische Führungsfiguren noch versuchten, den Eindruck zu vermitteln, dass sie alles unter Kontrolle hatten, während der Zivilschutz verzweifelt darum kämpfte, die grauenvollen Folgen einer Kernschmelze einzudämmen, sickerten erste Informationen über die Katastrophe bei den ukrainischen Communities in Westeuropa durch. Im Jahr 1986 war es zwar noch unmöglich, den betroffenen Gemeinden von westlicher Seite Hilfe zukommen zu lassen, aber die Öffnung der sowjetischen Gesellschaft nach Gorbatschows Perestroika-Rede vor dem Zentralkomitee der KPdSU am 28. Januar 1987 machte es für Schtscherbitzki schließlich unmöglich, auf Dauer den Kontakt zu den von der Katastrophe betroffenen ukrainischen Gebieten zu unterbinden. Im Sommer 1988 war die Situation dann so ernst, dass die örtlichen Gesundheits- und Umweltbehörden sich aktiv um die Hilfe von Initiativen der Diaspora bemühten, die sich erst dann ein vollständiges Bild von den weitreichenden Auswirkungen der Katastrophe auf die gesamte nördliche Ukraine machen konnten.[36]

Über die Jahre etablierten sich dann Hilfsprogramme für die betroffenen Gemeinden nördlich von Kiew, um es unter anderem Kindern, die von dem Unfall in Tschernobyl betroffen waren, zu ermöglichen, zur Erholung und Behandlung nach Westdeutschland, Kanada und in andere Länder zu reisen, in denen es eine nennenswerte ukrainische Diaspora gab. Während die politisch sehr mächtigen Diasporavereinigungen in Kanada große Initiativen ins Leben riefen, brachte das eher lokale Engagement in Deutschland nach der Wiedervereinigung 1990 die Mitglieder der kleineren ukrainischen Communities mit deutschen Ehrenamtlichen zusammen, die sich bisher für die Umwelt engagiert hatten und nun den von der Umweltkatastrophe betroffenen Menschen helfen wollten.[37] Das gemeinsam Anliegen, Kindern, die im Umkreis von Tschernobyl radioaktiver Strahlung ausgesetzt gewesen waren, Zugang zum deutschen Gesundheitssystem und zu Erholungsurlauben zu verschaffen, führte in den frühen 1990er-Jahren innerhalb der deutschen Gesellschaft zu einer Vernetzung von Gruppen – ukrainische Diasporaorganisationen, katholische und evangelische Hilfsorganisationen und Umweltaktivisten –, die bisher kaum Kontakt zueinander gehabt hatten.

Die Hilfsmaßnahmen für von der Tschernobyl-Katastrophe betroffene Kinder mobilisierten die Diasporagemeinden zu einer Zeit, in welcher der schleichende Kollaps der UdSSR auch das ukrainische politische Leben zu verändern begann. Selbst für Kinder, die in Kiew oder anderen Regionen in der Nähe von Tschernobyl in den Monaten nach der Katastrophe geboren wurden, waren die Gesundheitsrisiken extrem groß. Das war auch bei Marina Weisband der Fall, die drei Jahrzehnte später Vorsitzende der deutschen Piratenpartei wurde, nachdem ihre Familie aus Sorge um ihre Gesundheit mit ihr als Kind aus der Ukraine nach Kassel gezogen war. Als Teil der weltweiten Reaktion auf eine Krise, die ukrainisches und belarussisches Territorium betraf, eröffneten solche Initiativen Raum für karitative Aktionen, die die üblichen Grenzen des Kulturaktivismus und der politischen Lobbyarbeit sprengten. Weil es dabei um Umweltaktivismus, Gesundheit und Menschenrechte ging – Themen, die durch den Aufstieg der Grünen in den politischen Debatten der BRD zunehmend präsent waren –, verbreiterte sich das Engagement und erweiterte den weltanschaulichen Horizont einer Community, die früher vor allem mit der politischen Rechten in Deutschland in Verbindung gebracht worden war. Die Hilfsprojekte ermöglichten zudem einen engeren Alltagskontakt mit der Ukraine und eine Zusammenarbeit mit dem späten sowjetisch-ukrainischen Staat, die weit über die touristischen Kontakte und den Studierendenaustausch der Breschnew-Ära hinausging.[38]

Die Katastrophe von Tschernobyl und Gorbatschows Versuche, die UdSSR zu reformieren, wirbelten in den Folgejahren die politische Ordnung der Ukraine schon durcheinander, bevor die sowjetische Kontrolle über Osteuropa nachzulassen begann. Dass 1988 die 1000-Jahr-Feier zur Einführung des Christentums in der Ukraine begangen wurde, spielte bei der Intensivierung der Beziehungen zwischen Religionsvertretern und Dissidentengruppen in der Ukraine eine ebenso große Rolle wie die Tatsache, dass die Feierlichkeiten, wo immer Diasporamitglieder anwesend waren, vom Ukrainischen Weltkongress ausgerichtet wurden. Obwohl die russisch-orthodoxe Kirche mit Unterstützung des Sowjetstaats versuchte, die offiziellen Gottesdienstregeln fest im Griff zu behalten, konnten sowohl die Rhetorik der niedrigeren Geistlichen in der Ukraine als auch ihre Offenheit für einen Dialog mit den ukrainisch-orthodoxen und den griechisch-katholischen Kirchen der ukrainischen Diaspora im Umkreis der Feierlichkeiten als erste Anzeichen für die internen Spannungen gelesen werden, die schließlich drei Jahre später zu einer Abspaltung der religiösen Institutionen zu einer separaten ukrainisch-orthodoxen Kirche führten.[39]

Mit der Entlassung Schtscherbitzkis im Jahr 1989 und den darauf folgenden Machtkämpfen in der Kommunistischen Partei der Ukraine tauchten sowohl Dissidenten als auch griechisch-katholische und ukrainisch-orthodoxe Gemeinden aus ihren Untergrundaktivitäten auf, um sich für ein Ende der Beziehungen mit Moskau einzusetzen, was dazu beitragen sollte, die ukrainischen Interessen gegen den sowjetischen Zentralstaat zu verteidigen.

Als sich die Unabhängigkeit der Ukraine von einer weit entfernten Zukunftsfrage zu einer sehr realen Möglichkeit im Hier und Jetzt entwickelte, kam es zu einer zunehmenden Verschmelzung der inneren Dynamik der ukrainischen Politik mit der dominanten Weltsicht der Diaspora. In solch fließenden Kontexten wurde durch die sozialen Interaktionen im Zusammenhang mit dem Umweltaktivismus als Reaktion auf das Tschernobyl-Desaster, durch die Kontakte über die 1000-Jahr-Feier in Kiew, aber auch durch die erweiterten Möglichkeiten zu Verwandtenbesuchen immer klarer, wie schnell sich die gesamte kulturelle und politische Landschaft der Ukraine nun in eine neue Richtung entwickelte.

Die Reaktionen auf Tschernobyl waren darüber hinaus wesentlich für die Entwicklung von Verbindungen zwischen der ukrainischen Diaspora und der deutschen Zivilgesellschaft. Dadurch wurde das Interesse an der Ukraine bei ganz unterschiedlichen Bewegungen und Aktivisten und Aktivistinnen verstärkt. Auch wenn die Ukraine bei Umweltaktivisten, Grünenpolitikern und -politikerinnen und Vertretern von kirchlichen Wohltätigkeitsorganisationen nie zum zentralen Thema wurde, waren aus diesen Milieus doch genügend Menschen an Hilfsprojekten beteiligt, die mit Tschernobyl zu tun hatten, um Prominenten aus der Ukraine und der Diaspora die Türen zu öffnen, die nun ihrerseits in der Lage waren, sich ganz außerhalb des alten Lagers der Vertriebenen und Rechtsradikalen gegenüber größeren Gruppen der deutschen Gesellschaft mit ihrem Anliegen Gehör zu verschaffen.

Die Diaspora und die unabhängige Ukraine

Die sehr speziellen politischen Beziehungen, die sich ukrainische Diasporaorganisationen in Deutschland aufgebaut hatten, führten dazu, dass der Zusammenbruch der Sowjetunion auf sie andere

Auswirkungen hatte als auf die entsprechenden Communities in Nordamerika. Dass die Ukraine im Vergleich zu den kulturellen und politischen Beziehungen Deutschlands mit Polen und Russland eine Sonderstellung einnahm, bedeutete, dass die Entwicklung der ukrainischen Diasporagemeinde nach 1989 mit der anderer osteuropäischer, aber auch eurasischer Exilgruppierungen in Wechselwirkung stand. Die nochmals gestiegene Zahl der Emigranten aus der Ukraine veränderte die Diasporastrukturen in Kanada und den Vereinigten Staaten nicht grundlegend. Zwar blieben erst kürzlich eingetroffene Aussiedler und Aussiedlerinnen und bestimmte Gruppen von Wissenschaftlern, die auf Geschichte und Politik spezialisiert waren, mit den sozialen Veränderungen in der sowjetischen Ukraine in Kontakt, doch hatten sie nur begrenzten Einfluss auf die politischen Positionen der ukrainischen Diaspora in Kanada und den USA, die noch immer größtenteils von ehemaligen, schon vor 1950 ins Land gekommenen Flüchtlingen dominiert war. In Deutschland war eine numerisch sehr viel kleinere Community plötzlich damit konfrontiert, dass neue Immigranten nun auf eine Weise zwischen der Ukraine und der Bundesrepublik hin- und herreisen konnten, die vor 1990 undenkbar gewesen wäre. Während also die nordamerikanische Diaspora sehr wenig Kontakt mit dem Alltag in der postsowjetischen Ukraine hatte, hatten die Differenzen über Sprache und Identität, die in der ukrainischen Politik der 1990er-Jahre aufbrachen, auf die Diasporagemeinden in Deutschland starken Einfluss.

Auch alle anderen Diasporagruppierungen, die ihre Ursprünge im Einflussgebiet der Sowjetunion hatten, erlebten, dass die noch in der sowjetischen Gesellschaft entstandenen Bruchlinien eine Art tief greifenden Dominoeffekt auf sie hatten. In osteuropäischen Staaten, die an das sowjetische Allianzsystem gebunden gewesen waren, konnten die über Jahrzehnte politisch an den Rand gedrängten Diasporagemeinden plötzlich eine direkte Rolle im politischen Leben spielen. Trotz der 40 Jahre sowjetischer Vorherrschaft hatten diese Gesellschaften als innerhalb des UN-Systems international anerkannte Staaten immerhin institutionelle Rahmenbedingungen, in denen zurückkehrende Emigranten Positionen in staatlichen Strukturen finden konnten, die sich gerade mitten in einem radikalen Reformprozess befanden.[40] Zwar hatte auch in Polen und Rumänien der radikale Umbau der Gesellschaft für viele Menschen traumatische Auswirkungen, aber immerhin erlebten diese Länder den Schock als souveräne Staaten mit anerkannten Grenzen, die schon einen Platz auf der internationalen Bühne hatten. Insbesondere in Polen und der Tschechoslowakei, wo die starken Oppositionsbewegungen trotz aller Repressalien die Politik dominierten, schafften es die nach 1989 zurückkehrenden Dissidenten und Exilanten häufig, sich einen Platz in der postkommunistischen Politik zu erobern.[41]

In den einzelnen Sowjetrepubliken war bis zum Zusammenbruch der UdSSR im Dezember 1991 die Situation sehr viel weniger klar. Litauen, Estland und Lettland schwenkten Ende 1990 auf einen Pro-Unabhängigkeitskurs ein, und Diasporaorganisationen und zurückkehrende Emigranten wurden in vielen Fällen direkt aufgefordert, im politischen Ringen um Unabhängigkeit eine aktive Rolle zu übernehmen. Der rasche Ausbruch der Proteste in Georgien und die Eskalation des Krieges über die Kontrolle der Gebiete um Bergkarabach zwischen Aserbaidschan und Armenien hatten auch Einfluss auf die gesellschaftlichen Dynamiken im Südkaukasus, sodass sich die entsprechenden Diasporagemeinden plötzlich direkt in die Politik jener Länder hineingezogen sahen, die sich in Lichtgeschwindigkeit vom Sowjetsystem wegbewegten. Als sich nach den Wahlen zum Obersten Sowjet im Januar 1989 und Gorbatschows gescheitertem Versuch, im Jahr darauf die Kontrolle wiederzuerlangen, der Griff der Zentralregierung immer mehr lockerte, verlor das Zentralkomitee in Moskau seinen letzten noch verbliebenen Einfluss auf die früheren kommunistischen Anführer in den baltischen Republiken und im

Südkaukasus. Zurückkehrende Emigranten, die noch vier Jahre zuvor verhaftet worden wären, sowie Mitglieder der zweiten und dritten Generation der traditionellen Diaspora waren über Nacht tief verwickelt in die Politik der Heimatländer ihrer jeweiligen Communities. Mitglieder der armenischen und aserbaidschanischen Diaspora sollten schließlich sogar Schlüsselrollen an den Fronten jener bewaffneten Auseinandersetzung spielen, die die Politik des Südkaukasus in den darauffolgenden Jahrzehnten bestimmen würde. Obwohl es den Eliten der Sowjetära erstaunlich gut gelang, sich an die postsowjetische Ordnung anzupassen, sorgten die Oppositionsbewegungen und die zurückkehrenden Emigranten dafür, dass sich die in der Diaspora gepflegten Narrative der Nationenbildung und der nationalen Identität in die institutionellen Kulturen der neuerdings unabhängigen Staaten einschrieben.[42]

In den zentralasiatischen Gesellschaften, die erst nach dem endgültigen Zusammenbruch der Sowjetunion langsam in Richtung Unabhängigkeit trieben, spielte die Diaspora eine sehr viel kleinere Rolle. Die zentralasiatischen Diasporagruppen hatten sich in Moskau gesammelt, selten über die Grenzen der UdSSR hinaus. Aber die neuen Reisemöglichkeiten nach Westeuropa, in die USA, in die Türkei und die Golfstaaten führten dann sehr wohl dazu, dass Kasachen, Kirgisen, Tadschiken und Usbeken, die nach 1990 eine Art transnationale Community bildeten, ihre Länder verließen. Aber ob nun friedlich wie in Kasachstan oder durch Bürgerkrieg wie in Tadschikistan, die Dominanz von Fraktionen, die noch in der spätsowjetischen Phase an die Macht gekommen waren, begrenzte die Möglichkeiten für zurückkehrende Exilanten, die neuen staatlichen Institutionen mitzugestalten. In der Russischen Föderation, dem mit Abstand größten Nachfolgestaat, hatte die überaus geschmeidige Anpassung der sowjetischen Eliten an das neue System zur Folge, dass Emigranten und Diasporarückkehrer praktisch keine Gelegenheit bekamen, in Politik oder

Wirtschaft herausgehobene Positionen zu besetzen. Genauso war es in Belarus nach den Wahlen im Jahr 1994, wo das Fehlen einer gut organisierten Diasporaorganisation, die Geld und Mitglieder hätte mobilisieren können, die Emigranten in die Zuschauerrolle verbannte, als Alexander Lukaschenko begann, seine neosowjetische Restauration einzuleiten.[43]

Die Gründung der »Rukh« genannten Unabhängigkeitsbewegung durch prominente Dissidenten im Februar 1989 war ein deutliches Zeichen an alle Ukrainer in der UdSSR und an die Diasporagemeinden in aller Welt, dass Schtscherbitzki schon vor seiner offiziellen Entlassung im September desselben Jahres die Kontrolle über die Ereignisse verloren hatte.[44] Dass die ehrgeizige Fraktion um Leonid Krawtschuk in der Lage war, die Frustration innerhalb der Kommunistischen Partei der Ukraine über die internen Machtkämpfe in Moskau auszunutzen, um Rivalen um die Führerschaft (zum Beispiel Wladimir Iwaschko und Stanislaw Hurenko) auszumanövrieren, sollte sich schließlich als einer der entscheidenden Faktoren auf dem Weg zur Unabhängigkeit erweisen. Indem er seine eigene Verbundenheit mit der Idee einer umfassenderen ukrainischen Autonomie hervorhob und sich mit den in die Rukh integrierten nationalistischen Netzwerken verbündete, knüpfte Krawtschuk seine wachsende Vorherrschaft über die staatlichen Institutionen der Ukraine an ein politisches Narrativ, das die politische und kulturelle Unterschiedlichkeit gegenüber Russland auf eine Weise betonte, die aktiv um die Unterstützung der Diaspora warb. Wegen ihrer schieren Größe und organisatorischen Stärke wurde die ukrainische Diaspora zu einem wichtigen Akteur in der ukrainischen Politik: Die neue Unabhängigkeit eröffnete dabei nie da gewesene Einflussmöglichkeiten. Zwar eroberten die zurückkehrenden Mitglieder der Diaspora nie die höchsten Ränge der Macht, aber die Expertise und die Kontakte, die sie mitbrachten, sorgten dafür, dass die Diaspora-Ukrainer der ersten und zweiten Generation sich sehr schnell in hohen Managementpositionen in der Wirtschaft oder gelegentlich auch in Regierungspositionen wiederfanden.[45]

Obwohl die Tatsache, dass die Macht des Sowjetstaats über die Staaten des Warschauer Pakts gebrochen war, zeigte, dass die UdSSR sich in einer Krise befand, war noch Ende Juni 1991 vollkommen offen, wie ihre internen Strukturen auf den wirtschaftlichen Zusammenbruch und die nationalistischen Abspaltungsbewegungen reagieren würden. In den ersten Monaten des Jahres 1990 wurden die Rukh und andere Oppositionsbewegungen von Krawtschuks Pro-Autonomiekurs gestärkt. Mit Rukh an seiner Seite war er nun fähig, den Staatsapparat zu manipulieren, was letztendlich im Juli 1990 seinen Aufstieg zum Vorsitzenden des Obersten Sowjets der Ukraine besiegelte, also des Parlaments, das prompt in Werchowna Rada (Oberster Rat) der Ukrainischen Volksrepublik umbenannt wurde.[46] Inmitten all dieser Manöver unterstützten die politischen Bewegungen innerhalb der Diaspora jeweils die Parteien, die ihrer Weltanschauung am nächsten standen, während Krawtschuk transnationale ukrainische Organisationen wie den Ukrainischen Weltkongress umwarb, die mit ihrer Lobbyarbeit Parlamentarier in den USA, Kanada und Westeuropa in die Richtung seines eigenen Ehrgeizes beeinflussen konnten, nämlich der Ukraine so viel Autonomie zu erkämpfen wie irgend möglich.

Die veränderten Loyalitäten beim KGB unterminierten die Fähigkeit der sowjetischen Zentralmacht, die Handlungsfreiheit von Repräsentanten der Diaspora einzuschränken. Im Frühjahr 1990 war die Hilfe von ukrainischen Communities in Westeuropa und Nordamerika längst zu einem ganz normalen Aspekt der ukrainischen Politik geworden. Aufgerüttelt von dem Erfolg der »Human wave«-Initiative, in der sich Hunderttausende Aktivisten und Unterstützer der Rukh-Bewegung an den Händen hielten, um im Januar 1990 eine Menschenkette von Kiew nach Lemberg zu bilden, standen selbst diejenigen innerhalb der ukrainischen Diasporaorganisationen, die die Entwicklungen in der UdSSR noch skeptisch gesehen hatten, nun voll hinter den Oppositionsgruppen und jenen Teilen der Kommunistischen Partei der Ukraine, die eine größere Autonomie gegenüber Moskau forderten.

Bei den ersten mehr oder weniger freien Wahlen in der Ukraine am 4. März 1990 offenbarten sich trotz der Tatsache, dass nur eine Handvoll Rukh-Aktivisten über eine Kandidatur im Demokratischen Block einen Parlamentssitz bekommen hatte, sowohl die Brüche in der Kommunistischen Partei der Ukraine als auch die wachsende Desorientierung innerhalb der ukrainischen staatlichen Sicherheitsinstitutionen. Als ab dem Sommer 1991 auch bestimmte Fraktionen innerhalb der Kommunistischen Partei der Ukraine nicht mehr nur Autonomie, sondern eine vollständige Unabhängigkeit forderten, wurden die ukrainische Gesellschaft und die ukrainische Diaspora in ein Staatsgründungsprojekt hineingezogen, das nur sechs Monate zuvor niemand vorausgesehen hätte. Diasporanetzwerke, die jahrelang Dissidenten im Untergrund unterstützt hatten, kooperierten nun plötzlich nicht nur mit der ukrainisch-kommunistischen Führung, sondern auch mit Schwarzmarktunternehmern, Direktoren von Staatsbetrieben, sowjetischen Militärs mit ukrainischem Hintergrund und sogar mit einigen Ukraine-stämmigen KGB-Beamten: Sie alle hatten ihre eigenen persönlichen oder ideologischen Gründe, den Kampf um eine Herauslösung aus der Moskauer Vorherrschaft mit voller Kraft zu unterstützen.[47]

Die neue und veränderte Diaspora nach 1991

Die Diasporagruppierungen in Westeuropa hatten noch mit anderen unvorhergesehenen Folgen des Zusammenbruchs der Sowjetunion zu kämpfen. Das Ende der kommunistischen Regime in ganz Osteuropa führte seit dem Sommer 1989 zu einer großen Migrationsbewegung aus osteuropäischen Staaten wie der DDR und Polen nach Westdeutschland, Italien und in die anderen westeuropäischen Länder. Bis zur ersten Hälfte des Jahres 1990 noch Inhaber von sowjetischen Pässen, gehörten die Ukrainer nach dem Fall der Berliner Mauer zunächst nicht zur größten Gruppe der Einwanderer nach Westdeutschland. Dennoch kamen seit Jahresende 1989 und in den ersten Monaten des Jahres 1990 immer mehr Menschen aus der Ukraine nach Deutschland und bildeten dort sehr bald einen sehr sichtbaren Teil des ukrainischen Diasporalebens. Diese Vorboten einer neuen Migrationswelle aus der Ukraine nach Europa und sogar nach Nordamerika waren sehr unterschiedliche Individuen mit diversen Migrationsgeschichten. Angehende Unternehmer, die oft aus nahe an der Grenze gelegenen westukrainischen Regionen kamen und Waren aus Deutschland in die Ukraine holten, mischten sich mit Arbeitssuchenden, frisch eingereisten Studierenden und Menschen, die ihre verwandtschaftlichen Netzwerke nutzten, um sich im Ausland niederzulassen. Vereinzelt fanden sich auch Deserteure von den in ostdeutschen Städten noch bestehenden sowjetischen Truppenstandorten unter ihnen.[48]

Dieser plötzliche Zuwachs setzte die etablierten ukrainischen Communities – genau wie andere Diasporagemeinden mit Wurzeln in den Nachfolgestaaten der Sowjetunion – erheblich unter Druck. In Westdeutschland waren, stark gefördert von der Regierung Kohl, ohnehin schon viele ethnische Deutsche eingetroffen, deren Familien jahrhundertelang in Rumänien, Polen und der Wolga-Region in Russland gelebt hatten.[49] Außerdem erlebte Deutschland, wenn auch nicht ganz so stark wie die USA oder Israel, eine Einwanderung von russischen Juden, die durch die erleichterte Einbürgerung für Menschen mit jüdischem Hintergrund noch zunahm. Wegen des beschleunigten Zugangs zur deutschen Staatsbürgerschaft sowohl für russische Juden als auch für ethnische Deutsche, aber auch wegen des unterschwelligen Antisemitismus und der Feindseligkeit gegenüber Minderheiten in

Russland wurde Deutschland für Migranten aus der ehemaligen UdSSR zu einem attraktiven Einwanderungsziel.[50] Als sich die ökonomischen Bedingungen verschlechterten, kamen immer mehr Migranten und Flüchtlinge aus der Ukraine, Kaliningrad, Moldawien und anderen Regionen oder ehemaligen Republiken der Sowjetunion, die an den westlichen Grenzen der UdSSR lagen, auch in die übrigen Länder Westeuropas. Während diese Migrationswelle von Männern und Frauen im arbeitsfähigen Alter dominiert wurde, vergrößerte sich die demografische Bandbreite ab dem Jahr 1991, als immer mehr Familien mit Kindern aus Unsicherheit über die Folgen der Auflösung der Sowjetunion Richtung Westen zogen, während einige Mitglieder der Diaspora aus Sorge um ihre Sicherheit auch ältere Verwandte zu sich holten.[51]

Viele migrantische Familien hatten, was ihre Herkunft anging, mehrere Identitäten, wodurch sie auch mit mehreren Diasporagruppen in Berührung kamen. Menschen, die in der Ukraine als Ukrainer aufgewachsen waren und aus einer Minderheit stammten, oder Familien, die durch die Heirat zwischen Ukrainern und jüdischen oder ethnisch-deutschen Sowjetbürgern entstanden waren, nahmen dann häufig am ukrainischen Diasporaleben genauso teil wie an Aktivitäten, die von jüdischen oder russlanddeutschen Gemeinden organisiert wurden. Nach 1990 führten diese vielfältigen Verbindungen zu erheblichen Veränderungen der kulturellen und generationalen Dynamiken innerhalb der ukrainischen Diaspora Westdeutschlands: Die Communities wiesen nun eine sehr viel größere innere Diversität auf, als die von den in den späten 1940er-Jahren eingetroffenen Immigranten aufgebauten Strukturen bewältigen konnten. Jugendgruppen, Kirchenkomitees, örtliche Wohltätigkeitsvereine und Lobbyorganisationen, die von den in den 1930er-Jahren politisierten ukrainischen Emigranten etabliert und am Leben erhalten worden waren, hatten ihre Annahmen über die ukrainische Identität auf sehr spezielle ethno-linguistische und religiöse Zugehörigkeitsgefühle gegründet. Doch spätestens seit dem Jahr 1990 mussten sich diese Organisationen an eine sich schnell verändernde demografische Realität anpassen: Etablierte Mitglieder sowie Zugezogene aus der späten sowjetischen Ukraine sahen sich nun gezwungen, mit anderen Diasporagruppen aus der ehemaligen UdSSR zu interagieren, deren ebenfalls wachsende Zahl im frisch wiedervereinigten Deutschland langsam sichtbar wurde.

Die verzweifelten Reaktionen der Diaspora auf den versuchten Staatsstreich von Moskauer Hardlinern, denen es zwischen dem 18. und 23. August 1991 beinahe gelang, Gorbatschow zu stürzen, zeigten, wie umfassend und schnell diese Dynamiken von den Diasporaorganisationen in Deutschland verinnerlicht worden waren. Die staatlichen Behörden der Ukraine, die als Bastionen der muskowitischen Kolonialherrschaft einst belächelt und abgelehnt wurden, gehörten nun plötzlich zum Kern eines unabhängigen ukrainischen Staats, und die Zusammenarbeit mit ihnen wurde für die Diaspora zur alltäglichen Selbstverständlichkeit. Mit der Hilfe von ukrainischen Diplomaten und Staatsbeamten, von denen viele erst kürzlich die Seiten gewechselt hatten, begannen die Diasporaorganisationen, die deutsche Regierung davon zu überzeugen, am 24. August 1991 die ukrainische Unabhängigkeitserklärung schließlich anzuerkennen.[52] Indem sie deutsche Journalisten und Medienvertreter mit der neuen ukrainischen Führung zusammenbrachten, Lobbyarbeit im Bundestag leisteten und bei öffentlichen Veranstaltungen auftraten, die die ukrainische Unabhängigkeit einer skeptischen und noch immer auf Gorbatschows Schicksal fixierten deutschen Regierung nahebringen sollten, machten die ukrainischen Diasporagemeinden ihre ersten Schritte zur Unterstützung des ukrainischen Staats, was dann nach und nach zu einer ihrer Haupttätigkeiten werden sollte.

Anfang 1992 wurden diese Verbindungen zwischen Staat und Diaspora in Zusammenarbeit mit Community-Organisationen in Kanada, den USA und Westeuropa sowie ukrainischen Behörden institutionell verankert. In Deutschland setzten sich die ukrainischen Organisationen häufig dafür ein, die deutsche Zivilgesellschaft und staatliche Institutionen mit einem ukrainischen Gegenüber zusammenzubringen, um Studenten- und Schüleraustausche sowie praktische und finanzielle Hilfe für die bedrängten ukrainischen Communities zu organisieren.[53] Die Diasporagemeinde in Deutschland, die in den frühen 1980er-Jahren erlebt hatte, wie ihre Hoffnungen für die Ukraine vom Mainstream der deutschen Politik- und Medienlandschaft als unrealistische Träumereien oder sogar als rechtsradikaler Revanchismus lächerlich gemacht worden waren, stand nun plötzlich im Zentrum des Aufbaus von Beziehungen zwischen Deutschland und einem unabhängigen ukrainischen Staat.

Dieser Wandel in den Beziehungen der ukrainischen Diaspora zum ukrainischen Staat stand in direktem Zusammenhang mit den Spannungen rund um die Bewältigung des Zustroms von Migranten aus der Ukraine nach Deutschland. Die unterschiedlichen Versuche der religiösen und zivilen Diasporaorganisationen, auf ihre neuen Mitglieder zuzugehen, die vor allem von ihren Erfahrungen in der späten Sowjetunion geprägt waren, verursachten beträchtliche Streitereien zwischen den lokalen und deutschlandweiten Führungsgremien. Selbst in den späten 1980er-Jahren saßen sowohl in den Leitungsfunktionen von Kirchenkomitees als auch in den Führungsgremien der großen Organisationen noch immer entweder Emigranten oder Mitglieder der zweiten Generation, deren Erfahrungen bis in die 1950er-Jahre zurückreichten. Nur drei Jahre später führte die erhebliche Zunahme von Migranten aus der Ukraine in Gemeinden wie Hannover, Hamburg, München oder Berlin zu massiven Konflikten, die auf die sehr unterschiedlichen Erfahrungen mit der ukrainischen Gesellschaft und Kultur zurückzuführen waren.

Zwar milderten sich diese Spannungen in den Folgejahren ab, aber die unterschiedlichen Erfahrungen und Kulturen hatten durchaus Einfluss auf die Beziehungen der Diaspora mit dem noch immer um den Aufbau stabiler wirtschaftlicher und politischer Strukturen ringenden ukrainischen Staat. Zum ersten Mal in ihrer Geschichte konnte die Diaspora mit den Diplomaten, Kulturvertretern und Sicherheitsbeamten eines international anerkannten ukrainischen Staats zusammenarbeiten. Die bis vor Kurzem in kultureller und politischer Hinsicht völlig getrennten Sphären – die Ukraine auf der einen Seite, auf der anderen eine sich über Westeuropa, Nordamerika und andere Staaten erstreckende Diaspora, die nur sehr begrenzt Kontakt zu ihrem Herkunftsland hatte – waren nach den turbulenten Ereignissen der Jahre 1989 bis 1992 plötzlich massiv ineinander verflochten.

Erst kürzlich in Deutschland eingetroffene Ukrainer blieben entweder aus persönlichen Gründen oder über Familienmitglieder in die tiefen Differenzen involviert, die die ukrainische Politik prägten. Verschlimmert wurden diese Meinungsverschiedenheiten noch durch eine schleichende Oligarchisierung der ökonomischen Strukturen und den Wechsel von versteckt korrupten Praktiken zwischen Unternehmern und Staatsvertretern zu offener Korruption. Große Diasporaorganisationen intervenierten direkt in die nervenaufreibenden Debatten über Sprache, Bildung, historische Narrative und kulturelle Symbole, die bis zur Maidan-Revolte von 2014 die politischen Auseinandersetzungen in der Ukraine bestimmen sollten. Die Wiederbelebung zirkulatorischer Formen der Migration zwischen der Ukraine und jenen Staaten, in denen sich die Diaspora sammelte, ging in gewisser Weise auf demografische Muster aus der vorsowjetischen Zeit zurück. Aber diese Migrationsdynamiken spielten sich nun in einem geopolitischen Kontext ab, in dem der ukrainische Staat die Unterstützung und das Engagement von Diasporanetzwerken genoss, für die bis zum Jahr 1991 staatliche Institutionen auf ukrainischem Boden nichts anderes gewesen waren als Agenten von außen kommender imperialistischer Mächte. Früher von allen Formen der politischen und kulturellen Diplomatie ausgeschlossen, konnten die Repräsentanten der Diaspora nun eine sichtbare Rolle spielen, indem sie sich Hand in Hand mit staatlichen Institutionen, ukrainischen Beamten und Politikern dafür engagierten, der Ukraine ins Zentrum der europäischen und globalen Diplomatie zu verhelfen.

Trotz aller Komplikationen, mit denen die neu angekommenen Ukrainer weiterhin zu kämpfen hatten, wenn es um Arbeitserlaubnis, Aufenthaltsstatus und Zugang zu anderen staatlichen Bescheinigungen ging, die man brauchte, um dauerhaft in Deutschland bleiben zu können: Die größere Bewegungsfreiheit zwischen den beiden Gesellschaften erweiterte die Bandbreite an Möglichkeiten für diese neue Welle von Migranten doch erheblich. Viele Familien entschieden sich dafür, sich dauerhaft in deutschen Städten niederzulassen, die in den 1990er-Jahren eine größere Stabilität boten als ukrainische Regionen, die noch immer mit dem Schock der Transformation aus den ökonomischen und politischen Strukturen der UdSSR zu kämpfen hatten. Jüngere Wirtschaftsmigranten und Studierende nahmen die Gelegenheit wahr, auf dem deutschen Arbeitsmarkt Fuß zu fassen. Doch es gab auch temporäre Formen von Migration, die während des Kalten Kriegs undenkbar gewesen wären: Arbeiter in landwirtschaftlichen und städtischen Sektoren wie der Baubranche blieben oft nur auf saisonaler Basis in Deutschland und kehrten in die Ukraine zurück, sobald ein Job beendet war. Nach und nach nahmen auch alteingesessene Mitglieder der Diaspora Arbeitsangebote aus der Ukraine an, während ukrainische Wissenschaftler und Wissenschaftlerinnen, Künstlerinnen und Künstler und Fachkräfte regelmäßig für einige Jahre zum Arbeiten nach Deutschland kamen, bevor sie in die Ukraine zurückkehrten oder in ein anderes Land zogen. Diese größere Zirkulation führte in vielen Fällen zu lockereren Verbindungen zu den Diasporaorganisationen, die ihrerseits von den Migranten weniger gebraucht wurden, um sich in der deutschen Gesellschaft zurechtzufinden, und gleichzeitig stärker in die neuesten kulturellen und politischen Entwicklungen in der Ukraine selbst eingebunden waren.

So sehr die große Wählerschaft aus den ukrainischen Diasporagemeinden in Kanada dafür sorgen konnte, dass der Einfluss ukrainischer Organisationen hoch blieb, so sehr führte die ideologisch festgelegtere Rolle der ukrainischen Community in Deutschland dazu, dass sie sich von dem Verlust ihrer Verbündeten in der CDU/CSU in den frühen 1970er-Jahren politisch niemals vollständig erholte. Dieser Verlust eines direkten Drahts zu deutschen Entscheidungsträgern hatte in Verbindung mit der Eröffnung ukrainischer Botschaften und Konsulate im Jahr 1992 zur Folge, dass sich für die Diasporagemeinden das gesamte politische Gravitationszentrum verlagerte. Zum ersten Mal waren Diasporaorganisationen in Zusammenarbeit mit staatlichen Institutionen, mit denen sie Geschichts- und Identitätsnarrative teilten, aktiv beteiligt an kultureller Diplomatie.[54] In diesem Prozess wurden ukrainische Diasporaorganisationen wie der Ukrainische Weltkongress ebenfalls tief in die polarisierten politischen Debatten innerhalb der ukrainischen Gesellschaft gezogen. Wenn es in der Ukraine zu Auseinandersetzungen bezüglich des Erbes rechtsradikaler Akteure wie Bandera und Dontsow kam, passten diese manchmal perfekt in die alten Bruchlinien innerhalb der Diaspora: Bei der Frage, inwieweit konkurrierende ideologische Traditionen vom Staat akzeptiert oder bekämpft werden sollten, schlugen sich in beiden Milieus die entsprechenden Vertreter auf eine Seite. Streitigkeiten zwischen dem ukrainischen Erziehungsministerium und Bildungseinrichtungen der Diaspora über Grammatikbücher und die Lehrpläne für Geschichte zeigten deutlich, wie unterschiedliche kulturelle Erfahrungen und unterschiedliche Muster der historischen Erinnerung beim Thema der nationalen Identität zu tief greifenden Meinungsverschiedenheiten führen konnten.[55]

Die Entwicklung nach der Unabhängigkeit

In den Jahren, die auf die ukrainische Unabhängigkeit folgten, wurde klar, wie unvorbereitet man in der ukrainischen Gesellschaft und Diaspora auf diese Situation war, die noch im Jahr 1987 als ultimatives Fernziel betrachtet wurde. Als die bescheidenen Forderungen nach etwas mehr Autonomie gegenüber Moskau sich in das politische Ziel einer vollständigen Unabhängigkeit verwandelten, geschah das mit einer solchen Schnelligkeit, dass die grundlegenden ökonomischen, kulturellen und politischen Strukturen des neuen ukrainischen Staats zumindest bis 2014 – dem Jahr der Maidan-Proteste und des darauffolgenden Krieges mit Russland – äußerst fragil blieben. Obwohl viele Mitglieder der jüdischen Gemeinschaft der Ukraine nach Israel, Deutschland oder Nordamerika emigrierten, blieben die Juden ein wichtiger Teil der ukrainischen Gesellschaft, und ihre Organisationen beteiligten sich sehr engagiert an den schwierigen Debatten über Geschichte und nationale Identität. Doch die mangelnde Bereitschaft, sich mit der Rolle ukrainischer Kollaborateure während des Holocausts und mit der Beteiligung der UPA an der interethnischen Kriegsführung nach 1942 auseinanderzusetzen, war sowohl in der ukrainischen Gesellschaft als auch in der Diaspora weit verbreitet, sodass das Erbe des Holocausts auch nach der Unabhängigkeit in der Ukraine ein aufgeladenes Thema blieb.

Bei dem Versuch, in der ukrainischen Politik nach 1992 eine aktive Rolle zu finden, ergaben sich für die Diasporagemeinschaften gewisse unvorhergesehene Schwierigkeiten. Zwar war für ukrainische Migranten-Communities in Westeuropa und Nordamerika die Unabhängigkeit immer ein wichtiges Fernziel gewesen, aber man hatte so gut wie keine konkreten Pläne, was zu tun wäre, wenn diese Situation tatsächlich einmal einträfe. Schon in der Ukraine selbst, aber auch in der ukrainischen Diaspora in Deutschland und dem Rest der Welt hatte der revolutionäre Augenblick von 1991 die unverrückbaren Annahmen des Kalten Kriegs so sehr durcheinandergewirbelt, dass Fragen rund um die ukrainische Identität auch in den Jahren nach der Unabhängigkeit sehr akut blieben.

Die strukturellen Unterschiede der ukrainischen Diasporagemeinden in Nordamerika auf der einen Seite und in Europa auf der anderen prägten auch die Art und Weise, in der sie auf die Entwicklung der Ukraine nach der Unabhängigkeit reagierten. Zwar unterstützten beide Communities Leonid Krawtschuk als ersten Präsidenten der unabhängigen Ukraine, aber der regelmäßige Kontakt über die ukrainischen Grenzen hinweg, der für die Arbeiter und Arbeiterinnen, Studierenden und Familienmitglieder der deutschen und der übrigen europäischen Communities nun möglich war, sorgte dafür, dass sich in diesen Gemeinschaften schnell ein Bewusstsein dafür entwickelte, wie viel in der Ukraine der 1990er-Jahre wirtschaftlich schieflief. In Kanada und den Vereinigten Staaten dagegen blieben die alteingesessenen ukrainischen Gemeinden ein Stück weit isoliert von den kulturellen Veränderungen, die zu dem geführt haben, was man im Anschluss an die von Andrew Wilson geprägten Begriffe des ukrainischsprachigen Halychyna-Ukraine-Nationalismus und des gemischtsprachigen Dnepr-Ukraine-Nationalismus vielleicht als russischsprachigen Odessa-Ukraine-Nationalismus bezeichnen könnte.[56] Durch den permanenten Kontakt mit ihren Heimatregionen war für die relativ neuen Mitglieder der europäischen Diaspora-Communities die Frustration über die enorme Korruption in den staatlichen Behörden der Ukraine wesentlich präsenter.[57]

Anfangs wurde Leonid Kutschma nach seinem Sieg über Krawtschuk bei den Präsidentschaftswahlen im Jahr 1994 wegen seiner angeblich russlandfreundlicheren Haltung von Diasporaorganisationen eher skeptisch betrachtet, aber schon im Jahr 1999, nach seinem Sieg gegen einen kommunistischen Kandidaten, zeigte sich, dass er inzwischen recht herzliche Beziehungen zu den

Diasporagemeinden aufgebaut hatte. Die wertvollen Kontakte zu westeuropäischen und nordamerikanischen ökonomischen Eliten kamen – wie im Fall von Pawlo Lazarenko oder einer aufstrebenden Gruppe von Industrie-Oligarchen um Serhij Taruta – durch die Vermittlung von Diasporamitgliedern zustande. Dass seine korrupten Machenschaften Lazarenko schließlich in ein kalifornisches Gefängnis brachten, hielt andere wichtige Akteure wie Julia Timoschenko und Ihor Kolomojskyj, die beide unter seinen Fittichen groß geworden waren, nicht davon ab, weiterhin auf die Beziehungen zu gut vernetzten Mitgliedern der Diaspora in Deutschland, Großbritannien und Kanada zu bauen.[58]

Etwa zur selben Zeit riefen der autoritäre Wandel des ukrainischen Staats in Kutschmas zweiter Amtszeit sowie der Mord an Georgi Gongadse, Redakteur der Internetzeitung *Ukrajinska Prawda*, innerhalb und außerhalb der Ukraine Empörung hervor. Doch die wirtschaftlichen und politischen Bande zwischen vermögenderen und politisch einflussreicheren Elementen innerhalb der Diaspora und den postsowjetischen Eliten in der Ukraine sorgten dafür, dass alle Seiten genügend Gründe hatten, dieser Art von Beziehungen mehr Berechtigung einzuräumen als der Kritik aus jenen Teilen der Diaspora, die mit den Oppositionsbewegungen und zivilgesellschaftlichen Organisationen innerhalb der Ukraine sympathisierten. Während aber in Kanada diese Art von Kontakten zwischen der Diaspora und den ukrainischen Wirtschafts- und Staatseliten dazu führte, dass sich die Regierung stark in ukrainischen Angelegenheiten engagierte, blieben für die deutsche Regierung die Beziehungen zu Russland stets wichtiger.

Zwar spielten in der Ära Kutschma deutsche Wirtschaftsunternehmen und Diplomaten eine gewisse Rolle dabei, das Interesse der Ukraine an der europäischen Integration zu fördern, aber selbst diese Formen der Kooperation waren fast immer Teil der von der Kohl-Regierung und später von der rot-grünen Koalition unter Gerhard Schröder verfolgten Strategie, Russland näher an die EU zu binden. Sehr zum Ärger ukrainischer Diplomaten und von Vertretern der Diaspora in Berlin wurden unter Schröder sämtliche Regierungsinitiativen bezüglich der Ukraine ganz offen als Mittel zum Zweck der Russlandpolitik dargestellt: Wenn die Reformen im zweitgrößten Nachfolgestaat der UdSSR erfolgreich verliefen, könnte das ähnliche Veränderungen in Russland anregen, das unter der neuen Putin-Administration noch als möglicher Partner des Westens betrachtet wurde. Zwar bemühte sich auch Kutschma selbst während seiner zweiten Amtszeit um freundlichere Beziehungen zu Moskau, doch dass Deutschland die Ukraine auf die Rolle des Türöffners zu engeren Beziehungen mit Russland reduzierte, löste in der Diaspora, aber auch bei Vertretern der politischen Szene in Kiew, die schon früh darüber nachzudenken begannen, in welche Richtung Putins politische Reise gehen würde, die Sorge aus, dass man in Deutschland womöglich nicht daran glaubte, dass die Ukraine in der Lage sei, eigene geopolitische Entscheidungen zu treffen.[59]

Diese vielen unterschiedlichen Facetten in den Beziehungen zwischen der Diaspora und dem ukrainischen Staat wurden dann, als sich im Jahr 2005 die Orangene Revolution anbahnte, zum Ausgangspunkt tief gehender Meinungsverschiedenheiten. Als sich das Machtzentrum von der aus Finanzleuten und Politikern bestehenden, in Dnipropetrowsk ansässigen Gruppe um Kutschma zu der im Donbass beheimateten Oligarchen-Clique um den Präsidentschaftskandidaten Wiktor Janukowytsch verschob, wurden sofort enge Verbindungen zu Moskau aufgenommen. Dass sein Hauptrivale Juschtschenko mit einer Ukraine-Amerikanerin verheiratet war und für einen strikt prowestlichen Kurs warb, trug sicher dazu bei, dass die Diaspora sich sehr direkt in die stark polarisierte politische Landschaft in der Ukraine hineinziehen ließ. Im Winter 2004/2005 sollten dann diese unterschiedlichen Perspektiven die jeweiligen Haltungen zu den Protesten in Kiew mitbestimmen. Diese Proteste trugen jedenfalls nicht unwesentlich dazu bei, dass Janukowytsch trotz zahlreicher Hinweise auf Wahlbetrug der Weg zur Präsidentschaft geebnet wurde. In einer Krise, die gefährlich eskalierte, nachdem Juschtschenko nur knapp einen von reformfeindlichen Geheimdienstagenten begangenen Giftanschlag überlebt hatte, schwenkten die nordamerikanischen Diasporagruppen schließlich auf die von wichtigen Oligarchen unterstützte Protestbewegung ein, während die ukrainischen Communities in Deutschland den Ereignissen weiterhin ambivalent gegenüberstanden. Eine solche Haltung war auch der Grund dafür, dass sich die europäischen Diasporanetzwerke hauptsächlich auf kleinere Projekte konzentrierten, während die Förderung der Präsidentschaft Juschtschenkos durch nordamerikanische Diasporaorganisationen für viele Wähler zum Stein des Anstoßes wurde, weil sie sich nicht sicher waren, ob deren starke Konzentration auf sprachliche und kulturelle statt auf ökonomische Themen richtig war.[60] Diese Art von Ärger machte die Diaspora zur bequemen Zielscheibe für das wiederauflebende, Wiktor Janukowytsch unterstützende Oligarchenmilieu. Nachdem dieser bei den Parlamentswahlen in den Jahren 2010 und 2012 erfolgreich abgeschnitten hatte, zementierte das seinen Zugriff auf das politische System der Ukraine. Nordamerikanische Diasporaorganisationen rückten immer mehr an den Rand, während wichtige zivilgesellschaftliche Projekte, die von Diasporagruppen in Deutschland unterstützt wurden, von lokalen Verbündeten Janukowytschs, die diese Projekte als Angriff auf ihre eigene Position empfanden, immer stärker unter Druck gesetzt wurden.

Konflikt mit Putin

Als das Putin-Regime im Sommer 2013 die Regierung Janukowytsch immer stärker nötigte, ein Assoziierungsabkommen mit der EU nicht zu unterschreiben, sondern sich stattdessen für eine Zollunion mit Russland zu entscheiden, war diese Eskalation angesichts der Intensität, mit der die transnationale ukrainische Diaspora seit 20 Jahren in die Politik der Ukraine hineingezogen wurde, gewissermaßen auf der ganzen Welt zu spüren. Und nicht nur die ukrainischen Communities in Deutschland, Großbritannien und Nordamerika waren von der Krise betroffen: Diejenigen unter den in Russland lebenden zwei Millionen Menschen mit ukrainischem Hintergrund, die sich noch immer stark mit dem ukrainischen Staat identifizierten, wurden nun immer massiver gedrängt, ihre Unterstützung für das russische Vorgehen zu demonstrieren.

Für fast alle Beteiligten überraschend brach sich die Anspannung innerhalb der Ukraine und der transnationalen Diaspora am 19. November 2013 plötzlich Bahn, als es auf dem Kiewer Maidan-Platz zum ersten Mal zu Massenprotesten gegen die Entscheidung Janukowytschs kam, das Assoziierungsabkommen mit der EU nicht zu unterschreiben. Unter den Politikern, die die Proteste anführten, war auch Vitali Klitschko, der zunächst in Hamburg als Boxer Karriere gemacht und die Weltmeisterschaft gewonnen hatte, bevor er in die Ukraine zurückkehrte und mit Blick auf eine größere Politikkarriere den Vorsitz der UDAR (Ukrainische Demokratische Allianz für Reformen) übernahm. Im Gegensatz zu den staatlich propagierten ethnolinguistischen nationalistischen Traditionen, die im Anschluss an die Orangene Revolution eher polarisierend gewirkt hatten, wurde in Schlüsselmomenten der eskalierenden Maidan-Proteste eine kollektive Neuformulierung des nationalen Identitätsnarrativs sichtbar. Dass nun die Symbole von Stepan Banderas Organisation Ukrainischer Nationalisten (OUN) nicht nur von ukrainisch sprechenden Menschen, sondern auch von russischsprachigen Aktivisten verwendet wurden, die bisher keine besonders starke Verbindung zu den ultrarechten Formen des ukrainischen Nationalismus zur Schau gestellt hatten, veränderte auch die Interpretation und den Gebrauch dieser Symbole innerhalb der ukrainischen Gesellschaft.[61] Dass die eigentlich nur von einer lautstarken Minderheit gepflegte Tradition der OUN nun von einer ideologisch sehr vielfältigen Protestbewegung aufgegriffen wurden, führte umgekehrt auch zu einer Neuformulierung des ultrarechten Nationalismus, der nun die Sprachgrenzen, die er zuvor als Grundlage der ukrainischen nationalen Identität betrachtet hatte, für nichtig befand.

Die meisten Anhänger der Maidan-Bewegung innerhalb und außerhalb der Ukraine betrachteten den Ultranationalismus von Gruppen wie Regiment Asow oder Prawyj Sektor mit Sorge. Jene Diasporagruppen jedoch, die ihren ultranationalistischen Überzeugungen aus der Zwischenkriegsphase treu geblieben waren, befürworteten die Umwidmung des Bandera'schen und Donzow'schen Radikalismus genauso vorbehaltlos wie die Tatsache, dass dieser Radikalismus nach den Maidan-Protesten von rechten, russischsprachigen Ukrainern aufgegriffen wurde. Gleichzeitig gab es in den sehr viel größeren Organisationen innerhalb der transnationalen Diaspora im Umfeld der griechisch-katholischen und der ukrainisch-orthodoxen Kirche in den ersten Monaten des Jahres 2014 starke Befürchtungen, dass die Rolle, die dieses ultranationalistische Netzwerk innerhalb der Protestbewegung spielte, genau diejenigen abschrecken könnte, die sie mit ihrer Lobbyarbeit erreichen wollten, nämlich die westlichen Regierungen. Dass in Deutschland sowohl bei der Regierung als auch in den Medien in Bezug auf die Ukraine häufig die nationalsozialistischen Kriegsverbrechen während des Zweiten Weltkriegs im Vordergrund standen, führte dazu, dass sich die Lobbyarbeit der in Deutschland lebenden Diasporaaktivisten vor allem gegen die von russischen Diplomaten propagierte Interpretation der Maidan-Bewegung als ultrarechtes Projekt richtete. Das Ziel ihrer Anstrengungen bestand darin, die Solidarität Deutschlands mit den Maidan-Protesten aufrechtzuerhalten und dem Kampf des ukrainischen Staats gegen das Putin-Regime die deutsche Unterstützung zu sichern.[62]

Die Fraktionsbildung in der ukrainischen Diaspora nach 2013

Die Versuche von Außenminister Steinmeier und Kanzlerin Merkel, zwischen der Opposition und Janukowytsch zu vermitteln und nach dem Sturz seines Regimes die russische Regierung auf alle möglichen Weisen zu beschwichtigen, führten innerhalb der Diaspora und auch in der Ukraine selbst zu enormer Frustration. Während es bei den Grünen und in Teilen der CDU, die die russischen Pläne mit Misstrauen betrachteten, viel Verständnis für Diasporaaktivisten gab, waren die Reaktionen von SPD und CSU von Narrativen geprägt, welche die deeskalierende Wirkung der Ostpolitik der 1970er-Jahre betonten, was dazu führte, dass die Merkel-Regierung sehr anfällig für Putins Diktum war, russische Interessen müssten bei jeder die geopolitische Zukunft der Ukraine betreffenden Vereinbarung mitgedacht werden. Diese Nachgiebigkeit gegenüber Putins Agenda und die Interpretation des eskalierenden Konflikts in der Ukraine als interne Streitigkeit zwischen konkurrierenden Regionen wurde auch dann noch aufrechterhalten, als die Annexion der Krim die Einmischung des russischen Militärs in ukrainische Angelegenheiten immer weiter verschärfte.

Als die bewaffneten Konflikte zwischen dem ukrainischen Militär und russischen Milizen und regulären russischen Truppen im Donbass zunahmen, zeigte sich, dass die ukrainische Sprache, die in der Diaspora als ein wesentlicher Baustein der nationalen Identität betrachtet wurde, bei der Verteidigung der ukrainischen Souveränität und zur Mobilisierung der ukrainischen Bevölkerung nicht wirklich taugte. Vitali Klitschkos erfolgreiche Bewerbung um das Amt des Bürgermeisters von Kiew im Juni 2014 wurde dann zum Symbol dafür, wie sich die Unterstützung der Diaspora für politische Führungsfiguren nach den Maidan-Protesten zunehmend auf die Bewahrung der ukrainischen Staatlichkeit konzentrierte und der früheren ethnolinguistischen Agenda eine immer geringere Rolle beimaß.[63] Das tiefe Misstrauen bezüglich der Loyalität russischsprachiger Ukrainer, das vor allem von vielen Mitgliedern der nordamerikanischen Diaspora gepflegt wurde, erwies sich als wenig hilfreich in einer Situation, in der freiwillige Kämpfer und reguläre Soldaten aus Regionen, in denen Russisch die vorherrschende Sprache war, bei der Abwehr gegen die vorrückenden russischen Truppen und die von Russland unterstützten Separatistenmilizen eine entscheidende Rolle spielten.[64]

Für die ukrainischen Communities in Deutschland gehörten Interaktionen zwischen Ukrainisch sprechenden und russischsprachigen Ukrainern, Russlanddeutschen, Russen und Mitgliedern anderer Diasporagruppen mit Wurzeln in postsowjetischen Staaten zum Alltag, was dazu führte, dass die entsprechenden Organisationen es leichter hatten, die Verbindungen zu zivilgesellschaftlichen Organisationen in Regionen zu pflegen, die wie Charkiw oder Dnipropetrowsk eher russischsprachig waren. An Persönlichkeiten wie dem ukraine-deutschen Rapper Olexesh, dessen Familie in den 1990er-Jahren aus Kiew nach Deutschland gekommen war, konnte man sehen, wie geschmeidig sich erst in den 1990er-Jahren eingereiste Ukrainer zwischen den verschiedenen deutschen und postsowjetischen Migrantenmilieus hin und her bewegen konnten, ohne die kulturellen und ideologischen Feindseligkeiten gegenüber anderen Communities, die in vielen Diasporagruppen während des Kalten Kriegs gang und gäbe waren. Diasporagemeinden in Deutschland und anderen EU-Staaten wie Polen sahen sich plötzlich in der Situation, dass sie ukraine-kanadische oder ukraine-amerikanische Organisationen, die sich eigentlich der Verteidigung des Primats der ukrainischen Sprache verschrieben hatten, dabei unterstützten, Gelder für nationalistische Freiwilligenverbände zu sammeln, die von Russischsprechenden dominiert waren. Zwar blieb die Bewahrung des Ukrainischen als Amtssprache für die ukrainische Staatlichkeit zentral wichtig, aber der zivilgesellschaftliche nationalistische Konsens, der sich im Zuge der Maidan-Proteste und des darauf folgenden Krieges herausbildete, etablierte nun ein staatliches Identitätsnarrativ, das Russischsprechende – sofern sie bereit waren, eine Reihe von Symbolen und kulturellen Normen zu übernehmen, die die Beziehungen zwischen dem Individuum und dem Staat zum Ausdruck brachten – als vollwertige Ukrainer anerkannte.[65]

Wie stark sich die Haltungen der nordamerikanischen Diaspora an die der ukrainischen Exilgemeinden in Deutschland und dem übrigen Europa angepasst hatten, sieht man seit 2014 an der inklusiven Rhetorik jener Diasporaorganisationen, die sich einst als Verteidiger der Reinheit der ukrainischen Sprache empfunden hatten. Solche Organisationen wie zum Beispiel die Jugendbewegung Спілка української молоді oder CYM (Vereinigung der Ukrainischen Jugend) hatten sich während des Kalten Kriegs und in den unmittelbaren Jahren danach aktiv für die Verbannung der russischen Sprache aus dem ukrainischen öffentlichen Leben eingesetzt. Seit den Maidan-Protesten verurteilten sie Russischsprechende nicht mehr automatisch, sondern begannen, Sprachkurse in Ukrainisch anzubieten und gleichzeitig zu akzeptieren, dass schlechte ukrainische Grammatikkenntnisse nicht automatisch ein Zeichen für mangelnden Patriotismus waren. Angesichts des Überlebenskampfs der Ukraine als unabhängiger Staat hatten die Diasporaorganisationen, die bei der Mobilisierung halfen, den neuen zivilgesellschaftlichen Elementen im ukrainischen Konzept der nationalen Identität, die in der Ukraine inzwischen stark verankert waren, wenig entgegenzusetzen.[66]

Die Konsequenz war, dass sich die Diasporanetzwerke nach und nach an die Prioritäten der militärischen, politischen und zivilgesellschaftlichen Führungsfiguren in der Ukraine anpassten und gar nicht mehr versuchten, ihre eigenen Positionen in die Debatte einzubringen. Die Veränderungen innerhalb der Ukraine wurden aber auch dadurch in den Diasporagemeinden in Deutschland und der restlichen EU sichtbar, dass immer mehr russischsprachige Ukrainer sich aktiv in das Community-Leben einschalteten. Dieser Wandel hin zu einer breiteren Basis für das ukrainische Identitätsnarrativ wurde auch dadurch erleichtert, dass es in den Diasporagruppen die Vorstellung von einer kulturellen Kontinuität gab, die die Maidan-Proteste, den Kampf um Odessa und Charkiw sowie den Krieg im Donbass in altvertraute historische Narrative einordnete. Um zu erklären, warum die Zivilgesellschaft, das Unternehmermilieu und alteingesessene politische Fraktionen bereit gewesen waren, sich an den sehr beharrlichen Protesten zu beteiligen, griffen Diasporaaktivisten auf einen seit langer Zeit bestehenden nationalen Gründungsmythos zurück, der die Grundlage der modernen ukrainischen Staatlichkeit bei den Kosaken des 16. Jahrhunderts ansiedelte, die den von außen kommenden Autoritäten damals entschlossen getrotzt hatten.

Die Betonung des Kosakenmythos, der jedem vertraut war, der einmal eine gewisse Zeit in ukrainischen Diasporakirchen oder -schulen verbracht hatte, half, das Chaos der Revolution und des Krieges mit dem wiedererkennbaren Narrativ von Verrat, Widerstand und Befreiung zu verknüpfen. Indem dieser Mythos auf allseits bekannte Symbole zurückgriff, die unter anderem als Bindeglied zwischen der ukrainischen Gesellschaft und der Diaspora fungierten, verloren die trennenden Aspekte des ukrainischen Identitätsnarrativs an Bedeutung. Anknüpfend an eine Tradition, die bis zu den für das Identitätsnarrativ der Ukrainer sehr einflussreichen historischen Arbeiten von Mychajlo Hruschewskyj im 19. Jahrhundert zurückreichte, wurden jedoch die problematische Aspekte der frühmodernen Kosakengeschichte, wie zum Beispiel der Pakt Chmelnyzkyjs mit den Krimtartaren oder die antijüdischen Pogrome, massiv beschönigt.[67] Sehr viel lieber hielt man sich an das Bild der aus selbst organisierten, frei ihren Hetman wählenden Kleingruppen bestehenden kosakischen Republik, um diejenigen, die sich bei den Maidan-Protesten und im darauffolgenden Krieg für die Rettung des ukrainischen Staats einsetzten, mit einem gemeinsamen Identitätsnarrativ auszustatten. Als nach der russischen Intervention die Krise eskalierte, wurde der gemeinsame Kosakenmythos auch von den Freiwilligenbataillonen in Anspruch genommen, um die sehr heterogene Gruppe von Rekruten auf den gerade entstehenden, an den Maidan anschließenden neuen militärischen Ethos einzuschwören.[68]

Die Zentralität des Kosakenmythos für die Reaktionen der Diaspora auf die Ereignisse in der Ukraine spiegelte sich auch in den sozialen Medien und in den Gesprächen der Community wider, die den Aufstand, der die Ukraine im Jahr 2014 erschütterte, in Echtzeit kommentierten. So unterschiedlich diese Gruppen auch waren: Sie alle nutzten, um sich einen Reim auf die Ereignisse zu machen, für ihre Symbole und Analogien den Kosakenmythos – von den Plast-Pfadfindern, die Geld für ukrainische Soldaten sammelten, bis hin zu Diasporafunktionären, die zu den Maidan-Protesten fuhren. So interpretierten bei den Demonstrationen regelmäßig auftauchende Diasporaaktivisten die Ereignisse, die sie um sich herum beobachteten, in der Sprache des Kosakenheroismus, den sie mit der Muttermilch eingesogen hatten:

> »Die Reise war lang, als wir tief in das Gebiet der sogenannten Anti-Terroroperation eindrangen, um jene berühmte Stadt am Asowschen Meer im Südosten der Ukraine zu besuchen, die einst auf dem Boden des ehemaligen Kosakenlagers mit dem Namen Kalmius gegründet wurde und schon lange für ihre industrielle Stärke bekannt ist. Heute ist Mariupol zum Symbol des ukrainischen Widerstands gegen den russischen Aggressor geworden ... Ihre Einwohner erklärten trotzig ihre Zugehörigkeit zur Ukraine, und im vergangenen Mai bauten sie sogar Schützengräben, um ihre Familien und ihre geliebte Stadt zu

schützen, während ukrainische Truppen die Stadt von den Terroristen befreiten, zahlreiche Offensiven stoppten und die Stadt Mariupol bis zum heutigen Tage heroisch verteidigen.«[69]

Diese gemeinsame Symbolquelle wurde zu einer wichtigen Eigenschaft der Freiwilligenbataillone und der wieder versammelten Armeebrigaden aus den Jahren vor 2014. Dabei ging es um Uniformen, Rhetorik und Embleme, ja sogar um die Art und Weise, in der man auf dem Schlachtfeld auf Angriffe reagierte. Angesichts der oft unterschätzten ideologischen Differenzen unter den nationalistischen Bataillonen und innerhalb des regulären Militärs trug der Kosakenmythos auf jeden Fall dazu bei, einen angeblich ursprünglich ukrainischen Kriegerkodex zu schaffen.[70]

Große Teile der kanadischen und amerikanischen Diaspora interpretierten Kutschmas Unentschiedenheit in Bezug auf die Rolle der russischen Sprache sowie Janukowytschs Comeback im Jahr 2010 als zutiefst frustrierende Anzeichen für die Beherrschung des ukrainischen Staats durch russifizierte Eliten, die sich um die Bewahrung der ukrainischen Kultur nicht scherten. In den EU-Mitgliedstaaten beruhte die Desillusionierung der ukrainischen Communities dagegen eher auf den ganz alltäglichen Kontakten mit den korrupten ukrainischen Behörden, die die Umsetzung von Geschäftsideen und Immobilienkäufen genauso behinderten wie andere Interaktionen mit dem Alltag in der Ukraine.[71] In diesem Kontext trafen die Forderungen der Maidan-Bewegung nach einer Staatsreform bei jenen Mitgliedern der Diasporagemeinden auf starken Widerhall, die enttäuscht waren, dass der neue, postsowjetische Staat nicht zu jenem Kosaken-Utopia geworden war, nach dem sich sämtliche Nationalisten schon immer gesehnt hatten, wenn sie von einer unabhängigen Ukraine träumten.

Die allseits vertrauten Mythen über den Heroismus der Kosaken und den Widerstandsgeist konnten zwar ein breites Spektrum innerhalb der Ukraine und ihrer weltweiten Diaspora vereinigen, aber als Grundlage, um die deutsche Regierung und die politischen Parteien zu einer stärkeren Unterstützung zu motivieren, taugten sie überhaupt nicht. Es gab schlicht keine Berührungspunkte zwischen den kosakischen Identitätsnarrativen und den Nachkriegsformen des Verfassungspatriotismus, die die Haltung der CDU/CSU und der SPD im Hinblick auf die Beziehungen Deutschlands zum Rest der Welt prägten. Bei ihrer Lobbyarbeit für eine breitere deutsche Rückendeckung konzentrierten sich die Maidan-Aktivisten und Diasporaorganisationen rund um den Dachverband der Ukraine in Deutschland e. V. deshalb mehr auf den Aspekt des Widerstands ganz normaler Leute und Mitglieder der gesellschaftlichen Eliten gegen Janukowytsch und Putin, der es ermöglicht hatte, die gewachsenen zivilgesellschaftlichen Strukturen zu schützen und das Funktionieren der demokratischen Institutionen zu verbessern, die – so korrupt sie auch sein mochten – es immerhin geschafft hatten, ein Minimum an wirtschaftlichem und politischem Pluralismus aufrechtzuerhalten. Die Verteidigung der gefährdeten Freiheiten hervorzuheben und sie mit den Hoffnungen des ukrainischen Staats und des Großteils der ukrainischen Bevölkerung auf eine EU-Mitgliedschaft zu verknüpfen diente in dieser lobbyistischen Strategie dazu, dem durch die russische informationelle Kriegsführung gezeichneten Bild des Durchschnittsukrainers als radikalem Neonazi, das die Wahrnehmung der Krise in Deutschland durchaus prägte, etwas entgegenzusetzen. Während diese Themen in der Ukraine unauflöslich mit den Narrativen vom kosakischen Heroismus und Überlebenskampf der Nation verkoppelt waren, ließ man gegenüber einem deutschen Publikum, das mit den Begriffen der Nation und des Nationalismus ohnehin seine Probleme hatte, diese Motive eher weg, um stattdessen das Projekt der Demokratisierung und Europäisierung hervorzuheben, das schließlich auch die Sympathie und Unterstützung der Merkel-Regierung weckte.

Der Wandel in der deutschen Politik hin zu einer Unterstützung der Ukraine

Und doch war es eher die offene militärische Eskalation des Putin-Regimes, die die deutsche Regierung schließlich dazu brachte, die Ziele der Maidan-Bewegung und des ukrainischen Staats in seinem Überlebenskampf unzweideutig zu unterstützen. Angefangen mit der Besetzung der Stadt Slowjansk in der Region Donezk Anfang Mai 2014 bis hin zum versehentlichen Abschuss eines malaysischen Flugzeugs durch ein russisches Flugabwehrsystem, bei dem alle Menschen an Bord ums Leben kamen: Die vom russischen Staat abgesegneten Militäroperationen stellten Merkel und Steinmeier mit ihrer Kompromisssuche derart bloß, dass sie ihre Haltung grundlegend ändern mussten. So unermüdlich die Diasporaorganisationen und ihre Verbündeten sowie die offizielle Staatsdiplomatie der Ukraine, in der der Oligarch Petro Poroschenko am 25. Mai die Präsidentschaftswahlen gewonnen hatte, in Deutschland auch für ihre Sache warben: Letztendlich waren es das ausweichende Verhalten und der Eskalationswille des Putin-Regimes, die Merkel und die sie umgebenden politischen und medialen Eliten entsetzten und zur Kursänderung bewegten.

Die darauffolgenden Kämpfe fanden ihren Höhepunkt in brutalen Panzer- und Artilleriegefechten und konnten im Februar 2015 durch das Minsker Abkommen zumindest deeskaliert werden, ohne dass aber die Scharmützel an festgefahrenen Fronten aufhörten. Dass Angela Merkel im Vermittlungsprozess zwischen Moskau und Kiew eine zentrale Rolle spielte und sich schließlich für ein robusteres Vorgehen entschied, war, wie schon gesagt, eher auf das Entsetzen in Berlin über das dreiste Agieren des russischen Staats zurückzuführen als auf die Lobbyarbeit von Diasporaorganisationen und ukrainischen Regierungsmitarbeitern. Wie schon in all den Jahrzehnten vorher hatten es die Ukraine und andere osteuropäische Staaten extrem schwer, gegen die

Fixierung der deutschen politischen Entscheidungsträger auf die Beziehungen zu Moskau anzukommen. Jedenfalls gab es unter den entsprechenden Akteuren eine weitverbreitete Frustration darüber, dass die Haltung Deutschlands zu den ehemaligen Ostblockstaaten sich seit der Wiedervereinigung kaum verändert zu haben schien.

Auch das Gefühl, dass echter Fortschritt durch die Unausrottbarkeit gewisser tief verwurzelter gesellschaftlicher Strukturen verhindert wurde, hatte Einfluss auf die Interaktionen der Diaspora mit der Ukraine nach den Maidan-Protesten. Das ständige Wiederaufflackern der Kämpfe im Donbass überdeckte eine Pattsituation, in der sich die ukrainische Armee über ein festes Schützengrabensystem hinweg mit russischen Stellvertretermilizen und regulären Kampftruppen konfrontiert sah. Die vorherrschende Notwendigkeit, das ukrainische Militär aufzustocken und zu modernisieren, um zumindest ein Gleichgewicht des Schreckens zu erreichen, hatte es einigen der alten korrupten oligarchischen Firmengruppen erlaubt, sich als proeuropäische Patrioten neu zu erfinden und gleichzeitig ihre korrupten Praktiken fortzuführen – nun innerhalb eines EU-Systems, in das die Ukraine inzwischen durch ein Assoziierungsabkommen teilweise integriert war. Die Einführung der visafreien Reiseerlaubnis im gesamten Schengen-Raum und die Erleichterung des Zugangs zu Arbeitserlaubnissen in vielen EU-Staaten führten zu einer weiteren Migrationswelle, die die Diaspora-Communities in ganz Europa vergrößerte, was alteingesessene Mitglieder dieser Gemeinschaften mit dem rapiden Veränderungstempo in der Ukraine in Kontakt brachte.[72]

Der stetige Fortzug von Bürgern und Bürgerinnen im arbeitsfähigen Alter zeigte aber auch, dass es trotz der staatlichen Reformen nicht gelungen war, die Rechtsstaatlichkeit zu stärken, was bei den ukrainischen Wählerinnen und Wählern, aber auch in der Diaspora zu einer tiefen Frustration führte, die schließlich auch dafür verantwortlich war, dass Poroschenko im Jahr 2019 bei den Präsidentschaftswahlen die Macht verlor. Obwohl große Teile der Diaspora den Aufstieg Wolodymyr Selenskyjs vom Fernseh-Entertainer mit Wurzeln im größtenteils russischsprachigen Kiew zum Präsidenten mit großer Skepsis beobachteten, führten sein Zugehen auf die ukrainischen Exilgemeinden und sein neuer Regierungsstil dazu, dass die guten Beziehungen zwischen Diasporaorganisationen und dem ukrainischen Staat erhalten blieben, obwohl die Reformen weiterhin extrem langsam vorangingen. Dass Selenskyj darüber hinaus der erste ukrainische Präsident mit jüdischem Hintergrund ist, ermöglichte es den Lobbybemühungen der Diaspora und der offiziellen Diplomatie, in Deutschland und anderen EU-Staaten die gesellschaftliche Veränderung in der Ukraine mit der Stagnation in Russland unter Putin zu kontrastieren.

Trotz der weitverbreiteten Enttäuschung über die fortdauernde Ineffizienz und Korruption unterstützten Teile der Diaspora weiterhin zivilgesellschaftliche Initiativen, die sich für eine Reform der existierenden staatlichen Institutionen einsetzten, anstatt die unrealistische, in den Debatten über die Zukunft der Ukraine in den 1990er-Jahren gehegte Hoffnung zu verfolgen, sie komplett aufzulösen und ganz von vorn zu beginnen. Zwar standen die radikaleren Milieus innerhalb der Diasporagruppierungen immer noch hinter nationalistischen Gruppen wie Regiment Asow oder Prawyj Sektor, aber die wichtigsten Community-Organisationen in Kanada, den Vereinigten Staaten und Deutschland arbeiteten inzwischen mit Nichtregierungsorganisationen und staatlichen Institutionen zusammen, die einen reformistischen und keinen revolutionären Ansatz verfolgten. So stellten Diasporagemeinden wegen der dringenden Notwendigkeit, im Frühjahr 2014 die Sicherheitsinfrastruktur der Ukraine wieder aufzubauen, den Freiwilligenregimentern, die mit dem Staat kooperierten, wie Donbass, Dnipro-1 und sogar dem radikalnationalistischen Regiment Asow, wesentlich mehr Gelder zur Verfügung als Einheiten wie Prawyj Sektor oder Sich.[73] Wie die ukrainische Gesellschaft selbst, bevorzugten auch Diasporaorganisationen Partner, die die politische Stabilität wiederherstellen wollten, gegenüber solchen Gruppen, die offen mit Gewalt gegen Institutionen drohten, die ihre Forderungen nicht erfüllten.

Weil sie in ihren Auswanderungsländern Teil des politischen Establishments geworden waren, hatten die Diasporaorganisationen in Nordamerika erhebliche Hemmungen, Mitglieder von Eliten zu kritisieren, die ihre Loyalität gegenüber der Ukraine demonstrierten. Jüngere Aktivisten aus Deutschland oder Kanada mochten über die sozialen Medien oder direkt während der Maidan-Proteste starke Verbindungen zu Reformern oder radikalen Nationalisten aufgebaut haben, aber die Funktionäre in den größten Diasporaorganisationen hatten schon seit den späten 1980er-Jahren mit freundlich gesinnten Fraktionen innerhalb der ukrainischen staatlichen Institutionen zusammengearbeitet. Die Tatsache, dass solche altgedienten politischen Anführer und Staatsbeamte, die zusammen mit ihren Landsleuten in Deutschland oder Kanada eine patriotische ukrainische kulturelle Agenda verfolgten, trotzdem zutiefst korrupt sein konnten, wurde häufig als Ärgernis empfunden, das hochrangige Diasporafunktionäre durch Dialog überwinden könnten. Diese Betonung auf Kooperationen mit etablierten Eliten in der Hoffnung, dass Reformen zielführender waren als eine Konfrontation, von der man befürchtete, dass sie zu tiefen sozialen Brüchen führen könnte, zeigt sich in Reinform in der folgenden Zusammenfassung eines Gesprächs zwischen dem Vorsitzenden des Ukrainischen Weltkongresses, Eugene Czolij, und Präsident Poroschenko aus dem Juli 2014:

»Meine Haltung gegenüber den Ukrainern im Ausland wird ihnen das Gefühl geben, dass der Staat sie als Partner bei der Verfolgung gemeinsamer Ziele betrachtet und auf ihr Engagement angewiesen ist. Heute zählen wir auf eine fruchtbare und konstruktive Zusammenarbeit«, erklärte Petro Poroschenko. Eugene Czolij erwiderte, dass der Ukrainische Weltkongress ebenfalls gewillt sei, auf eine fruchtbare Zusammenarbeit mit den aktuellen Autoritäten hinzuwirken: »Wir kommen zu Ihnen mit einer Frage – wie kann der Ukrainische Weltkongress und wie kann die ukrainische Exilgemeinde der Ukraine in diesen Zeiten helfen?« Das Staatsoberhaupt brachte seine Wertschätzung für die Unterstützung des Heimatlandes durch die Diasporagemeinden in herausfordernden Zeiten zum Ausdruck. »In den vergangenen Monaten haben wir die Unterstützung von ausländischen Ukrainern spüren dürfen. Der Euromaidan hat nicht nur die Ukraine geeint, sondern auch die Ukrainer auf der ganzen Welt«, sagte er ... Er betonte außerdem, wie wichtig es sei, die Maßnahmen gegen die Korruption zu beschleunigen. »Doch heute stehen Frieden und die Bewahrung der territorialen Integrität unseres Staats im Vordergrund«, erklärte Petro Poroschenko.[74]

Die Maidan-Proteste trugen dazu bei, den Umorientierungsprozess bei den Diasporagemeinden in der EU und Nordamerika zu beschleunigen. Die Intensität, mit der sowohl die Unterstützer eines bürgerschaftlichen Modells der ukrainischen Identität als auch ultranationalistische Gruppen, für die die Sprachdebatte nur eine untergeordnete Rolle spielte, die Maidan-Proteste vorantrieben, hatte auch auf die Identitätsdiskurse innerhalb des Diasporamilieus weitreichende Auswirkungen. Intellektuelle Debatten innerhalb der Ukraine hatten dazu beigetragen, die politischen Überzeugungen innerhalb der Diaspora zu verändern, sodass immer mehr Mitglieder akzeptieren, dass die russischsprachige Odessa-Ukraine so loyal und verteidigenswert sein könnte wie die Dnepr-Ukraine oder die Halychyna-Ukraine, die von Wissenschaftlern wie Andrew Wilson in den 1990er-Jahren als Grundstein der ukrainischen Staatlichkeit betrachtet wurden.[75] Die Art und Weise, in der die Mobilisierungsanstrengungen der Diaspora mit der Verteidigung der ukrainischen Staatlichkeit kurzgeschlossen wurden, belebte einen Glauben an institutionelles Engagement und an Reformen wieder, der sich seit der tiefen Enttäuschung über die Stagnation der 1990er-Jahre und das Scheitern der Orangenen Revolution in einer Art Starre befunden hatte.

Indem sie auf die ukrainischen Mythen zurückgriffen, um einen gemeinsamen Rahmen für Auseinandersetzungen und Widerstand zu konstruieren, nutzten die Bewegungen des Maidan und die Militäreinheiten, die darum kämpften, die Ukraine gegen die russischen Angriffe zu verteidigen, eine symbolische Quelle, die auch für Diaspora-Communities, die weniger vertraut mit den Details der ukrainischen Gegenwartsgesellschaft waren, eine große Wiedererkennbarkeit hatte.[76] Durch den Bau ihrer Kosakenfestung bedienten sich die Demonstranten auf dem Maidan nicht nur einer gemeinsamen politischen Sprache, die innerhalb der Ukraine Widerstand mobilisieren konnte, sondern sie schufen auch eine Dynamik, die die Identitätsdiskurse in der gesamten Diaspora auf eine Weise veränderte, die sich auch auf die noch kommenden Jahrzehnte auswirken wird. Aber gerade weil sie so tief in die Politik ihres Herkunftslandes involviert waren, gelang es den deutschen ukrainischen Diasporaorganisationen nicht, ein ähnlich hohes Kontaktniveau mit der deutschen politischen Elite zu halten, wie sie es in den frühen Jahren des Kalten Kriegs getan hatten.

Wie andere Diasporagruppen osteuropäischen Ursprungs hatten auch die ukrainischen Exilgemeinden bei ihren Versuchen, nach der Wiedervereinigung die politische Debatte in und um die deutschen Regierungen herum mit zu beeinflussen, schwer damit zu kämpfen, die strategisch dysfunktionalen Beziehungen zwischen der Bundesrepublik und der Russischen Föderation zu überwinden. Diese Beziehungen waren davon geprägt, dass die Deutschen häufig sehr viel Hoffnung in sie setzten, nur um dann umso tiefer enttäuscht zu werden, wenn der russische Staat wieder einmal nicht auf die erwartete Weise reagierte. Konfrontiert mit der anhaltenden deutschen Fixierung auf die Beeinflussung der politischen Agenda in Russland, sind die Anstrengungen des ukrainischen Staats, sich – um in einem anscheinend endlosen Konflikt mit dem früheren Kolonialherrn bestehen zu können – eine eigene Militärmacht und eine eigene Diplomatie aufzubauen, vielleicht auch insofern bedeutsam, als sich die Ukrainer im In- und Ausland, wenn diese Anstrengungen Erfolg haben, irgendwann nicht mehr so sehr darum kümmern müssen, was in Deutschland gewollt oder nicht gewollt wird.

In einer Zeit, in der wieder einmal der Aufmarsch riesiger russischer Truppenkontingente entlang der ukrainischen Grenze zu verzweifelten Anstrengungen der ukrainischen Armee führt, sich auf eine Invasion vorzubereiten, ist es schwierig, darüber zu reflektieren, inwiefern die letzten 30 Jahre der Unabhängigkeit für die Ukraine und ihre Diaspora auch ihre positiven Seiten gehabt haben. Trotz des ökonomischen Missmanagements, der Korruption und der politischen Flügelkämpfe, die die ersten zwei Jahrzehnte der Unabhängigkeit überschatteten, entwickelte der ukrainische Staat in einer kulturell sehr diversen Gesellschaft immerhin so viel Legitimität, dass im Winter 2014 ein Großteil der Bevölkerung zur Verteidigung seiner demokratischen Grundlagen mobilisiert werden konnte und viele Bürger sogar bereit waren, zu diesem Zweck gegen den russischen Aggressor in den Kampf zu ziehen. Das Engagement innerhalb der ukrainischen Gesellschaft für den Schutz der nationalen Souveränität und die europäische Integration sorgte für einen gemeinsamen Zweck, dem sich auch die Diaspora anschließen konnte und der das Gefühl einer kollektiven Solidarität verstärkte und Russisch sprechende Ukrainer, Krimtataren und ukrainische Juden in die gemeinsame Sache einbezog.

Dass sich die Loyalität gegenüber dem angegriffenen ukrainischen Staat über sprachliche, regionale und religiöse Grenzen hinweggesetzt und in den letzten Jahren verstärkt hat, förderte auch den Dialog zwischen verschiedenen kulturellen Milieus, wodurch eine tiefer gehende Auseinandersetzung mit der Beteiligung ukrainischer Kollaborateure am Holocaust und mit dem Erbe der sowjetischen Ukraine möglich geworden ist. Wie ich in jenem Streit mit meiner Mutter vor vielen Jahren gelernt hatte, wurde das Leiden der Ukrainer unter Nazideutschland und unter dem Stalin-Regime von den ukrainischen Exilgemeinden in der Bundesrepublik oft benutzt, um nicht offen zugeben zu müssen, dass auch viele Ukrainer zu Tätern geworden waren. Zwar haben die Nationalisten auch noch in den letzten zehn Jahren versucht, die Auseinandersetzung mit der historischen Erinnerung in der Ukraine in ihrem Sinne zu beeinflussen, aber gegen solche Versuche, die unbequemen Realitäten unter den Teppich zu kehren, gibt es inzwischen auch nennenswerten Widerstand. Dass das Ukrainische Institut für Nationale Erinnerung unter Anton Dobrovych, der im Jahr 2020 nach der Entlassung seines umstrittenen Vorgängers zum Direktor ernannt wurde, sich nun stark dafür einsetzt, ein größeres Publikum in der neu gestalteten Gedenkstätte Babyn Jar, die an die Massentötungen von Juden im September 1941 erinnert, über die Verheerungen des Holocausts aufzuklären, ist ein Zeichen für positive Veränderungen im Kampf um die historische Erinnerung. Stimmen wie die des Historikers John-Paul Himka, die die Diaspora seit Jahren dazu auffordern, sich endlich mit dem Tabu der ukrainischen Nazikollaborateure auseinanderzusetzen, werden durch diese Veränderungen stärker hörbar.[77]

Parallel zu diesen erinnerungspolitischen Veränderungen wurde die Ukraine in einem Ausmaß von der EU und den NATO-Staaten unterstützt, das vor 2014 undenkbar gewesen wäre. Zusätzlich zu den Integrationsschritten, die direkt aus dem Assoziierungsabkommen mit der EU folgen, haben ukrainische staatliche Institutionen vonseiten der Vereinigten Staaten, Kanadas und der EU-Mitgliedstaaten großzügige finanzielle Hilfe und praktische Unterstützung erhalten, um eine verfassungsgemäße Regierungsführung und den Rechtsstaat zu fördern. Unter dem anhaltenden Druck Russlands haben außerdem die NATO-Staaten dem ukrainischen Militär Hilfen in Form von Ausbildung und Material zur Verfügung gestellt, die die militärische Leistungsfähigkeit des Landes erheblich gesteigert haben. Zivilgesellschaftliche Organisationen in der ganzen Ukraine haben erlebt, wie ihre Partner in Europa und Nordamerika ihnen viel Unterstützung haben zukommen lassen. Darüber hinaus hat die Ukraine aber auch finanzielle Zuwendungen von der EU, den USA und kanadischen Regierungen bekommen, die viel dazu beitrugen, die Grundlagen des demokratischen Lebens gegen nach wie vor vollkommen dysfunktionale Phänomene (wie Korruption und den Autoritarismus der Sicherheitsbehörden) zu verteidigen.

In all diesen Bemühungen ist Deutschland immer ein zentraler Faktor gewesen. Obwohl es unter den Deutschen unterschwellige Vorurteile gegen Menschen mit osteuropäischem Hintergrund gibt, hat es die ukrainische Diaspora als Gemeinschaft geschafft, sich in alle Aspekte der deutschen Gesellschaft zu integrieren. Zudem hat die Arbeit der Diplomaten des Auswärtigen Amtes sowie von Investoren, Stiftungen und zivilgesellschaftlichen Aktivisten in der Ukraine den Kontakt und das Vertrauen zwischen der Bundesrepublik und den Ukrainern gestärkt, die bis heute ihren Weg in eine gemeinsame europäische Ordnung suchen.

Doch mit jedem russischen Truppenangriff und jeder blutigen Eskalation von russischer Seite entstehen schon wieder Zweifel, ob Deutschland sich einer besseren Zukunft der Ukraine wirklich verpflichtet fühlt. Es ist schwer, nicht wütend zu werden, während man pensionierten deutschen Politikern wie Gerhard Schröder dabei zusehen muss, wie sie in die Dienste des russischen Staats eintreten, oder wenn die Politiker von heute – noch während sich russische Panzer ukrainischem Boden nähern – in deutschen Talkshows die angeblichen russischen Interessen verteidigen. Diese teils konfusen Einschätzungen sind auf die Tendenz Deutschlands zurückzuführen, ein größeres Gewicht auf die Beziehungen zu Russland zu legen, statt sich um gute Kontakte zu anderen osteuropäischen Staaten zu bemühen. Diese Grundhaltung wird nicht annehmbarer durch die Art und Weise, wie die USA und andere NATO-Staaten signalisierten, dass sie alles tun würden, um der Ukraine in einem Krieg gegen Russland zu helfen – abgesehen von direkter Militärhilfe. Während deutsche Regierungen schon damit zu kämpfen haben, dass Nordstream II, eine Pipeline für russisches Gas, die noch nicht einmal ökonomisch notwendig ist, abgeschaltet werden könnte, und gleichzeitig Diskussionen darüber vermeiden, ob man dem ukrainischen Militär Waffensysteme zur Verfügung stellen sollte, ist es manchmal schwierig, nicht zu vergessen, wie positiv sich deutsche finanzielle und praktische Unterstützung auf die Bemühungen ausgewirkt hat, den ukrainischen Staat zu stärken. Doch jedes Mal, wenn deutsche Kommentatoren und Politiker völlig verwirrt über die Frage nachsinnen, was Wladimir Putin wohl denkt, und dabei die Bedürfnisse ganzer osteuropäischer Gesellschaften vom Tisch wischen, wird es schwieriger, den Gedanken beiseitezuschieben, dass meine Mutter vielleicht doch recht gehabt haben könnte: damit, dass die einzig wahren Verbündeten der Ukraine ihre eigenen Leute, ihre Armee und ihre Diaspora sind.

Ukraine - Nachbemerkung

Als die letzte Fassung dieses Kapitels in der ersten Februarwoche 2022 entstand, war noch nicht klar, welche Ziele Wladimir Putin mit dem Aufmarsch von über 190 000 russischen Soldaten an der Grenze zur Ukraine verfolgte. Zwei Wochen später, am 24. Februar 2022 um fünf Uhr morgens, machte Putin das verheerende Ausmaß seiner brutalen Ambitionen in einer Rede deutlich, in der er Russlands Einmarsch in die Ukraine ankündigte. Statt einer begrenzten Strategie, um die Ukraine zu einer Neuverhandlung ihres Verhältnisses zu Russland zu zwingen, verkündete Putin strategische Ziele, die faktisch auf die völlige Unterordnung des ukrainischen Staates unter Moskau hinausliefen und eine vollständige Besetzung des gesamten Landes durch das russische Militär voraussetzten.

Für alle, die enge Verbindungen zur Ukraine haben, folgten auf diese Kriegserklärung Wochen verzweifelter Bemühungen, um dortigen Verwandten und Freunden bei der Flucht vor dem Schlachtgemetzel zu helfen. Die Zahl ukrainischer Flüchtlinge, deren Exodus durch das gewaltige Ausmaß des Krieges ausgelöst wurde, lag im Juli 2022 bereits bei mehr als fünf Millionen, die sich über die gesamte EU und das Vereinigte Königreich verteilt hatten. Das überforderte die Diaspora-Organisationen mit der Aufgabe, den ukrainischen Neuankömmlingen in ihren Städten zu helfen und der ukrainischen Zivilgesellschaft sowie den um ihr Überleben kämpfenden staatlichen Institutionen Beistand zu leisten.

Doch schon in den ersten Kriegstagen gab es Anzeichen dafür, dass die Ukraine von ihren Verbündeten in Europa und Nordamerika ein Maß an Militärhilfe und humanitärer Solidarität bekommen könnte, wie es viele Ukrainer nicht für möglich gehalten hätten. Die breite Unterstützung für die Ukraine quer durch Europa wurde sogar in der Stadt in England sichtbar, in der ich lebe und in der Transparente zugunsten der Ukraine im Blau und Gelb ihrer Flagge an Kirchen und Schulen gehisst wurden, während die örtliche Zivilgesellschaft zusammenkam, um Flüchtlingen zu helfen, die den langen Weg nach Großbritannien geschafft hatten. Einige Tage später verschlug es mir in Berlin fast den Atem, als ich die vielen ukrainischen Fahnen sah, die überall aus Solidarität mit der Ukraine prangten – und all die Bemühungen, um ukrainischen Flüchtlinge zu helfen, die ich nie für möglich gehalten hätte, als ich im Deutschland der 1990er-Jahre aufwuchs.

Obwohl die Koalitionsregierung aus SPD, Grünen und FDP scharf dafür kritisiert wurde, dass ihre Hilfsanstrengungen für den ukrainischen Staat den Maßnahmen Großbritanniens, Italiens oder Polens hinterherhinkten, hatte sich der deutsche gesellschaftliche Konsens über die Beziehungen zur Ukraine und zu Russland bis August 2022 so grundlegend gewandelt, wie man dies noch eine Woche vor Beginn der russischen Invasion kaum für denkbar gehalten hätte. Bei allen strategischen Fehlern der deutschen Diplomatie gegenüber Russland im Laufe der vergangenen Jahrzehnte verändert diese grundlegende Neubewertung der Bedrohung, die das Putin-Regime für die europäische Sicherheit darstellt, auch Deutschlands Verhältnis zur Ukraine und ihrer Diaspora.

Diese außergewöhnliche Phase des Wandels hatte zwangsläufig auch ihre kontroversen Momente. Die schneidende Rhetorik, mit der der seinerzeitige ukrainische Botschafter in Deutschland, Andrij Melnyk, auf Deutschlands Schwierigkeit reagierte, in den ersten Kriegswochen den Schock der russischen Aggression zu verdauen, spiegelte die Frustration vieler Menschen in Kiew über das Versäumnis der Verantwortungsträger in Deutschland wider, die nach Russlands Annexion der Krim im Jahr 2014 keine energischen Maßnahmen gegen das Putin-Regime ergriffen hatten. Nachdem die Bundesregierung jedoch begann, umfangreiche Militärhilfe zu leisten, irritierte Melnyks streitlustiger Stil andere ukrainische Diplomaten und Diaspora-Aktivisten, die die Befürworter harter Maßnahmen gegen Russland in Berlin unterstützen wollten. Die Entscheidung der Regierung Selenskyj, Melnyk abzuberufen, nachdem er Anfang Juli die Beteiligung von Stepan Bandera und Mitgliedern der Organisation Ukrainischer Nationalisten an Kriegsverbrechen gegen Juden und Polen im Zweiten Weltkrieg geleugnet und damit eine weitere Kontroverse verursacht hatte, kam daher für keinen aufmerksamen Beobachter überraschend.

Selbst als die deutsche Unterstützung für Kiew aufgestockt wurde, lösten die anhaltenden Aktivitäten politischer Bewegungen in der Ukraine, die sich auf Banderas ideologisches Erbe beriefen, Besorgnis unter deutschen Journalisten und Staatsvertretern aus, denen die Hinterlassenschaften des Faschismus des 20. Jahrhunderts bewusst sind. Die Popularität des Asow-Regiments in der Ukraine, einer Militäreinheit, die eine Schlüsselrolle bei der Verteidigung Charkiws und Mariupols spielte und Verbindungen zur rechtsextremen Asow-Bewegung unterhielt, schürte die Befürchtung vor einer Wiederkehr des radikalen ukrainischen Nationalismus. Obwohl die Soldaten im Asow-Regiment politisch eher heterogen waren, gab es im Verhalten der Aktivisten von Asows politischem Arm im Nationalkorps genügend Beispiele für die Verwendung rechtsextremer und regelrecht faschistischer Symbole oder Rhetorik, auf die sich die russische Propaganda beziehen konnte, um die ukrainische Sache insgesamt zu diskreditieren.

Doch ein solcher Fokus auf das historische Erbe, der durch die kämpferische Rhetorik eines Botschafters und die Prominenz der Asow-Bewegung genährt wird, hat die Aufmerksamkeit in Deutschland in gewissem Maße von anderen Belastungen abgelenkt, die die Kriegsmobilisierung für das Überleben der ukrainischen Demokratie mit sich bringen könnte. So hat der anhaltende Wandel der ukrainischen Gesellschaft die Asow-Bewegung zwar genötigt, sich für Minderheiten zu öffnen, die sie einst verfolgte, doch ihre Verschmelzung eines eher zivilen Nationalismus mit einem militaristischen Autoritarismus weist auf die Gefahr hin, die eine umfassendere Militarisierung der ukrainischen Gesellschaft für die Demokratisierung des Landes bedeuten könnte. Statt auf die ideologischen Modelle der 1930er-Jahre zurückzugreifen, mit denen die Deutschen vertraut sind, findet die Vorstellung, dass eine volle Beteiligung am staatsbürgerlichen Leben nur Bürgersoldaten offenstehen solle, die bereit sind, alle anderen Prioritäten den Anforderungen des Staates unterzuordnen, über den Asow-Dunstkreis hinaus Anklang. Diese Idee verfügt über das Potenzial, in eine Art »Sternenkrieger«-Autoritarismus auszuarten, wie man ihn von den dystopischen Romanen des Science-Fiction-Autors Robert A. Heinlein kennt.

Diese tief greifenden Herausforderungen für eine Gesellschaft, die von strategischer Bedeutung für die EU ist, machen eine kontinuierliche deutsche Unterstützung der Ukraine und ihrer Diaspora so wichtig für das allgemeine Ziel, den Frieden in Europa wiederherzustellen. Neben dringend benötigtem finanziellem und militärischem Beistand kann eine umfassende Auseinandersetzung deutscher zivilgesellschaftlicher Bewegungen und politischer Parteien mit ihren ukrainischen Pendants dazu beitragen, die lebendige Vielfalt zu schützen, die die ukrainische Demokratie auszeichnet und gegen die das Putin-Regime seinen Vernichtungskrieg führt. In Zusammenarbeit mit einer ukrainischen Diaspora, die über ihre eigene Tradition politischer Vielfältigkeit verfügt, können die Deutschen entscheidend zu der Hilfe beitragen, die die Ukraine braucht, um ihren Traum von einer vollen EU-Mitgliedschaft zu verwirklichen, für den so viele Ukrainer im Kampf gestorben sind. Die Tatsache, dass die Deutschen bereits so zentral an der westlichen Unterstützung der Ukraine in ihrem Überlebenskampf mitwirken, ist angesichts der Hinterlassenschaften des Zweiten Weltkriegs, die das Leben in Europa auch achtzig Jahre später immer noch überschatten, beeindruckend.

Während das tägliche Kriegsgemetzel zwischen Staaten in Europa in der Sommerhitze weitergeht, zeichnet sich in der Ukraine wie in Deutschland ein Hoffnungsschimmer ab. Manchmal können uns Momente eines enormen historischen Wandels immer noch überraschen, sei es die heroische Verteidigung Kiews gegen eine überwältigende Übermacht oder die unerwartete Bereitschaft Berlins, zur Verteidigung demokratischer Grundprinzipien Risiken einzugehen.

Einmal in ihrer Geschichte können sich die Ukrainer und ihre Diaspora vielleicht die Hoffnung erlauben, dass es diesmal wirklich anders sein könnte.

SCHLUSS

Diasporamacht und deutsche Identität

Sie wirkten müde und verloren.

Eines schönen Novembermorgens im Jahr 2015 wartete ein Haufen Flüchtlinge an einem Bahnhof zwischen Berlin und Frankfurt an der Oder auf die Weiterfahrt zu der Unterkunft, in der ihre lange Reise an einen sicheren Ort hoffentlich enden würde. Erschöpfte Eltern versuchten, Gepäck und Papiere zusammenzuhalten, während Kinder miteinander oder mit ihren Smartphones spielten. Umgeben von Pendlerströmen begleiteten freiwillige Helferinnen die Familien zu Bussen vor dem Bahnhof, die sie in eine glücklichere Zukunft bringen sollten.

Erst als mein eigener Anschlusszug nach Frankfurt an der Oder anfuhr, wurde mir klar, was mich an dem Anblick so aufwühlte. Der Bahnsteig, auf dem diese syrischen Flüchtlinge ihre ersten Schritte in ein neues Leben in Deutschland machten, war derselbe, auf dem in den letzten Tagen des Zweiten Weltkriegs Heimatlose und deutsche Flüchtlinge nach ihrer Vertreibung aus Osteuropa zu Tausenden eingetroffen waren. Im späten 19. und frühen 20. Jahrhundert war hier eine der wichtigsten Durchgangsstationen für Immigranten gewesen, die im Westen nach Arbeit suchten. Und wie ich erst später feststellen sollte, war dies eine der Bahnstrecken, die Ukrainerinnen auf der Flucht vor der russischen Invasion ihres Heimatlands passierten, um sich im Jahr 2022 in Sicherheit zu bringen.

»Wir schaffen das«: Angela Merkels Antwort auf die Frage, ob Deutschland den Zustrom von Flüchtlingen bewältigen könne, wurde in den folgenden Monaten des Jahres 2015 von vielen Beobachtern als hoffnungslos optimistisch verspottet. Dabei spiegelte sie die Realität wider, dass die deutsche Gesellschaft nach 1945 eine Migrationswelle nach der anderen verkraftet hat. Trotz aller langwierigen Kämpfe, die Migranten und Flüchtlinge führen mussten, um Polarisierung und Ungerechtigkeit zu überwinden, ist die deutsche Gesellschaft angesichts der Massenmigration immer noch eine stabile und wohlhabende Demokratie geblieben. Die syrischen Flüchtlinge, die ich auf dem Bahnsteig in Brandenburg sah, waren nur die jüngsten in dieser langen Reihe von Menschen, die versuchten, sich in der Bundesrepublik ein neues Leben aufzubauen. Bald würden sie als Ortsbewohner die nächste Gruppe begrüßen, die Wohlergehen und Sicherheit in ihrer Gemeinde suchen würde.

Von den Lagern für Heimatlose nach dem Zweiten Weltkrieg bis zu den syrischen und ukrainischen Flüchtlingen, die achtzig Jahre später in die Bundesrepublik strömen, hat jede dieser Wellen von Menschen enge Verbindungen zwischen den Städten in Deutschland, in denen sie sich niederließen, und den Gemeinden ihrer Herkunftsländer geknüpft, denen sie den Rücken kehrten. Wie sich dieses Zusammenspiel entwickelte, hatte viel mit den spezifischen kulturellen und politischen Erfahrungen zu tun, die den Migrationsprozess einer jeden Diaspora prägen. In den vielfältigen Auswirkungen der Masseneinwanderung auf Deutschland schlugen sich die vielen unterschiedlichen ethnischen, religiösen und ideologischen Milieus der Diasporagemeinschaften nieder, denen es mit den Jahren gelungen ist, ihre gesellschaftliche Marginalisierung zu überwinden und sich politisch Gehör zu verschaffen.

Ob Einwanderer aus einem bestimmten Herkunftsland in hinreichender Zahl zusammenkamen, um ein organisiertes, auf einer kollektiven Diasporaidentität beruhendes Leben aufzubauen oder nicht, hing davon ab, auf welchem Wege sie in die Bundesrepublik fanden und warum sie glaubten, ihr Heimatland verlassen zu müssen. Nicht für jeden Menschen, der einen Migrationsprozess durchlaufen hat oder in einer entsprechend geprägten Familie aufgewachsen ist, ist die eigene Identität automatisch durch ein Herkunftsland bestimmt. Letztlich hat jeder Mensch mit Migrationshintergrund das Recht, sich nicht für seinen Migrationshintergrund zu interessieren.

Doch in einem gesellschaftlichen Umfeld, in dem Migranten und Flüchtlinge regelmäßig wirtschaftlicher Marginalisierung und politischer Diskriminierung ausgesetzt sind, ist es für Menschen eine übliche Reaktion, angesichts der verwirrenden Herausforderungen der Migration auf Vertrauensnetzwerke zurückzugreifen, die auf einem gemeinsamen Herkunftsort beruhen und Unterstützung sowie ein Gefühl der Stabilität bieten können. Wenn sich Formen der Solidarität zwischen Migranten mit einem gemeinsamen Bewusstsein einer ethnischen, sprachlichen oder religiösen Identität zu einem dauerhaften organisatorischen Leben verfestigten, beruhte das Maß, in dem sich eine Diasporagemeinschaft in die Politik der Bundesrepublik einbringen konnte, stark darauf, inwieweit ihre zweite und dritte, in Deutschland geborene und aufgewachsene Generation an dieser Gemeinschaftsidentität festhielt. Auf der anderen Seite kann die Stellung solcher Gemeinschaften als Teil größerer transnationaler Netzwerke darüber entscheiden, ob sie das politische Gewicht erlangen können, um eine wesentliche Rolle in der Politik ihrer Heimatländer zu spielen.

Das vorliegende Buch hat untersucht, wie solche Diaspora-Gemeinschaften in die Politik und Kultur Deutschlands einbezogen wurden und wie sie die politische Kultur des Landes umgestaltet haben. Bei jeder der hier behandelten Diasporas wurden die Wechselwirkungen zwischen Herkunftsländern und Niederlassungsländern durch die Aktivitäten starker Diasporainstitutionen verankert. Im Laufe der Zeit hat die zunehmende Stärke einzelner Diasporas dazu geführt, dass Aspekte der politischen Kultur ihrer Heimatländer in den politischen Alltag der Bundesrepublik eingeflossen sind. In Anbetracht der kulturellen und wirtschaftlichen Erschütterungen in ihren Herkunftsländern entwickelte jede Diaspora ihre eigenen Organisationsformen, durch die sich ihre spezifischen ideologischen Traditionen in deutschen Gemeinden etablieren konnten, die mit ihren eigenen gesellschaftlichen Konflikten zu tun hatten.

Die im ersten Kapitel untersuchten Fälle der türkischen und der kurdischen Diaspora liefern uns Beispiele dafür, dass die vorherrschenden ideologischen Verwerfungen in einem bestimmten Moment der Geschichte des Heimatlands tiefe Spuren hinterlassen können, die in der politischen Kultur einer Diaspora über Jahrzehnte fortwirken. Doch die gegensätzliche Entwicklung einer durch ideologische Rivalitäten in der Türkei zutiefst gespaltenen türkischen Diasporagemeinschaft und der kurdischen Gemeinschaft, in der mit der PKK und ihren Ablegern eine einzige Bewegung dominiert, beweist, dass sogar Diasporas, die mit demselben Staat verbunden sind, sehr unterschiedliche Gemeinschaftsdynamiken entwickeln können. Auch nachdem beide Diasporas in den Mainstream der deutschen Gesellschaft und Politik einbezogen worden sind, wirken sich diese Unterschiede in der Sozialstruktur und Gemeinschaftsorganisation weiterhin darauf aus, wie Menschen, die sich selbst als Deutsch-Türken oder Deutsch-Kurden verstehen, mit den Institutionen der Bundesrepublik interagieren.

Die im zweiten Kapitel behandelte Erfahrung der Deutsch-Iraner hilft uns zu verstehen, wie der spezifische Migrationsprozess, den eine Diaspora durchläuft, im Zusammenspiel mit dem Klassenstatus ihrer Mitglieder ihren Integrationspfad grundlegend prägen kann. Viele Deutsche assoziierten die iranische Diaspora in den 1960er- und 1970er-Jahren mit den radikal linken Bewegungen, die den Aktivismus gegen den Schah unterstützten. Dennoch wurde die langfristige Stellung dieser Gemeinschaft in der deutschen Gesellschaft maßgeblich dadurch bestimmt, dass sie so stark im universitären Leben verankert war und ihre Angehörigen nach Abschluss ihrer Studien hoch angesehene Berufe ergreifen konnten. Die Tatsache, dass so viele Deutsch-Iraner über das Sozial- und Bildungskapital verfügten, um eine oft sehr bürgerliche studentische Linke auf ihrem langen Marsch durch die Institutionen der Bundesrepublik zu begleiten, zeigt, wie entscheidend die sozioökonomischen Strukturen einer Diaspora dazu beitragen können, dass sie eine bestimmte Bedeutung in der deutschen Gesellschaft erlangt, auch wenn sie anderen Einwanderergemeinschaften zahlenmäßig unterlegen ist.

Aus dem dritten Kapitel, in dem die unterschiedlichen Erfahrungen von Diasporas aus der arabischen Welt dargestellt werden, geht hervor, wie wichtig es ist, die Entwicklungen in den Herkunftsländern zu kennen, die sich durch die Migration schnell auf Deutschland selbst auswirken können. Die Neigung, unterschiedliche Gemeinschaften unter der breiten Kategorie »Araber« zusammenzufassen, hat dazu geführt, dass deutsche Institutionen wichtige soziale und ideologische Nuancen übersehen haben. Ob Palästinenser, Libanesen oder Syrer, jede dieser Gemeinschaften wurde in Konflikte hineingezogen, in denen die Diaspora eines von mehreren Kampffeldern war, auf denen Regierungen und aufständische Bewegungen um Vorherrschaft rangen. Wie die Erfahrungen von Diasporagemeinschaften aus dem ganzen Nahen Osten zeigen, bedeutete ihr anfänglicher Mangel an Engagement, dass deutsche Institutionen oft kein klares Bewusstsein von den ideologischen Traditionen und kulturellen Verwerfungen haben, die im Lauf der Zeit in den politischen Alltag Deutschlands einfließen werden. Diese Herausforderungen unterstreichen, wie wichtig es ist, dass deutsche Institutionen eine größere kulturelle Kompetenz und ein historisches Bewusstsein für Diasporas entwickeln, die eine Rolle bei der Gestaltung von Deutschlands Zukunft spielen werden.

Der Blick des vierten Kapitels auf die Polarisierung, die verschiedene Diasporas aus Ex-Jugoslawien erlebten, zeigt, wie politische Krisenmomente in einem Herkunftsland unmittelbare Folgen für die Bundesrepublik haben können. Als die Wirtschaftsmigration aus dem Westbalkan in den 1960er- und 1970er-Jahren auf ihrem Höhepunkt war, entwickelten sich die kroatische, die serbische und andere Diasporas aus der Region in einem solchen Ausmaß zu Räumen der Auseinandersetzung zwischen nationalistischen Bewegungen und dem jugoslawischen Staat, dass diese Gemeinschaften schließlich eine zentrale Rolle bei den politischen Zusammenstößen spielen sollten, die 1991 zum Auseinanderbrechen Jugoslawiens führten. Parallel zur verbreiteten Radikalisierung durch die anschließenden jugoslawischen Sezessionskriege gaben sich viele Angehörige dieser Gemeinschaften allerdings auch bewusst Mühe, um herzliche Beziehungen zu Freunden und Kollegen in Diasporas aufrechtzuerhalten, die auf der anderen Seite des Konflikts standen. Dieses komplexe Erbe der Spaltung innerhalb und zwischen Diasporagemeinschaften, bei dem sich der deutsche Staat ungeachtet aller Neutralitätsbekundungen oft für eine Seite entschied, könnte auch Denkanstöße für die Betrachtung des Integrationspfads anderer Diasporagruppen bieten, die mit ihren eigenen Vermächtnissen von Krieg und innerer Spaltung leben, wie etwa die vietnamesische Gemeinschaft.

Die Untersuchung des fünften Kapitels über die Last, die die ukrainische Gemeinschaft an dem allgemeinen historischen Erbe von Deutschlands Verhältnis zu Mittel- und Osteuropa zu tragen hatte, eröffnet Perspektiven, die auch für die Erörterung der Position anderer Diasporas in der Bundesrepublik hilfreich sein können. Der strategische Umgang der Bundesrepublik mit der Ukraine war so stark von den Dysfunktionalitäten des historischen Verhältnisses Deutschlands zu Russland beeinflusst, dass er bei Deutsch-Ukrainern eine generelle Skepsis über die Ernsthaftigkeit der Bemühungen des deutschen Staates ausgelöst hat, der ukrainischen Gesellschaft beim Aufbau einer besseren Zukunft in gemeinsamen europäischen Institutionen zu helfen. Noch als sich die Bundesregierung den westlichen Anstrengungen anschloss, um die Ukraine bei ihrer Verteidigung gegen die am 24. Februar 2022 begonnene russische Invasion zu unterstützen, war das anhaltende Misstrauen in Deutschlands Zuverlässigkeit als Partner sowohl in der Ukraine als auch in der ukrainischen Diaspora unverändert an den Einstellungen zu den Institutionen der BRD abzulesen. Diese spannungsgeladene Dynamik zwischen der ukrainischen Diaspora und dem deutschen Staat sollte zum Nachdenken darüber anregen, welche Folgen Deutschlands Verhältnis zu anderen Großmächten wie den Vereinigten Staaten oder China für die Lage anderer Diasporas nach sich gezogen hat.

All diese Punkte lassen sich noch weiter entwickeln, wenn man das politische Leben von Diasporas untersucht, für die in diesem Buch kein Platz war. Die vorliegenden fünf Fallstudien haben gezeigt, dass sich die Erfahrung der Migration und Integration in Deutschland auf unterschiedliche Weise entwickelt, in der sich jeweils die unterschiedlichen Belastungen widerspiegeln, mit denen jede Gemeinschaft konfrontiert ist. Weitere Arbeiten, die den Blick auf andere wesentliche Diasporas wie die Deutsch-Vietnamesen, -Koreaner oder -Kameruner richten, könnten ebenfalls danach fragen, wie sich ähnliche Wechselbeziehungen zwischen langfristigen historischen Kontakten, dem gesellschaftlichen Umfeld, in dem sich Migrationsprozesse abspielten, und den Folgen allgemeinerer geopolitischer Zwänge auf die politische Rolle auswirkten, die diese Gemeinschaften schließlich in der Bundesrepublik gefunden haben.

Nachdem der Vertrag von Maastricht 1992 den Einfluss der Europäischen Union auf die Grenz- und Migrationspolitik gestärkt hat, ist auch die zunehmende Wichtigkeit von Konzepten der europäischen Staatsbürgerschaft zu berücksichtigen, wenn man prüfen möchte, wie die verbesserte rechtliche Stellung von

Italienern, Griechen, Spaniern, Portugiesen und anderen Bürgern aus EU-Mitgliedstaaten ihr Verhältnis zur deutschen Gesellschaft geprägt hat. Durch die Einführung einer eigenen Kategorie innerhalb des deutschen politischen und Rechtssystems verändert die Unionsbürgerschaft das Verhältnis zwischen einer Diaspora aus einem EU-Mitgliedsland und den Institutionen der Bundesrepublik grundlegend. Diesen einschneidenden Wechsel erlebten zuletzt die Kroaten, die 2013 ziemlich plötzlich von der Nicht-EU- zur EU-Staatsbürgerschaft übergingen. Ob die Beschleunigung der europäischen Integration bedeutet, dass diese Gruppen eine ganz andere Diasporadynamik erlebt haben als die von Nicht-EU-Gemeinschaften, wäre wahrscheinlich eine eigene Untersuchung wert, umso mehr, als der Brexit die britischen Bürger aus dieser Position in Deutschlands Staatsbürgerschaftshierarchie verdrängt hat.

Da sich diese Gemeinschaften im politischem Gefüge Deutschlands verankern, geht es bei der Entwicklung eines größeren öffentlichen Bewusstseins für die politischen Ereignisse in den Herkunftsländern der Diasporas nicht nur um einen engagierteren Umgang mit Einwanderungsfragen. Nachdem Diasporas zu einem Routineaspekt des alltäglichen Lebens in Deutschland geworden sind, bedeutet die Integration dieser Gemeinschaften auch, dass ein besseres Verständnis ihrer Politik und Kultur uns gleichzeitig zu einem besseren Verständnis der Gesellschaft und Identität eines sich rasch verändernden Deutschlands verhilft. Statt über Diasporagemeinschaften weiterhin so zu diskutieren, als seien sie fremde Akteure am politischen Rand der Bundesrepublik, bietet die Erforschung ihrer Geschichte die Möglichkeit, sich damit auseinanderzusetzen, dass sie zu zentralen Akteuren inmitten der deutschen Lebenswelt geworden sind, wie es für jede Gesellschaft, die Generationen von Masseneinwanderung erlebt hat, normal ist.

Eine erfolgreiche Integration von Diasporas in ein Niederlassungsland wird immer ein wechselseitiger Prozess sein. So wie Mitglieder einer Diasporagemeinschaft mit jedem Generationszyklus immer tiefer in den Mainstream der deutschen Gesellschaft hineingezogen werden, so wird die deutsche Gesellschaft von Traditionen aus der Türkei, Kroatien, der Ukraine, dem Libanon und jedem anderen Diasporaheimatland beeinflusst. Eine stärkere Berücksichtigung von Osmanen, Safawiden, Kosaken, Heiducken, Mamelucken und anderen wichtigen Akteuren der Geschichte der Diasporaheimatländer in den Lehrplänen würde nicht nur dazu dienen, junge Deutsche auf den Kontakt mit der weiten Welt vorzubereiten. Es wäre ein entscheidender Schritt, um ihnen ein besseres Verständnis von Ereignissen und Traditionen zu ermöglichen, die durch die Migration nunmehr auch ein Teil der deutschen Identität geworden sind.

Angesichts des Zustroms von Flüchtlingen im Spätsommer 2015 erklärte Angela Merkel, es gebe keine Alternative dazu, diejenigen, die es bis an die deutsche Grenze geschafft hätten, auf deutsches Staatsgebiet zu lassen, wenngleich sie anschließend schnell ein Abkommen mit der Türkei schloss, um den Flüchtlingsstrom über die Ägäis zu stoppen. Doch die Krise von 2015 ist nur eines von mehreren Beispielen dafür, dass die deutsche Regierungspolitik zum Umgang mit Migration und Grenzen von sozialen Veränderungen überrollt wird, die noch vor wenigen Jahren nicht absehbar waren. Russlands Krieg gegen die Ukraine hat ein großes Spektrum ökonomischer und geopolitischer Entwicklungen verstärkt, die bereits ihre Spuren in Deutschland und der Europäischen Union hinterlassen haben und von denen die massenhafte Ankunft ukrainischer Flüchtlinge nur die Spitze des Eisbergs darstellt.

Von den Energiemärkten über die Beschleunigung der europäischen Integration bis zu der demografischen Dynamik, die von einem Überfluss zu einem akuten Mangel an Arbeitskräften geführt hat, befinden sich deutsche Regierungen heute in einer

Lage, in der sie keine wirtschaftliche oder politische Alternative zur Aufnahme weiterer Flüchtlinge und zum Anwerben weiterer Migranten haben, wenn ihr umfassenderes Bemühen um die Wahrung einer wohlhabenden und stabilen Verfassungsordnung von Erfolg gekrönt sein soll. Die verloren wirkenden Syrer, die ich an einem strahlenden Novembertag in einem Brandenburger Bahnhof sah, waren nicht die ersten Mitglieder einer neu entstehenden Diaspora, die nach einem eigenen Platz in der deutschen Gesellschaft suchten, und sie werden nicht die letzten sein. Als Antwort darauf muss sich Deutschland nicht nur damit abfinden, dass es ein Einwanderungsland ist, sondern anerkennen, dass es eine Nation von Einwanderern geworden ist. Der erste Schritt in diesem Prozess besteht darin, mehr über die Diasporas zu erfahren, die in der Mitte der deutschen Gesellschaft leben, und die Macht anzuerkennen, die sie inzwischen haben, um Veränderungen in dieser Gesellschaft herbeizuführen.

DANKSAGUNG

Ein Text ist immer das Produkt mehrerer Anfänge. Jedes Kapitel des vorliegenden Buches spiegelt unterschiedliche wissenschaftliche Projekte und persönliche Erfahrungen wider, die in die Analyse eingeflossen sind. Während jedes Kapitel somit seinen eigenen persönlichen und professionellen Ausgangspunkt hat, bescherten mir die Einsichten, die mir so viele hilfsbereite Menschen gewährten, eine fantastische Lernerfahrung.

Jedes Forschungsprojekt zur langen Geschichte der Migration lebt von der Geduld freundlicher Archivarinnen. Ohne die Unterstützung der Mitarbeiterinnen des Niedersächsischen Landesarchivs, des Hessischen Staatsarchivs Wiesbaden, des Hauptstaatsarchivs NRW Düsseldorf, des Landesarchivs Berlin und des Bayerischen Hauptstaatsarchivs München wäre es nicht möglich gewesen, dieses Projekt zu entwickeln. Auch die Professionalität der Archivare im Bundesarchiv Koblenz und im Politischen Archiv des Auswärtigen Amts war eine kostbare Ressource, die von den Institutionen, denen diese Mitarbeiter dienen, oft nicht geschätzt zu werden scheint.

Im Lauf der Jahre war zudem die Unterstützung mehrerer Universitätsinstitute entscheidend. Das Institut für Sozialwissenschaften an der Humboldt-Universität zu Berlin, das Jena Center Geschichte des 20. Jahrhunderts an der Friedrich-Schiller-Universität Jena und die Kulturwissenschaftliche Fakultät an der Europa-Universität Viadrina in Frankfurt (Oder) boten mir die Foren, um viele der in diesem Buch untersuchten Konzepte vorzustellen und zu diskutieren. Die Bemühungen des Bard College Berlin, mit Forscherinnen und Forschern zusammenzuarbeiten, die als Flüchtlinge nach Deutschland gekommen sind, haben ein so reizvolles wie inspirierendes Umfeld geschaffen.

Mein eigenes Institut für Europäische und Internationale Studien am King's College London hat mich während der oft langen und schwierigen Zeit, die nötig war, um dieses Projekt durchzuführen, hervorragend unterstützt. Trotz der Beeinträchtigung durch Covid-19 und der Belastung durch Lehrverpflichtungen hat die Verwaltung des King's College immer dafür gesorgt, dass ich und meine Kolleginnen über den Raum und die Ressourcen verfügten, um die Forschungen zu betreiben, die in dieses Buch eingegangen sind.

Die Diskussion mit Kollegen aus einer ganzen Reihe von Forschungsbereichen hat mir geholfen, konzeptionelle Fallen zu vermeiden. Beobachter und Experten für die Türkei und das kurdische Volk wie Howard Eissenstat, Bahar Baser, William Armstrong, Gülay Türkmen, Nick Ashdown, Vera Eccarius-Kelly, Has Avrat, Sinem Adar und Selim Koru haben mir im Lauf der Jahre Ratschläge und Einblicke gegeben, die stets so hilfreich wie herausfordernd waren. Die Unterstützung, die ich bei der Untersuchung der Politik Südosteuropas von Dimitar Bechev, Tim Judah, Iva Vukusic, James Ker-Lindsay, Florian Bieber, Othon Anastasakis und vielen anderen bekam, verhalf mir zu faszinierenden Einsichten. Das breite Wissen von Gelehrten und Journalisten wie Gregory Waters, Faysal Itani, Liz Sly, Charles Lister, Elizabeth Tsurkov, Andrew Lebovich, Rasha Al Aqeedi und Golineh Atai war mir bei der Behandlung der Diasporas aus dem Nahen Osten von unschätzbarer Hilfe.

Der Rat einiger fantastischer Wissenschaftlerinnen und Journalistinnen, darunter Pavel Lokshin, Anton Barbashin, Alice Bota,

Maxine David, Daragh McDowell, Alex Kokcharov, Alexey Kovalyov, Natalia Antonova und Gustav Gressel, hat mir geholfen, die Rolle Russlands und anderer eurasischer Staaten in der Geschichte Deutschlands und der Diasporas zu beleuchten. Und es war mir eine Ehre, mich mit so brillanten Beobachtern der Ukraine und ihrer Diaspora wie Timm Beichelt, Anna Holian, Christopher Miller, Kirill Mikhailov, Orysia Lutsevych und Olga Oliker auseinanderzusetzen. Inspirierend war auch die Arbeit von Slawka Panchuk, die mich in das Vermächtnis ihres Vaters Bohdan Panchuk einführte, eines kanadischen Offiziers, der 1945 entscheidend daran beteiligt war, Tausenden ukrainischen Vertriebenen das Leben zu retten.

In seiner Ausrichtung auf Deutschland stützt sich dieses Buch auch auf das Feedback von Kollegen wie Tobias Schneider, Roberto Sala, Nick Stargardt, Claudia Matthes, Michael Westland, Patrice Poutrus, Jane Caplan, Andreas Busch, Ned Richardson-Little, Marco Herack, Holger Nehring und Mary Fulbrook. Bei der Diskussion zentraler Themen waren Kolleginnen vom King's College eine enorme Unterstützung; ich nenne nur die Namen Sam Greene, Rob Lee, Lee Savage, Inga Rademacher, Ramon Pacheco Pardo, Christoph Meyer, Lawrence Freedman, Jim Wolfreys, Holger Stritzel, John Narayan, Russell Foster und Katrin Schreiter.

Ein Buch mit einer solchen Bandbreite ist auch auf den Enthusiasmus eines Lektorats angewiesen, den ich zu meinem Glück vom Propyläen-Team im Ullstein Buchverlag erhalten habe. Ulrich Wanks Erfahrung war eine große Hilfe dabei, die verschiedenen Stränge des Textes zusammenzuführen, während Michael Adrian und Heide Lutosch in einem straffen Zeitrahmen eine phänomenale Übersetzungsarbeit leisteten. Dunja Reulein bin ich dankbar für ihr sorgfältiges und behutsames Lektorat. Zusammengehalten wurde das Ganze durch das Engagement von Kristin Rotter, die das Projekt von Anfang bis Ende betreute.

Einer der Anfänge zu diesem Projekt bestand in der Faszination für das Diasporaleben, die ich als Kind von meiner Mutter und meinem Vater mitbekommen habe. Meine Inspiration, mich mit den in diesem Buch untersuchten Themen zu befassen, verdankt sich den Diskussionen über Geschichte, die wir schon früh am Esstisch führten und die mich und meine Schwester mit der großen Geschichte und den wertvollen Familienvermächtnissen verbanden. Meinen eigenen Kindern dabei zuzuschauen, wie sie sich mit unserer Geschichte und ihrem Zusammenhang mit allgemeineren historischen Themen auseinandersetzen, war eine meiner großen Freuden in diesen turbulenten Zeiten.

Zu guter Letzt hätte ich dieses Buch ohne den Enthusiasmus meiner Frau Heather nicht beenden können. Ihre eigene umfassende Forschungserfahrung als Wissenshistorikerin trug entscheidend dazu bei, dass ich meine Annahmen hinterfragte und die Diasporaerfahrung aus unterschiedlichen Blickwinkeln betrachtete. Für ihre unendliche Geduld und ihre brillanten Einsichten werde ich ihr ewig dankbar sein.

Anmerkungen

Einleitung

1 Eike-Christian Hornig: »The Genetic Origin of the CDU and its Developmental Path to a Catch-All Party«, in: *German Politics* 22 (2013), H. 1/2, S. 82–96, hier S. 84 f.

2 Andreas Kossert: *Kalte Heimat. Die Geschichte der deutschen Vertriebenen nach 1945*, München 2008, S. 87–91.

3 Simon Green: »Immigration, Asylum and Citizenship in Germany. The Impact of Unification and the Berlin Republic«, in: *West European Politics* 24 (2001), H. 4, S. 82–104, hier S. 92–95.

4 Guntram H. Herb: »Double Vision. Territorial Strategies in the Construction of National Identities in Germany, 1949–1979«, in: *Annals of the Association of American Geographers* 94 (2004), H. 1, S. 140–164, hier S. 153 f.

5 Max Frisch: *Öffentlichkeit als Partner*, Frankfurt/M. 1967, S. 100.

6 Marc Morjé Howard: »The Causes and Consequences of Germany's New Citizenship Law«, in: *German Politics* 17 (2008), H. 1, S. 41–62.

7 Michael Meng: »Silences about Sarrazin's Racism in Contemporary Germany«, in: *The Journal of Modern History* 87 (2015), H. 1, S. 102–135.

8 Jannis Panagiotidis: »The Power to Expel vs. the Rights of Migrants. Expulsion and Freedom of Movement in the Federal Republic of Germany, 1960s–1970s«, in: *Citizenship Studies* 24 (2020), H. 3, S. 301–318.

9 Helmut Kohl: »Regierungserklärung«, Deutscher Bundestag, Stenographischer Bericht, 140. Sitzung, Plenarprotokoll 11/140. Bonn, Donnerstag, den 27. April 1989.

10 Tageszeitung: »Tagelange KurdInnen-Proteste in der Bundesrepublik. Ausblenden geht nicht«, 24. März 1994.

11 Stefan Manz: »Constructing a Normative National Identity. The Leitkultur Debate in Germany, 2000/2001«, in: *Journal of Multilingual and Multicultural Development* 25 (2004), H. 5/6, S. 481–496, hier S. 485 f.

12 Mathias Beer: »Im Spannungsfeld von Politik und Zeitgeschichte. Das Großforschungsprojekt ›Dokumentation der Vertreibung der Deutschen aus Ost-Mitteleuropa‹«, in: *Vierteljahrshefte für Zeitgeschichte* 46 (1998), H. 3, S. 345–389.

13 Pertti Ahonen: *After the Expulsion. West Germany and Eastern Europe 1945–1990*, Oxford 2003.

14 Hanns-Joachim Rüstow / Dieter Hiß / Hans Schmidt: »Gastarbeiter, Gewinn oder Belastung für unsere Volkswirtschaft?«, in: *Wirtschaftsdienst* 45 (1965), H. 12, S. 631–641.

15 Patrice Poutrus: »Die DDR, ein anderer deutscher Weg? Zum Umgang mit Ausländern im SED-Staat«, in: Rosmarie Beier-de Haan (Hrsg.): *Zuwanderungsland Deutschland. Migrationen 1500–2005*, Berlin, Wolfratshausen 2005, S. 120–133.

16 Stephen Castles: *Migration, Citizenship and Identity. Selected Essays*, Cheltenham 2017.

17 Thomas Faist (Hrsg.): *Transstaatliche Räume. Politik, Wirtschaft und Kultur in und zwischen Deutschland und der Türkei*, Bielefeld 2000.

18 Ulrich Herbert: *Fremdarbeiter. Politik und Praxis des »Ausländer-Einsatzes« in der Kriegswirtschaft des Dritten Reiches*, Berlin, Bonn 1985.

19 Klaus J. Bade: *Ausländer, Aussiedler, Asyl. Eine Bestandsaufnahme*, München 1994.

20 Hartmut M. Griese: »Kritisch-exemplarische Überlegungen zur Situation und Funktion der Ausländerforschung und einer verstehenden Ausländerpädagogik«, in: ders. (Hrsg.): *Der gläserne Fremde. Bilanz und Kritik der Gastarbeiterforschung und Ausländerpädagogik*, Opladen 1984, S. 43–58.

21 Jochen Gerstenmaier / Franz Hamburger: »Bildungswünsche ausländischer Arbeiterkinder. Ergebnisse einer Befragung von Eltern und Kindern«, in: *Soziale Welt* 25 (1974), H. 3, S. 278–293.

22 Faruk Sen: »Draußen vor der Tür? Die Türkei, Deutschland und Europa«, in: *Rivista di Studi Politici Internazionali* 64 (1998), H. 4, S. 588–590.

23 Ruth Mandel: *Cosmopolitan Anxieties. Turkish Challenges to Citizenship and Belonging in Germany*, Durham, NC London 2008.

24 Karen Schönwälder: *Einwanderung und ethnische Pluralität. Politische Entscheidungen und öffentliche Debatten in Großbritannien und der Bundesrepublik von den 1950er bis zu den 1970er Jahren*, Essen 2001.

25 Simon Green: »Beyond Ethnoculturalism? German Citizenship in the New Millennium«, in: *German Politics* 9 (2000), H. 3, S. 105–124.

26 Eva Østergaard-Nielsen: *Transnational Politics. The Case of Turks and Kurds in Germany*, London, New York 2003.

27 Ertekin Özcan: *Türkische Immigrantenorganisationen in der Bundesrepublik Deutschland*, Berlin 1989.

28 Dominique Schnapper: »From the Nation-State to the Transnational World. On the Meaning and Usefulness of Diaspora as a Concept«, in: *Diaspora. A Journal of Transnational Studies* 8 (1999), H. 3, S. 225–254.

29 Alain Médam: »Diaspora/Diasporas. Archétype et typologie«, in: *Revue Européenne des Migrations Internationales* 9 (1993), H. 1, S. 59–66.

30 Robin Cohen: *Global Diasporas. An Introduction*, London 2008.

31 Hein de Haas / Stephen Castles / Mark J. Miller: *The Age of Migration. International Population Movements in the Modern World*, London 2019.

32 Yasemin Nuhoğlu Soysal: *Limits of Citizenship. Migrants and Postnational Membership in Europe*, Chicago 1994.

33 William Safran: »Diasporas in Modern Societies. Myths of Homeland and Return«, in: *Diaspora. A Journal of Transnational Studies* 1 (1991), H. 1, S. 83–99.

34 James Clifford: »Diasporas«, in: *Cultural Anthropology* 9 (1994), H. 3, S. 302–338.

35 Rogers Brubaker: »The ›Diaspora‹ Diaspora«, in: *Ethnic and Racial Studies* 28 (2005), H. 1, S. 1–19.

36 Ruth Mayer: *Diaspora. Eine kritische Begriffsbestimmung*, Bielefeld 2015.

37 Matthias Krings: »Diaspora. Historische Erfahrung oder wissenschaftliches Konzept? Zur Konjunktur eines Begriffs in den Sozialwissenschaften«, in: *Paideuma* 49 (2003), S. 137–156.

38 Werner Schiffauer: *Nach dem Islamismus. Die Islamische Gemeinschaft Milli Görüş – eine Ethnographie*, Berlin 2010.

39 Ayca Arkilic: »Empowering a Fragmented Diaspora. Turkish Immigrant Organizations' Perceptions of and Responses to Turkey's Diaspora Engagement Policy«, in: *Mediterranean Politics* (2021), S. 1–26.

40 Aliza Marcus: *Blood and Belief. The PKK and the Kurdish Fight for Independence*, New York, London 2009.

41 Quinn Slobodian: *Foreign Front. Third World Politics in Sixties West Germany*, Durham, NC 2012.

42 Sahar Sadeghi: »Host Discrimination, Bounded Mobility, and Bounded Belonging. Iranians in Germany«, in: Mohsen Mostafavi Mobasher (Hrsg.): *The Iranian Diaspora. Challenges, Negotiations, and Transformations*, Austin 2021, S. 50–73.

43 Thomas Scheffler: *Die SPD und der Algerienkrieg 1954–1962*, Berlin 1995.

44 Khalil Rinnawi: »›Instant Nationalism‹ and the ›Cyber Mufti‹. The Arab Diaspora in Europe and the Transnational Media«, in: *Journal of Ethnic and Migration Studies* 38 (2012), H. 9, S. 1451–1467.

45 Christopher Molnar: *Memory, Politics, and Yugoslav Migrations to Postwar Germany*, Bloomington 2019.

46 Alexander Clarkson: *Fragmented Fatherland. Immigration and Cold War Conflict in the Federal Republic of Germany, 1945–1980*, London 2013.

47 Paul Hockenos: *Homeland Calling. Exile Patriotism and the Balkan Wars*, Ithaca, London 2018.

48 Anna Holian: *Between National Socialism and Soviet Communism. Displaced Persons in Postwar Germany*, Ann Arbor 2011.

49 Yury Boshyk: »Repatriation and Resistance. Ukrainian Refugees and Displaced Persons in Occupied Germany and Austria, 1945–1948«, in: Anna C. Bramwell (Hrsg.): *Refugees in the Age of Total War*, London 2021, S. 198–218.

50 Kien Nghi Ha (Hrsg.): *Asiatische Deutsche Extended. Vietnamesische Diaspora and Beyond*, Berlin 2021.

51 Frank Bösch / Phi Hong Su: »Competing Contexts of Reception in Refugee and Immigrant Incorporation. Vietnamese in West and East Germany«, in: *Journal of Ethnic and Migration Studies* 47 (2021), H. 21, S. 4853–4871.
52 Robbie Aitken / Eve Rosenhaft: *Black Germany. The Making and Unmaking of a Diaspora Community, 1884–1960*, Cambridge 2013.
53 Nicole Hirt / Abdulkader Saleh Mohammad: »By Way of Patriotism, Coercion, or Instrumentalization. How the Eritrean Regime Makes Use of the Diaspora to Stabilize its Rule«, in: *Globalizations* 15 (2018), H. 2, S. 232–247.
54 Patrice Poutrus: *Umkämpftes Asyl. Vom Nachkriegsdeutschland bis in die Gegenwart*, Berlin 2019.
55 Anna Korteweg / Gökçe Yurdakul: »Islam, Gender, and Immigrant Integration. Boundary Drawing in Discourses on Honour Killing in the Netherlands and Germany«, in: *Ethnic and Racial Studies* 32 (2009), H. 2, S. 218–238.
56 Stefanie Boulila: *Race in Post-Racial Europe. An Intersectional Analysis*, London 2019.
57 Dorothea Goebel / Ludger Pries: »Transnationalismus oder ethnische Mobilitätsfalle? Das Beispiel des ›ethnischen Unternehmertums‹«, in: Florian Kreutzer / Silke Roth (Hrsg.): *Transnationale Karrieren. Biografien, Lebensführung und Mobilität*, Wiesbaden 2006, S. 260–282.
58 Barış Ülker: *Enterprising Migrants in Berlin*, Berlin 2016.
59 Destatis: »Migration und Integration«, Mai 2022, https://www.destatis.de/EN/Themes/Society-Environment/Population/Migration-Integration/_node.html, aufgerufen am 29. Juli 2022.

Kapitel 1

1 Christoph Rass: »Temporary Labour Migration and State-Run Recruitment of Foreign Workers in Europe, 1919–1975. A New Migration Regime?«, in: *International Review of Social History* 57 (2012), S. 191–224. Ein Aspekt des Anwerbeabkommens zwischen der Bundesrepublik und der Türkei, der weiterer Untersuchung bedarf, ist

die Frage, ob der Militärputsch von 1961 den Verhandlungsprozess beeinflusste oder ob es einen nahtlosen Übergang zwischen den Migrationszielen von Menderes und denen der nach seinem Sturz folgenden Regierungen gab.

2 James D. Tracy: *Balkan Wars. Habsburg Croatia, Ottoman Bosnia, and Venetian Dalmatia 1499–1617*, Lanham 2016.

3 Osman Ağa: *Der Gefangene der Giauren. Die abenteuerlichen Schicksale des Dolmetschers Osman Ağa aus Temeschwar, von ihm selbst erzählt*, übers. und hrsg. von Richard F. Kreutel u. Otto Spies, Graz u. a. 1962.

4 Ingeborg Boer, Ruth Haerkötter u. Petra Kappert (Hrsg.): *Türken in Berlin 1871–1945. Eine Metropole in den Erinnerungen osmanischer und türkischer Zeitzeugen*, Berlin, New York 2002.

5 I. Izzet Bahar: »German or Jewish, Humanity or Raison d'Etat. The German Scholars in Turkey, 1933–1952«, in: *Shofar* 29 (2010), H.1, S.48–72, hier S.58 f.

6 Nicholas Danforth: *The Remaking of Republican Turkey. Memory and Modernity since the Fall of the Ottoman Empire*, Cambridge 2021, S.14 f.

7 Politisches Archiv des Auswärtigen Amtes, Berlin (im Folgenden Pol. A.A.Ber.), B 26, Nr. 256, Bericht des Bayerischen Staatsministeriums für Bundesangelegenheiten, Re.: »Politische Betätigung griechischer Arbeiter und Studenten in München«, München, 2. November 1964.

8 Pol. A.A.Ber., B 26, Nr. 256, Brief des Bayerischen Staatsministeriums des Innern an Herrn Andreas Borakos, Re.: »Tätigkeit des ›Koordinationskomitee für Cypernfragen‹ (SEKA) in München«, München, 19. Oktober 1964.

9 Faruk Şen (Hrsg): *Ausländer in der BRD. Ein Handbuch*, Opladen 1994, S.15 f.

10 Erdoğan Gedik: »Migrant Organizations in Turkey and Germany. Local, Transnational and Global Contexts of Kurdish-Alevis from Varto, Turkey«, in: *Urban Anthropology and Studies of Cultural Systems and World Economic Development* 40 (2011) H. 1/2, S. 151–204.

11 Selin Bengi Gümrükçü: »Ideology, Discourse, and Alliance Structures. Explaining Far-Right Political Violence in Turkey in the 1970s«, in: *Terrorism and Political Violence* (2021), S. 1–15.

12 Sabri Sayari: »Political Violence and Terrorism in Turkey, 1976–80. A Retrospective Analysis«, in: *Terrorism and Political Violence* 22 (2010), H. 2, S. 198–215.

13 Nicole und Hugh Pope: *Turkey Unveiled. Atatürk and After*, London 1997, S. 133–137.

14 »Ausländer: Graue Wölfe«, in: *Der Spiegel*, 23. August 1976.

15 Ertekin Özcan: *Türkische Immigrantenorganisationen in der Bundesrepublik Deutschland. Die Entwicklung politischer Organisationen und politischer Orientierung unter türkischen Arbeitsimmigranten in der Bundesrepublik Deutschland und Berlin West*, Berlin 1992, S. 171–174.

16 Barbara Schmitter Heisler: »Immigrant Settlement and the Structure of Emergent Immigrant Communities in Western Europe«, in: *The Annals of the American Academy of Political and Social Science* 485 (1986), H. 1, S. 76–86, hier S. 85.

17 Eva Østergaard-Nielsen: *Diaspora Politics. The Case of Immigrants and Refugees from Turkey Residing in Germany since 1980*, Univ.-Diss., Oxford 1998; Özcan, *Türkische Immigrantenorganisationen in der Bundesrepublik Deutschland*, S. 288–292.

18 Ziya Öniş: »Crises and Transformations in Turkish Political Economy«, in: *Turkish Policy Quarterly* 9 (2010), H. 3, S. 45–61, hier S. 51.

19 Michael E. Meeker: *A Nation of Empire. The Ottoman Legacy of Turkish Modernity*, Berkeley u. a. 2002, S. 376.

20 Michael M. Gunter: »Political Instability in Turkey during the 1970s«, in: *Journal of Conflict Studies* 9 (1989), H. 1, S. 63–77, hier S. 69 f.

21 Pol. A. A.Ber., B 26, Nr. 115908, »Machtübernahme durch Türk. Militär«, Fernschreiben Deutsche Botschaft Ankara an Auswärtiges Amt Bonn, 12. September 1980.

22 Tanel Demirel: »The Turkish Military's Decision to Intervene. 12 September 1980«, in: *Armed Forces & Society* 29 (2003), H. 2, S. 252–280, hier S. 272 f.

23 Ahmet T. Kuru: »The Rise and Fall of Military Tutelage in Turkey. Fears of Islamism, Kurdism, and Communism«, in: *Insight Turkey* 14 (2012), H. 2, S. 37–57, hier S. 38.

24 Umit Kurt: »The Doctrine of ›Turkish-Islamic Synthesis‹ as Official Ideology of the September 12 and the ›Intellectuals' Hearth –

Aydinlar Ocagi‹ as the Ideological Apparatus of the State«, in: *European Journal of Economic and Political Studies* 3 (2010), H. 2, S. 111–125, hier S. 116 f.

25 Jennifer A. Miller: *Turkish Guest Workers in Germany. Hidden Lives and Contested Borders, 1960s to 1980s*, Toronto 2018, S. 27 f.

26 Karen Schönwälder: »Germany: Integration Policy and Pluralism in a Self-Conscious Country of Immigration«, in: Steven Vertovec u. Susanne Wessendorf (Hrsg.): *The Multiculturalism Backlash. European Discourses, Policies and Practices*, Abingdon, New York 2010, S. 152–169, hier S. 164.

27 Pol. A. A.Ber., B 26, Nr. 115867, »Lage in der Türkei«, interner Bericht des Auswärtigen Amtes für die Parlamentarischen Staatssekretäre, Bonn, 2. Januar 1979.

28 »Mit dem Messer«, in: *Der Spiegel*, 9. November 1981.

29 Pol. A. A.Ber., B 26, Nr. 115908, »Fragen und Antworten zur gegenwärtigen Diskussion um die Türkei seit der Machtübernahme durch die Militärs am 12. September 1980«, Studie von VLR I a. D. Dr. Schmid für das Auswärtige Amt, Bonn, Mai 1981.

30 Ali L. Karaosmanoğlu: »The Evolution of the National Security Culture and the Military in Turkey«, in: *Journal of International Affairs* 54 (2000), H. 1, S. 199–216, hier S. 209.

31 Eva Østergaard-Nielsen: *Transnational Politics. The Case of Turks and Kurds in Germany*, London, New York 2003, S. 41.

32 Niedersächsisches Landesarchiv Hannover, Nds 100, Acc. 2004/144, Nr. 19, »Lagezentrum – Bericht – Kurdische Demonstranten«, Niedersächsisches Innenministerium, Hannover, 26./27. März 1994.

33 Pol. A. A.Ber., B 26, Nr. 123277, »Ansprache von Staatsoberhaupt General Evren im Zweiten Deutschen Fernsehen«, Bericht der Deutschen Botschaft in Ankara ans Auswärtige Amt Bonn, Ankara, 27. März 1981.

34 Ayse Gedik: »Internal Migration in Turkey, 1965–1985. Test of Conflicting Findings in the Literature«, in: *Review of Urban & Regional Development Studies* 9 (1997), H. 2, S. 170–179, hier S. 176.

35 Özgür Mutlu Ulus: *The Army and the Radical Left in Turkey. Military Coups, Socialist Revolution and Kemalism*, London 2011, S. 139–141.

36 Jennifer Miller: »Her Fight is Your Fight. ›Guest Worker‹ Labor Activism in the Early 1970s West Germany«, in: *International Labor and Working-Class History* 84 (2013), S. 226–247, hier S. 238 f.

37 Gokçe Yurdakul: *From Guest Workers into Muslims. The Transformation of Turkish Immigrant Associations in Germany*, Newcastle upon Tyne 2009, S. 48 f.

38 Landesarchiv Berlin, B Rep 002, Nr. 15134 1972–1984, Verbot der türkischen Vereinigung »Devrimci Sol (Revolutionäre Linke)« einschließlich ihrer Teilorganisation »Halk Der (Volksvereine)«, interner Vermerk der Westberliner Senatsverwaltung für Inneres, 2. Februar 1983, Berlin.

39 Amy Foerster u. Jennifer Miller: »Extranational Spaces and the Disruption of National Boundaries. Turkish Immigrant Media and Claims against the State in 1980s West Germany«, in: *Nations and Nationalism* 23 (2017), H. 4, S. 837–855, hier S. 840.

40 »Überfall auf einen türkischen VW Arbeiter durch Angehörige der Türk-Föderation«, Kleine Anfrage Abg. Schuran (Grüne), Niedersächsischer Landtag, 10. Wahlperiode, 13. Februar 1985, Drucksache 10/3874 – Antwort des Niedersächsischen Landesministeriums des Innern in Drucksache 10/4156, 11. April 1985.

41 Jörg Nowak: »Labour Migration, Postcolonial Nationalism and Class Politics beyond Borders. The Case of the Turkish Party MHP in Germany«. in: Helen Schwenken u. Sabine Ruß-Sattar (Hrsg.): *New Border and Citizenship Politics*, Basingstoke 2014, S. 187–204, hier S. 190.

42 »Verbot der rechtsextremistischen türkischen ›Idealisten-Vereine‹«, Niedersächsischer Landtag, 10. Wahlperiode, Drucksache 10/2263, Kleine Anfrage Wernstedt (SPD), 6. Februar 1984, Hannover.

43 Werner Schiffauer: *Nach dem Islamismus. Eine Ethnographie der Islamischen Gemeinschaft Milli Görüş*, Berlin 2010, S. 83–85.

44 Landesarchiv Berlin, B Rep 002, Nr. 17828, »Soziale Betreuung – Koranschulen in Deutschland«, LfV Berlin an Abteilung III der Staatskanzlei, 24. Februar 1982, Berlin.

45 Kerstin Rosenow u. Matthias Kortmann: »Alle unter einem Dach? Muslimische Vielfalt in Deutschland: Möglichkeiten und Grenzen der Kooperation«, in: Heinrich-Böll-Stiftung (Hrsg.): *Muslimische*

Gemeinschaften zwischen Recht und Politik (Dossier), Berlin 2010, S.43–48, hier S. 43 f.

46 Ali Solmaz: »Deutschland als zentrales Operationsfeld des türkischen Geheimdienstes MIT«, in: *Geheim* 4 (1999), S. 43 f.

47 »Totaler Krieg«, in: *Der Spiegel*, 28. Juni 1993.

48 Gökçe Yurdakul u. Ahmet Yükleyen: »Islam, Conflict, and Integration. Turkish Religious Associations in Germany«, in: *Turkish Studies* 10 (2009), H. 2, S. 217–231, hier S. 218 f.

49 Landesarchiv Berlin, B Rep 004, Nr. 1148, »Gründung D. I. T. I.B.«, Brief des türkischen Generalkonsuls an den für das Innenministerium zuständigen Senator von West-Berlin, West-Berlin, 21. April 1982.

50 Landesarchiv Berlin, B Rep. 002, Nr. 14979, »Aktivitäten der ›Grauen Wölfe‹«, Interner Bericht des West-Berliner Innensenators für Polizeikommandanten, 30. November 1979, West-Berlin.

51 Vera Eccarius-Kelly: »Political Movements and Leverage Points. Kurdish Activism in the European Diaspora«, in: *Journal of Muslim Minority Affairs* 22 (2002), H. 1, S. 91–118, hier S. 92 f.

52 Bahar Baser: »Komkar. The Unheard Voice in the Kurdish Diaspora«, in: Anastasia Christou u. Elizabeth Mavroudi (Hrsg.): *Dismantling Diasporas. Rethinking the Geographies of Diasporic Identity, Connection and Development*, Abingdon 2015, S. 113–128, hier S. 118 f.

53 Alynna J. Lyon u. Emek M. Uçarer: »Mobilizing Ethnic Conflict. Kurdish Separatism in Germany and the PKK«, in: *Ethnic and Racial Studies* 24 (2001), H. 6, S. 925–948, hier S. 931 f.

54 Aliza Marcus: *Blood and Belief. The PKK and the Kurdish Fight for Independence*, New York, London 2009, S. 91 f.

55 Niedersächsisches Landesarchiv Hannover, Nds 147 Acc. 26/98, Nr. 23, »Aktivitäten kurdischer/türkischer Linksextremisten in der Bundesrepublik Deutschland«, Bayerisches Staatsministerium des Innern an LKA Niedersachsen, 11. März 1987, München.

56 *Der nationale Befreiungskampf KURDISTANS. Die Massaker des türkischen Staates und AUFRUF an die fortschrittliche Menschheit*, Köln 1987.

57 Niedersächsisches Landesarchiv Hannover, Nds 147 Acc. 26/98, Nr. 23, »Aktivitäten kurdischer/türkischer Linksextremisten in der Bundesre-

publik Deutschland«, Bayerisches Staatsministerium des Innern an LKA Niedersachsen, 11. März 1987, München.

58 Karl Lavel: »Deutsche Sicherheitsorgane schüren das Feuer«, in: *taz*, 7. Juli 1987, S. 9.

59 Niedersächsisches Landesarchiv Hannover, Nds 100, Acc. 2004/144, Nr. 19, »Kundgebungsplanung«, Bericht der Polizeidirektion Hannover, 16. März 1994.

60 Vera Eccarius-Kelly: »Radical Consequences of Benign Neglect. The Rise of the PKK in Germany«, in: *The Fletcher Forum of World Affairs* 24 (2000), H. 1, S. 161–174, hier S. 167 f.

61 Eva Kristine Østergaard-Nielsen: »Transnational Political Practices and the Receiving State. Turks and Kurds in Germany and the Netherlands«, in: *Global Networks* 1 (2001), H. 3, S. 261–282, hier S. 264.

62 Mitchel P. Roth u. Murat Sever: »The Kurdish Workers Party (PKK) as Criminal Syndicate. Funding Terrorism through Organized Crime, A Case Study«, in: *Studies in Conflict & Terrorism* 30 (2007), H. 10, S. 901–920.

63 Niedersächsisches Landesarchiv Hannover, Nds 100 Acc. 2004/144, Nr. 19, »Informationen des Niedersächsischen Verfassungsschutzes (VS nur für den Dienstgebrauch) – Nachbetrachtung zur Großdemonstration der ›Arbeiterpartei Kurdistans (PKK)‹ am 09. Juli 1994 in Hannover zum Tod des Kurden Halim Dener«, LfV Niedersachsen an das Niedersächsische Ministerium für Inneres, Hannover, 9. Juli 1994.

64 Bahar Baser: »Tailoring Strategies According to Ever-Changing Dynamics. The Evolving Image of the Kurdish Diaspora in Germany«, in: *Terrorism and Political Violence* 29 (2017), H. 4, S. 674–691, hier S. 684.

65 A. Holmes Cooper: »Party-Sponsored Protest and the Movement Society. The CDU/CSU Mobilises Against Citizenship Law Reform«, in: *German Politics* 11 (2002), H. 2, S. 88–104, hier S. 94.

66 Connie Carøe Christiansen: »News Media Consumption among Immigrants in Europe. The Relevance of Diaspora«, in: *Ethnicities* 4 (2004), H. 2, S. 185–207, hier S. 197.

67 Zeynep Şahin-Mencütek u. M. Murat Erdoğan: »The Implementation of Voting from Abroad. Evidence from the 2014 Turkish Presiden-

tial Election«, in: *International Migration* 54 (2016), H. 3, S. 173–186, hier S. 181.

68 Abimbola Odugbesan u. Helge Schwiertz: »›We Are Here to Stay‹ – Refugee Struggles in Germany Between Unity and Division«, in: Sieglinde Rosenberger, Verena Stern u. Nina Merhaut (Hrsg.): *Protest Movements in Asylum and Deportation*, Cham 2018, S. 185–202, hier S. 190.

69 »Cem Özdemir im Interview – ›Die Zeit der Türkenkriege ist vorbei‹«, in: *Der Spiegel*, 28. November 2002.

70 Thomas Krumm: »Ein AKP-Effekt im türkischen Parteiensystem? Langfristige Trends bei türkischen Parlamentswahlen von 1995 bis 2015«, in: *Zeitschrift für Politikwissenschaft* 26 (2016), H. 4, S. 397–424, hier S. 411.

Kapitel 2

1 Karl Lanz: *Correspondenz des Kaisers Karl V.*, Leipzig 1844, Bd. 1, Nr. 29, S. 52 f.; Rudolf Neck: »Diplomatische Beziehungen zum Vorderen Orient unter Karl V.«, in: *Mitteilungen des Österreichischen Staatsarchivs* 5 (1952), S. 63–86, hier S. 72; Barbara von Palombini: *Bündniswerben abendländischer Mächte um Persien 1453–1600*, Wiesbaden 1968.

2 Mehdi Roschanzamir: »Die Anfänge der deutsch-iranischen Beziehungen«, in: *Spektrum Iran* 4 (1991), H. 2, S. 41–43, hier S. 38 f.; Christl Catanzaro: »Die deutsche Wissenschaftsemigration in den Iran und die Gründung der Universität Teheran«, in: Christopher Kubaseck u. Günter Seufert (Hrsg.): *Deutsche Wissenschaftler im türkischen Exil. Die Wissenschaftsmigration in die Türkei 1933–1945*, Würzburg 2008, S. 77–84.

3 David Motadel: »Qajar Shahs in Imperial Germany«, in: *Past & Present* 213 (2011), H. 1, S. 191–235.

4 Catanzaro: »Die deutsche Wissenschaftsemigration in den Iran«.

5 Mark J. Gasiorowski: »Security Relations between the United States and Iran, 1953–1978«, in: Nikki R. Keddie u. Mark J. Gasiorowski (Hrsg.): *Neither East nor West. Iran, The Soviet Union, and the United States*, New Haven 1990, S. 145–165, hier S. 148–153.

6 Mark J. Gasiorowski: »US Perceptions of the Communist Threat in Iran during the Mossadegh Era«, in: *Journal of Cold War Studies* 21 (2019), H. 3, S. 185–221.

7 Christopher de Bellaigue: *Patriot of Persia. Muhammad Mossadegh and a Very British Coup*, London 2013.

8 Andreas Etges: »All that Glitters is Not Gold. The 1953 Coup against Mohammed Mossadegh in Iran«, in: *Intelligence and National Security* 26 (2011), H. 4, S. 495–508.

9 Andrew L. Johns: »The Johnson Administration, the Shah of Iran, and the Changing Pattern of US-Iranian Relations, 1965–1967. ›Tired of Being Treated like a Schoolboy‹«, in: *Journal of Cold War Studies* 9 (2007), H. 2, S. 64–94.

10 Nikki R. Keddie: *Roots of Revolution. An Interpretative History of Modern Iran*, New Haven 1981, S. 67–71.

11 M. H. Pesaran: »Economic Development and Revolutionary Upheavals in Iran«, in: Haleh Afshar (Hrsg.): *Iran. A Revolution in Turmoil*, London 1985, S. 15–50, hier S. 19 f.

12 Pol. A. A.Ber., B 36, Nr. 40, Aufzeichnung des Bundespräsidialamtes, Re.: »Informationsaufzeichnung für den Staatsbesuch des Herrn Bundespräsidenten in Iran«, Teheran, 3. September 1963.

13 Ebd.

14 Christoph Gröpl: *Die Nachrichtendienste im Regelwerk der deutschen Sicherheitsverwaltung. Legitimation, Organisation und Abgrenzungsfragen*, Berlin 1993, S. 84.

15 Eric D. Weitz: »The Ever-Present Other. Communism in the Making of West Germany«, in: Hanna Schissler (Hrsg.): *The Miracle Years. A Cultural History of West Germany, 1949–1968*, Princeton 2001, S. 219–232, hier S. 228 f.

16 Claudia von Braunmühl: *Kalter Krieg und friedliche Koexistenz. Die Außenpolitik der SPD in der Großen Koalition*, Frankfurt/M. 1973, S. 34–36.

17 Peter F. Müller u. Michael Mueller: *Gegen Freund und Feind. Die Geschichte des BND*, Reinbek bei Hamburg 2002, S. 522–534.

18 G. Reza Fazel: »Tribes and State in Iran. From Pahlavi to Islamic Republic«, in: Afshar (Hrsg.): *Iran. A Revolution in Turmoil*, S. 80–98, hier S. 82–85.

19 K. Amiri: »Die iranische Minderheit«, in: Cornelia Schmalz-Jacobsen u. Georg Hansen (Hrsg.): *Ethnische Minderheiten in der Bundesrepublik Deutschland. Ein Lexikon*, München 1995, S. 203–217, hier S. 200.

20 Morteza Ghaseminia: Iraner und Iranerinnen in Deutschland. Migrationsgeschichte, Lebenssituation und Integrationsprobleme, Univ.-Diss. Hannover 1996, S. 33 f.

21 Amiri: »Die iranische Minderheit«, S. 203–206.

22 Ghaseminia: Iraner und Iranerinnen in Deutschland, S. 33 f.

23 Amiri: »Die iranische Minderheit«, S. 203–206.

24 Bayerisches Hauptstaatsarchiv München (im Folgenden Bay HstA. Mün.), Staatskanzlei Nr. 16187, Beziehungen zu Iran, Re.: »Feier des 2500jährigen Bestehens der Persischen Monarchie in München«, München, Oktober 1973; sowie: »SAVAK. Spur in den 4. Stock«, in: *Der Spiegel*, 12. Oktober 1967. Zu den desillusionierten Angehörigen des Regimes, die nach Deutschland, in die Schweiz oder nach Österreich flohen, gehörten die Exfrau des Schahs, Soraya, und ein ehemaliger Leiter des iranischen Geheimdienstes SAVAK, General Amir Teymur Bachtiar.

25 Bay HstA. Mün., Staatskanzlei Nr. 13316, Iranisches Generalkonsulat 1953–1964, Berichte über Studentenunruhen, Re.: »Iranische Studenten im Sitzstreik – vom Überfallkommando (der Polizei) aus dem Konsulat gewiesen«, München, 11. Juli 1961.

26 Bundesarchiv Koblenz, B 141, Nr. 26028, Bundesministerium der Justiz – Hintergrundberichte über iranische Studenten, Re.: »Teilnehmer an Demonstrationen beim Schahbesuch«, Bonn, 19. Oktober 1967.

27 Maziar Behrooz: *Rebels with a Cause. The Failure of the Left in Iran*, New York 2000, S. 34–37.

28 Bay HstA. Mün., Staatskanzlei Nr. 13316, Re.: »Iranische Studenten im Sitzstreik – vom Überfallkommando (der Polizei) aus dem Konsulat gewiesen«.

29 Kai Hermann: *Die Revolte der Studenten*, Hamburg 1967, S. 11–19.

30 Bundesarchiv Koblenz, B 141, Nr. 26028, Generalstaatsanwalt Berlin an Bundesminister der Justiz, Re.: »Ermittlungsverfahren wegen Be-

leidigung des Schahs«, Berlin (West), 19. Juni 1967. In den meisten deutschen staatlichen Bibliotheken finden sich immer noch Broschüren der CISNU (Konföderation der iranischen Studenten) und anderer iranischer Oppositionsgruppen. Eines der anschaulichsten Beispiele für die Verbindung zwischen Ereignissen in der BRD und im Iran, die solche Dokumente herzustellen versuchten, ist: Conföderation Iranischer Studenten/National Union (Hrsg.): *Iran Report Extra – Ausverkauf eines unterentwickelt gehaltenen Landes. Am Beispiel der wirtschaftlich-politischen Beziehung der BRD zum Iran*, Frankfurt/M. 1976.

31 Landesarchiv Berlin, B Re 015, Nr. 317, Berichte über verfassungsfeindliche Veranstaltungen, Re.: »Bericht über die auf der ›Internationalen Vietnam-Konferenz‹ gehaltenen Reden, Berlin (West)«, Berlin, 17. Februar 1968.

32 Ein ausgezeichnetes Beispiel dafür, wie sich diese Einstellungen in der Berichterstattung der linksliberalen Presse über den Schah-Besuch niederschlugen, ist ein Artikel von Bernhard Schütze in der *Frankfurter Rundschau*: »›Ich nenne den Schah einen Mörder und bitte um Strafe‹«, 2. August 1967, nachgedruckt bei Hermann: *Die Revolte der Studenten*, S. 16–18.

33 Bahman Nirumand: *Persien, Modell eines Entwicklungslandes oder Die Diktatur der Freien Welt*, Reinbek bei Hamburg 1967, S. 87.

34 Pol. A. A.Ber., B 42, Nr. 294, Berichte über iranische Angelegenheiten, Re.: »Majlis/Wahlen«, Teheran, 25. Oktober 1967.

35 Marvin Zonis: *Majestic Failure. The Fall of the Shah*, Chicago 1991, S. 134–137.

36 Pol. A. A.Ber., B 36, Nr. 108, Berichte zu Beziehungen mit dem Iran, Re.: »Ermittlungsverfahren gegen persische Studenten. Berichte des Bundesamtes für Verfassungsschutz«, Bonn, 1963–1967.

37 Bundesarchiv Koblenz, B 141, Nr. 26028, Legationsrat Bach an das Auswärtige Amt Bonn, Re.: »Bericht über deutsch-iranische Beziehungen nach dem Schahbesuch«, Teheran, 10. August 1967.

38 Pol. A. A.Ber., B 36, Nr. 40, Botschaftsangelegenheiten, Re.: »Verbalnoten der Iranischen Botschaft«, März 1962-September 1967.

39 Ghaseminia: *Iraner und Iranerinnen in Deutschland*, S. 128–132.

40 Bundesarchiv Koblenz, B 141, Nr. 26030, Bayerisches Staatsministerium des Innern an Bundesministerium des Innern, Re.: »Bericht über Aktionen und Demonstrationen iranischer Studenten«, Bonn, 2. November 1971.

41 Pol. A. A.Ber, B 36, Nr. 108, Bundesamt für Verfassungsschutz – Abteilung Schleswig-Holstein, Re.: »Vermerk über Tätigkeit des iranischen Staatsangehörigen Massali«, Kiel, 1. April 1964; Bundesarchiv Koblenz, B 141, Nr. 26028, Interne Mitteilungen Bundesministerium Justiz, Re.: »VDS und Massali«, Bonn, Oktober 1967; Behrooz: *Rebels with a Cause*, S. 90–94.

42 »Persische Ärzte sollen KPD unterstützt haben: Gefängnis gefordert – Verteidiger: Die Angeklagten verdienen Respekt«, in: *Bonner Rundschau*, 28. Mai 1964; Pol. A. A.Ber., B 36, Nr. 41, Interner Bericht des Auswärtigen Amtes, Re.: »Kommunistische Elemente unter iranischen Studenten«, Bonn, 7. Oktober 1963.

43 Nirumand: *Persien, Modell eines Entwicklungslandes*; Landesarchiv Berlin, BRe 015, Nr. 317, Bericht über die »Internationale Vietnam-Konferenz« am 17. Februar 1968 in West-Berlin, Re.: »Gehaltene Reden«, West-Berlin, 21. Februar 1968.

44 Hermann: *Die Revolte der Studenten*, S. 11–19.

45 Pol. A. A.Ber., B 36, Nr. 294, Bericht Abteilung I des Auswärtigen Amtes (VLR I Dr. Gehlhoff) an den Herrn Staatssekretär (i. V. Caspari), Re.: »Hintergrund der Opposition iranischer Studenten gegen den Schah«, Bonn, 3. September 1968. Im Weiteren drückt dieser Bericht die Meinung von Experten des Außenministeriums für den Mittleren Osten wie Gehlhoff aus, Nirumand und andere iranische Dissidenten hätten lediglich Asyl beantragt, um in Europa Zugang zu besseren akademischen Positionen zu erlangen, und die Studierenden würden am Ende das Schah-Regime unterstützen, wenn sie entsprechende Stellen im Iran gefunden hätten.

46 »Perseraustausch zum Schahbesuch – 107 müssen die Stadt verlassen/Kaisertreue Ersatzgruppe«, in: *Süddeutsche Zeitung*, 30. Mai 1967; Bay. HstA. Mün., Präsidium d. Bayer. Landpolizei 9/1, Staatsbesuche, Re.: »Staatsbesuch des persischen Kaiserpaares: vorbeugende Maßnahmen«, München, 23. Mai 1967.

47 Wie umfassend diese Vorbereitungen waren, lässt sich Memoranden der Bayerischen Landpolizei entnehmen, die den Staatsbesuch in 20-Minuten-Zeitfenster unterteilt und ein spezielles Codewort für einen möglichen Anschlag vergeben hatte; vgl. Bay. HstA. Mün., Präsidium der Bayerischen Landpolizei Nr. 9/1, Staatsbesuche, Re.: »Staatsbesuch des Persischen Kaiserpaares«, Ansbach, 26. Mai 1967.

48 Bay. HstA. Mün., Präsidium der Bayerischen Landpolizei Nr. 9/1, Staatsbesuche, Re.: »Staatsbesuch des Persischen Kaiserpaares: vorbeugende Maßnahmen«, Ansbach, 26. Mai 1967.

49 So etwa: »Ein Tag im Leben der Shahbanu Farah«, in: *Neue Revue*, 28. Mai 1967; oder: »Farah wird zweimal verzaubert«, in: *Bild*, 27. Mai 1967, neben vielen anderen.

50 »Offene Fragen im Fall Ohnesorg«, in: *Süddeutsche Zeitung*, 7. Juni 1967; »SAVAK: Spur in den 4. Stock«, in: *Der Spiegel*, 12. Oktober 1967.

51 »Der Todesschuß fiel während der Zauberflöte«, in: *Süddeutsche Zeitung*, 5. Juni 1967.

52 Uwe Soukup: *Wie starb Benno Ohnesorg? Der 2. Juni 1967*, Berlin 2007, S. 38.

53 Pol. A. A.Ber., B 36, Nr. 294, Vermerk, Botschaftsangelegenheiten, Re.: »Vorsprache des iranischen Botschafters«, Bonn, 14. Juli 1967.

54 Bundesarchiv Koblenz, B 141, Nr. 26028, Iran / Schahbesuch, Re.: »Ermittlungsverfahren wegen Beleidigung des Schahs«, Generalstaatsanwalt Berlin, 19. Juni 1967.

55 Bernhard Schütze: »Ich nenne den Schah einen Mörder und bitte um Strafe«, in: *Frankfurter Rundschau*, 2. August 1967; »2000 erstatteten Selbstanzeige. Lauterkeitskampagne der ›Schah-Beleidiger‹«, in: *Frankfurter Rundschau*, 10. August 1967; »Persische Perversion«, in: *Frankfurter Rundschau*, 28. Juni 1967; sowie Bundesarchiv Koblenz, B 141, Nr. 26028, Schahdemonstrationen, Re.: »Bericht der Deutschen Botschaft Teheran über Besuch des Innenministers Lücke«, Teheran, 13. September 1967.

56 Bibliothek des Abgeordnetenhauses Berlin, Stenographische Berichte des Abgeordnetenhauses, 5. Wahlperiode/12. Sitzung (1. Band), »Antrag der Fraktion der FDP über Einsetzung eines Untersuchungsausschusses zu den Ereignissen des 2. Juni«, Berlin (West), 22. September 1967.

57 Peter Wapnewski: »Studenten und die Obrigkeit – sie sind keine Messerstecher«, in: *Die Zeit*, 16. Juni 1967.

58 Bay. HstA. Mün., Pol. Dir. Nr. 9582/2, Brief des Oberbürgermeisters Dr. Vogel an das Polizeipräsidium, Re.: »Angebliche Aushändigung einer Namensliste an den persischen Geheimdienst«, München, 8. Februar 1971.

59 Hans Heinz Heldmann: *Verwaltung versus Verfassung. Ausländerrecht 1965–1988*, Frankfurt/M. u. a. 1989, S. 97.

60 »Schärfere Ausländerkontrolle zu spät gekommen?«, in: *Frankfurter Allgemeine Zeitung*, 7. September 1972.

61 Annabelle Sreberny-Mohammadi u. Ali Mohammadi: »Post-Revolutionary Iranian Exiles. A Study in Impotence«, in: *Third World Quarterly* 9 (1987), H. 1, S. 108–129, hier S. 108 f.; Pol. A. A.Ber., B 36, Nr. 137727, »Ermittlungsverfahren der Staatsanwaltschaft Mainz gegen iranische Staatsangehörige wegen schweren Landfriedensbruchs – Mein Schreiben vom 9. September 1982«, Ministerium der Justiz Rheinland-Pfalz an Auswärtiges Amt, Mainz, 19. Juli 1983.

62 Sreberny-Mohammadi u. Mohammadi: »Post-Revolutionary Iranian Exiles«, S. 112.

63 Fred Halliday: »An Elusive Normalization. Western Europe and the Iranian Revolution«, in: *Middle East Journal* 48 (1994), H. 2, S. 309–326, hier S. 313.

64 Behrooz: *Rebels with a Cause*, S. 129 f.

65 Bahman Nirumand: »Der Ajatollah kehrt zurück. Schicksalswende 1979«, in: *Die Zeit*, 2. Januar 2019.

66 Martin Lambeck: »Krawalle mit Iranern«, in: *Hamburger Abendblatt*, 26. April 1982.

67 Rouhollah K. Ramazani: *Iran's Foreign Policy*, Department of State, Washington DC Office of External Research 1981, S. 2.

68 »Zu den Auseinandersetzungen unter Iranern in der BRD – Die Schläger flohen im Diplomatenwagen«, in: *Die Tageszeitung*, 4. März 1982.

69 Carl Anthony Wege: »Iranian Intelligence Organizations«, in: *International Journal of Intelligence and Counter Intelligence* 10 (1997), H. 3, S. 287–298, hier S. 289.

70 »Augenzeugen: Mullah Ghaffari war dabei«, in: *Die Tageszeitung*, 27. April 1982.

71 Pol. A. A.Ber., B 36, Nr. 137727, »Zusammenstöße zwischen iranischen Studenten in Mainz und Auswirkungen auf die deutsch-iranischen Beziehungen«, Protokoll Auswärtiges Amt, Bonn, 28. April 1982.

72 Pol. A. A.Ber., B 36, Nr. 137727, »Kabinettssitzung vom 05. 05. 1982 TOP3: Internationale Lage; hier Abschiebung von Iranern aus Rheinland-Pfalz – Sprechzettel und Sachstand zum Thema Abschiebung von Iranern aus Rheinland-Pfalz«, Auswärtiges Amt, Bonn, 28. April 1982.

73 Pol. A. A.Ber., B 36, Nr. 137727, »Übergabe von Dokumenten in Kopie – Volksmojahedin (MSV)«, MdB Volker Neumann an Staatsminister Dr. Peter Corterier – Auswärtiges Amt, Bonn, 30. April 1982.

74 Pol. A. A.Ber., B 36, Nr. 137727, »Ausweisung von Iranern aus der Bundesrepublik Deutschland«, Report – Auswärtiges Amt, Bonn, 17. Mai 1982.

75 Mohsen Mobasher: »Cultural Trauma and Ethnic Identity Formation Among Iranian Immigrants in the United States«, in: *American Behavioral Scientist* 50 (2006), H. 1, S. 100–117, hier S. 111.

76 Adam Tarock: »Iran-Western Europe Relations on the Mend«, in: *British Journal of Middle Eastern Studies* 26 (1999), H. 1, S. 41–61, hier S. 54.

77 Pol. A. A.Ber., B 36, Nr. 137728, »Gespräch mit dem Beauftragten des iranischen Parlamentspräsidenten«, Protokoll – Auswärtiges Amt, Bonn, 10. Juni 1983.

78 Reza Gholami: »›Is This Islamic Enough?‹ Intra-Diasporic Secularism and Religious Experience in the Shi'a Iranian Diaspora in London«, in: *Journal of Ethnic and Migration Studies* 40 (2014), H. 1, S. 60–78, hier S. 65 f.

79 Vida Nassehi-Behnam: »Iranians in Britain«, in: Haideh Moghissi u. Halleh Ghorashi (Hrsg.): *Muslim Diaspora in the West. Negotiating Gender, Home and Belonging*, Abingdon, New York 2016, S. 73–90, hier S. 88 f.

80 Patrice G. Poutrus: »›Teure Genossen‹. Die ›politischen Emigranten‹ als ›Fremde‹ im Alltag der DDR-Gesellschaft«, in: Christian Th.

Müller u. Patrice G. Poutrus (Hrsg.): *Ankunft, Alltag, Ausreise. Migration und interkulturelle Begegnung in der DDR-Gesellschaft*, Köln u.a. 2005, S. 221–266, hier S. 246 f.

81 Karin Hesse-Lehmann u. Kathryn Spellman: »Iranische transnationale religiöse Institutionen in London und Hamburg. Ihr Einfluss auf das interkulturelle Zusammenleben«, in: Christoph Köck, Alois Moosmüller u. Klaus Roth (Hrsg.): *Zuwanderung und Integration. Kulturwissenschaftliche Zugänge und soziale Praxis*, Münster 2004, S. 141–162, hier S. 144 f.

82 Pol. A. A. Ber., B 36, Nr. 137726, »Iranische Studenten in der Bundesrepublik Deutschland – Ressortbesprechung am 18. März 1983 im BMI«, Protokoll aus dem Bundesministerium des Innern, Berlin, 19. März 1983.

83 Matthew Levitt: *Hezbollah. The Global Footprint of Lebanon's Party of God*, Washington, DC 2015, S. 53.

84 »Entschließungsantrag der Fraktionen der CDU/CSU und FDP zu der vereinbarten Debatte zur Iran-Politik«, Protokolle des Deutschen Bundestags, 13. Wahlperiode, Drucksache 13/7441, Bonn, 16. April 1997.

85 Mina Ahadi mit Sina Vogt: *Ich habe abgeschworen. Warum ich für die Freiheit und gegen den Islam kämpfe*, München 2009, S. 8–11.

86 Behrooz: *Rebels with a Cause*, S. 163.

87 »Arbeiterkommunistische Partei Irans«, Verfassungsschutzbericht 2011, Bundesamt für Verfassungsschutz, Köln 2011, S. 364.

88 Sahar Sadeghi: »Grenzen der Zugehörigkeit. Iranische Einwanderer in den USA und in Deutschland und ihre erwachsenen Kinder«, in: Heinrich-Böll-Stiftung in Zus. mit Transparency for Iran (Hrsg.): *Identität und Exil. Die iranische Diaspora zwischen Gemeinschaft und Differenz*, Berlin 2015, S. 114–128, hier S. 119 ff.

89 Ralph Ghadban: *Die Libanon-Flüchtlinge in Berlin. Zur Integration ethnischer Minderheiten*, Berlin 2000, S. 211 f.

90 Sadeghi: »Grenzen der Zugehörigkeit«, S. 87 ff.

91 Thankmar von Münchhausen: »Die Entscheidung muß in den großen Städten Irans fallen«, in: *Frankfurter Allgemeine Zeitung*, 12. Februar 1986.

92 »Beliebte Kaliber«, in: *Der Spiegel*, 1. Juni 1992.

93 Shayegheh Ashourizadeh: »Iranian Entrepreneurs at Home and in Diaspora. Entrepreneurial Competencies, Exporting, Innovation and Growth-Expectations«, in: Shahamak Rezaei, Léo-Paul Dana u. Veland Ramadani (Hrsg.): *Iranian Entrepreneurship. Deciphering the Entrepreneurial Ecosystem in Iran and in the Iranian Diaspora*, Cham 2017, S. 249–262, hier S. 260.

94 Jeremiah Goulka et al.: *The Mujahedin-e Khalq in Iraq. A Policy Conundrum*, Santa Monica 2009, S. 3.

95 Georg Mascolo u. Holger Stark: »Reisende Revolutionäre«, in: *Der Spiegel*, 5. Mai 2003.

96 »Mujahedin-E Khalq – Criminal Investigation«, Department of Justice – Federal Bureau of Investigation, Los Angeles, 29. November 2004, S. 5, https://www.aei.org/wp-content/uploads/2014/05/FBI%20-%20REPORT.pdf, aufgerufen am 19. Juli 2022.

97 Mark Edmond Clark: »An Analysis of the Role of the Iranian Diaspora in the Financial Support System of the *Mujahedin-e Khalq*«, in: Sean S. Costigan u. David Gold (Hrsg.): *Terrornomics*, Aldershot 2007, S. 65–76, hier S. 74 f.

98 Owen Bennett-Jones: »Terrorists? Us?« Besprechung von *Terror Tagging of an Iranian Dissident Organization* von Raymond Tanter. in: *London Review of Books* 34 (2012), H. 11, S. 10 ff.

99 George S. Harris: »Ethnic Conflict and the Kurds«, in: *The Annals of the American Academy of Political and Social Science* 433 (1977), H. 1, S. 112–124, hier S. 122.

100 Nader Entessar: »The Kurds in Post-Revolutionary Iran and Iraq«, in: *Third World Quarterly* 6 (1984), H. 4, S. 911–933, hier S. 928.

101 Rodi Hevian: »The Main Kurdish Political Parties in Iran, Iraq, Syria, and Turkey. A Research Guide«, in: *Middle East Review of International Affairs* (Online) 17 (2013), H. 2, 94–112, hier S. 96.

102 Niedersächsisches Landesarchiv Hannover, Nds 147, Acc. 26/98, Nr. 23, »Aktivitäten kurdischer/türkischer Linksextremisten in der Bundesrepublik Deutschland«, Bericht des Niedersächsischen Ministeriums des Innern, Hannover, 6. Mai 1987.

103 Hamit Bozarslan: »The Kurds and Middle Eastern ›State of Violence‹.

The 1980s and 2010s«, in: *Kurdish Studies* 2 (2014), H. 1, S. 4–13, hier S. 11.

104 »Aktuelle Stunde – Entsendung von Marine-Einheiten der Bundeswehr ins Mittelmeer«, Plenarprotokoll 11/34, Deutscher Bundestag – Stenographischer Bericht, 34. Sitzung, Bonn, 16. Oktober 1987.

105 Bozarslan: »The Kurds and Middle Eastern ›State of Violence‹«, S. 14.

106 Barzoo Eliassi: *Contesting Kurdish Identities in Sweden. Quest for Belonging among Middle Eastern Youth*, New York 2013, S. 26 f.

107 Norbert Siegmund: *Der Mykonos-Prozeß. Ein Terroristen-Prozeß unter dem Einfluß von Außenpolitik und Geheimdiensten. Deutschlands unkritischer Dialog mit dem Iran*, Münster 2001, S. 53.

108 »Brutaler Ruf«, in: *Der Spiegel*, 14. Juni 1993.

109 Siegmund: *Der Mykonos-Prozeß*, S. 250.

110 »Aufklärung von Versäumnissen, insb. des LfV Berlin im Zusammenhang mit der Ermordung iranischer Oppositionspolitiker im Restaurant ›Mykonos‹«, Abschlußbericht 1995, Abgeordnetenhaus von Berlin, 12. Wahlperiode, Drs. 12/5187, Berlin, 1995, S. 22.

111 »Aufklärung von Versäumnissen«, S. 36.

112 »So hatte der Generalbundesanwalt bereits in einer Presseerklärung vom 27. Mai 1993 einen staatsterroristischen Akt des Iran für denkbar gehalten … Da die Bundesregierung die von dem Kammergericht und dem Untersuchungsausschuß angeforderten Unterlagen nicht übersandt hat … fragen wir die Bundesregierung nun …«, »Mögliche Beteiligung iranischer Sicherheitsbehörden am ›Mykonos‹-Anschlag«, Kleine Anfrage – Antwort der Bundesregierung, Deutscher Bundestag, 13. Wahlperiode, Drucksache 13/3393, Bonn, 21. Dezember 1995.

113 Paul R. Pillar: »The Role of Villain. Iran and US Foreign Policy«, in: *Political Science Quarterly* 131 (2016), H. 2, S. 211–231, hier S. 228.

114 »U. S. Calls On MKO Group To Accept Albania Resettlement Offer«, Radio Free Europe/Radio Liberty, 18. März 2013.

115 Bernard Hourcade: »Iran and Europe. The Never-Ending Hope for Strong and Efficient Relations«, in: Heinz Gärtner u. Mitra Shahmoradi (Hrsg.): *Iran in the International System. Between Great Powers and Great Ideas*, Abingdon, New York 2020, S. 133–140.

116 Oliver Ernst: »›Iran als Teil der Lösung‹ – Politische Implikationen für die Innen- und Außenpolitik im Kontext der bevorstehenden Präsidentschaftswahlen«, Konrad-Adenauer-Stiftung, Berlin, 7. Juni 2013.

117 Niels Uhlendorf: *Optimierungsdruck im Kontext von Migration. Eine diskurs- und biographieanalytische Untersuchung zu Subjektivationsprozessen*, Wiesbaden 2018, Kap. 2: »Migrationsbewegungen aus dem Iran«, S. 85–107.

Kapitel 3

1 Sabine Mangold: *Eine »weltbürgerliche Wissenschaft«: die deutsche Orientalistik im 19. Jahrhundert*, Stuttgart 2004, S. 37.

2 Karin Loevy: »The Sykes-Picot Agreement's Regional Moment: Drawing Lines of Development in a New and Open Space«, in: *American Journal of International Law* 110 (2016), S. 122–123.

3 Michael Samers: »The Production of Diaspora: Algerian Emigration from Colonialism to Neo-Colonialism (1840–1970)«, in: *Antipode* 29, Nr. 1 (1997), S. 45.

4 Ulrich Trumpener: »Germany and the End of the Ottoman Empire«, in: Marian Kent (Hrsg.): *The Great Powers and the End of the Ottoman Empire*, London 2005, S. 114.

5 Ulrich Trumpener: »Germany and the End of the Ottoman Empire«, in: Marian Kent (Hrsg.): *The Great Powers and the End of the Ottoman Empire*, London 2005, S. 110.

6 Aischa Ahmed: *Arabische Präsenzen in Deutschland um 1900*, Bielefeld 2020, S. 238, S. 243.

7 Mia Lee: »Nazis in the Middle East: Assessing Links Between Nazism and Islam«, in: *Contemporary European History* 27, Nr. 1 (2018), S. 126.

8 Ali Abdullatif Ahmida: *Genocide in Libya: Shar, a Hidden Colonial History*, London 2020, S. 10.

9 Dani Kranz: »Changing Definitions of Germanness across Three Generations of Yekkes in Palestine/Israel«, in: *German Studies Review* 39, Nr. 1 (2016), S. 101.

10 Patrick Farges: »›Muscle‹ Yekkes? Multiple German-Jewish Masculinities in Palestine and Israel after 1933«, in: *CentralEuropean History* 51, Nr. 3 (2018), S. 467.

11 Tom Segev: *1949: The First Israelis*, New York 1986, S. 96.

12 Philipp Hirsch: »The Cold War, the Arab World, and West Germany's ›Mediterranean moment‹, 1967–73«, in: *Cold War History* 20, Nr. 2 (2020), S. 165.

13 David Rodman: »Armored Breakthrough: The 1965 American Sale Of Tanks to Israel«, in: *Middle East Review of International Affairs* 8, Nr. 2 (2004), S. 4–5.

14 Alistair Horne: *A Savage War of Peace. Algeria 1954–1962*, London 2002, S. 183–207.

15 Niedersächsisches Hauptstaatsarchiv Hannover (im Folgenden NHstA. Hann.), Nds. 147, Nr. 794, Berichte des Landeskriminalamtes/Werbung für Fremden Wehrdienst 1952–1961, Re.: »Fremdenlegion 1956–1959«, Hannover 1952–1961.

16 Peter Mösser u. Lotar Olias: »Der Legionär«, gesungen von Freddy Quinn, 1958, Copyright Polydor Records. Ab dem 20. August 1958 für drei Wochen auf Platz 1 der deutschen Charts. Ernst Bader: »Hundert Mann und ein Befehl«, gesungen von Freddy Quinn, 1966, Copyright Polydor Records.

17 NHStA. Hann., Nds. 147, Nr. 386, Landeskriminalamt / Fremdenlegion, Re.: »Schematische Befragungen und Erlebnisberichte«, Hannover, Dezember 1957-Juli 1961.

18 Pol. A. A.Ber., B 25, Nr. 10, Bericht – Bundeskriminalamt Sicherungsgruppe, Re.: »Erkenntnisse über eine französische Untergrundorganisation (CATENA) und über deren geplante Attentate gegen Waffenhändler und andere mit den algerischen Aufständischen sympathisierende Personen in der Bundesrepublik Deutschland«, Bad Godesberg, 24. Juni 1959. Besonders beunruhigt waren die Beamten im BKA und im Außenministerium über das propagandistische Wirken eines Journalisten namens Winfried Müller aus Wiesbaden (Spitzname »Mustapha Müller«), der mit Einheiten der Nationalen Befreiungsarmee ALN in Algerien gekämpft hatte und FLN-freundliche Berichte an Gruppen und Presseorgane in

der Bundesrepublik sandte, die den Kampf der algerischen Nationalisten befürworteten.

19 Pol. A.A.Ber., B 25, Nr. 13, Brief des Landesgeschäftsführers des CDU Landesverbands Saar, André, an Legationsrat Dr. Frank (politische Abteilung des Auswärtigen Amtes), Re.: »Gründung eines Hilfskomitees für algerische Flüchtlinge in Saarland«, Saarbrücken, 6. Februar 1960.

20 NHStA. Hann., Nds. 100, Nr. 148, Bericht des Landeskriminalamtes Niedersachsen, Re.: »Ausländerpolizeiliche Behandlung von Algeriern«, Hannover, 2. November 1959, sowie Pol. A.A.Ber., B 25, Nr. 10, Aufzeichnung einer Sitzung des Bundesministeriums des Innern, Re.: »Algerische Umtriebe in der BRD«, Bonn, 12. Oktober 1958.

21 Pol. A.A.Ber., B 25, Nr. 13, Abschrift eines Berichtes über Ermittlungen des Generalstaatsanwaltes bei dem Hanseatischen Oberlandesgericht an den Senat der Freien und Hansestadt Hamburg (Landesjustizverwaltung) und das Auswärtige Amt, Re.: »Ermittlungsverfahren wegen der Sprengstoffattentate auf den Waffenhändler Schlüter und auf den Dampfer ›Atlas‹, Hamburg«, Hamburg, 20. Mai 1959.

22 Hans Paul Lieren: »Auch der zweite Start mißglückte – Hassan Ait Ahcene will nach Tunis zurück / Das unaufgeklärte Attentat«, in *Frankfurter Rundschau*, 8. Dezember 1958; sowie Pol. A.A.Ber., B 25, Nr. 13, Bericht Politische Abteilung, Re.: »Attentat auf Ait Ahcéne«, Bonn, 6. November 1958.

23 Pol. A.A.Ber., B 25, Nr. 9, Aufzeichnung eines Gespräches mit MdB Wischnewski (Leg. Dr. Weinhold), Re.: »Algerienfrage und die BRD«, Bonn, 15. Mai 1961.

24 Pol. A.A.Ber., B 25, Nr. 13, Antwort an Herrn André (Landesgeschäftsführer des CDU Landesverbands Saar), Re.: »Gründung eines Hilfskomitees für algerische Flüchtlinge im Saarland«, Bonn, 15. Februar 1960.

25 Klaus-Jürgen Müller: »Die Bundesrepublik Deutschland und der Algerienkrieg«, in: *Vierteljahrshefte für Zeitgeschichte* 38, Nr. 4 (1990), S. 638.

26 Thomas Scheffler: *Die* SPD *und der Algerienkrieg (1954–1962)*, Berlin 1995, S. 57.

27 Pol. A. A.Ber., B 25, Nr. 2, Auswärtiges Amt – Aufzeichnung (gez. Leg. Janne), Re.: »Unterredung mit SPD-Abgeordnetem Wischnewski«, Bonn, 15. Mai 1961.

28 Pol. A. A.Ber., B 25, Nr. 13, Schnellbrief des Bundesministeriums des Innern, Re.: »Gründung eines Vereines für ein freies Algerien in Saarbrücken«, Bonn, 12. Oktober 1961.

29 Wolfgang Kraushaar: *Die Protest-Chronik 1949–1959*, Bd. 3, Hamburg 2000, S. 1953–4.

30 Quinn Slobodian: »Bandung in Divided Germany: Managing Non-Aligned Politics in East and West, 1955–63«, in: *The Journal of Imperial and Commonwealth History* 41, Nr. 4 (2013), S. 646.

31 Bundesarchiv Koblenz, B 166, Nr. 1172, »Das Ausländerstudium in der Bundesrepublik, Dokumentation III/63, in: *Entwicklungsländer Informationen*«, Bonn, 24. Mai 1963.

32 Quinn Slobodian: *Foreign Front: Third World Politics in Sixties West Germany*, Durham 2012, S. 18–19.

33 Bettina Severin-Barboutie: »Multiple Deutungen und Funktionen: Die organisierte Reise ausländischer Arbeitskräfte in die Bundesrepublik Deutschland (1950er-1970er Jahre)«, in: *Geschichte und Gesellschaft* 44, Nr. 2 (2018), S. 226.

34 Tatjana Baraulina et al.: »Ägyptische, Afghanische und Serbische Diasporagemeinden in Deutschland und ihre Beiträge zur Entwicklung ihrer Herkunftsländer«, in: *HWWI Research Paper*, Nr. 3–5 (2007), S. 3.

35 Tatjana Baraulina et al.: »Ägyptische, Afghanische und Serbische Diasporagemeinden in Deutschland und ihre Beiträge zur Entwicklung ihrer Herkunftsländer«, in: *HWWI Research Paper*, Nr. 3–5 (2007), S. 52.

36 Guido Steinberg: »The Muslim Brotherhood in Germany«, in: Barry Rubin (Hrsg.): *The Muslim Brotherhood*, New York, 2010. S. 150.

37 Tatjana Baraulina et al.: »Ägyptische, Afghanische und Serbische Diasporagemeinden in Deutschland und ihre Beiträge zur Entwicklung ihrer Herkunftsländer«, in: *HWWI Research Paper*, Nr. 3–5 (2007), S. 8.

38 Terry McDermott: *Perfect Soldiers – The 9/11 Hijackers: Who They Were and Why they Did It*, New York 2005, S. 21.

39 Rita Breuer: »Die Muslimbruderschaft in Deutschland«, https://www.bpb.de/politik/extremismus/islamismus/290422/die-muslimbruderschaft-in-deutschland (2019), S. 9, aufgerufen am 3. März 2021.

40 Michele Dunne u. Amr Hamzawy: »Egypt's Political Exiles: Going Anywhere But Home«, in: *Carnegie Working Papers* 29 (2019), S. 3.

41 Bundesministerium des Innern: *Migrationsbericht der Bundesregierung 2018*, Berlin 2018, S. 168, https://www.bamf.de/SharedDocs/Anlagen/DE/Forschung/Migrationsberichte/migrationsbericht-2018.pdf, aufgerufen am 12. Februar 2020; sowie Katrin Pfündel, Anja Stichs u. Nadine Halle: »Menschen mit Migrationshintergrund aus muslimisch geprägten Ländern in Deutschland. Analysen auf Basis des Mikrozensus 2018«, in: *BaMF Working Paper 87*, Nürnberg 2020, S. 16.

42 Patrice Poutrus: »Die DDR, ein anderer deutscher Weg? Zum Umgang mit Ausländern im SED-Staat«, in: Rosmarie Beier-de Haan (Hrsg.): *Zuwanderungsland Deutschland: Migrationen 1500–2005*, Berlin 2005, S. 129.

43 Harry Waibel: »Der gescheiterte Antifaschismus der SED – Antisemitismus, Rassismus und Neonazismus in der DDR«, in: *Journal Exit-Deutschland. Zeitschrift für Deradikalisierung und Demokratische Kultur* 2 (2016), S. 44.

44 Andreas Kagermeier: »Marokkanische Migration nach Deutschland: Charakteristika und Perspektiven«, in: Günter Meyer (Hrsg.): *Die Arabische Welt im Spiegel der Kulturgeographie*, Mainz 2004, S. 341.

45 Patrice Poutrus: »Aufnahme in die ›geschlossene Gesellschaft‹. Remigranten, Übersiedler, ausländische Studierende und Arbeitsmigranten in der DDR«, in: Jochen Oltmer (Hrsg.): *Handbuch Staat und Migration vom 17. Jahrhundert bis zur Gegenwart*, Berlin 2016, S. 22.

46 Zarin Aschrafi: »Der Nahe Osten im Frankfurter Westend. Politische Akteure im Deutungskonflikt (1967–1972)«, in: *Zeithistorische Forschungen* 16, Nr. 3 (2020), S. 474.

47 Dana Ionescu: »Auseinandersetzungen um Antisemitismus im politisch linken Spektrum: mehr als ›Judenhass‹ und ›Judendiskriminierung‹, in: *Wissen Schafft Demokratie* 8 (2020), S. 61.

48 Susanne Urban: »Anti-semitism in Germany Today: Its Roots and Tendencies«, in: *Jewish Political Studies Review* 16, Nr. 3/4 (2004), S. 126.

49 Joseph Ben Prestel: »Heidelberg, Beirut und die ›Dritte Welt‹. Palästinensische Gruppen in der Bundesrepublik Deutschland (1956–1972)«, in: *Zeithistorische Forschungen* 16, Nr. 3 (2020), S. 447.

50 Quinn Slobodian: »The Borders of the Rechtsstaat in the Arab Autumn: Deportation and Law in West Germany 1972/73«, in: *German History* 31, Nr. 2 (2013), S. 207.

51 Evelyn Runge u. Annette Vowinckel: »Es bleibt kompliziert. Israel, Palästina und die deutsche Zeitgeschichte«, in: *Zeithistorische Forschungen* 16, Nr. 3 (2020), S. 432.

52 Haolem Hazeh: »Arab Students under House Arrest in Israel«, in: *Journal of Palestine Studies* 8, Nr. 4 (1979), S. 122.

53 Joseph Ben Prestel: »Heidelberg, Beirut und die ›Dritte Welt‹. Palästinensische Gruppen in der Bundesrepublik Deutschland (1956–1972)«, in: *Zeithistorische Forschungen* 16, Nr. 3 (2020), S. 446.

54 Joseph Ben Prestel: »Heidelberg, Beirut und die ›Dritte Welt‹. Palästinensische Gruppen in der Bundesrepublik Deutschland (1956–1972)«, in: *Zeithistorische Forschungen* 16, Nr. 3 (2020), S. 455.

55 Zarin Aschrafi: »Der Nahe Osten im Frankfurter Westend. Politische Akteure im Deutungskonflikt (1967–1972)«, in: *Zeithistorische Forschungen* 16, Nr. 3 (2020), S. 477.

56 Mjriam Abu Samra: The Palestinian Transnational Student Movement 1948–1982: A Study on Popular Organization and Transnational Mobilization, Dissertation University of Oxford 2020, S. 208.

57 Yair Galily: »From terror to public diplomacy: Jibril Rajoub and the Palestinian Authorities' uses of sport in fragmentary Israeli-Palestinian conflict«, in: *Middle Eastern Studies* 54, Nr. 4 (2018), S. 660.

58 Landesarchiv Berlin, B Rep 002, Nr. 10880, Ausländer und ausländische Vertretungen in Berlin: Büro der *Palästinensischen Befreiungsbewegung* (PLO) in Ost-Berlin, Enthält: Berichte des Landesamtes für Verfassungsschutz 1972–1983, »Errichtung eines PLO-Büros in Ostberlin«, Berlin, 25. September 1973.

59 Martin Jander: »German Leftist Terrorism and Israel: Ethno-Nationalist, Religious-Fundamentalist, or Social-Revolutionary?«, in: *Studies in Conflict & Terrorism* 38, Nr. 6 (2015), S. 457.

60 Andrew Silke und Anastasia Filippidou: »What drives terrorist inno-

vation? Lessons from Black September and Munich 1972«, in: *Security Journal* 33, Nr. 2 (2020), S. 223.

61 Quinn Slobodian: »The Borders of the Rechtsstaat in the Arab Autumn: Deportation and law in West Germany, 1972/73«, in: *German History* 31, Nr. 2 (2013), S. 212.

62 Klaus Weinhauer: »Terrorismus in der Bundesrepublik der Siebzigerjahre«, in: *Archiv für Sozialgeschichte* 44, Nr. 2 (2004), S. 225.

63 Diemut Mayer: »Umstrittenes Ausländerrecht«, in: *Zeitschrift für Rechtspolitik* 5, Nr. 11 (1972), S. 253–254.

64 Niels Seibert: *Vergessene Proteste – Internationalismus und Antirassismus*, Münster 2008, S. 154.

65 Bay. HstA. Mün., Nr. 9582/2, Bericht KA III an Bayer. Staatsministerium des Innern, Re.: »Besetzung und Räumung des Kaiserlich Iranischen Generalkonsulats am 4. 8. 1970«, München, 11. August 1970.

66 Quinn Slobodian: »The Borders of the Rechtsstaat in the Arab Autumn: Deportation and law in West Germany, 1972/73«, in: German History 31, Nr. 2 (2013), S. 212.

67 Brenda M. Seaver: »The Regional Sources of Power-Sharing Failure: The Case of Lebanon«, in: *Political Science Quarterly* 115, Nr. 2 (2000), S. 260.

68 Ibrahim Abu-Lughod: »Review – The Palestinian Liberation Organization by Helena Cobban; The PLO and Palestine by Abdallah Frangi; Palestinian Leadership on the West Bank by Moshe Maoz; Toward The De-Arabization of Palestine / Israel by Basheer K. Nijim and Bishara Muammar; Israel into Palestine by Gwyn Rowley«, in: *International Journal of Middle East Studies* 18, Nr. 2 (1986), S. 257.

69 Assaf Moghadam und Michel Wyss: »Of Anti-Zionists and Antideutsche: The Post-War German Left and its Relationship with Israel«, in: *Democracy and Security* 15, Nr. 1 (2019), S. 57–58.

70 Thomas Riegler: *Terrorismus: Akteure, Strukturen, Entwicklungslinien*, Innsbruck 2009, S, 271.

71 Matthias Dahlke: »Das Wischnewski-Protokoll. Zur Zusammenarbeit zwischen westeuropäischen Regierungen und transnationalen Terroristen 1977«, in: *Vierteljahrshefte für Zeitgeschichte* 57, Nr. 2 (2009), S. 207.

72 Ignaz Lozo: »Terrorismusmythen: Die Sowjetunion, der KGB und die RAF«, in: *Osteuropa* 67, Nr. 11/12 (2017), S. 169.

73 Joseph Ben Prestel: »Heidelberg, Beirut und die ›Dritte Welt‹. Palästinensische Gruppen in der Bundesrepublik Deutschland (1956–1972)«, in: *Zeithistorische Forschungen* 16, Nr. 3 (2020), S. 465.

74 Nora Jasmin Ragab und Katharina Koch: »The Palestinian Diaspora in Germany«, in: *Palestine-Israel Journal of Politics, Economics, and Culture* 24, Nr. 3/4 (2019).

75 Peter Ullrich: »Neuer Antisemitismus von links? Der Nahostkonflikt, Antizionismus, Antisemitismus und die Linke in Großbritannien und der BRD«, in: Karl-Siegbert Rehberg (Hrsg.), *Die Natur der Gesellschaft: Verhandlungen des 33. Kongresses der Deutschen Gesellschaft für Soziologie in Kassel 2006.* Teilbd. 1 u. 2, Frankfurt am Main 2008, S. 55–68.

76 Dirk Peddinghaus: *Die HAMAS und die Finanzierung des Terrorismus im Nahen Osten: Eine Analyse anhand offener Quellen*, Hamburg 2021, S. 40–41.

77 Gareth Joswig: »Faeser für konsequentes Handeln«, in: *die tageszeitung*, 24. April 2022, sowie hier die Online-Plattform von *Palästina Spricht*: https://www.palaestinaspricht.de/.

78 Daniel Levy: »The Future of the Past: Historiographical disputes and competing memories in Germany and Israel«, in: *History and Theory* 38, Nr. 1 (1999), S. 54.

79 Larissa Remennick: »The Israeli Diaspora in Berlin: Back to Being Jewish?«, in: *Israel Studies Review* 34, Nr. 1 (2019), S. 93–94.

80 Sa'ed Atshan und Katharina Galor: *Israelis, Palästinenser und Deutsche in Berlin: Geschichten einer komplexen Beziehung*, Münster 2021, S. 202.

81 Ralph Ghadban: *Die Libanon-Flüchtlinge in Berlin*, Berlin 2000, S. 61.

82 Lawrence Conrad: »Culture and Learning in Beirut«, in: *The American Scholar* 52, Nr. 4 (1983), S. 468.

83 Sari Hanafi und Taylor Long: »Governance, governmentalities, and the state of exception in the Palestinian refugee camps of Lebanon«, *Journal of Refugee Studies* 23, Nr. 2 (2010): S. 137–138.

84 Paul Tabar: »Lebanon: A Country of Emigration and Immigration«, in: *Institute for Migration Studies* 7 (2010), S. 8.
85 Halim Barakat: *Lebanon in Strife: Student Preludes to the Civil War* (Vol. 2), Austin 2011, S. 194–195.
86 Christian Thuselt: »Lebanese Phalangism and Fascism: History of a Symbolic Appropriation«, in: *Middle Eastern Studies* (2022): S. 2–3.
87 Halim Barakat: *Lebanon in Strife: Student Preludes to the Civil War* – Vol. 2. Austin 2011, S. 150–151, sowie Abbas Shiblak: »Palestinians in Lebanon and the PLO«, in: *Journal of Refugee Studies* 10, Nr. 3 (1997), S. 262–263.
88 Wendy Pearlman: »Emigration and Power: A Study of Sects in Lebanon, 1860–2010«, in: *Politics & Society* 41, Nr. 1 (2013), S. 120.
89 Edgar O'Balance: *Civil War in Lebanon 1975–92*, London 1998. S. 199–200.
90 Andreas Kapphan: »Migration und Stadtentwicklung«, in: Frank Gesemann (Hrsg.), *Migration und Integration in Berlin*, Opladen 2001, S. 93.
91 Paul Tabar: »The Lebanese Diasporic Field: the Impact of Sending and Receiving States«, in: *Immigrants & Minorities* 34, Nr. 3 (2016), S. 262–263.
92 Wendy Pearlman: »Competing for Lebanon's diaspora: Transnationalism and domestic struggles in a weak state«, in: *International Migration Review* 48, Nr. 1 (2014), S. 53.
93 Jennifer Skulte-Ouaiss und Paul Tabar: »Strong in their weakness or weak in their strength? The case of lebanese diaspora engagement with Lebanon«, in: *Immigrants & Minorities* 33, Nr. 2 (2015), S. 153.
94 Hicham Bou Nassif: »Rethinking Pathways of Transnational Jihad: Evidence from Lebanese ISIS Recruits«, in: *Security Studies* 30, Nr. 5 (2021), S. 816.
95 Johannes Boettner und Helmuth Schweitzer: »Was heißt denn hier ›Clan‹?«, in: *Sozial Extra* 44, Nr. 6 (2020), S. 355.
96 Joseph Daher: »Hezbollah, Neoliberalism and Political Economy«, in: *Politics and Religion* 13, Nr. 4 (2020), S. 740–741.
97 Daniel Odin Shaw: »Beyond necessity: Hezbollah and the intersection of state-sponsored terrorism with organised crime«, in: *Critical Studies on Terrorism* 12, Nr. 4 (2019), S. 591–592.

98 Zeynab Malakoutikhah: »Iran: Sponsoring or Combating Terrorism?«, in: *Studies in Conflict & Terrorism* 43, Nr. 10 (2020), S. 922.

99 Muhamad Abdi und Sebastian Leber: »Wie die Hisbollah in Berlin im Verborgenen agiert«, in: *Der Tagesspiegel*, 30. November 2019.

100 Peter Hille: »Will Deutschland die Hisbollah verbieten?«, in: *Deutsche Welle*, 28. November 2019.

101 Till Schmidt: »Aufgedeckt: Das deutsche Netzwerk der Hisbollah«, in: *Zentrum Liberale Moderne*, 22. Juni 2021.

102 Sascha Lübbe: »Al-Kuds-Marsch: Hetze, Wut und Solidarität«, in: *Die Zeit*, 1. Juni 2019.

103 Matthew Levitt: »Hezbollah's regional activities in support of Iran's proxy networks«, in: *Middle East Institute*, 26. Juli 2021, S. 18.

104 Ralph Ghadban: *Die Libanon-Flüchtlinge in Berlin – Zur Integration ethnischer Minderheiten*, Berlin 2000, S. 51.

105 Steven Bickel: »Clankriminalität als Gefahr für die Innere Sicherheit«, in: *Konrad-Adenauer-Stiftung – Analysen & Argumente* 434 (2021), S. 3.

106 Thomas Heise und Claas Meyer-Heuer: *Die Macht der Clans: Arabische Großfamilien und ihre kriminellen Imperien*, München 2020, S. 24–25.

107 Jan Vollmer: »Wie Assad Oppositionelle in Deutschland terrorisiert«, in: *Die Welt*, 19. Juli 2012.

108 Lorenzo Vidino: »Die Eroberung Europas durch die Muslim-Bruderschaft«, in: *Middle East Quarterly* (2005), https://www.meforum.org/758/die-eroberung-europas-durch-die-muslim, aufgerufen am 4. März 2022.

109 Anna Treu: »Assad-Besuch: Schwieriger Staatsgast«, in: *Frankfurter Allgemeine Zeitung*, 10. Juli 2001.

110 John Hudson: »Why Did Kofi Annan Fail?«, in: *The Atlantic*, 2 August 2012.

111 Michael Kerr: »Introduction«, in: Michael Kerr und Craig Larkin, (Hrsg.), *The Alawis of Syria: War, Faith and Politics in the Levant*, Oxford 2015, S. 5–6.

112 »Syrian Refugees Despair as Europe Closes Door«, in: *VOA News/Reuters*, 18. Dezember 2013, https://www.voanews.com/a/reu-syrian-refugees-despair-as-europe-closes-door/1813230.html, aufgerufen am 23. September 2015.

113 Olivier J. Walther und Patrick Steen Pedersen: »Rebel Fragmentation in Syria's Civil War«, in: *Small Wars & Insurgencies* 31, Nr. 3 (2020), S. 454.

114 Filippo Dionigi: »The Syrian refugee crisis in the Kurdish region of Iraq: Explaining the role of borders in situations of forced displacement«, in: *International Migration* 57, Nr. 2 (2019), S. 20–21.

115 Marcello Mollica: »Terror-Driven Ethno-religious Waves: Mapping Determinants in Refugees' Choices Escaping Iraq and Syria«, in: Marcello Mollica und James Dingley: *Understanding Religious Violence*, Cham 2018, S. 164–165.

116 Deutscher Bundestag, 18. Wahlperiode: »Bundesministerium des Innern, Antwort der Bundesregierung auf die Kleine Anfrage der Abgeordneten Ulla Jelpke, Jan Korte, Kerstin Kassner, weiterer Abgeordneter und der Fraktion DIE LINKE. – Drucksache 18/5617 – Aufnahme von syrischen Flüchtlingen zum Stand Mitte 2015«, in: Drucksache 18/5799, 18. Wahlperiode, 20. August 2015.

117 Marcel Burkhardt: »Zahlen und Fakten: Syrer in Deutschland – gut integriert?«, in: *ZDF Online*, 15. März 2021, https://www.zdf.de/nachrichten/politik/syrer-zuwanderung-integration-deutschland-100.html, aufgerufen am 9. April 2022.

118 »Hilfsorgansiation Islamic Relief unter Druck«, in: *Die Welt/DPA*, 22. November 2020, https://www.welt.de/newsticker/dpa_nt/infoline_nt/brennpunkte_nt/article220722504/Hilfsorgansiation-Islamic-Relief-unter-Druck.html, aufgerufen am 14. Dezember 2020; sowie Esther Felden und Mathias von Hein: »YPG-Rückkehrer: Terrorbekämpfer unter Terrorverdacht«, *Deutsche Welle*, 5. Januar 2020, https://www.dw.com/de/ypg-r%C3%BCckkehrer-terrorbek%C3%A4mpfer-unter-terrorverdacht/a-51747883, aufgerufen am 4. März 2020.

119 Souad Abbas: »Wie hältst du es mit Assad?«, in: *Die Zeit*, 21. Juli 2018.

120 Zeynep Sezgin: »Diaspora Action in Syria and Neighbouring Countries«, in: Zeynep Sezgin, Dennis Dijkzeul, *The New Humanitarians in International Practice*, London 2015, S. 244.

121 Jamshid Hussein: »Was ist mit mir in Syrien geschehen?« Zur Re-Interpretation der familiären Sozialisation bei syrischen Zuwander*innen in Deutschland«, in: *ZMO Working Papers* 33 (2022), S. 6–7.

122 Zenia Yonus: »Mediated Complexities of Belonging and Political (De) Mobilization: Syrian Dissidents in Europe«, in: Sarah Ann Rennick u. a., *Mediatized Arab Diasporas: Understanding the Role of Diasporic Media in Political-Action Formation*, Paris 2022, S. 16.

123 Olivier J. Walther und Patrick Steen Pedersen: »Rebel fragmentation in Syria's civil war«, in: *Small Wars & Insurgencies* 31, Nr. 3 (2020), S. 466.

124 Thomas Pierret: »Turkey and the Syrian Insurgency: From Facilitator to Overlord«, in: Bayram Balci und Nicolas Monceau, *Turkey, Russia and Iran in the Middle East. Establishing a New Regional Order*, Cham 2021, S. 70

125 Fiona B. Adamson und Gerasimos Tsourapas: »Coercion-by-Proxy as a Tool of Transnational Repression«, in: Nate Schenkkan, Isabel Linzer, Saipira Furstenberg und John Heathershaw (Hrsg.), *Perspectives on »Everyday« Transnational Repression in an Age of Globalization – Freedom House*, Washington DC 2020, S. 11.

126 Evan Easton-Calabria und Jennifer Wood: »Bridging, bonding, and linking? Syrian refugee-led organisations and integration in Berlin«, in: *Journal of Ethnic and Migration Studies* 47, Nr. 19 (2021): 4310.

127 Orkan Kösemen und Ulrike Wieland: *Willkommenskultur zwischen Stabilität und Aufbruch. Aktuelle Perspektiven der Bevölkerung auf Migration und Integration in Deutschland*, Gütersloh 2022, S. 17.

Kapitel 4

1 Mark Biondich: »Stjepan Radić, Yugoslavism, and the Habsburg Monarchy«, in: *Austrian History Yearbook*, Bd. XXVII (1996), S. 109–131.

2 Mark Biondich: *Stjepan Radić, The Croat Peasant Party, and the Politics of Mass Mobilization, 1904–1928*, Toronto 2000, S. 91–92.

3 Ranko Bugarski: »Language, identity and borders in the former Serbo-Croatian area«, in: *Journal of Multilingual and Multicultural Development* 33/3 (2012), S. 226–227.

4 Ivana Djuric: »The Croatian diaspora in North America: identity, ethnic solidarity, and the formation of a transnational national com-

munity«, in: *International Journal of Politics, Culture, and Society* 17/1 (2003), S. 116–118.

5 Dubravka Stojanović: »Private Yugoslavism and Serbian Public Opinion: 1890–1914«, in: *East Central Europe* 42 (2015), S. 20–22.

6 Ivan Cizmic: »Emigration and Emigrants from Croatia between 1880 and 1980«, in: *GeoJournal* 38 (April, 1996), S. 431–432.

7 Sabrina S. Ramet: »Vladko Macek and the Croatian Peasant Defence in the Kingdom of Yugoslavia«, in: *Contemporary European History* 16/2 (2007), S. 218–220.

8 Ebenda, S. 222–223.

9 Gregor Kranjc: »Talking Past Each Other: Language and Post-World War II Killings in Slovenia«, in: *Journal of Genocide Research*, 20/4 (2018), S. 568–569.

10 Lorraine M. Lees: *Keeping Tito Afloat: The United States, Yugoslavia, and the Cold War: 1945–1960*, University Park 1997, S. 83–84.

11 Kaja Shonick: »Politics, Culture, and Economics: Reassessing the West German Guest Worker Agreement with Yugoslavi«, in: *Journal of Contemporary History* 44/4 (2009), S. 725.

12 Ulf Brunnbauer: »Yugoslav Gastarbeiter and the Ambivalence of Socialism: Framing Out-Migration as a Social Critique«, in: *Journal of Migration History* 5 (2019), S. 432–433.

13 Francesco Ragazzi: »The Invention of the Croatian Diaspora: Unpacking the Politics of ›Diaspora‹ During the War in Yugoslavia«, in: *Global Migration and Transnational Politics*, Working Paper Nr. 10 (November 2009), S. 4.

14 Nikola Bakovic: »Song of Brotherhood, Dance of Unity: Cultural-Entertainment Activities for Yugoslav Economic Emigrants in the West in the 1960s and 1970s«, in: *Journal of Contemporary History* Bd. 50/2 (2015), S. 363–364.

15 Ebenda, S. 371–372.

16 Kaja Shonick: »Politics, Culture, and Economics: Reassessing the West German Guest Worker Agreement with Yugoslavia«, in: *Journal of Contemporary History* 44/4 (2009), S. 732.

17 Ivan Cizmic: »Emigration and Emigrants from Croatia between 1880 and 1980«, in: *GeoJournal* 38 (April 1996), S. 433.

18 Danijela Belosevic u. Andre Stanisavljevic: »Die ehemaligen jugoslawischen Minderheiten«, in: C. Schmalz-Jacobsen u.a. (Hrsg.): *Ethnische Minderheiten in der Bundesrepublik Deutschland*, München 1995, S. 209; Jill A. Irvine: *The Croat Question: Partisan Politics in the Formation of the Yugoslav Socialist State*, San Francisco 2001, S. 91–93; Robin Okey: *The Habsburg Monarchy c. 1765–1918*, London, S. 388–389.

19 John R. Lampe: *Yugoslavia as History: Twice there was a Country*, Cambridge 1997, S. 125–126.

20 Fred Singleton: *A Short History of the Yugoslav Peoples*, Cambridge 1993, S. 162–163.

21 Zoran Janjetović: »Die Konflikte zwischen Serben und Donauschwaben«, in: *Südost-Forschungen* 58 (1999), S. 158–159.

22 Irvine: *The Croat Question*, S. 37.

23 Klaus-Detlev Grothusen: »Südosteuropa und Südosteuropaforschung. Zur Lage der Südosteuropaforschung in der BRD«, in: Peter Nitsche, Erwin Oberländer u. Hans Lemberg (Hrsg.): *Osteuropa in Geschichte und Gegenwart*, Köln 1977, S. 408–426.

24 Bay. HstA. Mün., Präsidium der Bayerischen Landpolizei Nr. 111, Brief – Bayer. Staatsministerium des Inneren an Bayer. Staatskanzlei, Re.: »Nationalfeiertage der Ostemigranten und der kommunistischen Ostblockstaaten«, München, 4. Februar 1963.

25 Zum Beispiel: Pol. A. A.Ber., B 42, Nr. 569, Prof. Dr. v. Mende-Forschungsdienst Osteuropa, Re.: »Darstellung der jugoslawischen Exilorganisationen in der Bundesrepublik«, Düsseldorf, 10. Dezember 1962.

26 Father J. Klaric (Hrsg.): *Hrvatska Dijaspora u Crkvi i Domovini*, Frankfurt a. M. 2003, S. 21.

27 Pol. A. A.Ber., B 12, Nr. 562, Brief Dr. Cramer – Verband der Landsmannschaften an Auswärtiges Amt, Re.: »Bericht zur jugoslawischen Emigration von 1914 bis zur Gegenwart«, Bonn, 1. Juni 1956.

28 Pol. A. A.Ber., B 42, Nr. 569, Bericht Studiengruppe Südost an Auswärtiges Amt, Re.: »Die Kroatischen Exil-Ustaschen«, München, 7. Dezember 1961.

29 Bundesarchiv Koblenz, B 141, Nr. 30837, Interner Bericht, Re.: »Kroatische Emigrantenzeitungen: Eine Analyse«, Bonn, 19. Juni 1964.

30 Pol. A. A.Ber, B 42, Nr. 1341, Schreiben Bundeskriminalamt an Auswärtiges Amt, Re.: »Zusammenstellung von Erkenntnissen über jugoslawische Emigranten und Gastarbeiter, die in sicherheitsgefährdender Weise in Erscheinung getreten sind«, Bad Godesberg, 5. August 1969.

31 Belosevic: »Die ehemaligen jugoslawischen Minderheiten«, S. 209.

32 Beate Winkler (Hrsg.): *Was heißt denn hier fremd?*, München 1994, S. 136.

33 Pol. A. A.Ber., B 42, Nr. 1000 A, Polizeipräsidium Düsseldorf an Regierungspräsidium Düsseldorf, Re.: »Kroatische Emigrantenorganisationen – Mordversuch an 4 Exilkroaten«, Düsseldorf, 18. August 1965; oder: Bundesarchiv Koblenz, B 141, Nr. 30834, Re.: »Schnellbrief des Bundesministeriums für Vertriebene an Bundesministerium der Justiz«, Bonn, 4. Dezember 1962.

34 Hauptstaatsarchiv NRW, NW 308, Nr. 197, Korrespondenzen, Re.: »Brief NRW Innenminister an Wilhelm Schöttler«, Düsseldorf, 11. August 1965.

35 Pol. A. A.Ber., B 40, Nr. 111, Interner Bericht Auswärtiges Amt, Re.: »Emigrantenzuwendungen«, Bonn, 28. Juli 1965.

36 Pol. A. A.Ber., B 12, Nr. 562, Bericht des Forschungsdienstes Osteuropa am Auswärtigen Amt, Re.: »Kroatisch-Katholischer Klerus«, Bonn, 11. Juni 1956.

37 Pol. A. A.Ber., B 42, Nr. 570, Bericht Forschungsdienst Osteuropa Düsseldorf, Re.: »Übersicht über die Organisationen der Emigranten aus Jugoslawien in der Bundesrepublik Deutschland«, Düsseldorf, 31. Dezember 1962.

38 Pol. A. A.Ber., B 42, Nr. 571, Bericht Kriminalpolizei München an Auswärtiges Amt Bonn: »Abschrift eines Plakats«, München, 16. Juli 1963: »Bei den Verhandlungen mit den jugo-serbo Kommunisten vergesst nicht die vielen 100 000 in Jugoslawien umgebrachten Deutschen!!! Die jugoslawischen Partisanen vergasten die Deutschen Kinder!!!«

39 »Konsul Grabovac verließ Bunderepublik – Polizeieskorte brachte jugoslawischen Diplomaten zur österreichischen Grenze«, in: *Augsburger Allgemeine*, 9. Dezember 1961.

40 Bay. HstA. Mün., Stk. Nr. 13324, Auszug aus dem Stenographischen Bericht der 104. Sitzung des Bayerischen Landtags vom 29. März 1961, Re.: »Fall Vracaric«, München, 30. November 1961.

41 Pol. A.A.Ber., B 42, Nr. 568, Aufzeichnung, Re.: »Verunglimpfung der jugoslawischen Flagge auf der internationalen Bodenseemesse in Friedrichshafen am 27. 5. und 2. 6. 1962 – hier: Jugoslawischer Protest«, Bonn, 22. Juli 1962.

42 »Bombenanschlag auf Jugoslawische Handelsmission«, in: *General-Anzeiger Bonn,* 30. November 1962.

43 Bundesarchiv Koblenz, B 141, Nr. 30834, Zusammenfassungen *Politika* 2.–9. Dezember 1962 und *Borba* 3.–8. Dezember vom Forschungsdienst Osteuropa, Re.: »Stellungnahmen der jugoslawischen Regierung und der jugoslawischen Presse zum Godesberger Vorfall vom 29. November 1962«, Düsseldorf, 11. Dezember 1962.

44 Hauptstaatsarchiv NRW, NW 308, Nr. 196, Justiz-Kroaten, Re.: »Verwaltungsrechtsache Kroatische Kreuzerbruderschaft Köln«, Köln, 27. Oktober 1965, S. 28–46.

45 Bundesarchiv Koblenz, B 141, Nr. 30834, Antwort des Justizministers Nordrhein-Westfalens bzw. Dr. Heimeshoff (Kanzlei des Landes NRW) an Anfrage des Herrn Bundesminister der Justiz bzw. Herrn Ministerialdirigenten Dr. Dreher, Re.: »Ermittlungen gegen Franjo Percic in Dortmund und Andere«, Düsseldorf, 5. Dezember 1962.

46 Bundesarchiv Koblenz, B 141, Nr. 30844, Untersuchungsprotokolle, Re.: »Informationen der Staatsanwaltschaft Bonn über Angeklagter Pastor Rafael Medic-Skoko«, Bonn, 4. Juni 1963.

47 Bundesarchiv Koblenz, B 141, Nr. 30836, Staatsanwaltschaft Bonn, Re.: »Strafsache gegen Franjo Percic u. a. wegen Sprengstoffverbrechens, Mordes, Geheimbündelei: Lebenslauf und persönliche Verhältnisse der Angeklagten«, Bonn, 25. Juni 1964.

48 »Ordnungsstrafe für Kroaten wegen Beleidigung Titos«, in: *General-Anzeiger Bonn*, 23. Mai 1964.

49 Hauptstaatsarchiv NRW, NW 308, Nr. 197, Willhelm Schöttler an NRW Innenminister Minister Willi Weyer, Re.: »Vorschläge zur Eindämmung kommunistisch-jugoslawischer Umtriebe«, Reckling-

hausen, 11. August 1965; »Spendenlisten geben Aufschluß«, in: *Süddeutsche Zeitung*, 19. Mai 1964.

50 Hauptstaatsarchiv NRW, NW 308, Nr. 196, Staatsanwaltschaft Bonn, Re.: »Auszüge aus Vernehmungsniederschriften zum Ermittlungsverfahren gegen Percic und Andere wegen Sprengstoffverbrechens«, Bonn, 7. Januar 1963, S. 170.

51 Pol. A. A.Ber, B 42, Nr. 1000 A, Bericht Auswärtiges Amt Bonn Abteilung IIA5 und Referat V4, Re.: »Strafverfahren gegen Stanko Kardum wegen versuchten Totschlags/Attentat auf den jugoslawischen Konsul Klaric in Meersburg am 8. Juni 1965«, Bonn, 1. Dezember 1966.

52 Pol. A. A.Ber, B 42, Nr. 1000 A, Bericht Französische Botschaft/Schutzmachtvertretung für deutsche Interessen Belgrad, Re.: »Prozess gegen den Exilkroaten Franjo Goreta vor dem Stuttgarter Schwurgericht«, Belgrad, 5. Mai 1967.

53 »Nach den Verteidiger-Plädoyers: Urteilsverkündung im Kroatenprozeß am Donnerstag«, in: *Bonner Rundschau*, 19. Juni 1964.

54 Pol. A. A.Ber, B 42, Nr. 1000 A, Polizeipräsidium Düsseldorf an Regierungspräsidium Düsseldorf – Kroatische Emigrantenorganisationen, Re.: »Mordversuch an 4 Exilkroaten«, Düsseldorf, 18. August 1965.

55 Hauptstaatsarchiv NRW, NW 308, Nr. 195, Vernehmungsniederschriften, Re.: »Auszüge aus Vernehmungsniederschriften zum Ermittlungsverfahren Percic u. a.«, Düsseldorf, 26. Februar 1963, S. 135–204.

56 Bundesarchiv Koblenz, B 141, Nr. 30836, Staatsanwaltschaft Bonn, Re.: »Strafsache gegen Franjo Percic u. a.«, Bonn, 25. Juni 1964.

57 Pol. A. A.Ber, B 42, Nr. 1000 A, Polizeipräsidium Düsseldorf an Regierungspräsidium Düsseldorf – Kroatische Emigrantenorganisationen, Re.: »Mordversuch an 4 Exilkroaten«, Düsseldorf, 18. August 1965.

58 »Mußt du schießen«, in: *Der Spiegel*, 3. August 1981.

59 *Der Spiegel* berichtete seit 1962 regelmäßig über von Kroaten begangene Gewalttaten. Die Beschwerden westdeutscher Beamter über diese Art von Berichterstattung tauchen in den entsprechenden offiziellen Berichten regelmäßig auf. Siehe zum Beispiel: Pol. A. A.Ber, B 42, Nr. 1000 A, Interne Anfrage des Auswärtigen Amtes an das Referat V4, Re.: »Strafverfahren gegen Stanko Kardum«, Bonn, 1. Dezember 1966.

60 Laura J. Hilton: »The Black Market in History and Memory: German Perceptions of Victimhood from 1945 to 1948«, in: *German History* 28/4 (2010), S. 483–484.

61 Matthias Thaden: »›Ein völlig liberalisiertes Ausländertum‹? Politischer Aktivismus von Exilkroaten als Herausforderung für die bundesdeutsche Innen-und Sicherheitspolitik, 1950er-60er Jahre«, in: *Flucht, Migration und gesellschaftliche Transformationsprozesse*, Wiesbaden 2018, S. 100–101.

62 »Liebesgrüße aus Belgrad«, in: *Der Spiegel*, 17. Mai 1971; »Terrorismus: Hals über Kopf«, in: *Der Spiegel*, 19. Juli 1976.

63 »Fünfter Dan«, in: *Der Spiegel*, 23. März 1981.

64 Bay. HstA. Mün., Pol. Dir. München Nr. 17234, Bericht Heinz Thurnhofer (POM 26. Polizeirevier) an die Direktion der Schutzpolizei, Re.: »Ansammlung einer größeren Menschenmenge vor dem Südausgang des Hauptbahnhofes in der Bayerstraße«, München, 12. April 1970.

65 Marko Zubak: »The Croatian Spring: Interpreting the Communist Heritage in Post-Communist Croatia«, in: *East Central Europe* 32, Nr. 1–2 (2005), S. 199–200.

66 Bay. HstA. Mun., Staatskanzlei Nr. 13324, Bericht Polizeipräsidium München (Kriminalabteilung III) an das Bayer. Staatsministerium des Innern, Re.: »Sprengstoffanschlag auf das jugoslawische Generalkonsulat«, München, 31. Juli 1972.

67 Hauptstaatsarchiv NRW, NW 308, Nr. 195, Verbotsverfügung-Bundesministerium des Innern, Re.: »Verbotsverfügung gegen der Kroatische Demokratische Ausschuß – Hrvatski Demokratski Odbor (HDO)- mit Sitz in Münster«, Bonn, 7. September 1967.

68 Niedersächsisches Hauptstaatsarchiv Hannover (im Folgenden NHstA. Hann.), Nds. 147, Nr. 133, Fallbericht des Niedersächsischen Landeskriminalamtes, Re.: »Fall Matuzic«, Hannover, 19. Juni 1974.

69 Hauptstaatsarchiv NRW, NW 308, Nr. 195, Staatsanwaltschaft NRW, Re.: »Auflösungsverfügung gegen die ›Kroatische Kreuzerbruderschaft e. V.‹«, Düsseldorf, 8. März 1963.

70 Pol. A. A.Ber., B 42, Nr. 1000 A, Aide Memoire Abteilung II des Aus-

wärtigen Amtes, Re.: »Tätigkeit Jugoslawischer Emigranten«, Bonn, 31. Oktober 1968.

71 Bundesarchiv Koblenz, B 106, Nr. 28217, Brief Dr. Wolfrum (Bundesministerium des Innern) an den Bundesrechnungshof, Re.: »Zuwendungen an das Kroatische Nationalkomitee im Lichte der bevorstehenden Zusammenlegungen«, Bonn, 6. Juli 1970.

72 Bundesarchiv Koblenz, B 106, Nr. 28217, Bericht Ministerialrat Dr. Wolfrum, »Re.: Kroatisches Nationalkomitee«, Bonn, 19. März 1970.

73 Bundesarchiv Koblenz, B 106, Nr. 63084, Loseblattsammlung des BMI zur Ostemigration, Re.: »Jugoslawien«, Bonn, 1. April 1960.

74 Amir Duranović: »Das religiöse Leben der ›Gastarbeiter‹ aus Bosnien-Herzegowina in Deutschland in den 1970er und 1980er Jahren«, in: *Südosteuropäische Hefte* 3, Nr. 1 (2014), S. 67–77.

75 Bay. HstA. Mün., Stk. Nr. 16164, Handelsbeziehungen, Re.: »Zusammenarbeit mit Slowenischen und Serbischen Kommissionen«, 1962–1971 (Emigrantengruppen arbeiteten häufig darauf hin, die Zusammenarbeit der BRD mit den jugoslawischen Staatsbehörden zu torpedieren).

76 Bundesarchiv Koblenz, B 106, Nr. 63084, Loseblattsammlung des BMI zur Ostemigration, Re.: »Jugoslawien«, Bonn, 1960, und: »›Das Ganze sieht nach Hinrichtung aus‹: Massaker an Albanern – Wie der jugoslawische Geheimdienst Killeraufträge in der Bundesrepublik besorgt«, in: *Der Spiegel*, 25. Januar 1982.

77 Bay. HstA. Mün., Präsidium der Bereitschaftspolizei Nr. 127, Bericht Bayerisches Landesamt für Verfassungsschutz, Re.: »Die Politischen Strukturen der Ostemigration«, München, 1. April 1960.

78 Anja Logonder: »Who is ›Yugo‹ in ›Yugo-Mafia‹? A Comparative analysis of the Serbian and Slovene Offenders«, in: Michael Scheinost u. Klaus von Lampe: *European Crime-markets at Cross-Roads*, Njimwegen 2008, S. 68–69.

79 Tatjana Baraulina et al.: »Egyptian, Afghan, and Serbian diaspora communities in Germany: How do they contribute to their country of origin?« (2007), in: *HWWI Research Papers* 3, Nr. 5 (2007), S. 19–20.

80 Veljko Vujacie: »Institutional Origins of Contemporary Serbian Nationalism«, in: *East European Constitutional Review*, 5 (1996), S. 56–57.

81 Stevan Bozanich: »Tito's Chetnik Hunters: The Dynamics of Asymmetric Warfare in Yugoslavia«, in: Michael Gehler u. David Schriffl (Hrsg.): *Violent Resistance*, Paderborn 2020, S. 377–378.

82 George Zaninovich: »Leadership and Change in Yugoslavia«, in: *Current History* 465 (1981), S. 173.

83 Robin Alison Remington: »The Politics of Scarcity in Yugoslavia«, in: *Current History* 83/496 (1984), S. 373–374.

84 Nikola Bakovic: »Song of Brotherhood, Dance of Unity: Cultural-Entertainment Activities for Yugoslav Economic Emigrants in the West in the 1960s and 1970s«, in: *Journal of Contemporary History* 50/2 (2015), S. 360–361.

85 Xavier Bougarel: »Bosnian Muslims and the Yugoslav idea«, in: Dejan Djokic: *Yugoslavism: History of a Failed Idea 1918–1992*, London 2003, S. 106.

86 Mate Nikola Tokić: »The End of ›Historical-Ideological Bedazzlement‹: Cold War Politics and Émigré Croatian Separatist Violence, 1950–1980«, in: *Social Science History* 36/3 (2012), S. 437.

87 Klaus Buchenau: »Der Dritte Weg ins Zwielicht? Korruption in Tito-Jugoslawien«, in: *Südosteuropäische Hefte* 4/1 (2015), S. 25.

88 Francesco Ragazzi: »The Invention of the Croatian Diaspora: Unpacking the Politics of ›Diaspora‹ During the War in Yugoslavia«, in: *Global Migration and Transnational Politics*, Working Paper Nr. 10 (November 2009), S. 3.

89 Ehud Sprinzak: »Right-Wing Terrorism in a Comparative Perspective: The case of Split Delegitimization«, in: *Terrorism and Political Violence* 7/1 (1995), S. 27.

90 James J. Sadkovich: »Forging Consensus: How Franjo Tuđman Became an Authoritarian Nationalist«, in: *Review of Croatian History* 6/1 (2010), S. 9.

91 Othon Anastasakis: »Post-1989 Political Change in the Balkan States: The Legacy of the Early Illiberal Transition Years«, in: *Perceptions: Journal of International Affairs* 18/2 (2013), S. 100.

92 Paul Hockenos: *Homeland Calling: Exile Patriotism and the Balkan Wars*, Ithaca 2003, S. 23–24.

93 Takis S. Pappas: »Shared culture, Individual Strategy and Collective Action: Explaining Slobodan Milošević's Charismatic Rise to Power«, in: *Southeast European and Black Sea Studies* 5/2 (2005), S. 204–205.

94 Sarah Garding: »Weak by design? Diaspora engagement and institutional change in Croatia and Serbia«, in: *International Political Science Review* 39/3 (2018), S. 357.

95 Mirjana Kasapović: »Voting rights, Electoral Systems, and Political Representation of Diaspora in Croatia«, in: *East European Politics and Societies* 26/4 (2012), S. 783.

96 Ivana Djuric: »The Croatian Diaspora in North America: Identity, Ethnic Solidarity, and the Formation of a ›Transnational National Community‹«, in: *International Journal of Politics, Culture and Society* 17/1 (2003), S. 123–124.

97 Daphne Winland: »The Politics of Desire and Disdain: Croatian Identity between ›Home‹ and ›Homeland‹«, in: *American Ethnologist* 29/3 (2002), S. 702.

98 Katica Ivanda: Die kroatische Zuwanderung in die Bundesrepublik Deutschland: Eine Fallstudie unter besonderer Berücksichtigung von Phänomenen der Akkulturation und Integration, Dissertation, Universität Bremen 2007, S. 15–16.

99 Francesco Ragazzi: »The Invention of the Croatian Diaspora: Unpacking the Politics of ›Diaspora‹ During the War in Yugoslavia«, in: *Global Migration and Transnational Politics*, Working Paper Nr. 10 (November 2009), S. 5.

100 Renéo Lukic: *La Politique Etrangère de la Croatie – De Son Indépendance à Nos Jours 1991–2006*, Laval 2006, S. 19.

101 Sven Milekic: »Croatia's Far Right Draws Strength from Diaspora«, in: *BalkanInsight*, 5. Januar 2015.

102 Josip Glaurdić: »Inside the Serbian War Machine. The Milošević Telephone Intercepts 1991–1992«, in: *East European Politics and Societies* 23/1 (2009), S. 97.

103 Maria Koinova: »Diasporas and Secessionist Conflicts: The Mobilization of the Armenian, Albanian and Chechen Diasporas«, in: *Ethnic and Racial Studies* 34/2 (2011), S. 349.

104 Đorđe Tomić: »From ›Yugoslavism‹ to (Post-) Yugoslav Nationalisms: Understanding Yugoslav Identities«, in: Roland Vogt et al. (Hrsg.): *European National Identities*, London 2017, S. 289.

105 Maria Koinova: »Diasporas and Democratization in the Post-Com-

munist world«, in: *Communist and Post-Communist Studies* 42/1 (2009), S. 59.

106 Paul Hockenos: *Homeland Calling: Exile Patriotism and the Balkan Wars*, Ithaca 2003, S. 172.

107 Vedran Dzihic: »Bosnien und Herzegowina 30 Jahre nach dem Beginn des Krieges: Von akuten politischen Krisen und Möglichkeiten zur Überwindung des Status quo«, in: *Österreichisches Institut für Internationale Politik* 3 (2021), S. 6.

108 Maria Koinova: »Endorsers, challengers or builders? Political Parties Diaspora Outreach in a Post-Conflict State«, in: *International Political Science Review* 39/3 (2018), S. 389.

109 Florian Bieber u. Dario Brentin: »Nationalismus, Geschichtsverständnis und nationale Symbole unter Grazer Jugendlichen mit ex-jugoslawischem Migrationshintergrund«, *Centre for Southeastern Studies/Graz* (2021), S. 2; Saša Stanišić: *Herkunft*, München 2020; Jagoda Marinić: *Made in Germany: Was ist deutsch in Deutschland?*, Hamburg 2015.

110 Simone Christ: »›Gott sei Dank fühle ich mich jetzt nicht mehr als Flüchtling‹: Alltagsleben und Integrationsprozesse geflüchteter Menschen«, in: *BICC Working Papers* 5 (2019), S. 32–33.

111 Marija Bogic et al.: »Factors Associated with Mental Disorders in Long-Settled War Refugees: Refugees from the Former Yugoslavia in Germany, Italy and the UK«, in: *The British Journal of Psychiatry* 200/3 (2012), S. 221.

112 Rüdiger Rossig u. Nihad Nino Pušija: *(Ex-) Jugos: Junge MigrantInnen aus Jugoslawien und seinen Nachfolgestaaten in Deutschland*, Berlin 2008, S. 11.

113 Katrin Oesingmann: »ifo Migrationsmonitor: Innereuropäische Migration nach Deutschland – Beginn einer rückläufigen Tendenz?«, in: *ifo Schnelldienst* 70, Nr. 06 (2017), S. 51–55.

114 Jenni Winterhagen: »Katholischer Nationalkatholizismus und funktionale Integration. Die kroatischen Gemeinden in Deutschland«, in: *WISO Diskurs* (Juni 2013), S. 32.

Kapitel 5

1 Silke Satjukow: *Besatzer: »Die Russen« in Deutschland 1945–1994*, Göttingen 2008, S. 14–16.

2 Roman Kryvonos: »Deutsch-ukrainische Beziehungen vor dem Machtwechsel in Deutschland 1998«, in: *Berliner Osteuropa-Info* 14/2000, S. 88–91.

3 Peter Gatrell: »Refugees and forced migrants during the First World War«, in: *Immigrants & Minorities* 26, Nr. 1–2 (2008), S. 82–110.

4 Jan-Hinnerk Antons: »Displaced persons in postwar Germany: Parallel societies in a hostile environment«, in: *Journal of Contemporary History* 49, Nr. 1 (2014), S. 92–114.

5 Lubomyr Luciuk: »›This Should Never Be Spoken or Quoted Publicly‹: Canada's Ukrainians and Their Encounter with the DPs«, in: Lubomyr Luciuk u. Stella Hryniuk (Hrsg.): *Canada's Ukrainians*, Toronto 2016, S. 103–122.

6 Alexander Baran u. George Gajecky: *The Cossacks in the Thirty Years War*, Volume 2: *1625–1648*, Rome 1969.

7 Paul Robert Magocsi: »Ukrainians and the Habsburgs«, in: *Journal of Ukrainian Studies* 21, Nr. 1 (1996), S. 55.

8 Alexei Miller: »The role of the First World War in the competition between Ukrainian and All-Russian nationalism«, in: Eric Lohr et al. (Hrsg.): *The Empire and Nationalism at War*, Bloomington 2014, S. 241–256.

9 Myroslav Shkandrij: »National democracy, the OUN, and Dontsovism: Three ideological currents in Ukrainian Nationalism of the 1930s-40 s and their shared myth-system«, in: *Communist and Postcommunist studies* 48, Nr. 2–3 (2015), S. 209–216.

10 Glenn Sharfman: »The quest for justice: the reaction of the Ukrainian-American community to the John Demjanjuk trials«, in: *Journal of Genocide Research* 2/1 (2000), S. 65–69.

11 Ivan Katchanovski: »The OUN, the UPA, and the Nazi Genocide in Ukraine«, in: Peter Black, Béla Rásky u. Marianne Windsperger (Hrsg.): *Mittäterschaft in Osteuropa im Zweiten Weltkrieg und im Holocaust/Collaboration in Eastern Europe during World War II and the Holocaust*, Wien 2019, S. 67–93.

12 Grzegorz Rossoliński-Liebe: *Stepan Bandera: The Life and Afterlife of a Ukrainian Nationalist: Fascism, Genocide, and Cult*, Stuttgart 2014, S. 324.

13 Yaroslav Bilinnsky: »Germany, Western Europe, and Ukraine after World War II«, in: John Paul Himka u. Hans-Joachim Torke (Hrsg.): *German-Ukrainian relations in historical perspective*, Edmonton 1994.

14 Phillip-Christian Wachs: *Der Fall Theodor Oberländer: ein Lehrstück deutscher Geschichte*, Frankfurt a. M. 2000.

15 Anna Holian: *Between National Socialism and Soviet Communism: Displaced Persons in Postwar Germany*, Ann Arbor 2011, S. 100–101.

16 Bay. HstA Mün., Findbuch OMGBY (Amerikanische Militärregierung Bayern) Nr. 10/89-1/33, CIC Reports/Intelligence Staff, Re.: »Ukrainian DP meeting and Demonstration in München on 10 April 1949«, München, 11. April 1949.

17 Bay. HstA. Mün., Stk. Nr. 13616, Lageberichte Innere Sicherheit 1968–1972, Re.: »Fernschreiberbericht – Exil-Ukrainische Kundgebung anlässlich des Besuches einer sowjetischen Delegation am KZ. Dachau«, München, 3. September 1972.

18 »In Kürze: Sowjetische Delegation in Dachau«, in: *Süddeutsche Zeitung*, 4. September 1972.

19 Pol. A. A. Ber., B 41, Nr. 133089, Ref. 213 – »Schreiben des World Congress of Free Ukrainians vom 20. 12. 1981 an Bundesminister«, Bonn, 12. Januar 1982.

20 Julia Lalande: *Building a Home Abroad – A Comparative Study of Ukrainian Migration, Immigration Policy and Diaspora Formation in Canada and Germany after the Second World War*, Dissertation, Staats- und Universitätsbibliothek Hamburg 2006.

21 Ukrainische Freie Universität: *Satzung der Arbeits- und Förderungsgemeinschaft der Ukrainischen Wissenschaften e. V.*, München 1962, S. 9–11.

22 Richard H. Cummings: »The ether war: Hostile intelligence activities directed against Radio Free Europe, Radio Liberty, and the émigré community in Munich during the Cold War«, in: *Journal of Transatlantic Studies* 6, Nr. 2 (2008), S. 168–182.

23 Markian Dobczansky u. Simone Attilio Bellezza: »Bringing the State

Back In: Studying Ukrainian Statehood in the 20th Century«, in: *Nationalities Papers* 47, Nr. 3 (2019), S. 335–340.

24 Andreas Kappeler: »Ukrainian history from a German perspective«, in: *Slavic Review* 54, Nr. 3 (1995), S. 691–701.

25 Matthias Kaltenbrunner: »The Globally Connected Western Ukrainian Village«, in: *European Review of History*, Bd. 25, Nr. 6 (2018), S. 895–897.

26 Donald Avery: »Divided Loyalties: The Ukrainian Left and the Canadian State«, in: Lubomyr Luciuk u. Stella Hryniuk (Hrsg.): *Canada's Ukrainians – Negotiating an Identity*, Toronto 2016, S. 271–287.

27 Hiroaki Kuromiya: »Political Leadership and Ukrainian Nationalism, 1938–1989: The Burden of History«, in: *Problems of Post-Communism* 52, Nr. 1 (2005), S. 42–43.

28 Frank Sysyn: »The reemergence of the Ukrainian nation and Cossack mythology«, in: *Social Research* (1991), S. 851–855.

29 Hiroaki Kuromiya: »Political Leadership and Ukrainian Nationalism, 1938–1989: The Burden of History«, in: *Problems of Post-Communism* 52, Nr. 1 (2005), S. 44–45.

30 Pol. A. A. Ber., B 41, Nr. 133089, »Bundespräsidialamt – Schreiben von Herren S. Lewczuk, Vorsitzender der Vertretung der Ukrainischen Emigration«, Bonn, 2. Mai 1978.

31 Simone A. Bellezza: »The ›Transnationalization‹ of Ukrainian Dissent: New York City Ukrainian Students and the Defense of Human Rights, 1968–1980«, in: *Kritika: Explorations in Russian and Eurasian History* 20, Nr. 1 (2019), S. 99–120.

32 Bay. HstA. Mün., Pol. Dir. München Nr. 9280, Bericht KK III über eine öffentliche Veranstaltung, Re.: »Veranstaltung – Zentralvertretung der Ukrainischen Emigration in Deutschland e. V.«, München, 11. Januar 1968.

33 Ivan L. Rudnytsky: »The Political Thought of Soviet Ukrainian Dissent«, in: *Journal of Ukrainian Studies* 6, Nr. 2 (1981), S. 3.

34 Bohdan Harasymiw: »Political Patronage and Perestroika«, in: Romana Bahry (Hrsg.): *Echoes of Glasnost in Soviet Ukraine*, North York 1990, S. 28–37.

35 Tetiana Perga: »Eco-Nationalism in the Soviet Union in the Late 1980s and Early 1990s: The Ukrainian Case«, in: Frank Jacob u. Carsten Schapkow: *Nationalism in a Transnational Age*, Oldenburg 2021, S. 177–193.

36 Tetiana Perga: »Role of Ukrainian diaspora in the development of environmental movement in Ukraine in late 1980s-early 1990s«, in: *Сторінки історії* 48 (2019).

37 Melanie Arndt: »Memories, commemorations, and representations of Chernobyl: Introduction«, in: *Anthropology of East Europe Review* 30, Nr. 1 (2012), S. 6–7.

38 Melanie Arndt: »Verunsicherung vor und nach der Katastrophe. Von der Anti-AKW-Bewegung zum Engagement für die ›Tschernobyl-Kinder‹, in: *Zeithistorische Forschungen – Studies in Contemporary History* 7, Nr. 2 (2010), S. 240–258.

39 Simon Franklin: »988–1988: Uses and Abuses of the Millennium«, in: *The World Today* 44, Nr. 4 (1988), S. 65–68.

40 Madelaine Hron: »The Czech émigré experience of return after 1989«, in: *The Slavonic and East European Review* (2007), S. 47–78.

41 Paweł Gotowiecki: »The Polish Pro-Independence Diaspora In The West In The Face Of The Political Breakthrough of 1989«, in: *Remembrance and Solidarity Studies in 20th Century European History*, Ausgabe 3 (Juni 2014), S. 221–242.

42 Maria Koinova: »Diasporas and secessionist conflicts: the mobilization of the Armenian, Albanian and Chechen diasporas«, in: *Ethnic and Racial Studies* 34, Nr. 2 (2011), S. 333–356.

43 Timothy Heleniak: »Diasporas, Development, and Homelands in Eurasia after 1991«, in: Milana Nikolko u. David Carment: *Post-Soviet Migration and Diasporas – From Global Perspectives to Everyday Practices*, Basingstoke 2017, S. 11–27.

44 Zenovia Sochor: »From liberalization to post-Communism: The role of the Communist Party in Ukraine«, in: *Journal of Ukrainian Studies* 21, Nr. 1 (1996), S. 147–164.

45 Oxana Shevel: »The Post-Communist Diaspora Laws. Beyond the ›Good Civic versus Bad Ethnic‹ Nationalism Dichotomy«, in: *East European Politics and Societies* 24, Nr. 1 (2010), S. 159–187.

46 Paul D'Anieri: *Understanding Ukrainian Politics: Power, Politics, and Institutional Design*, London 2015, S. 79–80.

47 Ivan Kozachenko: »Diasporic Nation-Building: The Reinvention of National Belonging within the Ukrainian Diaspora«, in: Olga Oleinikova u. Jumana Bayeh: *Democracy, Diaspora, Territory*, London 2019, S. 112–126.

48 Barbara Dietz: *Migration policy challenges at the new Eastern borders of the enlarged European Union: The Ukrainian case*. Nr. 267. Arbeiten aus dem Osteuropa-Institut München, 2007.

49 Sonja Haug u. Lenore Sauer: »Aussiedler, Spätaussiedler, Russlanddeutsche: Berufliche, sprachliche und soziale Integration«, in: *Osteuropa* (2007), S. 252–266.

50 Larissa Remennick: »The Two Waves of Russian-Jewish Migration from the USSR/FSU to Israel: Dissidents of the 1970s and Pragmatics of the 1990s«, in: *Diaspora: A Journal of Transnational Studies* 18, Nr. 1–2 (2015), S. 44–66.

51 John P. Cole u. Igor V. Filatotchev: »Some Observations on Migration within and from the Former USSR in the 1990s«, in: *Post-Soviet Geography*, 33/7 (1992), S. 432–453.

52 Andreas Umland: »Weißer Fleck: Die Ukraine in der deutschen Öffentlichkeit«, in: *Osteuropa* 62, Nr. 9 (2012), S. 127–133.

53 Anna Amelina: »An Intersectional Approach to the Complexity of Social Support Within German-Ukrainian Transnational Space«, in: Esther Ngan-Ling Chow, Marcia Texler Segal u. Tan Lin (Hrsg.): *Analyzing Gender, Intersectionality, and Multiple Inequalities: Global, Transnational and Local Contexts*, Bingley, 2011, S. 211–231.

54 Milana Nikolko: »Diaspora mobilization and the Ukraine crisis: old traumas and new strategies«, in: *Ethnic and Racial Studies* 42, Nr. 11 (2019), S. 1870–1889.

55 Galina Yavorska: »The impact of ideologies on the standardization of modern Ukrainian«, in: *International Journal of the Sociology of Language* 201 (2010), S. 163–198.

56 Andrew Wilson: *The Ukrainians*, Oxford 2016, S. 107–109.

57 Claire Wallace: »Opening and Closing Borders: Migration and Mobility in East-Central Europe«, in: *Journal of Ethnic and Migration*

Studies 28, Nr. 4 (2002), S. 612–613; Vera Skvirskaja: »Diaspora in a Post-Soviet City: Transformations in Experiences of Belonging in Odesa, Ukraine«, in: *Studies in Ethnicity and Nationalism* 10, Nr. 1 (2010), S. 76–91.

58 Louise I. Shelley: »Crime and corruption: Enduring problems of post-soviet development«, in: *Demokratizatsiya* 11, Nr. 1 (2003), S. 110–115.

59 Patricia Daehnhardt: »German foreign policy, the Ukraine crisis and the Euro-Atlantic order: assessing the dynamics of change«, in: *German Politics* 27, Nr. 4 (2018), S. 516–538.

60 Andrew Wilson: »Ukraine's Orange Revolution, NGOs and the Role of the West«, in: *Cambridge Review of International Affairs* 19/1 (2006), S. 23–24.

61 Ein gutes Beispiel für diesen Prozess ist die Entwicklung der Berichterstattung über die Euromaidan-Proteste auf der Webseite des Euromaidan Canada Committee. Dieses Spendensammlungskommitee für Unterstützer der Maidan-Proteste in Kanada erwähnte sprachliche Themen so gut wie gar nicht. »Euromaidan Committee Canada«, http://euromaidancanada.ca/, aufgerufen am 10. Mai 2015.

62 Typisch für eine solche Distanzierung von dem Nationalismus Bandera'scher Prägung sind Schlüsselpassagen in: Chrystia Freeland: »My Ukraine: A Personal Reflection on a Nation's Dream of Independence«, Brookings Institution, 2014, http://csweb.brookings.edu/content/research/essays/2015/myukraine.html, aufgerufen am 12. Mai 2016. Freeland ist eine bekannte kanadische Journalistin, die aus der ukrainischen Diaspora stammt. Später wurde sie Ministerin in der Regierung Trudeau.

63 »Boxing Champ Vitali Klitschko Claims Knock Out in Kiev Mayor's Race«, in: *ABC News*, 26. Mai 2014.

64 Gustav Gressel: »The Ukraine-Russia War«, *European Council on Foreign Relations*, 26. Januar 2015, http://www.ecfr.eu/article/commentary_the_ukraine_russia_war411, aufgerufen am 29. Juni 2022.

65 Olga Onuch u. Gwendolyn Sasse: »The Maidan in Movement: Diversity and the Cycles of Protest«, in: *Europe-Asia Studies* (2016), S. 27.

66 Mykhailo Minakov u. Ivan Kolodiy: »Ukrainian Sovereignty between Civic Activism and Oligarchic Renaissance«, in: *Krytyka Magazine,* März 2005, S. 205–206.

67 Serhii Plokhy: *The Cossack Myth*, Cambridge University Press 2012, S. 91–93.

68 Svetlana Bolotnikova: »Cossack against Cossack«, in: *OpenDemocracy*, 30. Juli 2014, https://www.opendemocracy.net/od-russia/svetlana-bolotnikova/cossack-against-cossack, aufgerufen am 29. Juni 2022.

69 Lenna Koszarny: »A report by Chair of the UCC Advisory Council in Ukraine. Lenna Koczanry on visit. She and UCC National President Paul Grod made to the front lines near Mariupol in the Donbass«, in: *Ukrainian Canadian Congress* (Facebook Page), 1. Mai 2015, https://www.facebook.com/lenna.koszarny.9/posts/10204275452037479, aufgerufen am 14. April 2016.

70 Sehr gut beschrieben in einem Überblicksreferat von Louis Pétiniaud: »The Cossacks and their legacy as National Symbols in post-Maidan Ukraine: The Renewal of a Shifting National Myth«. (Das Referat wurde bei der ASN World Convention an der Columbia University gehalten, 23.–25. April 2015, S. 13).

71 Claire Wallace, »Opening and Closing Borders: Migration and Mobility in East-Central Europe«, S. 620–621.

72 Hanna Vakhitova u. Agnieszka Fihel: »International Migration from Ukraine: Will Trends Increase or Go into Reverse?«, in: *Central and Eastern European Migration Review*, Bd. 9, Nr. 2, (2020), S. 125–141.

73 Mark MacKinnon: »Bypassing official channels, Canada's Ukrainian diaspora finances and fights a war against Russia«, in: *The Globe and Mail*, 28. Februar 2015.

74 Presseerklärung, »President of Ukraine Petro Poroshenko met President of the Ukrainian World Congress Eugene Czolij and President of the Ukrainian Canadian Congress Paul Grod«, Ministry of Foreign Affairs of Ukraine, 11. Juni 2014, aufgerufen am 21. Juli 2022, https://web.archive.org/web/20160304035044/http://mfa.gov.ua/en/news-feeds/foreign-offices-news/24099-prezident-ukrajini-zustrivsya-iz-prezidentom-svitovogo-kongresu-ukrajinciv-jevgenom-cholijem-ta-prezidentom-kongresu-ukrajinciv-kanadi-pavlom-grodom.

75 Wilson: *The Ukrainians*, S. 107–109.

76 Serhy Yekelchyk: »National Heroes for a New Ukraine: Merging the Vocabularies of the Diaspora, Revolution, and Mass Culture«, in: *Ab Imperio* 2015, Nr. 3 (2015), S. 97–123.

77 John-Paul Himka: »Legislating Historical Truth: Ukraine's Laws of 9 April 2015«, in: *Ab imperio* 21 (2015), S. 4, sowie: Kateryna Iakovlenko: »Meet the man in charge of Ukraine's national memory«, in: *Open Democracy*, 11. Juni 2020.

Bildnachweis

S. 32: picture alliance / ZUMAPRESS.com | David Von Blohn/Nurphoto
S. 88: picture alliance / Chris Hoffmann | Chris Hoffmann
S. 148: Matthias Lüdecke
S. 210: picture alliance / Frank Kleefeldt | Frank Kleefeldt
S. 278: picture alliance/dpa/Jörg Carstensen

Personenregister

www.ullstein.de

Wir verpflichten uns zu Nachhaltigkeit
- Klimaneutrales Produkt
- Papiere aus nachhaltiger Waldwirtschaft und anderen kontrollierten Quellen
- ullstein.de/nachhaltigkeit

Heide Lutosch hat die Kapitel 4 und 5, Michael Adrian den Rest des Buches übersetzt. Seine Arbeit an dieser Übersetzung wurde durch ein Stipendium der VG WORT im Rahmen des Bundesprogramms NEUSTART KULTUR der *Beauftragten der Bundesregierung für Kultur und Medien* gefördert.

VG WORT

NEU START KULTUR

Die Beauftragte der Bundesregierung für Kultur und Medien

MIX
Papier | Fördert gute Waldnutzung
FSC® C014496
FSC www.fsc.org

Propyläen ist ein Verlag der Ullstein Buchverlage GmbH
www.propylaeen-verlag.de

ISBN 978-3-549-10020-2

Gesetzt aus der Adobe Garamond Pro
Satz und Repro: LVD GmbH, Berlin
Druck und Bindearbeiten: GGP Media GmbH